Susanne Pickel · Gert Pickel

Politische Kultur- und Demokratieforschung

Tobias. Feier

Susanne Pickel · Gert Pickel

Politische Kultur- und Demokratieforschung

Grundbegriffe, Theorien,
Methoden.
Eine Einführung

VS VERLAG FÜR SOZIALWISSENSCHAFTEN

Bibliografische Information Der Deutschen Bibliothek
Die Deutsche Bibliothek verzeichnet diese Publikation in der Deutschen Nationalbibliografie;
detaillierte bibliografische Daten sind im Internet über <http://dnb.ddb.de> abrufbar.

1. Auflage Mai 2006

Alle Rechte vorbehalten
© VS Verlag für Sozialwissenschaften | GWV Fachverlage GmbH, Wiesbaden 2006

Lektorat: Frank Schindler

Der VS Verlag für Sozialwissenschaften ist ein Unternehmen von Springer Science+Business Media.
www.vs-verlag.de

Umschlaggestaltung: KünkelLopka Medienentwicklung, Heidelberg
Druck und buchbinderische Verarbeitung: MercedesDruck, Berlin
Gedruckt auf säurefreiem und chlorfrei gebleichtem Papier
Printed in Germany

ISBN-10 3-8100-3355-3
ISBN-13 978-3-8100-3355-0

Inhaltsverzeichnis

Abbildungsverzeichnis

Verzeichnis der Memoboxen

Verzeichnis der Diskussionsboxen

Vorwort

Dass Bücher so etwas wie eine Leidensgeschichte besitzen, mussten wir beim Verfassen des vorliegenden Bandes erfahren. Bereits Anfang 2003 wollten wir eigentlich „fertig sein", doch immer neue Probleme und auch stetige Erweiterungs-, Überarbeitungs- und Verbesserungsphasen verzögerten die Fertigstellung dieses Lehrbuches. Zum guten Abschluss ist es uns doch noch gelungen, alle Ereignisse zu überwinden, wertvolle Anregungen aufzunehmen und schmerzhafte Kürzungen durchzuführen. Doch erscheint es uns als Einführungsbuch jetzt auch stärker gestrafft und zielorientierter als die längere Version. Denn genau dieses war angestrebt, ein Lehrbuch, das vor allem Studierenden bei der Behandlung von politischer Kultur und Demokratiemessung weiterhilft, über diese Themen kurz und prägnant, aber nicht kurzatmig, Auskunft gibt und diesen Forschungsbereich der vergleichenden Politikwissenschaft den Studierenden näher bringt. Nicht zuletzt dieser Anspruch ist für das verzögerte Erscheinen verantwortlich. Drei Mal diskutierten wir mit Seminarteilnehmern in Greifswald und Frankfurt (Oder) alle Bestandteile des Buches, den Leidtragenden sei Dank dafür, und genauso oft bekamen wir hilfreiche Verbesserungsvorschläge. Nun ist es an uns, all diesen – im weiteren Sinne – Beteiligten für ihren Input zu danken. Dadurch erscheint uns das Buch studierendennäher als wir es je wirklich angenommen hatten. Wir hoffen, dass dies auch die Leser so sehen werden. Daneben möchten wir einigen besonders stark einbezogenen Personen danken. Hier ist unter anderem Thomas Müller für seine kritische Durchsicht einiger Teile des Bandes und seine in akribischer Sorgfalt erstellte Tabelle zur Evaluation der Demokratieindizes zu danken. Ganz besonders gilt aber der Dank Andrea Disterheft, Cornelia Kampe und Toralf Stark, die eine wesentliche Stütze für die Korrektur und Formatierungsarbeiten waren. Ansonsten bleibt uns nur noch den Lesern viel Spaß und einen erfolgreichen Erkenntnisprozess bei der Lektüre zu wünschen. Da wir nicht unfehlbar sind, würden wir uns über konstruktive Rückmeldungen freuen.

Während wir an unserem Lehrbuch schrieben, verstarben unsere Eltern Rosemarie Rohmann und Helmut Pickel. Wir widmen ihnen diesen Band.

Frankfurt (Oder)/Greifswald, 15.6.2005   Susanne Pickel
                                                          Gert Pickel

1 Einleitung – Was sind vergleichende politische Kulturforschung und Demokratieforschung?

Im Rahmen der Erklärung und Analyse der Transformationsprozesse in Osteuropa, aber auch in Lateinamerika (vgl. Mainwaring/Valenzuela 1998), Asien oder Afrika, hat das Konzept der politischen Kulturforschung, das bereits in den 1950er Jahren entwickelt wurde (vgl. Almond 1956; Almond/Verba 1963), innerhalb der Politikwissenschaft eine Revitalisierung erfahren (siehe exemplarisch Diamond 1999). Nach einer Phase, in der (neo-)institutionalistische oder akteurszentrierte Ansätze das Feld der vergleichenden Politikwissenschaft beherrschten, wurde der Kultur[1] – genauer den politischen Orientierungen der Bevölkerung – wieder eine größere Bedeutung für die Konstitution des politischen Systems und den Ablauf politischer Prozesse zugestanden. So bemerkt Dirk Berg-Schlosser in einem resümierenden Aufsatz: „Selbst Autoren, die Konzept und möglichen Ertrag der P.K.-Forschung lange Zeit skeptisch gegenüberstanden, verwenden diesen Begriff heute ohne Skrupel und konstatieren: the study of political culture as defined in the Almond-Verba tradition is an established component of political science studies in Western democracies" (Berg-Schlosser 1999: 78).

Als ein Grund für die Renaissance *kulturalistischer Ansätze* (vgl. Inglehart 1988) ist vornehmlich die unzureichende Erklärungskraft rein ökonomisch-struktureller, institutioneller oder auf die Eliten der Länder ausgerichteter Ansätze der internationalen Transformationsforschung für Fragen der Konsolidierung oder Gefährdung junger Demokratien anzusehen. Nicht selten erwiesen sich Resultate des politischen Akteurshandelns innerhalb verschiedener Stufen des Policy-Making-Prozesses in den Transformationsländern aus den genannten Ansätzen heraus als nur begrenzt erklärbar und standen zudem nicht immer in Einklang mit den ökonomischen Entwicklungen. Die hohe Fluktuation der politischen Führungseliten in Folge von Wahlen trug ebenfalls zum Wiederaufkommen der kulturalistischen Ansätze im Rahmen der Transformationsforschung bei. Häufige Regierungswechsel fördern eine Instabilität der Entscheidungsmacht der

---

[1]   Bereits an dieser Stelle sei angeführt, dass es sich, wenn keine abweichende Definition erfolgt, in diesem Buch überwiegend um eine auf Einstellungen und Wertorientierungen bezogene Begriffsverwendung in der Tradition der klassischen politischen Kulturforschung handelt (vgl. Almond/Verba 1963).

politischen Akteure – eine Konstellation, wie sie für Transformationsländer nicht untypisch ist und z.b. in Osteuropa in den letzten Jahren häufig zu beobachten war. Es sind in diesem Fall gerade die Bevölkerungen, welche die Machthaber um ihre Herrschaft bringen.

Der Wechsel des politischen Einflusses ist entsprechend hochgradig von den Einstellungen und daraus resultierenden Handlungen der Bürger abhängig. Dies bedeutet nicht, dass die alternativen Erklärungsthesen (institutionalistisch, ökonomisch oder akteurstheoretisch) keine Bedeutung besitzen. Ihre Wirkung entfaltet sich aber nicht selten erst über die *Vermittlungsstation „Bürger"*. Dabei sind für das angeführte Beispiel Osteuropa derzeit kaum größere, durch institutionelle Arrangements bedingte Abweichungen von den beobachtbaren „trial and error"-Mustern feststellbar. Vieles spricht also dafür Zugänge, die Kultur und Bürger nur als Residualkategorie politischen Handelns einordnen, um subjektive Konzepte, wie das der vergleichenden politischen Kulturforschung zu ergänzen.

Erkennbare Diskrepanzen zwischen den faktischen Installationen von demokratischen Institutionen bzw. marktwirtschaftlichen Organisationen/Prinzipien und praktisch erfahrbaren Bevölkerungsreaktionen (Abwahl der Regierungen und skeptische Einstellungen gegenüber der neuen Demokratie) machten es zwangsläufig notwendig, den Bürgern in den Erklärungsmodellen politischer Abläufe mehr Aufmerksamkeit zu schenken. Damit sind die den Handlungen der Staatsbürger zugrunde liegenden Überzeugungen der Bevölkerungen, vor allem für die Analyse der politischen Prozesse mit Auswirkung auf die Prinzipien und Ausformungen von Demokratie und Marktwirtschaft in den Transformationsländern, stärker zu berücksichtigen als dies in den neoinstitutionalistisch oder elitenorientierten, aber auch makroakteurstheoretischen Ansätzen der Transformationsforschung der Fall ist (vgl. Birle/Wagner 2001: 121-125). In der Konsequenz wird der Bürger (wieder) als eigenständiger Akteur im politischen Prozess wichtig und muss entsprechend auch gezielt hinsichtlich seiner politischen Überzeugungen analysiert werden.

Doch nicht nur die Belebung der politikwissenschaftlichen Diskussion durch die Transformationsforschung der 1990er Jahre erwies sich als bedeutsamer Faktor für eine Reaktivierung der politischen Kultur- und Demokratieforschung. Bereits in den 1980er Jahren konnte in verschiedenen Schriften der Kulturanthropologie und der Sozialwissenschaften eine Rückbesinnung auf kulturelle Bestimmungsgründe menschlichen Verhaltens festgestellt werden (vgl. Douglas/Wildavsky 1982, 1997; Thompson u.a. 1990; Eckstein 1988; Inglehart 1979). Nachdem in den 1960er und 1970er Jahren die Beschäftigung mit kulturellen Erklärungsgründen politischen Verhaltens deutlich zurückgegangen war, griffen nun Forscher wieder vermehrt auf kulturalistische Erklärungen politischer Entscheidungen und politischer Prozesse zurück. Dabei wurde an Traditionslinien der 1940er und 1950er Jahre angeknüpft, die mit Namen wie Lucian Pye, Gabriel Almond, Sidney Verba, Alex Inkeles aber auch Margaret Mead und Ruth Benedikt verbunden sind. Zusammengefasst wurde diese Entwicklung der Sozialwissenschaften der 1980er Jahre unter dem Begriff eines *„cultural turn"*, der Kultur wieder als wichtigen Erklärungsfaktor gesellschaftlichen Handelns etablierte.

Zu den Spezifika des „cultural turn" zählt die verstärkte Hinwendung zu *interdisziplinären Denkmustern*, die eine Verzahnung zwischen historischen Prägungen und systematisch-analytischen Betrachtungen der Neuzeit, wie sie z.b. durch die Gedanken der Modernisierungstheorie abgebildet werden, anstrebten und anstreben. Erfolg oder Scheitern von Demokratisierungsbemühungen sowie die verschiedenen Pfade, welche junge Demokratien in ihrer politischen und wirtschaftlichen Entwicklung einschlugen, ließen kulturelle Faktoren als mögliche Erklärung unterschiedlicher politischer Entwicklungen denkbar erscheinen. Anders als im ersten Stadium der Auseinandersetzung mit kulturellen Mustern gelang es den Protagonisten kultureller Begründbarkeiten des politischen und gesellschaftlichen Handelns in aller Welt, wie Francis Fukuyama, Lawrence Harrison oder Robert Putnam, diesmal, die Diskussion kultureller Beweggründe über die rein wissenschaftliche Debatte hinaus in die Öffentlichkeit zu tragen (vgl. Huntington 2000: xiv) und auf gesellschaftlich hoch relevante Thematiken hinzuweisen. Religiöse, ethnische und ethische Konflikte sowie die zunehmende Bedeutung länderübergreifender Entwicklungstendenzen, wie sie in der Globalisierungsdebatte betont werden, taten ihr Übriges für den Aufschwung kultureller Fragestellungen.

Parallel zur gesteigerten Öffentlichkeitswirksamkeit erfolgte auch die wissenschaftliche Wiederbelebung kultureller Erklärungsmuster. Seymour Martin Lipset (1981), Robert Putnam (1993) und Roland Inglehart (1990, 1998; Welzel/Inglehart 2000; Welzel 2002) konnten nun konkretere Nachweise erbringen, dass kulturelle Muster[2] – hauptsächlich als in der Bevölkerung verankerte Wertorientierungen – in der Tat eine Prägekraft für die Pfade der gesellschaftlichen, politischen, ökonomischen und sozialen Entwicklungen eines Landes oder einer Region besitzen. Ihre Aussagen stützten sich vornehmlich auf eine größere Zahl an empirischen Untersuchungen, die dank ihrer international vergleichenden Konzeption eine „härtere empirische Basis" besitzen als die Belege der früheren Diskussion der 1940er und 1950er Jahre.[3] Wieder war es vor allem die Erforschung von Systemen im Übergang zwischen autoritären Herrschaftsformen und Demokratie, die ins Zentrum der Betrachtung rückte. So belebten nicht zuletzt

---

[2]   Damit erfolgt eine Anknüpfung an die Idee der „cultural patterns", wie sie schon Ruth Benedict frühzeitig herausgestellt hat (1956).

[3]   Allerdings gelang es ihnen auch nicht, das Problem der Kritik an der Survey-Forschung als angeblich ungeeignetem Instrument der Erhebung von politischer Kultur zu umgehen.

die Ergebnisse der Entwicklungsländerforschung (vgl. Diamond 1994; Pye/ Verba 1965) durch ihre Analysen die Diskussion kultureller Einflüsse. Die Entwicklungsländerforschung war es aber auch, die immer wieder kritische Fragen an die Verwendbarkeit des wieder aufgenommenen klassischen Ansatzes der politischen Kulturforschung und sein methodisches Vorgehen formulierte.

Mit diesen Gedanken kehrt man zurück zum politikwissenschaftlichen Feld der Transformationsforschung und der Betrachtung von Staaten in Übergangsstadien zwischen autoritären Systemen und Demokratien. Der Zugang von Transitionsstudien[4] ist in verschiedener Hinsicht anregend für den Forschungszweig der vergleichenden politischen Kulturforschung. So ist die Frage nach der Konsolidierung eines demokratischen Systems letztendlich eine Frage nach der *Stabilität eines politischen Systems* und den Bedingungen dafür.[5]

Diese Frage stellt seit jeher das zentrale Interessengebiet der *politischen Kulturforschung* dar, beschäftigt sie sich doch vor allem mit den Einstellungen der Bürger zu ihrem politischen System und dessen Elementen. Nicht nur dem einzelnen Bürger als politischem Akteur (d.h. als Träger der Einstellungen), sondern auch seiner gesellschaftlichen Einflusskraft, wie sie z.b. teilweise in den Überlegungen der Zivilgesellschaft ihren Ausdruck findet (z.B. in Form von Beurteilungen des politischen Systems und Folgen im Wahlverhalten), wird in der politischen Kulturforschung Rechnung getragen.

Es wird deutlich, dass es sich beim Konzept der politischen Kultur um einen tragenden und fruchtbaren Ansatz in der Politikwissenschaft handelt, der in gleicher Weise wie institutionelle, strukturfunktionalistische und akteurszentrierte Forschungsansätze eine eigenständige Berechtigung innerhalb der Profession besitzt. Bereits die Ansprüche seiner ersten Formulierung (vgl. Almond 1956) stellten sich keine geringere Aufgabe als die Erforschung der *Verbindung zwischen Bevölkerung und Staat* bzw. politischem System, den individuellen Einstellungen und der nationalen Entwicklung. Damit wurde ein kulturalistisches Konzept der Verbindung von Mikrodenken und Makroanalyse angestrebt, wie es bis dato so noch nicht versucht wurde. Es grenzte sich insbesondere von der bis dahin weitgehend vertretenen Meinung einer eher passiven Rolle des Individuums im politischen Prozess ab, wie sie historisch institutionalistische und

---

[4]   Hierfür sind im deutschen Sprachraum die Arbeiten der Arbeitsgruppe Systemwechsel als Übersicht des Forschungsbereiches zu empfehlen. Die in ihrem Zusammenhang erarbeiteten Ergebnisse thematisieren unterschiedliche Aspekte, die Transformationsprozesse in mehreren Weltregionen in Form von Sammelbänden bearbeiten (vgl. Merkel u.a. 1996, 1997, 1998, 2000).

[5]   Der analytische Zielpunkt der Stabilität blieb auch das Zentrum verschiedener Modifikationen des Konzeptes in den folgenden Jahrzehnten (vgl. zusammenfassend Dias 1971; Iwand 1985; Rohe 1996; Reisinger 1995) und lässt ihn – trotz aller inhaltlichen Probleme – nach wie vor eine hohe Relevanz gerade für die vergleichende Politikwissenschaft behalten.

strukturfunktionalistische Ansätze vertraten und wies dem Bürger eine gewichti-
gere Bedeutung zu.

In den letzten Jahrzehnten wurde eine Vielzahl von *Defiziten des Ansatzes
der politischen Kultur* herausgearbeitet und kritisch diskutiert (vgl. zusammenfassend Berg-Schlosser 1999; Pollack/Wielgohs 2000: 66-68). An dieser Stelle
seien nur einige Kritikpunkte kurz genannt: So bestehen z.b. Zweifel daran, ob
politische Kultur überhaupt einen realen Einfluss auf die Stabilität eines politischen Systems besitzt – oder gar daran, was die Stabilität eines politischen Systems überhaupt bedeutet und wie sie messbar ist. Ebenfalls ungeklärt ist, inwieweit politische Einstellungen und politisches Verhalten miteinander in Verbindung stehen bzw. wie politische Orientierungen empirisch regelgerecht erfasst
werden können. Möglicherweise ist ja auch das bislang verwendete Konzept
theoretisch viel zu inkonsistent für eine systematische politikwissenschaftliche
Forschung bzw. verwendet einen soweit verengten Kulturbegriff, dass die Ergebnisse per se in Frage zu stellen sind (vgl. Rohe 1990: 331-332; Behr 2001:
93-95).[6]

Bei all diesen Einwänden wurde die *grundsätzliche Notwendigkeit* eines
solchen (kulturalistischen) Zugangs jedoch kaum in Frage gestellt. Für konkrete
empirische Analysen erfolgte immer wieder der Rückgriff auf die etablierten
Konzepte der vergleichenden politischen Kulturforschung, wollte man doch in
der wissenschaftlichen Diskussion nicht in die (meist negativ angesehene) Verwendung von politischer Kultur als Allerweltsbegriff von politischen Umgangs-
formen (vgl. Berg-Schlosser/Schissler 1987: 11) zurückfallen. Nützliche Modifikationen, wie die Formulierung weiterer Elemente der politischen Kultur, z.B.
im Sinne einer Deutungskultur nach Karl Rohe (1996), oder spezifische Ausdeh-
nungen, wie sie z.B. durch die von Robert Putnam 1993 ausgelöste Debatte um
soziales Vertrauen und Sozialkapital (siehe auch Putnam 2001, 2002; Gabriel
u.a. 2002) erkennbar wurden, trugen wesentlich zur Renaissance dieses Forschungszweiges der Politikwissenschaft bei.

In der Bundesrepublik wurde diese Entwicklung eigentlich erst seit den
1980er Jahren richtig wahrgenommen (siehe Gabriel 1986; Greiffenhagen/Greif-
fenhagen 1981, 2002). Eine gewisse Expansion erlebte das Konzept mit der
deutschen Wiedervereinigung (vgl. Fuchs 1996, 1999; Gabriel 2000a; Gensicke
1998; Pickel u.a. 1998; Pollack 1997, 2000; Westle 1998). Divergenzen in den
politischen Kulturen Ost- und Westdeutschlands trotz gleicher institutioneller
Struktur sind der Grund für das steigende Interesse. Hinzu kommt die erneute
Bestätigung des Tatbestandes, dass es sich bei Deutschland um einen exemplarischen Sonderfall für die politische Kulturforschung handelt. So kann es nun

---

[6]   So bezeichnete Max Kaase in einem Beitrag von 1981 das Anliegen politische Kultur zu fassen
      als den „Versuch einen Pudding an die Wand zu nageln".

quasi als ein experimentelles Design für die Etablierung einer neuen politischen Kultur als Resultat von rapidem sozialem Wandel und geringer Auswahl im institutionellen Umgestaltungsprozess gelten. In Folge der sich daraus entwickelnden Debatte um die Konsequenzen der für das vereinte Deutschland ermittelten Befunde wurden auch frühere theoretische Kritikpunkte am Ansatz der politischen Kulturforschung neu aufgenommen, präzisiert (vgl. Fuchs 2002; siehe Kapitel 3.4) und für die Analyse operationalisiert.[7]

Neben diesen Ausführungen ist noch ein weiterer Entwicklungsstrang vergleichender politikwissenschaftlicher Forschung anzusprechen. Er verdeutlicht, warum nicht nur die vergleichende politische Kulturforschung im Zentrum der vorgestellten Überlegungen steht. Es handelt sich um die vergleichend angelegte Demokratieforschung empirischer Ausprägung – kurz ein Forschungsbereich, der oft als *Demokratiemessung* bezeichnet wird. Dies folgt aus der Erkenntnis, dass sich in den letzten Jahren eine Verlagerung des politischen Kulturansatzes auf den *Forschungsfokus Demokratie* entwickelt hat. Nicht mehr ein unbestimmtes politisches System wird nun auf seine Stabilität hin untersucht, sondern Demokratien sind Zielpunkt der Analyse. Dies ist deshalb nicht zu weit von den Vorstellungen der klassischen politischen Kulturforschung entfernt, weil dieser Fokus bereits früh in den Überlegungen Almond und Verbas angelegt war – allerdings ohne dass er explizit angesprochen wurde.

Neuere Betrachtungen der vergleichenden politikwissenschaftlichen Analyse versuchen entsprechend die Integration der politischen Kulturforschung in die Überlegungen der vergleichenden Demokratieforschung (vgl. Diamond 1999; Welzel 2002). Diese betreffen theoretische wie empirische Gedanken und stehen in deutlichem Zusammenhang zu Konzepten der Transitionsforschung (vgl. Linz/Stepan 1996; Merkel 1999). Daneben werden etablierte Ansätze der Analyse von Demokratie (vgl. Lijphart 1971, 1999; Freedom House 2000; Vanhanen 1997) mit politisch-kulturellen Aspekten verbunden. Mehr und mehr wird versucht strukturelle Erklärungsmuster zu entwickeln, die über die einzelnen Gebiete (Lateinamerika, Osteuropa, Asien etc.) hinausgehen und sich als generalisierbare Muster auf andere Regionen übertragen lassen. Ein Beispiel sind die Überlegungen zum Ablauf von Transformationen, die von ihrem früheren Anwendungsgebiet Lateinamerika auf Osteuropa transferiert wurden. Aber auch eine Ausweitung der Diskussionen auf den asiatischen Raum ist zu beachten (vgl.

---

[7] Die *Verwendung Deutschlands (besonders Ostdeutschlands) als exemplarischen Fall* der politischen Kulturforschung ist keine gänzlich neue Erscheinung. Bereits in den frühen Studien der politischen Kulturforschung nahm die neu begründete demokratische Bundesrepublik die Position eines fast experimentellen Designs der Betrachtung des Wandels politischer Kultur ein (vgl. Conradt 1980). Damals wie heute lag das zentrale Interesse der Forscher auf dem Versuch, Persistenz oder Wandelbarkeit politischer Überzeugungs- oder Wertstrukturen zu erklären.

Croissant 2002), wobei die Forschung über dieses Gebiet eher noch in Nordamerika beheimatet ist und bislang auf dem europäischen Kontinent nur begrenzt Einzug in die wissenschaftliche Analyse fand.

Ein Problem dieser Ausweitungen ist der gewählte *Referenzmaßstab* für die Bewertung der mit den Instrumenten der vergleichenden politischen Kulturforschung und der vergleichenden Demokratieforschung behandelten Gebiete. So wird nach wie vor ein westliches, genauer ein amerikanisches, Grundmodell von Demokratie als Bewertungsrahmen verwendet, was auf die Genese des Forschungszweiges und den Sitz seiner zentralen Protagonisten in den USA zurückzuführen ist. Dieses „*traveling*"-Problem[8] ist eine Schwierigkeit, die der politischen Kulturforschung bereits seit ihrer Frühzeit anhaftet. Es konnte trotz einer Vielzahl an Einwänden (besonders seitens der Entwicklungsländerforschung) bislang noch nicht befriedigend gelöst werden (vgl. Derichs 1998). Immer noch müssen sich das Konzept der politischen Kulturforschung wie auch die empirische Demokratiemessung den Vorwurf eines „kulturellen Hegemonialismus" gefallen lassen. Möglicherweise ist jedoch zur Erzielung inhaltlich weiterführender Aussagen die Festlegung eines Referenzpunktes notwendig, ist eine vergleichende Analyse ohne Referenzpunkt doch schwierig durchzuführen. Fraglich ist dann aber trotzdem, ob dies gerade eine Demokratie amerikanischer Prägung sein muss. Entsprechend bleiben Für und Wider der Referenz auf die amerikanische Demokratie in der Fachdiskussion weiterhin umstritten.

Ein weiterer Aspekt, der für die Demokratie als neuem (und auch tragfähigem) Zielpunkt der politischen Kulturforschung spricht, sind Erkenntnisse aus aktuellen Analysen auf der theoretisch-empirischen Ebene (vgl. Norris 1999; Fuchs 2002; Lane/Ersson[9] 2002). Hier wird der oft als eher „schwammig" und ungenau angesehene Begriff der politischen Kultur präzisiert und es entsteht die Möglichkeit ihn in einzelne – zwar miteinander verbundene, aber doch getrennte und eigenständige – Bestandteile zu zerlegen, die wiederum Kern weiterer Analysen und Untersuchungen sind. Diese Weiterentwicklung erscheint als wesentlicher Fortschritt der politischen Kulturforschung, da sie das dem Ansatz immanente Problem des „*conceptual stretching*" des Konzeptes erheblich reduziert

---

[8]   Der Begriff des „traveling" eines Konzeptes bezieht sich auf die (gelegentlich unzulässige) Übertragung eines theoretischen Konzeptes von einem Anwendungsgebiet auf ein anderes. Dies kann genauso die Übertragung von einem inhaltlichen Gebiet auf ein benachbartes sein, wie von einer Region, in der und für die ein Konzept entwickelt wurde, auf andere Regionen. Gerade letzteres wird gelegentlich der klassischen politischen Kulturforschung vorgeworfen.

[9]   An dem Zugang von Lane/Ersson (2002) ist der umfassende Bezug auf die Gedanken der neuen (politischen) Kulturtheorie (NCT) interessant. Er dient als Grundlage ihrer weiteren Untersuchungen, die sich auf die Makroebene konzentriert.

und einen klaren Bezugspunkt für empirische Analysen schafft.[10] Zwar wird damit nicht die grundsätzliche Frage – was politische Kultur begrifflich präzise ist – beantwortet, aber es ist nun möglich klarer bestimmte Orientierungen zu erfassen, die einen Rückschluss auf die Legitimität und damit auch die Stabilität einzelner politischer Systeme zulassen, – und dies ist immer noch die zentrale Zielfrage der politischen Kulturforschung.

Wo sind nun die vergleichende politische Kulturforschung und die verglei- chende Demokratieforschung wissenschaftlich zu verorten? Selbst wenn man sie zentral der Disziplin Politikwissenschaft und dort besonders der vergleichenden Politikwissenschaft zuordnet (vgl. Almond/Verba 1963; Berg-Schlosser 1987; Birle/Wagner 2001), besitzen beide Forschungslinien doch starke Anleihen an die Kultur- und Sozialanthropologie, die Soziologie, die Ökonomie und die So- zialpsychologie. Vor allem der Kulturanthropologie der frühen Jahre kommt für die Entwicklung des Gedankens, (politische) Kultur in die Erklärung sozialer und politischer Prozesse zu integrieren, eine hervorzuhebende Gültigkeit zu. So wurde dort zuerst die Diversität von kulturellen Erscheinungen als Forschungsin- teresse formuliert und der Gedanke des „Vergleichens" als methodisches Design herausgestellt. Greiffenhagen/Greiffenhagen (2002: 389) sprechen sogar davon, dass die politische Kulturforschung zentral vom Vergleich lebt: „Der wichtigste Impuls für die politische Kulturforschung, nämlich der Vergleich von früher und heute, hier und dort, liefert gleichzeitig eine ihrer wichtigsten Methoden."

Ursprünglich standen *partikularistische* Ansätze (Ansätze, die sich insbe- sondere auf *unterschiedliche Entwicklungen in unterschiedlichen Teilgebieten eines Wissenschaftszweiges* beziehen und nur dort zur Erklärung von sozialen und politischen Phänomenen beitragen) gegenüber *universalistischen* Ansätzen (Ansätze, die einen allgemeinen, übergreifenden Erklärungsanspruch anmelden) im Vordergrund. Dieser Fokus hat sich unter dem Eindruck der Ausbreitung intensivierter statistischer Methoden und der Steigerung der Analysemöglichkei- ten aufgrund spezialisierterer Computertechnik in der Folgezeit geändert. Mitt- lerweile versuchen die meisten Forschungsprojekte allgemeine Erklärungen zu

---

[10]   „Conceptual Stretching" umschreibt den Vorgang der Ausdehnung eines bestehenden theoreti- schen Konzeptes in seinem Geltungsbereich, der so weit geht, dass auch andere Phänomene, die vorher nicht eingeschlossen wurden, in das Konzept einbezogen werden. Das Problem ei- nes solchen Vorgehens liegt unter anderem darin, dass auch nicht vorgesehene oder aber auch nicht passende Phänomene mit einem Konzept zu erklärend versucht werden. Man kann dann von einer „Überdehnung" eines Konzeptes sprechen. Lauth fügt noch den Tatbestand hinzu, dass „neue empirische Befunde, auch wenn diese nicht genau passen, einem Typus zugeordnet werden und diesen damit unschärfer werden lassen" (Lauth 2004: 39).

erzielen und streben eine universelle Bedeutung von Aussagen an, die über einzelne Kulturen mit ihren kulturspezifischen Mustern hinausgeht.[11]
    Die vergleichende politische Kulturforschung und die vergleichende Demokratieforschung sind begrifflich zu unterscheiden. Der zuerst genannte Forschungsansatz bezieht sich hauptsächlich auf Einstellungen von Individuen oder gesellschaftliche Symbole (siehe Kapitel 3.5). Möglicherweise können auch Handlungsweisen der Bürger mit einbezogen werden. Die vergleichende Demokratieforschung dagegen konzentriert sich auf objektive und subjektive, theoretische und praktische, normative und empirische Befunde zur Demokratie. Die Demokratieforschung ist folglich durch ihren Analysegegenstand definiert, während die politische Kulturforschung stark durch ihren Zugang (Einstellungen und Symbole) bestimmt wird. Mithin sind die Grenzen zwischen der theoretischen Diskussion von Demokratie – einem der wohl ältesten Diskussionsbereiche der Politikwissenschaft – und der praktischen Analyse von Demokratie in der Moderne fließend.
    Aus dieser breiten Fassung resultiert eine notwendige Begrenzung, die sich auch auf das vorliegende Lehrbuch auswirkt. So ist der verwendete *Terminus „vergleichende Demokratieforschung"* in der Fachliteratur nicht weit verbreitet, und wenn er verwendet wird, unterliegt er oft divergierenden Bedeutungen. Er ist entsprechend eher ein Sammelbegriff für empirische Analysen, die sich *zentral mit Demokratien beschäftigen,* bzw. der Abbildung von Gesellschaftsorganisationen, die allgemein als Demokratie verstanden werden. Dies bedeutet, vergleichende Demokratieforschung definiert sich weitgehend über die Verbindung der inhaltlichen Zielebene (Demokratie, politische Kultur) und der vergleichenden Analyse. Der Begriff der politischen Kultur ist breiter, aber auch unklarer, da er weitaus mehr Untersuchungsziele (Institutionen, politische Akteure, politische Gemeinschaft) umfasst. Eine Festlegung wie „vergleichende Demokratieforschung" integriert somit ein vorrangig methodisches Design (vergleichende quantitativ-empirische Betrachtung) und ein hauptsächlich inhaltliches Interesse (Demokratie, Nichtdemokratie und Qualität von Demokratien) zu einem eigenständigen Forschungsschwerpunkt.
    Folglich sind sowohl vergleichende politische Kulturforschung als auch vergleichende Demokratieforschung (a) *empirisch* (wobei die quantitativ-empiri-

---

[11] Gerade die Entwicklungen der letzten Jahre unterstreichen dies. Mehr und mehr wird Wert auf eine grundsätzlich Staaten und Regionen vergleichende Form der Analyse gelegt. Dabei besitzt gerade der politische Kulturansatz eine methodische und inhaltliche Spannbreite wie kaum ein anderer politikwissenschaftlicher Forschungsansatz, bewegt er sich doch auf der einen Seite auf der Aggregatebene der Erklärung von Länderunterschieden, auf der anderen Seite auf der Mikro- oder Individualebene der Erklärung von Einstellungen in verschiedenen Ländern. Bei diesem Vorhaben kommt der vergleichenden Umfrageforschung besondere Bedeutung zu (vgl. Almond/Verba 1963; Inglehart 1990; van Deth/Scarborough 1995).

schen Analysen etwas Überhang besitzen) und (b) *theoretisch* fundiert. So ist ohne eine Festlegung, wie der einzelne Forscher Demokratie definiert, eine Analyse von Demokratien nicht möglich. Die verwendeten Grundprämissen können dabei ganz unterschiedlichen theoretischen Denkschulen und Ansätzen entstammen (zur Übersicht siehe Schmidt 2000). Praktisch hat sich aber für die meisten Formen der quantitativ vergleichenden Analyse von Demokratien das Denkmodell und das Instrumentarium von Robert Dahl (1956) als Leitlinie der Forschung etabliert (siehe Lauth u.a. 2000).

Eine umfassende Behandlung der ganzen Spannbreite von Forschungsansätzen und Forschungsergebnissen der Demokratieforschung erscheint nahezu unmöglich. Um sich nicht in einer kaum zu bewältigenden Masse von Einzelstudien (Case-Studies) und Area-Analysen zu einem fast unübersichtlichen Spektrum an Themenbereichen, die mit Demokratie in Verbindung stehen, zu verlieren, wird *für die vorliegende Publikation die vergleichende Demokratieforschung als empirisch-quantitativ vergleichende Demokratieforschung bzw. Demokratiemessung verstanden.*

Diese Einschränkung bedeutet zwar eine Reduktion des Betrachtungsspektrums, da sie auf die Ergebnisse der Entwicklungsländerforschung und der Kulturanthropologie fast komplett verzichtet, erscheint uns aber aus Gründen der Übersichtlichkeit und Darstellung vertretbar. Insbesondere der Aspekt der Konzentration auf die vergleichende Forschung, die auf einen strukturellen, übergreifenden Erklärungsanspruch ausgelegt ist, kann als Argument für diese Beschränkung angeführt werden. In einigen Anmerkungen zur vergleichenden Methodenlehre (vgl. Sartori 1994: 23-24) wird Fallstudien sogar der Status, ein Teil der vergleichenden Analyse zu sein, abgesprochen (vgl. dazu die Debatte bei Muno 2003 und Ragin 1987).

Fasst man die bisherigen Überlegungen zusammen, so stellen die vergleichende Demokratieforschung und die vergleichende politische Kulturforschung ein Bindeglied zwischen drei Bereichen der Politikwissenschaft dar.

a.   Sie nutzen das methodische Instrumentarium der *vergleichenden Politikwissenschaft.*

b.   Sie integrieren die Einstellungen, Überzeugungen und teilweise auch Handlungen des Bürgers, also gemeinhin das Ziel der *politischen Soziologie*, in die vergleichende Politikwissenschaft.

c.   Ihr Zielbereich fordert eine breite theoretische Fundierung, wie sie nur aus Diskussionen der *politischen Theorie und Anthropologie* zu gewinnen ist.

Ungeachtet der wachsenden Bedeutsamkeit der vergleichenden politischen Kulturforschung findet sich in der deutschsprachigen Literatur bislang kein zusammenfassendes Einführungswerk. Zwar existieren bereits einige systematische

Umsetzungen der theoretischen, methodischen und empirischen Prämissen des Ansatzes (siehe z.B. Dias 1971; Gabriel 1986; Fuchs 1989; Westle 1989), diese stehen aber bislang eher nebeneinander und sind wenig aufeinander bezogen. Ihre Grundlage ist häufig der traditionelle politische Kulturansatzes von Almond und Verba (1963) oder ein bestimmter Bestandteil davon, der dann forschungspragmatisch für das eigene Untersuchungsziel weiterentwickelt wird. Oft spezialisieren sich die vorgestellten Überlegungen auf einen spezifischen Teil des Ansatzes oder die Interpretation aktuell erhobener Studien. Eine Übersicht mehrerer Ansätze zur politischen Kulturforschung bietet allein Iwand (1985), breitere Diskussionen findet man bei Gabriel (1986), Fuchs (1989) und Westle (1989).[12] Diese geringe, wirklich umfassende, systematische Behandlung des Themas steht in einem Missverhältnis zu dem steigenden Interesse gerade jüngerer Hochschuldozenten an geeignetem Lehrmaterial. Zum Beispiel fehlt zurzeit noch eine geordnete Zusammenstellung der Grundzüge und Entwicklungslinien der vergleichenden politischen Kultur- und Demokratieforschung oder eine Gegenüberstellung von Kritik und Reaktion sowie Kritik an der Kritik. Somit ergibt sich ein zu behebender Mangel, dem mit dem vorliegenden Buch zumindest etwas Abhilfe geschaffen werden soll.

Die Integration theoretischer Grundprämissen des politischen Kulturansatzes, die Aufarbeitung der wichtigsten Ansätze für die empirische Arbeit über Demokratie und die Darstellung der Einbindung der politischen Kulturforschung in die international vergleichende Demokratieforschung (wie sie z.B. in den Schriften des Journal of Democracy zu finden sind) sollen dazu dienen, eine breit gefächerte Diskussionsgrundlage für Forschung und Lehre zu diesem Themenkomplex zu schaffen. Ein Ziel der Publikation ist es, die Relevanz kulturalistischer und auf subjektive Sichten ausgerichteter Konzepte für die vergleichende

---

[12]   Bei der Mehrzahl neuerer Veröffentlichungen zum Thema handelt es sich um räumlich begrenzte (z.B. auf Lateinamerika oder Osteuropa konzentriert), wie auch theoretisch und empirisch auf partielle Objekte des Systems eingeschränkte Analysen (nur politisches Institutionenvertrauen, Herausstellung der Beurteilung der Demokratieperformanz) der demokratischen Überzeugungen (vgl. Fuchs u.a. 1997; Klingemann 2000; Plasser u.a. 1998; Plasser/Ulram 1996; Pollack u.a. 2003). Dies steht im deutlichen Gegensatz zum angloamerikanischen oder skandinavischen Raum, wo insbesondere in den letzten Jahren eine Reihe weiterführender Arbeiten entstand, die in die Konzeptionen der vergleichenden Demokratieforschung integriert sind (vgl. Diamond u.a. 1994; Diamond 1999; Lane/Erson 2002; Linz/Stepan 1996). Zwar findet sich auch dort eine nicht unwesentliche Zahl an partikularistischen Arbeiten (vgl. Whitfield/Evans 1999; Rose/Haerpfer 1998), aber gerade unter Bezugnahme auf die Erforschung von Demokratie herrscht eine starke Tendenz zur Verallgemeinerung und zum Wunsch nach generell gültigen Aussagen ohne kulturspezifische Beschränkungen.

Politikwissenschaft zu illustrieren und in die gängige Forschung zum Themenbereich Demokratie einzuordnen.[13]

Da die vorliegende Publikation als *Studien-* oder *Lehrbuch* konzipiert ist, ist es unvermeidlich, an verschiedenen Stellen Verkürzungen der theoretischen Argumente und Beschränkungen der empirischen Beispiele vorzunehmen. Uns war es wichtiger, dass die Grundprinzipien der politischen Kulturforschung und der Demokratieforschung nachvollziehbar und in ihrer vergleichenden Perspektive erkennbar werden, als ein weiteres Buch für die sehr spezielle Diskussion der Fachdisziplin zu schreiben. Die vorliegende Publikation sollte genügend Anregungen enthalten, dass Studierende des Faches Politikwissenschaft oder auch der Sozialwissenschaften allgemein an diesem forschungstechnisch überwiegend offenen Feld der vergleichenden Politikwissenschaft Interesse finden. Dem soll auch das Format des Buches Rechnung tragen. Durch die Integration von *Memoboxen* werden besonders wichtige Aussagen einzelner Kapitel noch einmal hervorgehoben. Zentrale Diskussionen werden durch eigene *Diskussionsboxen* veranschaulicht. Beigefügte ausführliche Literaturlisten (kommentierte und unkommentierte Literatur) sollen zur Vertiefung einzelner Themen beitragen. Wir hoffen, dass beide Instrumente beim Verständnis der nicht immer einfachen Materie weiterhelfen.

---

[13] Dabei wurde von einem Vorhaben Abstand genommen, welches im Vorfeld der Konzeption des Buches geplant war. So sollte anfangs ein eigenes Kapitel mit systematisch aufgearbeiteten und verarbeiteten Ergebnissen der politischen Kultur- und Demokratieforschung geschrieben werden. Dies erwies sich aber als ein zu umfangreiches Vorhaben, um es im Rahmen eines Lehrbuches sinnvoll umzusetzen, entsprechend wurde darauf verzichtet und überwiegend auf empirische Quellen verwiesen.

Memobox 1:
Grundgedanken

---

* Beim Konzept der politischen Kultur handelt es sich um einen *kulturalistischen Ansatz*. Er grenzt sich von den in der Politikwissenschaft dominierenden (neo)-institutionalistischen und akteurszentrierten Ansätzen ab und besitzt Traditionen aus der Kulturanthropologie.
* Die vergleichende politische Kultur- und Demokratieforschung *gehört* von ihrer Einordnung in die wissenschaftliche Systematik *zum Bereich der vergleichenden Politikwissenschaft*.
* Die Vorgehensweisen der vergleichenden Demokratieforschung integriert strukturalistische, institutionelle und kulturalistische Variablen zur *Erklärung demokratischer Qualität*.
* Der politische Kulturansatz führt das Element des Bürgers und somit das *Subjekt* in die vergleichende politikwissenschaftliche Analyse ein.
* Der politische Kulturansatz ist von der Ausrichtung der beabsichtigten Aussagen her ein *Makroansatz*, der auf akkumulierten bzw. aggregierten Individualdaten (Mikroebene) beruht.

2 Grundlegende methodische Anmerkungen

2.1 Politische Kulturforschung und Demokratiemessung und ihr methodisches Grundverständnis

Die Methoden der politischen Kultur- und Demokratieforschung integrieren vornehmlich methodische Gedanken der vergleichenden Politikwissenschaft (Methoden der Fallauswahl, der Auswahl der Analysemethoden und der Interpretation und Zusammenstellung von Ergebnissen) und differieren sich nicht wesentlich von anderen Bereichen der empirischen Sozialwissenschaften. Die Unterscheidung zu den Forschungsunterbereichen der vergleichenden Politikwissenschaft (der vergleichenden Policy-Forschung, vgl. Widmaier 1997; der vergleichenden Sozialstaatsforschung, vgl. Schmidt 1998) liegt in dem speziellen Themenbereich der Erfassung politischer Kultur – dem Einbezug der Bevölkerung in die Analysen über die aggregierten[14] Ergebnisse der Umfrageforschung.

Eine zentrale Spezialisierung wurde bereits angesprochen: Die empirischen Befunde der politischen Kulturforschung basieren fast durchgehend auf *Bevölkerungsumfragen* – zumindest, wenn man dem traditionellen Ansatz nach Almond und Verba (1963) folgt. Sie steht damit in einer engen Verbindung zu den sozialwissenschaftlichen Methoden der Mikrosoziologie, die sich auf Binnenbeziehungen von Merkmalen auf der Individualebene konzentriert. Diese Fokussierung auf die Surveyforschung als Basis der empirischen Bestätigung theoretischer Annahmen ist ein Grund, warum sich die vergleichende politische Kulturforschung einer doch recht breiten Kritik aus ganz unterschiedlichen Richtungen ausgesetzt sieht. So wird der Umfrageforschung ein zu stark auf die subjektive Meinung der Bevölkerung zentriertes Bild genauso unterstellt, wie eine zu große Neigung zu Fehlschlüssen bei der Übertragung von Ergebnissen der Individualebene auf die Aggregatebene (vgl. Peters 1998: 43-45). Auch wird ihr eine zu

---

[14] Unter Aggregierung versteht man die Zusammenfassung von Einheiten einer niedrigeren Ebene (z.B. einzelne Werte für Personen) zu Kennzahlen einer höheren Ebene (Bevölkerungsdurchschnitte oder Prozente der Zustimmung innerhalb eines Gebietes, einer Region, eines Distriktes). Typisch hierfür wäre die Aussage: „66 Prozent der Deutschen stimmen darin überein, dass die Demokratie die beste Staatsform ist". Diese Aussage bezieht sich auf das Aggregat und nicht den fiktiven Peter Müller, der mit der Demokratie als Staatsform einverstanden ist.

starke Abhängigkeit von subjektiven und damit instabilen Einschätzungen vorgeworfen. Sie erreichten nicht das Niveau „harter" Daten (statistische Grunddaten) und seien entsprechend fragwürdig in ihrer Interpretation, ist das hierzu
angeführte kritische Argument. Insbesondere die Aggregierung der Einstellungsdaten – also der Transfer von der Mikroebene der Personen auf die Makroebene
der Länder – wird als problematisch und fehleranfällig angesehen (vgl. Lieberson 1985: 108; Seligson 2002). Zwischenzeitlich wurden einige der angeführten
Argumente ebenfalls Ziel von zurückweisender Kritik, die ihren (der Kritik an
der aggregierten Umfrageforschung) Ansatzpunkt in Frage stellt (vgl. insbesondere Welzel 2002, 2003).

Nichtsdestoweniger bilden die aggregierten Ergebnisse der Umfragen immer noch die wichtigste Analyseeinheit der vergleichenden politischen Kulturforschung, insbesondere da sich die zentrale Aussagekraft der politischen Kulturforschung auf die Ebene der Länder und nicht auf die Ebene der Individuen bezieht. Nur dort sind die Ergebnisse der Umfragen mit strukturellen Daten der
Länder und Indikatoren der vergleichenden empirischen Demokratieforschung
zusammenzubringen. In neueren Veröffentlichungen werden entsprechend mehr
und mehr Aggregat- mit aggregierten Individualdaten zusammengeführt, um
strukturelle und kulturelle Aussagen miteinander zu verbinden und Beziehungen
zwischen ihnen zu bestimmen (exemplarisch die Arbeit von Welzel 2002).
Durch den Einbezug neuerer Verfahren der technischen und inhaltlichen Verknüpfung beider Ebenen werden zusätzliche Anstrengungen unternommen,
Probleme bei der Verbindung der Mikro- und der Makroebene zu überwinden.

Für die empirische Demokratiemessung sind eher *strukturelle Indikatoren*[15]
bedeutsam. Dort werden nicht nur statistische Grunddaten (Alphabetisierungsra-
te, Bruttosozialprodukt pro Kopf, geschätzte Lebenserwartung in einem Land,
Beurteilung auf dem Human Development Index), sondern auch Typisierungen
(Regimetyp, Wahlsystem, präsidentielles oder parlamentarisches politisches
System) in die Analyse einbezogen. Nicht zuletzt sind die Indikatoren der Demokratiemessung von Experten selbst festgesetzte Makrowerte von Ländern
bzw. Regionen. Sie beziehen sich auf die Ebene der Nation und werden üblicherweise durch die so genannte Aggregatdatenanalyse (vgl. Schmidt 1982)
statistisch untersucht. Aggregatdaten bezeichnen dabei Zuordnungswerte über-
geordneter Kollektive (Länder, Regionen, Verbände etc.). Dies können statistische Kennzahlen unterschiedlichster Art (siehe oben), aber auch aggregierte
Umfragedaten sein. Wichtig ist ihre Gleichwertigkeit im Bezug auf den Daten-

---

[15] Der Begriff des „*Indikators*" bezeichnet die Abbildung eines sozialen Phänomens innerhalb
eines Datensatzes durch dessen abstrakte Verallgemeinerung. Der Indikator sollte dabei realitätsnah konzipiert sein und gleichzeitig den Grundkriterien der Messung (Zuordenbarkeit der
Ausprägungen zu Zahlen) Genüge leisten.

träger.[16] Bei ihrer Analyse ist es möglich, die aggregierten Umfragedaten mit statistischen Kennzahlen (Arbeitslosenquote, Bruttosozialprodukt, Sozialleistungsquote, Scheidungsquote) in direkte statistische Beziehung zu setzen. Diese geben dann Aussagen über Zusammenhänge auf der entsprechenden Analyseebene, zumeist der Ebene der Länder.

Da eine ausführliche Betrachtung der empirischen Methodik den Rahmen der Publikation sprengen würde, sei auf eine größere Zahl an englischsprachigen *Einführungsbüchern,* die sich mit Methoden der vergleichenden Politikwissenschaft beschäftigen (vgl. Dogan/Pelassey 1984; Dogan/Kazancigil 1994; King u.a. 1994; Landmann 2000; Peters 1998; Przeworski/Teune 1969), verwiesen. In jüngerer Zeit ist auch in der Bundesrepublik eine intensivere Auseinandersetzung mit den Methoden der vergleichenden Politikwissenschaft festzustellen (vgl. Lauth u.a. 2004; S. Pickel u.a. 2003; Jahn 2006), die dabei ist, einige interessante deutschsprachige Grundlagenpublikationen hervorzubringen. Die zu einer weiteren Lektüre empfohlen Publikationen sind am Ende des Kapitels im Lektüreverzeichnis aufgeführt.

2.2 Die politische Umfrageforschung als methodische Basis der politischen Kulturforschung

Die Surveyforschung stellt die zentrale Datenerhebungsmethode der politischen Kulturforschung dar. Ihre Verwendung geht zurück bis auf die ersten empirischen Studien zur „Civic Culture" von Almond/Verba, in denen Häufigkeitsauszählungen der Befragungen aggregiert wurden, um Aussagen über die politischen Kulturen der untersuchten Länder zu treffen.[17] Für dieses Vorgehen ist die repräsentative Abbildung der Gesamtheiten (Kollektive) wichtig, ohne die eine Aggregierung nicht möglich ist – genau dieses aber leistet nur die Umfrageforschung.[18] Somit fällt auf der Makroebene die Hauptanwendung der Umfrageforschung in den Bereich der *vergleichenden Politikwissenschaft.* Ihr zweites wichtiges Anwendungsfeld ist die Analyse der Beziehung Bürger – System, in der meist länderspezifisch arbeitenden *politischen Soziologie.* Einzelne Ergebnisse werden aber auch in den internationalen Beziehungen und teilweise sogar in der

---

16   Als Datenträger wird das Objekt der Analyse bezeichnet. Dies kann, wie in der Mikroanalyse, eine Person sein, aber auch eine Institution oder ein Land,wie in der Makroanalyse.

17   Zur theoretischen Zielsetzung der Untersuchungen siehe Kapitel 3.1 und 3.2.

18   Andere Vorgehensweisen der Analyse von Individuen, z.B. durch qualitative Methoden der Soziologie, können den Anspruch der Verallgemeinerbarkeit für die betrachteten Kollektive üblicherweise nicht erfüllen. Dies ist einzig mit der auf Repräsentativität ausgerichteten Umfrageforschung möglich.

Demokratietheorie verwendet. Betrachtet man verschiedene Studien der vergleichenden Politikwissenschaft, so greift ein nicht unwesentlicher Teil auf die übergreifende sozialwissenschaftliche Methode der *Umfrage-* oder der *Meinungsforschung* zurück. Nicht wenige Protagonisten (siehe Ronald Inglehart 1990; Pippa Norris 1999; Kenneth Newton 1999) nutzen auf diesem Instrumentarium beruhende Daten für die Darstellung und Erklärung politischer Phänomene und Sachverhalte.

Zum Zweck der Aussage über die Befindlichkeiten der Bevölkerungen einer Nation kommt der Aggregation und den Aggregierungsregeln der Individualdaten in der politischen Kulturforschung eine herausragende Bedeutung zu. Zumeist sind es einfache Häufigkeiten der Antwortverteilungen zu den Kernindikatoren der politischen Kulturforschung, die sich in einschlägigen Publikationen wiederfinden lassen. Sehen z.B. 85% der ostdeutschen Bürger die Demokratie als angemessenste Regierungsform, so wird dies als Grundlage der Aussage verwendet, 85% der ostdeutschen Bürger unterstützen die Demokratie. Das Instrument der Umfrageforschung ist gerade für diese repräsentative Feststellung von Kollektiveigenschaften ausgezeichnet geeignet. Neben diesen Vorzügen treten bei ihrer Anwendung für den Ländervergleich auch einige Probleme auf.

Grundsätzlich sind für die vergleichende Umfrageforschung die üblichen Probleme der vergleichenden Analyse zu beachten: Das Problem

a. über „*zu wenige Fälle*" für eine Analyse auf der Aggregatebene zu verfügen,
b. das *falsche Design* für die Analyse zu wählen und
c. die *falschen Fälle* für die Demonstration der wissenschaftlichen Analysen und Ergebnisse auszuwählen.

Die Fehlermöglichkeiten gehen in der Umfrageforschung noch darüber hinaus, umfassen sie doch alle Fehlermöglichkeiten der standardisierten Befragung, wie z.B. Doppeldeutigkeit der Fragestellung, Fehler in den Antwortvorgaben, mangelnde Überlappungsfreiheit der Antwortvorgaben, Fehler in der Filterführung, unangemessene Operationalisierung der Fragestellung, Verwendung von Suggestivfragen, Codierfehler und das Problem der falschen Erhebungsfragen. Für genauere Ausführung zu diesen Themen sei aber an dieser Stelle auf einschlägige

Lehrbücher der Methoden empirischer Sozialforschung mit dem Schwerpunkt Befragung verwiesen (vgl. Diekmann 2000; Schnell u.a. 2000).[19] Für den in der politischen Kulturforschung angestrebten Ländervergleich sind vor allem zwei Richtungen der Methodendiskussion herauszugreifen:

1. Die Problematik der *Angemessenheit von Indikatoren* in der Befragung für den Vergleich von Ländern und
2. das *Mikro-Makroproblem* oder die Auseinandersetzung mit der Aggregation von Umfragedaten, die sich in der erweiterten Debatte der Verwendbarkeit von akkumulierten Mikrodaten für die ländervergleichende Analyse niederschlägt.

Ergebnisse der vergleichenden politischen Kulturforschung unterliegen im Allgemeinen der Einschränkung, dass ihnen nur begrenzt geeignetes Datenmaterial zur Verfügung steht. Da sie aber Umfragen benötigen, die oft einen erheblichen organisatorischen Umfang und eine breite finanzielle Basis voraussetzen, und diese noch dazu gut koordiniert und inhaltlich vergleichbar (Äquivalenz der Fragestellungen) sein müssen, besteht eine erhebliche Anzahl an Anforderungen, die erfüllt werden müssen, um eine notwendige und qualitativ hochwertige Datengrundlage zu erhalten. So ist es nicht verwunderlich, dass es nur wenige breit angelegte Befragungen gibt, die einen Vergleich über eine größere Anzahl an Staaten zulassen. Häufiger schon sind auf bestimmte Gebiete begrenzte Vergleichsanalysen zu finden. So rückte seit den 1990er Jahren z.B. Osteuropa stärker in den Mittelpunkt des Interesses.

Die meisten Daten* wurden bisher in den OECD-Staaten Westeuropas und Nordamerikas (bzw. Australien, Neuseeland) erhoben und für Sekundäranalysen aufbereitet.[20] Insgesamt sind vier umfassendere Datenreihen zu nennen, die für die Zwecke der vergleichenden politischen Kulturforschung geeignet sind und auch am häufigsten verwendet werden: Erstens das „International Social Survey

---

[19] An dieser Stelle ist darauf hinzuweisen, dass die Aufzählung der Vielfalt an Fehlermöglichkeiten nicht davon abschrecken sollte, dieses Verfahren einzusetzen. Sie ist eher als Hinweis darauf zu verstehen, dass man sich der breiten Spanne an Fehlermöglichkeiten wohl bewusst ist und sie zu reduzieren bzw. zu kontrollieren versuchen sollte. So ist für die Kritik an diesem methodischen Vorgehen gut darauf zu verweisen, dass Vorgehensweisen, die Aussagen treffen ohne eine entsprechende Methodik einzusetzen, einer weit größeren Gefahr an Fehleinschätzungen unterliegen, ohne diese Fehler genau benennen, geschweige denn beheben zu können.

* Die mit * gekennzeichneten Datensätze können zur Sekundäranalyse relativ problemlos und gegen geringen Kostenaufwand beim Zentralarchiv für empirische Sozialforschung in Köln (www.gesis.org) bestellt werden.

[20] Aber auch in Osteuropa, Lateinamerika, Afrika und Asien wird mehr und mehr empirische Sozialforschung geleistet. Die entsprechenden Daten stehen mittlerweile auch europäischen Forschern zur Verfügung.

Programme", zweitens die seitens der Europäischen Kommission geförderte Reihe der „Eurobarometer", drittens die Studien der „European Values Study" und viertens die Daten der „World Values Surveys".

Die *Eurobarometer** wurden überwiegend zu Zwecken des Policy-Making der Europäischen Kommission entwickelt. Sie werden seit 1973 in allen Mitgliedsstaaten der Europäischen Union (nimmt man die „European Community Studies" hinzu, seit 1970) in regelmäßigen Abständen, mittlerweile halbjährlich, als repräsentative Samples erhoben. Zwischen 1990 und 1996 wurde als Ergänzung zum westeuropäischen Eurobarometer eine vergleichbare Befragungsserie – das Central and Eastern Eurobarometer – in einer wechselnden Anzahl osteuropäischer Länder durchgeführt. Zwischenzeitlich wurde dieses Instrumentarium durch die erst in den letzten Jahren konzipierten Flash Eurobarometer erweitert, die eine möglichst große Aktualität des Datenmaterials erreichen wollen. 2001 kam das „New Applicant Eurobarometer" in den Beitrittskandidaten der Europäischen Union hinzu.

Mit ihrem Startpunkt Anfang der 1970er Jahre ermöglichen die Eurobarometer eine relativ gute Abbildung der zeitlichen Entwicklungen einer Vielzahl an Themen in den Mitgliedsstaaten der Europäischen Gemeinschaft/Union. Insbesondere die individuellen Einstellungen gegenüber der Europäischen Union, ihrem Nutzen und einzelner ihrer Politiken werden durch diese Befragungen regelmäßig erfasst (vgl. Gabriel/Brettschneider 1994).

Ein für die vergleichende politische Kultur- und Demokratieforschung ebenfalls nützliches Datentool (Datenerhebungsinstrument) sind die seit 1985 im jährlichen Rhythmus durchgeführten Erhebungen des „*International Social Survey Programes*" (ISSP)*. Sie werden üblicherweise in verschiedenen – nicht nur europäischen – Ländern an nationale allgemeine Bevölkerungsumfragen angehängt. Die beteiligten Forscher einigten sich auf regelmäßig wiederkehrende Themenschwerpunkte: Social Inequality (1987, 1992, 1999), Religion (1991, 1998), Family (1988, 1994, 2002), Environmental Problems (1993, 2000), Beliefs in Government (1985, 1990, 1996), Social Relations (2001), National Identity (1995, 2003). Startpunkt dieser Untersuchungsreihe war das Jahr 1985. Durch ihre jährliche Durchführung mit wechselnden Themengebieten der Sozialwissenschaften versuchen sie zwei Aufgaben zu erfüllen:

1. einen Querschnittscharakter zu einem Spektrum an wichtigen sozialwissenschaftlichen Themen international zu erfassen und
2. durch die Replikation (Wiederholung der Studie) von Fragestellungen zu einzelnen Themenbereichen die Chance der Vergleichbarkeit und der Erfassung des sozialen Wandels zu ermöglichen.

Mit diesem Design gehören die ISSP-Studien zu den wichtigsten Datenquellen für Sekundäranalysen zu europäischen Werten und Einstellungen.[21]
    Maßstäbe in der Breite der Erfassung politisch-kulturell bedeutender Überzeugungen hat der „*World Values Survey*"* (WVS) gesetzt. Ausgehend von einer ersten Erhebung des European Values Survey 1981 in zehn europäischen Staaten wurden die Fragestellungen in 14 weiteren Ländern repliziert (vgl. Inglehart 1997: 343). 1991 wurde eine Ausdehnung auf weitere Länder vorgenommen.[22] Mit dem Hintergrund einer Abbildung des Wertewandels vom Materialismus zum Postmaterialismus (vgl. Inglehart 1971, 1979) wurde ein Instrumentarium entwickelt, welches auf ein möglichst breites Spektrum an Ländern abzielte und durch über die Zeit immer wieder vergleichend durchgeführte Untersuchungen der gleichen Länder auch eine zeitliche Vergleichsperspektive in das Design einbringen wollte.
    Von Ronald Inglehart in die Tat umgesetzt, konnte gerade diese Studie durch ihre Replikation 1991, 1995-1998 und 2002-2003 eine wachsende Verbreitung in der Forschungslandschaft erzielen. Auch die Ausdehnung der einbezogenen Länder – so umfasste die letzte Erhebungswelle zwischen 1995 und 1998 über 50 Staaten der Erde – garantierten ihr eine bedeutende Stellung in der Analyse der politischen Kulturen der Welt. Dank ihrer Verbreitung über das „Interuniversity Consortium for Political and Social Research" (ICPSR) in Ann Arbor (Michigan) und ihre Verfügbarkeit über verschiedenste Datenarchive der Welt (eingeschlossen das Zentralinstitut für Sozialforschung an der Universität Köln), gelangen immer wieder Ergebnisse zu verschiedenen sozialen und politischen Themen aus ihrem Fundus in die wissenschaftliche Diskussion. Ursprünglich war es das Anliegen der Datenerhebung, Wertorientierungen und deren Wandel in der modernen bzw. postmodernen Gesellschaft näher zu erforschen. Vor allem die Differenzierung zwischen Postmaterialismus und Materialismus kristallisierte sich als ein zentrales Ergebnis der Datenanalysen heraus (vgl. Inglehart 1979, 1990, 1997). Doch auch zu politischer Kultur und Bewertung der Demokratie eines Landes finden sich in den neueren World Values Survey Erhebungen vermehrt Aussagen und Ergebnisse. Insbesondere die Arbeiten des Wissenschaftszentrums in Berlin in der Gruppe um Hans-Dieter Klingemann (Dieter Fuchs, Edeltraud Roller, Bernhard Weßels und Christian Welzel) setzten sich in der Bundesrepublik in den letzten Jahren mit verschiedenen Fragestellungen der

---

[21]   Seit jüngerer Zeit hat sich, initiiert und gefördert durch die Europäische Union, das „European Social Survey Programme" konstituiert, welches in den nächsten Jahren wohlmöglich eine größere Zahl an Einstellungs- und Verhaltensdaten im Europäischen Raum ermitteln wird.

[22]   In der zweiten Befragungswelle war ein Konsortium von Wissenschaftlern für die Durchführung in Europa zuständig, während Ronald Inglehart die außereuropäischen Länder betreute. Die dritten Wellen des World Values Survey und des European Values Survey wurden dann mit getrennter Verantwortlichkeit durchgeführt.

politischen Kulturforschung unter Verwendung der Daten des World Values
Survey auseinander.

Aus der gleichen Ausgangsstichprobe heraus resultiert der „*European Values Survey*"* (vgl. Halman/Petterson 1996; Zulehner/Denz 1993). Wie bereits
angesprochen ist er auch als die Keimzelle des World Values Survey anzusehen
und somit in seinem inhaltlichen Spektrum sehr ähnlich konzipiert. Der einzige
Unterschied liegt in der, bereits aus dem Namen ersichtlichen, Konzentration auf
die Staaten Europas. Befragungswellen 1981/1982, 1990 und zuletzt 1999 (vgl.
Halman 2001) mit weitgehend gleichen Fragebögen in letztendlich 33 europäischen Staaten (1981/82 waren es noch 15 Staaten) zielen auf Aussagen über
Religion, Arbeitswerte, Familie, Demokratie und grundsätzliche Wertorientierungen (vgl. Denz 2002: 11-22). Neben diesen für Europa wohl wichtigsten
Datenquellen finden sich noch mehrere Einzelstudien mit vergleichenden Fragestellungen, die hier aber aufgrund ihrer Masse nicht behandelt werden können.

2.3 Die Indikatorenproblematik in der vergleichenden Umfrageforschung

Ein wesentlicher Diskussionspunkt der Umfrageforschung ist die Verbindung
von Theorie und Empirie. So ist es notwendig, die theoretisch formulierten Konzepte in Fragen umzusetzen, die dem Forscher Auskunft über die Abbildung des
in der Realität existierenden Tatbestandes geben. Dies ist nicht Eins-zu-Eins
möglich, da sich die formulierten Theorien meist auf latente (nicht direkt aus der
Umwelt greifbare) Konzepte beziehen. Die theoretisch konstruierten Zusammenhänge liegen in der Wirklichkeit natürlich nicht in dieser abstrakten Weise vor.
Folglich versucht man eine möglichst nahe am theoretischen Konstrukt liegende
Abbildung des untersuchten Tatbestandes in der Welt zu finden.[23] Diese soll dem
Forscher die Möglichkeit einer Aussage über die reale Abbildung des theoreti-
schen Konstruktes eröffnen. Dazu dient ein so genanntes Indikatorereignis.[24]

Theorie ⇔ th. Konstrukt ⇔ Indikatorereignis ⇔ Realität

---

[23]   Damit wird der in der quantitativen Sozialforschung verbreiteten abbildungstheoretischen
Prämisse Folge geleistet, die besagt, dass in Analysen ein möglichst detailgenaues Abbild der
Wirklichkeit angestrebt werden sollte.

[24]   Ein Indikatorereignis für das theoretische Konstrukt Rechtsextremismus kann z.B. die Zahl von
Gewalttaten gegen Ausländer sein. Angestrebt ist immer eine möglichst große Nähe zwischen
Indikatorereignis und theoretischem Konstrukt.

Die Existenz einer Distanz zwischen Theorie und Empirie gilt für die Umfrageforschung in besonderem Ausmaß. So erfasst die Umfrageforschung doch nur
eine *vermittelte Information*, d.h., es werden *Aussagen* der Befragten über ihre
Haltung zur Sozialpolitik, über ihre persönliche Situation und über ihre Wertvor-
stellungen erfasst. Diese Informationen sind zusätzlich durch das Subjekt vorge-
filtert und müssen nicht eine direkte Abbildung der realen Situation sein.[25]
Schließlich bewertet das Individuum einen Tatbestand, bevor es eine Äußerung
dazu abgibt. Dies spiegelt die Einflüsse von kognitiven, affektiven und evaluativen Einstellungselementen wieder, die auch bei der Erfassung von Tatbeständen
Wirksamkeit besitzen.

Indikatorereignis ⇔ Operationalisierung ⇔ wahre Aussage des Befragten ⇔
subjektive Deutung des objektiven Tatbestandes ⇔ objektive Situation/
Realität

Eine wichtige Voraussetzung dafür, dass ein solches Vorgehen überhaupt funktionieren kann, ist: Der Forscher muss sich auf die Aussagen der Befragten über
soziale Tatbestände wie auch über ihre Einstellungen verlassen können. Dabei
gilt die Grundannahme, zunächst allen Aussagen Glauben zu schenken und sie
ernst zu nehmen und sie ggf. erst nach der Identifikation von Unregelmäßigkei-
ten (durch interne und/oder externe Validierung) zu verwerfen. Geht man aber
einmal davon aus, dass die Informationen, die der Forscher erhält, vertrauens-
würdig sind, dann bleibt noch immer das Problem der Überbrückung der Distanz
zwischen latenter Theorie, manifester Realität und dazwischenliegender subjektiver Deutung. Für diese Brücke spielt die Konstruktion von *Indikatoren* eine
wichtige Rolle. Sie müssen adäquat gewählt und durch Operationalisierungen
erfasst werden, die möglichst mit den theoretischen Gedanken korrespondieren.
   Gerade für die politische Kulturforschung ist diese Problematik exemplarisch nachzuvollziehen. Sie betrifft vor allem die Schwierigkeiten bei der Umsetzung des ursprünglichen Designs der politischen Kulturforschung in adäquate
Operationalisierungen, die in der Lage sind, der Realität angemessene Abbildungen der Wirklichkeit in den Fragebogen zu implementieren. Die Problematik der
Operationalisierung und ihre Stellung im Theoriengebilde der politischen Kulturforschung ist am eindrucksvollsten anhand der verwendeten Indikatoren selbst zu
demonstrieren. In Abbildung 2.1 sind einige Frageformulierungen aufgeführt, die

---

[25]   Dabei ist allerdings auch zu beachten, dass durch die Fragetechnik ein zusätzlicher Erkenntnis-
       gewinn entsteht. So können Werte, Einstellungen und Meinungen von Individuen erfasst wer-
       den – etwas, was über strukturelle Daten nicht möglich ist. D.h. Handlungsorientierungen wer-
       den auch aus relationalen Bewertungen und Stimmungen beeinflusst und nicht nur durch rein
       situative Aspekte.

in der Diskussion um politische Unterstützung als Kernindikatoren für die Abbildung des Grades an politischer Unterstützung verwendet werden.

Es wird deutlich, dass die Aussagerichtung der erhobenen Items variiert[26].
Sind die einen Indikatoren auf die Bewertung der aktuellen Demokratierealität
ausgerichtet, dienen die anderen Indikatoren zur grundsätzlicheren Erfassung der
Zustimmung zum Prinzip der Demokratie selbst. Dabei wird oft nicht unbedingt
klar, welche Elemente der theoretischen Konzepte (Demokratieprinzipien, Demokratierealität) mit den einzelnen Indikatoren erfasst werden. So dürfte die
Frage nach der Zufriedenheit mit der Demokratie einen Mix aus der prinzipiellen
Zustimmung zu dieser Form der Staatsführung (Legitimität der Demokratie) als
auch die Bewertung der realen Aktivitäten der Tagespolitik (Effektivität der
Demokratie) umfassen. Indes wurde sie in den früheren Untersuchungen fast
durchgehend als Maß der Legitimitätsebene verwendet, was schlüssig ist, da sie
auch Teile der Legitimität eines spezifischen Systems abbildet. Davon ist man in
der jüngeren Forschung (siehe Kapitel 3.2-3.4) weitgehend abgekommen und
operationalisiert beide Bereiche – Legitimität und Effektivität – eigenständig.
Allerdings entsteht häufig das Problem, dass zwischen der dann erfassten Legitimität der Demokratie als beste Form der politischen Ordnung und der Stabilität
der direkt untersuchten Demokratie eine Brücke gebaut werden muss, da nicht
immer eine direkte Beziehung zwischen genereller Demokratielegitimität und
Legitimität eines spezifischen Systems unterstellt werden kann (vgl. Pickel
2004).

Ebenfalls nicht immer präzise einzuordnen sind Fragen zum Vertrauen in
politische Institutionen, die je nach erfasster Institution in ihrer Zuordnung zur
Ebene der Legitimität und Effektivität variieren. Auch das *interpersonale Vertrauen*, ein Indikator, der bereits bei Almond und Verba (1963) Berücksichtigung fand und sich mittlerweile als Kernindikator für die Erfassung sozialen
Kapitals etabliert hat, ist nicht als vollständig präzise Abbildung des avisierten
theoretischen Gegenstandes anzusehen. Allerdings kann er eine gewisse Information über den Zusammenhalt der politischen Gemeinschaft ermitteln.

---

[26]   Zur theoretischen Debatte über die unterschiedlichen Formen der politischen Unterstützung
       siehe Kapitel 3.

Abbildung 2.1:   Indikatoren der politischen Unterstützung

Forschungsziel	Frageformulierung
Vertrauen in politische Institutionen (zu Parteien, Parlament, Polizei, Gerichten, Verwaltung, Militär, Kirche, usw.)	„Ich werde Ihnen einige Institutionen nennen. Sagen Sie mir bitte anhand dieser Skala, wie viel Vertrauen Sie in die folgenden Institutionen besitzen. Haben Sie überhaupt kein Vertrauen, wenig Vertrauen, etwas Vertrauen oder starkes Vertrauen?"
Zufriedenheit mit der Performanz der Demokratie	„Sind Sie, alles in allem gesehen, sehr zufrieden, eher zufrieden, eher unzufrieden oder ganz und gar unzufrieden damit, wie sich die Demokratie in Ihrem Land entwickelt?"
Unterstützung der Demokratie als Regierungsform	Statement: „Die Demokratie ist die angemessenste Regierungsform." Zustimmungsgrade: Stimme stark zu, stimme zu, lehne eher ab, lehne stark ab.
Unterstützung der Idee der Demokratie	Statement: „Die Idee der Demokratie ist auf jeden Fall gut." Zustimmungsgrade: Stimme stark zu, stimme zu, lehne eher ab, lehne stark ab.
Ablehnung von Antisystemhaltungen (Auswahl)	1 „Wir sollten zur sozialistischen Ordnung zurückkehren." 2 „Die Armee sollte unser Land regieren." 3 „Es ist das Beste, das Parlament loszuwerden und einen starken Führer zu haben, der Dinge schnell entscheiden kann." 4 „Ein Mehrparteiensystem ist dazu bestimmt Chaos zu stiften. Alles was wir brauchen ist ein Einparteiensystem." Zustimmungsgrade: Stimme stark zu, stimme zu, lehne eher ab, lehne stark ab.
Interpersonales Vertrauen	„Einige Leute, mit denen wir gesprochen haben, sagen, dass man den meisten Menschen trauen kann. Andere hingegen meinen, dass man nicht vorsichtig genug sein kann, wenn man mit anderen Menschen zu tun hat. Was denken Sie darüber, kann man den meisten Menschen völlig vertrauen, sind die Menschen ziemlich vertrauenswürdig, sollte man eher vorsichtig sein oder muss man sehr vorsichtig sein?"

Quelle: Eigene Zusammenstellung auf Basis der Fragen „Political Culture in Europe", stellvertretend für adäquate Fragestellungen in vergleichbaren Studien.

Auch auf der komparativen Ebene bestehen Schwierigkeiten. Sie resultieren aus der Formulierung von Fragen für den interkulturellen Vergleich und liegen in der Vergleichbarkeit der Indikatorenbeurteilungen über verschiedene Länder/Kulturen. Die zu untersuchenden Fragestellungen müssen in allen Erhebungsgebieten eine gleiche Bedeutung besitzen, weil sonst die Antworten nicht miteinander vergleichbar sind (*funktionale Äquivalenz*).[27] Zwei Wege sind möglich, von denen in der vergleichenden Umfrageforschung meist nur der erste begangen wird.

1. In allen Untersuchungsländern wird mit dem durch Übersetzung, Rückübersetzung und gemeinsamer Diskussion mit Kollegen aus den jeweiligen Ländern erarbeiteten Endfragebogen (Master Copy) eine möglichst zeitgleiche Befragung durchgeführt. Die gleiche Formulierung der Fragen und Antwortvorgaben soll Vergleichbarkeit gewährleisten. Allerdings wird in Kauf genommen, dass unterschiedliche Verständnisse die Antworten verzerren.
2. Es wird versucht in jedem Untersuchungsland ein funktionales Äquivalent zu einer Fragestellung zu bestimmen und dieses wird jeweils erfragt. Das Problem dieses Vorgehens ist offensichtlich: Man verfügt zum Schluss der Analysen über Daten, die nicht direkt miteinander vergleichbar und auf die Interpretation des Forscher angewiesen sind.

Beide Vorgehensweisen sind eigentlich nicht optimal. Aus pragmatischen Gründen wird üblicherweise versucht, durch Wortkonsistenz in den nationalen Fragebögen Vergleichbarkeit zu erzeugen. Man geht davon aus, dass man trotz unterschiedlicher Verständnisgrade in der Lage ist, tragfähige Aussagen zu erzielen. Voraussetzung ist die Reflexion der erzielten Ergebnisse und eine kritische Distanz zu den selbst geschaffenen und verwendeten Operationalisierungen.[28]

---

[27] Auch wenn der Wortlaut von Fragen in Vergleichsländern nicht der gleiche ist (z.B. Entsprechungen für das deutsche Wort „gemütlich"), muss die Übersetzung für eine adäquate Sinnübertragung sorgen.

[28] Für die Sicherung der Ergebnisse hat es sich als hilfreich erwiesen, eine möglichst große Zahl an Referenzstudien und -ergebnissen zu Rate zu ziehen. Sie können die richtige Abbildung des untersuchten Phänomens zumindest begrenzt bestätigen. Neben dieser externen Validierung lohnt sich der Einsatz einer internen Validierung, d.h. der Rückgriff auf eine möglichst große Anzahl an miteinander verbundenen Indikatoren, die ein ähnliches Phänomen untersuchen. Ergeben sich zwischen mehreren Indikatoren, die ein gleiches Phänomen messen sollen, größere Unterschiede, so sind Aussagen über die Messergebnisse dieser Indikatoren bedenklich.

2.4 Aggregierung und das Mikro-Makro-Problem

Ein zentrales Problem der vergleichenden politischen Kultur- und Demokratieforschung liegt in ihrer Eigenschaft begründet, Aussagen über gesellschaftliche
Prozesse zu treffen und gleichzeitig auf Datenmaterial der Mikroebene zurückzugreifen. Gerade an dieser Verbindung von Makro- und Mikroebene entzündet
sich immer wieder heftige Kritik. Sie bezieht sich

a. auf die *Unzulässigkeit des Schlusses von der Individualebene auf die Ag-
    gregatebene* (individualistischer Fehlschluss; vgl. Peters 1998: 44)[29] ver-
    bunden mit der Annahme, dass dies in der politischen Kulturforschung ge-
    schehe,
b. auf die *mangelnde Trennschärfe* der durch Aggregation erzeugten Länder-
    indikatoren – sind sie doch in sich oft sehr heterogen und weisen erhebliche
    Intragruppenunterschiede auf – sowie
c. auf die Abkehr von der Verwendung rein struktureller und politisch-insti-
    tutioneller Daten und die Hinwendung zu einer Kumulation von individuel-
    len Aussagen.

An dieser Stelle ist es angebracht mit einem grundsätzlichen Missverständnis der
Geltungsebene der politischen Kulturforschung bei vielen vergleichend arbeitenden Politikwissenschaftlern aufzuräumen. Grundsätzlich ist festzuhalten: Die
*Kernaussagen der vergleichenden politischen Kulturforschung und der Demo-
kratieforschung beziehen sich auf die Makroebene.* Es werden Zustimmungsraten auf der Länderebene miteinander verglichen, statistisch in Verbindung gesetzt und inhaltlich gedeutet. Ergebnisvariationen einer abhängigen Variablen
auf der Länderebene (Grad der Zustimmung zur Demokratie bezogen auf ein
Land, z.B. 55% Zustimmung in Belgien) werden durch Variationen unabhängiger Variablen auf der Länderebene (Modernisierungsniveau anhand des Brutto-
sozialproduktes pro Kopf, Demokratieerfahrung anhand der Anzahl der Jahre als
demokratisches politisches System) erklärt. D.h. Beziehungen zwischen unab-

---

29   Besonders deutlich wird dies in der Publikation von Guy Peters (1998: 44-46), der die Civic
      Culture Studie als Paradebeispiel für einen individualistischen Fehlschluss heranzieht. Dabei
      verweist er darauf, dass in der Civic Culture Studie eine Schlussfolgerung aus Mikrodaten ver-
      allgemeinert wird, um eine Aussage über den Demokratisierungsstand des politischen Systems
      zu treffen. Abgesehen davon, dass diese Aussage bei Almond/Verba so nicht existiert, wird
      hier das methodologische Problem eines Fehlschlusses unreflektiert auf alle mit Umfragen er-
      zielten Ergebnisse übertragen. Dies ist ein Beispiel für die teilweise bestehende eher undurch-
      dachte Ablehnung von aggregierten Individualdaten, die in dieser Weise nicht gerechtfertigt
      ist. Das von Peters angenommene „Negativbeispiel" bezieht sich also eher auf ein theoretisches
      als auf ein methodologisches Problem.

hängiger und abhängiger Variable helfen bei Annahme und Ablehnung einer Hypothese bzw. ermöglichen kausale Aussagen auf der übergeordneten Ebene der Länder und somit der politischen Kulturen.

Diskussionsbox 1:
Individualistischer/ökologischer Fehlschluss

Der *ökologische Fehlschluss* basiert auf frühen Überlegungen bei Robinson (1953). Er zielt auf die Gefahr, dass Zusammenhangsergebnisse,[30] die mit Aggregatdaten erzielt werden, unzulässigerweise auf Zusammenhänge auf der Individualebene übertragen werden.

Der *individualistische Fehlschluss* zielt auf den umgekehrten Bezug. Auf der Individualebene erzielte Zusammenhänge werden zu Unrecht auf die Aggregatebene übertragen.

Die gebräuchlichste Vorgehensweise ist die Bestimmung von Länderunterschieden und ihre Erklärung durch andere – die Varianz aufklärende – Verfahren (z.B. Regressionsanalyse). Am besten für die angesprochenen statistischen Analysen eignen sich grundsätzlich vergleichend aufgebaute Studien (wie der World Values Survey o.ä.). Man erhält generelle Aussagen über die Kollektive[31], die vergleichend gedeutet werden können (zur Problematik der Aggregierung von Individualdaten vgl. insbesondere Welzel 2003, 2002: 94-96).

Die Verbindung zu den zugrunde liegenden Individualdaten erfolgt entweder auf rein interpretativem Wege, d.h. über die inhaltliche Deutung von Zusammenhangsergebnissen auf der Mikroebene, oder durch die Aggregierung von Individualdaten durch auf der Makroebene verwendeten Kennzahlen. Als Kennzahlen können Mittelwerte der Makrogruppe (z.B. Durchschnittszustimmung auf der Ebene der Länder) oder gezielt ausgewählte Zustimmungsgrade in Prozent verwendet werden. Eine entsprechende Aussage wäre z.B.: „Während in Slowenien nur 15% der Bürger eine alternative Form der Herrschaft für legitim erach-

---

30   Es handelt sich bei den Übertragungen um Zusammenhänge und nicht um die Deutung von aggregierten Ergebnissen der Individualebene.

31   Dies bezieht sich auf die einfachere Form der Aggregierung von Individualdaten, die interne Varianzen nicht weiter berücksichtigt. Aus dieser einfachen Sichtweise kann ein Problem der falschen Annahme von Homogenität entstehen, dem allerdings durch die Indizierung von Varianzvariablen als eigenständige Indikatoren für das Analysemodel teilweise begegnet werden kann

ten, sind dies in Russland fast 70% der Bürger. Daraus ist zu schließen, dass die Demokratie in Russland auf weit weniger politische Unterstützung setzen kann als in Slowenien und dementsprechend als instabiler anzusehen ist." Durch die Integration von Rahmenbedingungen können erste Vermutungen und Schlüsse auf Beziehungen gezogen werden. Zentrum sind *Unterschiede in den Verteilungen* bzw. darin vorherrschende Übereinstimmungen. Ein Problem wird aber gleich deutlich, bei größeren Datenmengen wird eine deskriptive Vorgehensweise schnell unübersichtlich und mehrdimensionale Einflüsse bleiben ebenfalls verdeckt.

Wichtig ist es, die für die eigene Arbeit verwendete *Aggregierungsregel offen zu legen*, damit die später produzierten Ergebnisse für andere Forscher verständlich und nachvollziehbar sind.[32] Die aus der Aggregierung entstehenden Daten können – bei ausreichender Fallzahl – relativ problemlos mit den üblichen statistischen Verfahren der Sozialwissenschaften (Regressionsanalyse, Clusteranalyse, Faktorenanalyse usw.) bearbeitet werden. Dabei kommt der ökologischen Regression[33] sicher die größte Bedeutung für die vergleichende politikwissenschaftliche Analyse zu, ist sie doch in der Lage den Einfluss mehrerer unabhängiger Variablen auf eine abhängige Variable zu untersuchen (vgl. Pickel 2003: 166-170). Die technische Umsetzung erfolgt dabei auf der Aggregatebene nicht anders als mit Umfragedatenmaterial, wobei einzig das Problem der geringen Fallzahlen kleinere Abweichungen in der Methodenauswahl bedingt (zusätzliche Analyse der Ausreißer, genauere Kontrolle der Teststatistiken).

Der Vorteil des statistischen Vorgehens gegenüber qualitativer Datenanalyse, wie sie z.B. durch Charles Ragin mit *QCA* oder dem Gebrauch von Fuzzy-Sets angeregt wird (vgl. Ragin 2000), ist ihre größere Variabilität in den Antwortangaben – so sind aus Umfragen gewonnene Aggregatdaten probabilistisch angelegt und besitzen eine relativ hohe Varianzbreite. Demgegenüber nutzt z.B. die QCA ein deterministisches Design und auch die nichtdeterministische Fuzzy-Set-Analyse kann aufgrund der Streuung der Antworten der abhängigen Variablen keine entsprechende Erklärungskraft erreichen.

Dies wirkt sich auf den Verallgemeinerungsgrad der Analyse aus, der bei statistischen Verfahren zwar durch Wahrscheinlichkeitsangaben unpräziser ist als bei deterministischen Aussagen, andererseits aber ein größeres Spektrum an Erklärungsvariablen berücksichtigen kann. Nichtsdestoweniger sieht sich ein Vorgehen, welches Mikro- und Makroebene zusammenbringt, *Kritik* ausgesetzt.

---

[32] Dies muss nicht explizit geschehen, wenn auf die einfachen Formen der Häufigkeiten oder Mittelwerte zurückgegriffen wird.

[33] Als ökologische Regression wird eine Regression bezeichnet, die zwischen Makrodaten durchgeführt wird und vornehmlich auf der Aggregatebene angesiedelt ist.

1. Die Verbindung zwischen Mikro- und Makroebene wird z.b. dahingehend als nicht erstrebenswert angesehen, weil die aggregierten Daten eine Nivellierung erzeugen, die mögliche *Varianzen einebnet* (vgl. Welzel 2002: 94). Es besteht die Gefahr, dass man die Unterschiede in einem Kollektiv derart nivelliert, dass die erzielten Ergebnisse grundsätzlich in Frage zu stellen sind. Dagegen spricht die Chance, die Verteilungen im Aggregat auf ihre Varianz zu überprüfen – also diese entsprechenden Probleme zu umgehen – und zweitens – so argumentiert Welzel (2003) – die Tatsache, dass Umfragedaten ihre größte Verlässlichkeit und Aussagekraft auf der Aggregatebene besitzen und weniger auf der Individualebene. Ziel ist es ja, allgemeingültige Aussagen probabilistischer Ausrichtung zu treffen.

2. Ein anderes Argument gegen die Umfrageforschung ist der *Vorwurf der geringeren „Härte"* (Validität) von Umfragedaten gegenüber ökonomischen oder institutionellen Indikatoren. Abgesehen von den bekannten Verweisen auf die Fraglichkeit der Zuverlässigkeit „harter Daten" (Fehler in den Statistiken usw.) ist zu bedenken, dass es sich (a) oft ebenfalls um rein aggregierte Daten (Arbeitslosenquote) handelt oder (b) um sehr eingeschränkt verwendbares Material (deterministisch, geringe Varianzen) oder gar um (c) durch subjektive Forscherbewertung gewonnene Daten (z.B. Freedom House).

Umgekehrt liegen auch einige *Vorteile* der aggregierten „sozialen" Daten auf der Hand: (a) Die Integration der Subjektivität des Individuums und des Faktors Kultur in die Analysen. (b) Das Phänomen der (relationalen) Beurteilung von auf ersten Blick als objektiv und eindeutig erscheinender Tatsachen (z.B. aufgrund unterschiedlicher Vergleichspositionen) das berücksichtigt wird. Dies ist bedeutsam, bestimmen sie doch oftmals das Handeln der Personen und setzen die objektiv erfahrenen Umstände in konkretes Verhalten um.

Mittlerweile haben sich einige neuere Entwicklungen in der Profession etabliert, die eine systematischere Verbindung von Daten der Mikro- und Makroebene zulassen. Die *Triangulation* von Mikro- und Makrodaten verbindet anhand inhaltlicher Aspekte zwei oder mehr Untersuchungsebenen (vgl. S. Pickel 2003). *Multi-Level-Analysen* sind in der Lage, rechentechnisch Makroindikatoren in Mikroanalysen zu integrieren (vgl. Engel 1998; Snijders/Bosker 1999; Rosar 2003). Beide Vorgehensweisen stärken die Tiefe inhaltlicher Erklärungen auf beiden Analyseebenen und führen zu einer engeren Verzahnung von Mikroebene und Makroebene.

Memobox 2:
Vergleichende Methode und politische Kulturforschung

* Es bestehen in Forschungsvorhaben *Gegensätze* zwischen der Maximie-
  rung des Erkenntnisinteresses und der höchstmöglichen Sparsamkeit des
  Vorgehens sowie zwischen dem Grad der Verallgemeinerbarkeit eines Ergebnisses und einem komplexen Erkenntnisgewinn.
* Die *Methoden der politischen Kulturforschung sind die Methoden der vergleichenden Politikwissenschaft*, wobei ein Schwerpunkt auf der Umfrageforschung liegt.
* Kernziel der vergleichenden Analyse ist es soweit wie möglich *allgemeingültige Aussagen* über gesellschaftliche Tatbestände und Prozesse zu ermitteln.
* Politische Kulturforschung bringt die *subjektive Komponente* in die vergleichende Politikwissenschaft ein.
* Das *Instrumentarium der Umfragedatenanalyse* ist aufgrund seiner angestrebten repräsentativen Abbildung der Gesellschaft *auf die Aggregatebene zugeschnitten.*
* Die vergleichende politische Kulturforschung muss alle *gängigen Probleme der Individualdatenforschung* berücksichtigen, wobei besonders die
  Problematik der *Bedeutungsäquivalenz* von Indikatoren hervorzuheben ist.
* Ein zentrales Problem der vergleichenden politischen Kulturforschung ist
  die Überwindung des *Mikro-Makro-Links* und die Vermeidung von indi-
  vidualistischen und ökologischen *Fehlschlüssen.*
* Das Verfahren der *Multi-Level-Analyse* und die Vorgehensweise der *Triangulation* können bei der Integration von Individual- und Aggregatdaten
  weiterhelfen.
* Das Wunschziel jeder empirischen sozialwissenschaftlichen Analyse ist
  die *Prognose.*

2.5 Kernliteratur

Berg-Schlosser, Dirk/Müller-Rommel, Ferdinand (Hrsg.), 2003: Vergleichende
    Politikwissenschaft. Opladen. (4. Aufl.): Leske + Budrich.
    Immer noch grundlegend für die vergleichende Politikwissenschaft als Sammel-
    werk, dass einen Einblick in die vergleichende Politikwissenschaft gibt.
Dogan, Matti/Kazancigil, Ali, (Hrsg.) 1994: Comparing Nations. Concepts, Stra-
    tegies, Substance. Oxford: University Press.
    Sammelband, der verschiedene zentrale Aspekte der vergleichenden Politikwissen-
    schaft thematisiert. Er wird vor allem durch seine Konzentration auf Beispiele aus
    dem Bereich politische Kultur nachlesenswert.
Diekmann, Andreas, 2000: Empirische Sozialforschung. Grundlagen, Methoden,
    Anwendungen. Reinbek bei Hamburg. (6. Aufl.): Oldenbourg.
    Solides Methodenlehrbuch, welches sich durch ein gutes Preis-Leistungsverhältnis
    auszeichnet und Einblick in die Standardvorgehensweisen der empirischen Sozial-
    forschung gibt.
King, Gary/Keohane, Robert O./Verba, Sidney, 1994: Designing Social Inquiry.
    Princeton: University Press.
    Stark diskutiertes Buch zur Übertragung der quantitativen Regeln auf die qualitative
    Forschungsmethodik. Insbesondere unter Hinblick auf die ausführliche Diskussion
    der Begründung der Fallauswahl sehr empfehlenswert.
Landman, Todd, 2000: Issues and Methods in Comparative Politics. London:
    Routledge.
    Ausgezeichnet konzipiertes und übersichtliches Lehrbuch für Methoden und Prob-
    lemfälle der vergleichenden Politikwissenschaft.
Lauth, Hans-Joachim/Pickel, Gert/Pickel, Susanne, 2005: Einführung in die ver-
    gleichende Methode der Politikwissenschaft. Wiesbaden: Westdeutscher
    Verlag.
    Strikt als Einführungslehrbuch für Studienanfänger konzipiertes Werk zur verglei-
    chenden Methode der Politikwissenschaft.
Lieberson, Stanley, 1985: Making it Count. The Improvement of Social Research
    and Theory. Berkeley: University of California Press.
    Breit gefächerte Darstellung und Diskussion vergleichender Sozialforschung, die
    gleichgewichtig Theorie und empirische Umsetzung berücksichtigt.
Peters, Guy, 1998: Comparative Politics. Theory and Methods. New York: Uni-
    versity Press.
    Standardwerk der vergleichenden Politikwissenschaft mit breiter Darstellung des
    Forschungsbereichs. Allerdings kleinere Ungenauigkeiten bei Einbezug der politi-
    schen Kulturforschung.

Pennings, Paul/Keman, Hans; Kleinnijenhuis, Jan, 1999: Doing Research in Political Science – An Introduction to Comparative Methods and Statistics. London et al.: Sage.
Klassisches Einführungsbuch, dass Methoden der empirischen Sozialforschung mit Ansätzen der vergleichenden Methode verbindet.

Pickel, Susanne/Pickel, Gert/Lauth, Hans-Joachim/Jahn, Detlef, (Hrsg.), 2003: Methodendiskussion in der vergleichenden Politikwissenschaft – Neuere Entwicklungen und Debatten in der Diskussion. Wiesbaden: Westdeutscher Verlag.
Sammelband mit vielfältigen Aufsätzen zur neueren Methodendiskussion, die insbesondere die Problematiken der QCA-Analyse und des Übergangs zwischen Mikro- und Makroebene thematisieren.

Przeworski, Adam/Teune, Henry, 1969: The Logic of Comparative Social Inquiry. Mallabar.
Immer noch ein Klassiker der vergleichenden Methode und teilweise auch immer noch am besten geeignet bestimmte Themenbereiche zu erklären.

Ragin, Charles C., 1987: The Comparative Method. Moving Beyond Qualitative and Quantitative Strategies. Berkeley. University Press.
Einstiegsbuch für die QCA-Analyse, dass Einblicke in die Fallorientierte Denkweise vermittelt und den Kern der qualitativen politikwissenschaftlichen Forschung bestimmt.

Ragin, Charles C., 2000: Fuzzy-Set Social Science: New Tools for Diversity-Oriented Research. Chicago: Chicago University Press.
Weiterentwicklung der QCA-Methodiken und mehr. Theoretische Debatten zu politikwissenschaftlich qualitativen Analysen und Abkehr von deterministischen Vorgehensweisen hin zu fließenden Übergängen bei Klassifikationen.

Wagschal, Uwe, 1999: Statistik für Politikwissenschaftler. München: Oldenbourg.
Gut strukturiertes Einführungsbuch für Einsteiger mit Illustration wichtiger politikwissenschaftlicher Methodiken und Vorgehensweisen.

3 Politische Kulturforschung

3.1 Kerngedanken politischer Kulturforschung

Für eine Auseinandersetzung mit den Facetten der politischen Kulturforschung ist es zunächst sinnvoll, den Begriff der politischen Kultur zu klären. In seiner Grundbegrifflichkeit umfasst er

a.   die narrativ-moralische Beziehung einer hoch entwickelten Kultiviertheit politischer Willensbildung oder
b.   einen neutral-beschreibenden engeren Begriff im Sinne einer Bezeichnung der Gesamtheit der Werte, Glaubensüberzeugungen und Einstellungen der Bürger gegenüber Politik oder politischen Objekten (vgl. Schmidt 1995: 745).[34]

Gerade die zweite Bedeutung hat sich innerhalb der wissenschaftlichen Diskussion verfestigt und wird auch im vorliegenden Buch zugrunde gelegt. Entsprechend wird der Terminus „politische Kultur" als *wertfreier, analytischer Begriff* verwendet und nicht als von normativen Aufladungen eingeschränkter Begriff.

Grundsätzlich setzt sich die politische Kulturforschung mit der *subjektiven Seite von Politik* auseinander (vgl. Berg-Schlosser 1987: 12). Ihr geht es um die Verbindung gesellschaftlicher Wert- und Normensysteme mit institutionellen Bedingungen. Die Interaktionen zwischen den institutionellen Bedingungen (Struktur) und den Wertsystemen (Kultur) sind in den Augen der politischen Kulturforschung für die Stabilität einer politischen Ordnung maßgeblich. Das Verhältnis zwischen Kultur und Struktur wirkt sich dabei auf die Fähigkeit eines politischen Systems zu Kontinuität oder dessen Veränderungsanfälligkeit aus. Ein zentraler Diskussionspunkt in allen Debatten um politische Kultur ist das Verständnis ihrer *Begrifflichkeit*.

---

[34]   Für Pappi (1986) ist politische Kultur das für den Handlungsbereich (Politik) typische System von Symbolen und Orientierungen. Gabriel (1991) verweist auf die Erfassung einer politischen Kultur durch die Analyse der Verteilungen von Einstellungen. Glenda Patrick (1984: 264) definiert politische Kultur als einen Satz grundlegender Meinungen, Einstellungen und Werte, die die Art eines politischen Systems charakterisieren und die politischen Interaktionen unter den Mitgliedern regeln.

In früheren Beurteilungen wurde der Charakter des Begriffes "politische Kultur" oft als „catchment area" (vgl. Nettl 1966; Dias 1971: 410) oder „catch all"-Begriff kritisiert. Grund war nach Ansicht der Kritiker, dass er so verschiedene Aspekte wie Wertorientierungen, politische Ideologien, Geschichte, Sprache, Symbolik, Verhaltensweisen, Nationalcharakter und Mentalitäten in seinen Untersuchungen vereint – ein Unterfangen, dass der Präzision des Begriffes extrem abträglich sei. Durch die Arbeiten von Gabriel Almond und Sidney Verba wurde der Anwendungsbereich des Begriffes „politische Kultur" erheblich eingeengt. Diese in den USA entwickelte Fassung von politischer Kultur kann man mithin als Ausgangspunkt der politischen Kulturforschung auffassen – wir werden sie im Folgenden als „klassische" oder „traditionelle" politische Kulturforschung bezeichnen.

Ordnet man den aus diesen Überlegungen resultierenden, in der Politikwissenschaft verwendeten, „*klassischen*" politischen Kulturansatz in das Spektrum sozialwissenschaftlicher Theorien ein, so beruht er auf grundsätzlichen Gedanken des *strukturfunktionalistischen Ansatzes* der Sozialwissenschaften (vgl. Parsons 1954). Die Sicht auf die Objektstrukturen und moralisch-ethischen Überzeugungen der Bürger werden in ihrem Bezug zum Lebensbereich Politik erfasst, strukturiert und untersucht. Einer behavioristischen Komponente wird durch die Konzentration auf den Bürger und seine Verwendung als Basisanalyseeinheit Eingang in die politische Kulturforschung gewährt.

Entsprechend der Nähe zum Strukturfunktionalismus handelt es sich bei der politischen Kulturforschung um einen Theorieansatz *der Makroebene*, der versucht gesellschaftliche Phänomene durch generelle Gegebenheiten allgemeingültig zu erklären. Damit unterscheidet sich der politische Kulturansatz von rein behavioristischen und von akteurszentrierten Ansätzen der Sozialwissenschaften, weil er die gegebenen Interaktionsstrukturen in der Gesellschaft als Einflussfaktor des politischen Prozesses begreift, ohne aber individuelle Handlungen ins Zentrum seiner Konzeption zu rücken.

Durch den *Einbezug der Bevölkerung* wird der soziokulturelle Unterbau der politischen Institutionen über die psychosozial-kulturelle Komponente der Einstellungen der Bürger erfasst. Die Beziehung zwischen dem Bürger (Person und Persönlichkeit) und dem System (Staat, Gesellschaft, Institutionen) wird vor dem Hintergrund der (Umwelt)-Kultur des Individuums behandelt. Behavioristisch wird die politische Kulturforschung dort, wo sie die Überzeugungsstrukturen der Individuen erfasst, um sie später auf die Makroebene zu übertragen. Dies geschieht in der Regel durch die Einbindung des Individuums über bevölkerungsrepräsentative Ergebnisse der Umfrageforschung. Das zentrale Ziel der politischen Kulturforschung ist die Erklärung und Prognose der Stabilität von politischen Regimen oder politischen Systemen. Dabei wird versucht über verschiedene Nachweise Information über potentiell bessere Bedingungen für das Überleben eines politischen Systems (im grundsätzlichen Modell, nicht konkret einer Demokratie) zu erhalten. Die gängigen Konzepte der politischen Kulturforschung (vgl. Almond/Verba 1963; Dias 1971; Easton 1975; Iwand 1985) beruhen auf folgenden Grundannahmen: Die fortdauernde Stabilität eines demokratischen politischen Systems hängt erheblich von seiner Akzeptanz in der Bevölkerung ab. Nur wenn die *Staatsbürger die Grundprämissen der Demokratie und ihre Regeln akzeptieren sowie auf dem Boden dieser Grundüberzeugungen kontroverse politische Meinungen gewaltfrei diskutieren*, ist das langfristige Überleben der Demokratie gesichert.

Damit wird neben den objektiven Gegebenheiten eines politischen Systems den Überzeugungen seiner Bürger eine wichtige Bedeutung eingeräumt. Das Überleben eines politischen Systems ist demnach hochgradig abhängig von positiven Haltungen seiner Bürger ihm gegenüber. „The development of a stable and effective democratic government depends upon the orientation that people have to the political process – upon the political culture" (Almond/Verba 1963: 498). Kultur wird in diesem Zusammenhang als *psychologische Orientierung gegenüber sozialen Objekten* verstanden (Almond/Verba 1963: 14). Diese Festlegung umfasst dann verschiedene Ebenen des Überzeugungssystems. Zu nennen sind *Wertorientierungen, Einstellungen, Mentalitäten* und *Deutungskulturen*.

Neben rein inhaltlichen Aspekten der Erklärung von Orientierungen der Bürger gegenüber dem politischen System zeichnet sich der Ansatz der politischen Kulturforschung auch durch einige methodologische Aspekte aus. Er orientiert sich an Konzepten der logisch-empirischen Forschung. Verwendet der klassische Ansatz der politischen Kulturforschung intersubjektive Methoden, so gewinnen in neueren Alternativkonzepten mittlerweile auch heuristische Methoden für die Analyse politischer Kultur(en) an Bedeutung (vgl. Rohe 1996). Wichtig ist der Bezug zu erfahrungswissenschaftlichen Denkweisen, d.h. theoretischen Annahmen, die sich anhand empirischen Materials überprüfen lassen. Dabei ist die Abbildung, Beschreibung und Analyse der (politischen) Realität das vorrangige Analyseziel.

Zwei Aspekten wird innerhalb dieser Gedanken eine besondere Bedeutung beigemessen. Einerseits wird das Hauptaugenmerk der Forschungsüberlegungen auf die *Stabilität des politischen Systems* gelenkt. Andererseits wird die Kongruenz oder Diskongruenz zwischen der Struktur des Systems (implementierte Institutionenstruktur) und der Kultur der Bevölkerung ermittelt.

3.1.1 *Der Stabilitätsgedanke der politischen Kultur*

Weniger die Struktur und Zusammensetzung des politischen Systems, als vielmehr seine Fähigkeit zu überleben, wird im Rahmen der politischen Kulturforschung zum Zentrum der notwendigen Untersuchungen. Stabilität bedeutet dabei die *Überlebensfähigkeit* des politischen Systems – und dies vor allem in Krisenzeiten.[35] Der Gedanke der Überlebensfähigkeit als zentrales Ziel eines politischen Systems ist relativ problemlos aus der Bezugnahme der politischen Kulturforschung auf den Strukturfunktionalismus Talcott Parsons (1951) herzuleiten. So ist es doch Aufgabe jedweden Systems seine eigene *Bestandserhaltung* zu sichern, ein Prinzip, das bereits für alle Formen organischen Lebens als Primärziel erkannt wurde.[36]

Interessant ist ein zweiter Bezug: Die Gewährleistung der Stabilität wird im Ansatz der politischen Kulturforschung hauptsächlich auf die Unterstützung des politischen Systems durch seine Bürger zurückgeführt. Nur wenn das politische System sich auch in den Einstellungen und Wertorientierungen der Bürger wiederfinden lässt, kann es dauerhaft bestehen. Damit wird ein Gedanke angesprochen, der in späteren Konzeptionen der politischen Kulturforschung an Relevanz gewinnt – der Gedanke der Bedeutsamkeit der Legitimität eines Systems für seine Bestandserhaltung und sein Überleben auch in Krisenzeiten (vgl. Lipset 1959, siehe Kapitel 3.3).

Explizit wird also das *Überleben* und die *Konstellation für die Stabilität eines politischen Systems* untersucht. Implizit richtet sich diese Annahme aber wenige auf eine beliebige politische Ordnung, sondern eher auf ein demokratisches politisches System. Diese Konzentration ist zweifelsohne der Genese des Ansatzes bei Almond (1956) geschuldet, der als Amerikaner einer gewissen Vorprägung durch primär angelsächsische demokratische Ideale ausgesetzt war. Zweifelsohne hat das Bild der Leitkultur einer Demokratie amerikanischer Prägung einen großen Einfluss auf die Konzeption einer „Civic Culture" genommen und eine gewisse Prädominanz des Modells einer liberalen Demokratie in der politischen Kulturforschung bedingt.

Demokratie bedeutet in der vorgestellten Verwendung nicht nur die Institutionalisierung einer vorherrschenden Staatsform, es wird auch ein, die Staatsform Demokratie tragendes, Ideengerüst angesprochen (Werteebene). Die mit Demokratie verbundenen Werte und Ideen – für westliche Industriegesellschaften überwiegend Prämissen der liberalen Demokratie – sollten in einer politischen Gemeinschaft (z.B. der Nation) breit verankert sein. Der Grad der Verinnerlichung dieser (demokratie-)tragenden Werte einer politischen Gemeinschaft spie-

---

[35]   Es findet sich nicht selten der Verweis auf die politische Kulturforschung als so genannte „Krisenwissenschaft" (vgl. Greiffenhagen/Greiffenhagen 2002), die vor allem in Umbruchszeiten an Bedeutung gewinnt, in Ruhezeiten aber relativ wenig Aussagekraft für Demokratien aufweist.

[36]   Neben der Bestandserhaltung sieht Parsons noch Anpassung an die Umwelt, Zielerreichung im Sinne der Funktionalität und Integration seiner Mitglieder als zentrale Aufgaben eines Systems an.

gelt sich in einem Set aus politischen Einstellungen und Verhaltensweisen der Bürger gegenüber der Demokratie und dem politischen System eines Landes wider (vgl. Westle 1999).

David Easton, dessen Konzeption in Kapitel 3.3 noch gesondert behandelt wird, bezeichnete die Einstellungskomponente dieser Beziehung zwischen Bürger und Staat als politische Unterstützung eines (politischen) Systems (vgl. Easton 1965a, 1965b, 1975, 1979; siehe auch Kapitel 3.3). Hierbei wurden die Beziehungen zwischen den Bürgern und politischen Objekten differenziert herausgearbeitet. In Rückgriff auf Überlegungen von Almond und Verba versucht Easton die *Verteilung individueller Einstellungen auf politische Objekte* nicht mehr monolithisch, sondern systematisch auf Objekte verteilt und nach unterschiedlichen Formen der Beziehungen (spezifisch, diffus) zu erforschen.

Politische Kulturforschung konzentriert sich somit weder allein auf Bestandteile des politischen Systems noch analysiert sie nur die Kultur des Systems. Üblicherweise beschäftigt sie sich mit beiden, aufeinander bezogenen Komponenten. Man könnte dies als die Untersuchung der Einbettung des politischen Systems in einen Komplex politischer Überzeugungen beschreiben, die auch Verbindungen zu politischen Verhaltensweisen besitzen. Kernaussage des politischen Kulturansatzes ist folglich die Annahme: Jedes politische System versucht Stabilität zu erreichen, um seine Bestandserhaltung zu gewährleisten. Hierzu benötigt es die Anerkennung als legitim durch seine Bürger, sonst wird es über kurz oder lang zusammenbrechen und in einen anderen Aggregatzustand übergehen. Über die Dauer der Zusammenbruchsperiode wird dabei keine weitere Aussage unternommen, auch nicht über das prozentuale Ausmaß an zur Stabilität notwendigem Legitimitätsempfinden – lediglich „ein Großteil" der Bürger soll es sein! Genauso wenig kann man sagen, nach welcher Dauer an Jahren ein politisches System als stabil anzusehen ist und welcher Zeitraum eines Wandels es als instabil klassifiziert.

Folglich können die empirischen Ergebnisse der politischen Kulturforschung nur eine Hilfe geben: die Aussage über die Legitimität und Unterstützung des Systems oder der Demokratie durch seine eigenen Bürger und eine daraus folgende Prognose der *möglichen* Stabilität des Systems in den nächsten Folgejahren. Dabei ist anzumerken, dass diese empirische Grundlage nicht zu unterschätzen ist, erhebt sich doch ihre wissenschaftliche Absicherung über bloße Spekulationen und stellt ein auch in seiner Aktualität sensibles Messinstrument der Gefährdungen der Stabilität zur Verfügung.[37]

---

[37]   Diese Leistung können traditionelle Ansätze des Institutionalismus weit beschränkter erbringen, sind sie doch überwiegend auf Statik und Zustandsbeschreibung ausgerichtet. Ein potentieller Wandel kann von ihnen aufgrund der geringen Sensibilität für aktuelle Entwicklungen in der Gesellschaft nur eingeschränkt prognostiziert werden. Probleme für die Prognostik beste-

Diskussionsbox 2:
Stabilität auch ohne Demokratie

Grundsätzlich ist es möglich, dass auch autoritäre Regime stabil sind, also einen gewissen zeitlichen Abschnitt überdauern. Allerdings ergibt sich hier ein Paradoxon, welches auf die Problematik des politischen Systembegriffes im Konzept der politischen Kultur verweist. Explizit kann jedes System stabil sein, solange Struktur und Kultur dieses Systems kongruent sind. Der implizite Gedanke der politischen Kulturforschung bezieht sich als Zielobjekt aber recht eindeutig auf Demokratien. Nicht-demokratischen Systemen wird keine längere Überlebenschance eingeräumt, da sich über kurz oder lang eine durch demokratische Einstellungen geprägte politische Kultur in nahezu jedem Staat der Erde durchsetzen müsste.

Dieser Gedanke einer grundsätzlichen Instabilität von Nicht-Demokratien ist allerdings zu hinterfragen, finden sich doch Beispiele, die zumindest eine Diskussion der Annahme zulassen: das langfristige Bestehen des autoritären Systems in China sowie die Überlebensfähigkeit sozialistischer Staaten bis 1989. Gegen das zuletzt genannte Beispiel kann man argumentieren, dass die sozialistischen Staaten Osteuropas letztendlich doch zusammengebrochen sind. Und selbst im China der Neuzeit sind marktwirtschaftliche Liberalisierungen festzustellen, die eine schrittweise Veränderung der politischen Struktur darstellen. Wieweit allerdings dieser Wandel geht und ob er an einen langsamen, aber kontinuierlichen Wandel der politischen Kultur dort angepasst ist, bleibt zu diesem Zeitpunkt eher spekulativ.

Diese Befunde werfen nun die Frage auf, ab welcher Zeitdauer ein politisches System als stabil zu bezeichnen ist. Reicht es aus, wenn 30 oder 40 Jahre überdauert werden oder bedeutet Beständigkeit das Überstehen von größeren und kleineren Krisen? Betrachtet man es objektiv, so misst die politische Kulturforschung immer nur die subjektiven Voraussetzungen für eine *mögliche, zukünftige Stabilität*. Die Entscheidung, wann ein Land oder eine Region aufgrund der Daten der politischen Kulturforschung grundsätzlich als „stabil" bezeichnet werden kann steht derzeit noch aus und diese Entscheidung ist wohl auch in der nächsten Zukunft kaum zu erwarten, da dem Setzen von Schwellenwerten die nur schwere Vorhersagbarkeit der Realität entgegensteht.

---

hen auch für den politischen Kulturansatz, wenn er den Übergang von einer Autokratie zu einer Demokratie prognostizieren soll, da ihm dann selten verwertbare, glaubhafte Grundlagendaten zur Verfügung stehen. Diese sind aber Kernelement der Prognosefähigkeit des politischen Kulturansatzes.

3.1.2 Die Beziehung zwischen Struktur und Kultur

Der zweite bedeutende Aspekt des politischen Kulturansatzes liegt in der *Korrespondenz von Struktur und Kultur*. Die psychologischen Orientierungen – also die politische Kultur – beziehen sich nicht nur auf soziale Objekte, sondern sie rekurrieren genauer auf politische Objekte. Faktisch beinhalten die Orientierungen der politischen Kultur die gesammelten Überzeugungen der Bürger einer Gesellschaft gegenüber dem politischen System. Sie können sich positiv oder negativ auf den Erhalt und die Stabilität des Systems auswirken. Grundsätzlich gilt: Eine kongruente Beziehung zwischen politischer Kultur und politischer Struktur ist für das Überleben eines politischen (demokratischen) Systems vorteilhaft, Diskongruenzen dagegen lassen ein längerfristiges Überleben zumindest fraglich erscheinen, sollten einmal Krisen eintreten.[38]

Die Erklärungsfaktoren für Unterschiede zwischen politischer Kultur und politischer Struktur können verschiedene sein. Zu nennen sind

a. langfristige historisch-kulturelle Entwicklungslinien, wie Traditionen, geschichtliche Ereignisse und nationale Spaltungen, die ein abweichendes Verständnis der politischen Wirklichkeit erzeugt haben. Zudem sind

b. die *ökonomischen Gelegenheitsstrukturen*, wie sie sich in wirtschaftlichen Rahmenbedingungen und Entwicklungen manifestieren, oft von prägendem Charakter für die Überzeugungen der Bürger gegenüber ihrem System. Auch

c. *politische Determinanten* – also die Bewertungen des politischen Prozesses selbst – wirken sich auf die politische Kultur aus. Zuletzt

d. sind noch *psychische Prägungen* zu nennen, die sowohl rein individuell als auch massenpsychologisch bedingt sein können.[39]

Memobox 3:
Definition der politischen Kultur

---

political culture of a society = political system as internalised in the cognitions, feelings, and evaluations of its population
(Almond/Verba 1963: 14)

---

[38] Eine genaue Behandlung der Beziehungen zwischen politischer Struktur und politischer Kultur erfolgt in Kapitel 3.2 bei der Konzeption von Almond/Verba.
[39] In der Regel werden verschiedene der aufgezählten Gründe in Abstufungen ihres Wirkungsgrades parallel zueinander Einfluss auf das Verhältnis zwischen Struktur und Kultur besitzen.

3.1.3   Politische Kulturforschung zwischen Mikro- und Makroebene

Die politische Kulturforschung beschäftigt sich folglich mit Überzeugungen von Individuen, die als „Kultur" verstanden werden. Sie behandelt hauptsächlich die Ebene der Einstellungen von Personen und beurteilt ihre Verteilung im Aggregat der Gesamtbevölkerung und nicht primär auf der Individualebene. Aussagen über die politische Kultur sind Aussagen über die politische Kultur eines Landes oder einer Region und weniger Erkenntnisse über die Orientierungen einzelner Personen. Damit bewegt sich aber der politische Kulturansatz zwischen klassischen Makroansätzen, wie sie für die politikwissenschaftliche Analyse von Strukturen und Institutionen selbstverständlich sind, und Mikroüberlegungen der Individualdatenanalyse, einem Themenbereich der politischen Soziologie (siehe Abb. 3.1).

Die durch die Bürger beurteilten Objekte, z.B. die politischen Institutionen, stehen dabei auf der Seite der Struktur. Sie sind Repräsentanten des politischen Systems, zu denen eine (kognitive, affektive oder evaluative) Beziehung seitens des Bürgers aufgebaut werden kann. Entsprechend ist die politische Struktur nicht einfach von der politischen Kultur zu trennen. Die politische Kultur benötigt eine politische Struktur, zu der ihre Träger Bewertungen aufbauen können. Typische Beispiele für Repräsentanten der Strukturebene sind Parlamente, Parteien, aber auch das Bundesverfassungsgericht, Elemente der Verfassung selbst und demokratische Spielregeln.

Abbildung 3.1:   Politische Kultur zwischen Mikro- und Makroebene des politischen Systems

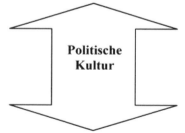

Makroebene der Politik
Struktur und Funktion des politischen Systems
Institutionen im engeren und im weiteren Sinne

Politische Kultur

Mikroebene der Politik
Individuum
politische Einstellungen und Motivationen

Quelle: Eigene Zusammenstellung der Autoren.

3.1.4 Politische Kultur und Verhalten

Ein weiterer wichtiger Punkt für die Definition von politischer Kultur ist festzuhalten. *Politische Kultur ist auf der Basis der vorliegenden Definition von politischer Partizipation und politischem Verhalten zu unterscheiden.* Die politische
Kultur bezieht sich nicht auf das Verhalten von Personen, sondern auf die bei
den Personen vorfindbaren Einstellungen und Werte gegenüber Politik und dem
politischen System. Zwar spiegelt politisches Verhalten häufig bestimmte politische Einstellungen wider, theoretisch wird aber erst einmal von einer systematischen Trennung der Konzepte ausgegangen. Allerdings wird genauso davon
ausgegangen, dass politische Überzeugungen und politische Partizipation nicht
voneinander unabhängig sind. Bestände keine Beziehung zwischen politischer
Partizipation und politischer Kultur, würde der Einfluss der politischen Kultur
für das politische System ja sehr begrenzt bleiben. Somit erfolgt immer eine
implizite Annahme einer Manifestation der politischen Kultur und der politischen Einstellungen in Form von politischer Partizipation.

Diskussionsbox 3:
Politische Kultur und politische Partizipation

Nicht selten wird der implizit gedachte Zusammenhang zwischen politischen
Einstellungen und politischem Verhalten von Politikwissenschaftlern ange-
zweifelt. Dieser Zweifel lässt sich in verschiedenen Fragen wiedergeben: Besitzen die vorhandenen politischen Einstellungsmuster einen nachweisbaren
Einfluss auf das konkrete Leben in einer Gemeinschaft? Wirken sich Überzeugungen auf die institutionelle Ordnung aus? Besteht zwischen den Überlegungen der Bürger und dem Handeln der Eliten eine Beziehung, oder sind die
Eliten von den Einstellungen der Bürger autark? Wirken sich die politischen
Einstellungen auf das Handeln der Bürger oder deren politische Partizipation
aus (vgl. Barnes/Kaase 1979; Kaase 1976; van Deth 1990)? Vorliegende empirische Analysen können das Problem nicht auflösen, da zwar Zusammenhänge zwischen politischer Partizipation und Indikatoren der politischen Kultur zu bestimmen sind, diese Beziehungen aber durchweg eher niedrig ausfallen (vgl. Pickel/Pickel 1999).

Da bereits der Kulturbegriff im politischen Kulturkonzept nicht unumstritten ist
(siehe hierzu Kapitel 3.4 bis 3.6), ist es nützlich, ein gestuftes Vorgehen der
Diskussion der Ansätze zu wählen. Im Folgenden wird der (klassische) politische

Kulturansatz von Almond und Verba (1963, 1980) dargestellt. Er bildet Ausgangspunkt und Grundlage der Diskussion um politische Kultur und kann als „*traditionaler politischer Kulturansatz*" bezeichnet werden. Die in diesem Ansatz vertretene Begrifflichkeit zur Definition von Gegenstand, Funktion und Bedeutung politischer Kultur wird als Grundlage der weiteren Einlassungen in der Publikation verwendet.

Memobox 4:
Kerngedanken der politischen Kulturforschung

* Der politische Kulturansatz führt das Element des *Bürgers* und somit das *Subjekt* in die vergleichende politikwissenschaftliche Analyse ein. Entsprechend wird er als Auseinandersetzung mit der *subjektiven Seite der Politik* aufgefasst.
* Die politische Kultur eines Landes stellt den soziokulturellen Unterbau des Institutionensystems (als Ausdruck der Strukturebene) dar.
* Grundlegend baut der politische Kulturansatz auf die Arbeiten von *Almond und Verba* (1963) auf und stellt die Frage nach der *Stabilität eines politischen Systems* in den Vordergrund der Analyse. Dabei wird implizit an ein demokratisches System gedacht.
* Zentral für die Stabilität ist die *Beziehung zwischen politischer Struktur und politischer Kultur*. Ist sie kongruent, ist von einem stabilen System auszugehen, ist sie inkongruent, muss man ein instabiles System vermuten.
* Politische Kultur bezieht sich (zumindest im traditionalen Ansatz) auf die *Einstellungen der Bürger gegenüber politischen Objekten*. Das Verhalten der Bürger resultiert aus diesen Einstellungen, gehört aber per Definitionem erst einmal nicht zur politischen Kultur.
* Politische Kultur bewegt sich im *Zwischenraum von Mikro- und Makroebene*. Die Grunddaten werden auf der Mikroebene der individuellen Einstellungen erhoben, um dann zu Aussagen auf die Makroebene überführt zu werden.
* *Implizit* wird in der Konzeption der politischen Kulturforschung ein Effekt auf politisches Verhalten angenommen, wenn auch in der politischen Kulturforschung formell eindeutig zwischen beiden Konzepten unterschieden wird.
* Wichtigstes Instrumentarium der politischen Kulturforschung ist die *Umfrageforschung*. Sie ermöglicht Aussagen über die Gesellschaft durch Zusammenfassung individueller Einstellungen.

3.2 Der Ansatz von Gabriel Almond und Sidney Verba – Die Genese der politischen Kulturforschung

Von entscheidender Bedeutung für die Begriffsbildung „politische Kultur" und die systematische Erforschung derselbigen sind die grundlegenden Untersuchungen Gabriel Almonds und Sidney Verbas (1963) zur politischen Kultur in fünf Nachkriegsstaaten (USA, Großbritannien, Italien, Bundesrepublik Deutschland und Mexiko), die zwischen Juni und Juli 1959 (in den USA im März 1960) durchgeführt wurden. Diese empirischen Arbeiten erreichten unter dem Namen „Civic-Culture"-Studie einen relativ großen Bekanntheitsgrad innerhalb der politikwissenschaftlichen Zunft und können als Ausgangspunkt einer analytischen Untersuchung des Phänomens „politische Kultur" in der Politikwissenschaft gelten.[40] Von quantitativen Umfrageanalysen in den fünf Ländern ausgehend wurde eine Grundtypisierung von „politischen Kulturen" abgeleitet, die sich vor allem durch die Verbindung theoretischer Überlegungen und empirischer Forschungsweise auszeichnete. Im Kern beruht sie auf *historisch-konfigurativen Begründungen*, welche die Rollenstrukturen von Bürgern und Herrschenden im Verhältnis zur politischen Struktur sehen.

In der Folgezeit erlangte das Konzept nicht nur eine große internationale Verbreitung als systematische Forschungsleitlinie für Bevölkerungsanalysen, es konnte zudem den Begriff „politische Kultur" als fest etablierten und definierten Fachbegriff in die politische Wissenschaft einführen und verankern (siehe Kapitel 3.1). Obwohl im Anschluss nicht unwesentliche Kritik an diesem Ansatz geäußert wurde (siehe Kapitel 3.4 und 3.6), konnten sich seine Grundprinzipien bis heute als eine der zentralen Grundlagen der politischen Kulturforschung halten.

Zentral für die Bestimmung der politischen Kultur waren die Fragen nach der *Stabilität eines politischen Systems* und nach dem *Verhältnis von Struktur und Kultur* (siehe vorangegangenes Kapitel). Letzteres impliziert eine Auseinandersetzung mit der im Rahmen institutionalistischer Ansätze nur begrenzt berücksichtigten Beziehung zwischen *Bürger und System* (Staat). Entsprechend integrieren die Überlegungen von Almond und Verba psychologische Komponenten, ohne dabei ihr zentrales Ziel – die Erklärung politischer Stabilität auf der Systemebene (Makroebene) – aus den Augen zu verlieren. Ziel ist ein systematischer Vergleich politischer Systeme mit Hilfe soziologischer und anthropologischer Begriffe.

---

[40]   Es ist vielleicht wichtig an dieser Stelle einmal zu betonen, dass grundsätzlich immer eine politische Kultur in einem Land oder einer Region vorhanden ist. Bei der Untersuchung der politischen Kultur geht es dann darum zu entschlüsseln, welche Art einer politischen Kultur vorherrscht.

Die psychologische Seite des Ansatzes tritt insbesondere bei der Aufnahme der Methode der Umfrageforschung als klassischem Instrument des *Behaviorismus* zu Tage. Dieser Zugang wird mit Überlegungen des *Strukturfunktionalismus* in Verbindung gebracht. In ihrem theoretischen Design knüpfen Almond/Verba damit an Grundüberlegungen von Talcott Parsons (1951) an. Über strukturfunktionalistische Gedanken wurde, auch unter Beteiligung der Autoren der Civic Culture-Studie, bereits eine Konzeption zur Strukturierung politischer Systeme ausgearbeitet (vgl. Almond/Powell 1996), welche die Bezugsobjekte der politischen Einstellungen – denn um diese handelt es sich bei der Konstruktion einer politischen Kultur – vorgibt.

Entsprechend kann die differenzierte politische Struktur, also das differenzierte politische System, als eine Ebene mit verschiedenen einzelnen, untereinander aber wieder verbundenen Bestandteilen angesehen werden. Die politische Kultur stellt dann eine *spiegelbildliche* Abbildung von gesammelten Einstellungen und Wertorientierungen zu diesen Einzelteilen der politischen Struktur dar.

Die politischen Kulturen verkörpern dabei ein Gebilde, welches die Folge *historischer Prozesse* und kollektiv ähnlicher individueller *Sozialisation* ist. Die historischen Pfade sind hierbei strukturell, aber noch stärker kulturell bedingt (dies führt im weiteren Ansatz zur Annahme der Langlebigkeit von Kultur) und legen einen Grundstock für bestimmte Kulturen (siehe auch Moore 1966), ohne allerdings deterministisch zu wirken: Der politische Kulturansatz versteht sich entsprechend als *analytisch-systematischer Ansatz*.

Neben dem politikwissenschaftlich-analytischen Ziel vermittelt die „Civic-Culture"-Studie auch eine *Bestandsaufnahme der Nachkriegszeit*. Ihr Ziel war es, Aussagen über die Persistenz oder Wandelbarkeit autoritärer Überzeugungen zu ermöglichen. Bereits hier wurde ein zentraler Vorwurf laut – die Zentriertheit des Ansatzes auf das amerikanische Normensystem und Demokratieverständnis. Theoretische wie empirische Bewertungen wurden grundsätzlich unter dem Vergleichsaspekt der amerikanischen Demokratie vollzogen und dann (falls Abweichungen davon bestanden) als negativ bzw. defizitär interpretiert. Die Debatte über diese implizite Bezugsbasis ist seit den 1960er Jahren nicht abgerissen und scheint auch nicht wirklich endgültig lösbar zu sein.

3.2.1 *Almond und Verbas Grundüberlegungen und die Typisierung der politischen Kulturen*

Almond und Verba gingen bei ihren Überlegungen zur politischen Kultur von einer Differenzierung politischer Überzeugungen in vier grundsätzliche Zielbereiche politischer Einstellungen im Verhältnis zur politischen Struktur aus.

1. Den ersten Bezugspunkt bildet die Empfindung des *Egos* oder Selbstbildes (des einzelnen Bürgers) innerhalb des politischen Systems. Es reflektiert seine eigenen politischen Überzeugungen, wie z.b. politisches Interesse oder auch politisches Wissen. Diese Einstellungen entwickeln sich zuerst einmal relativ unabhängig vom politischen System eines Landes und weisen – im Gegensatz zu den drei weiteren Orientierungen – als Zielpunkt kein politisches Objekt auf.

2. Ein weiterer und für die Demokratieforschung zentraler Orientierungspunkt sind die *Einstellungen gegenüber den strukturellen Systemcharakteristika,* also dem politischen System selbst. In ihnen wird eine Gesamtbewertung der herrschenden Ordnung vorgenommen, die nicht selten einen pauschalisierenden Charakter besitzt. Die Orientierungen beziehen sich auf die allgemeinen politischen Strukturbedingungen (z.B. die Demokratie als Regierungsform, die politischen Institutionen als Institutionen), sind aber teilweise etwas unpräzise, was das konkrete Ziel der Einstellungen angeht.

3. Beide Überzeugungskomplexe werden begleitet von der Bewertung der Beziehungen zwischen Ego und dem politischen System. Dies sind einerseits die Orientierungen gegenüber den *Inputmöglichkeiten* des Ego in den politischen Prozess und andererseits

4. die Orientierungen gegenüber dem *Output* eines politischen Systems.

Die *Inputbewertung* bezieht sich vornehmlich auf die Teilhabe des Bürgers am politischen Leben und seine Möglichkeit in einer Demokratie etwas (Konstruktives) bewirken zu können. Dabei sind die Orientierungen nicht auf die eigenen Aktivitäten, sondern einzig auf die vorhandenen Strukturen für das Einbringen von Input ausgerichtet.

Die *Outputbewertung* beinhaltet die Evaluation der Leistungsfähigkeit der politischen Autoritäten und des politischen Regimes. Konkrete Ergebnisse der Politik des Systems werden wahrgenommen und bewertet. Dies betrifft politische Entscheidungen verschiedenster Färbung und Resultate unterschiedlicher Policy-Prozesse. Diese Orientierungen können auch noch bei einer recht großen Distanz zum System an sich ausgebildet werden.

Alle Objekte der politischen Orientierungen (Abbildung 3.2) können sowohl kognitiv, affektiv als auch evaluativ ausgeprägt sein. Mit der kognitiven Komponente wird das Wissen der Bürger über bestimmte Zusammenhänge angesprochen, affektive Orientierungsmuster beschreiben Gefühle und evaluative Bewertungen.[41] Die *Orientierungsformen* definieren im Folgenden aufgrund

---

[41]   Affektive Orientierungen zum System können u.a. Nationalstolz sein, Orientierungen zum Output z.B. die Beurteilung der Leistungen des politischen Systems aus eigener Sicht und Orientierungen zum Input z.B. politische Kommunikation.

ihrer Verteilung in der Bevölkerung die vorherrschende politische Kultur eines Landes.

Abbildung 3.2:   Dimensionen politischer Überzeugungen

Objekte der Orientierungen	System as General Object	Input Objects	Output Objects	Self as Object
Cognition (kognitive Dimension	1	1	1	1
Affect (affektive Dimension)	1	1	1	1
Evaluation (bewertende Dimension)	1	1	1	1

Quelle: Eigene Kombination nach Almond/Verba 1963: 16, 17; 1 bedeutet das Vorhandensein dieser Orientierung in der betrachteten politischen Kultur.

Mit der Verbindung zwischen den individuellen Orientierungen der Bürger (Kognitionen, Evaluationen und affektive Orientierungen) und politischen Objekten (System, Ego, Output, Input) wird der Sprung von den individuellen Einstellungen zur Abbildung politischer Kultur auf der Länderebene, also der Aggregatebene, vollzogen. Aussagen über die politische Kultur sind grundsätzlich Aussagen über Länder bzw. Regionen und nicht über die einzelnen Individuen. Die Beurteilung der Einstellungen der einzelnen Bürger erfolgt als Information über Denken und Verhalten der Bürger als Kollektiv. Dies schließt nicht aus, dass auch individuelle Orientierungen für die politische Kulturforschung von Interesse sind, sie werden dann innerhalb der Länder mit Blick auf spezifische Beziehungsmuster zu anderen Einstellungen oder sozialen Umfeldbedingungen untersucht.

Aus den unterschiedlichen Kombinationen von Orientierungsformen und Zielobjekten ergeben sich unterschiedliche Typen von politischen Kulturen. Wie aus Abbildung 3.3 ersichtlich, lassen sich *drei reine Typen von politischen Kulturen* identifizieren. Ein Land kann einer „Parochial Culture", einer „Subject Culture" oder einer „Participant Culture" (vgl. Almond/Verba 1963: 16-17) angehören.

Abbildung 3.3:   Typen politischer Kultur nach Almond/Verba

Objekte der Orientierungen	System as General Object	Input Objects	Output Objects	Self as Object
Parochial Culture	0	0	0	0
Subject Culture	1	0	1	0
Participant Culture	1	1	1	1

Quelle: Eigene Kombination nach Almond/Verba 1963: 16, 17; 0 bedeutet ein Fehlen dieser Orientierung in einer politischen Kultur, 1 bedeutet das Vorhandensein dieser Orientierung in der betrachteten politischen Kultur.

Die „*Parochial Culture*" beschreibt eine Beziehung zwischen Bürgern und Staat, die durch wechselseitige „Nichteinmischung" geprägt ist. Es bestehen keine spezifischen politischen Rollen, welche die Bürger ausfüllen, sondern nur diffuse politisch-wirtschaftlich-religiöse Rollen. Das einzelne Individuum ist nicht politisch und nicht am politischen Handeln interessiert. Es nimmt die Entscheidungen der Herrschenden mehr oder weniger klaglos entgegen, stellt keine Erwartungen an das politische System und führt Vorhaben der Regierung aus. Fazit: In einer parochialen politischen Kultur besteht ein nur minimales Wissen über das politische System und politische Prozesse und es finden sich keine gefühlsmäßigen (affektiven) Bindungen zur Politik. Folglich bestehen auch keine evaluativen Orientierungen gegenüber irgendeiner Komponente des politischen Systems, da Wissen und Interesse fehlen (Beispiel: Stammes-, Dorf- und Feudalkulturen mit uneingeschränkter göttlich gegebener Autorität der Herrschenden).

Die „*Subject Culture*" ist aus liberaldemokratischer Sicht bereits eine deutliche Verbesserung. In ihr beurteilt der Bürger die Leistungen der Herrschenden und das politische System als Gesamtheit. Er entwickelt positive und negative Haltungen gegenüber der Struktur und den Leistungen des politischen Systems. Gegenüber dem „Selbst" als politischem Akteur und den Input-Aspekten bestehen kaum oder gar keine Orientierungen. D.h., der Bürger besitzt ein unpolitisches Selbstbild, betrachtet die politischen Prozesse aus der Distanz und ist ihnen nicht verbunden. Dies drückt sich auch in Eigeninitiative aus: Es erfolgt nahezu keine eigene politische Aktivität. Fazit: Der in einer „Subject (Political) Culture" lebende Bürger zeichnet sich durch eine passive Beziehung zu Politik und eine eingeschränkte (politische) Bindung aus. Seine Kompetenz kann unterschiedlich hoch sein, meist ist sie aber eher gering ausgebildet. Dieser Typus wird in seiner deutschen Entsprechung oft als „Untertanenkultur" bezeichnet. (Beispiel: Differenzierte politische Struktur mit klarer Untertanenhaltung – deutsches Kaiserreich, mit Einschränkungen Weimarer Republik).

Erst in der „*Participant Culture*" wird das in der Moderne verbreitete Bild eines mündigen Bürgers erfüllt. In dieser politischen Kulturform beteiligen sich die Bürger am politischen Prozess. Sie besitzen grundlegendes politisches Wissen, haben am politischen Leben teil, bringen sich (konstruktiv) in das politische System ein und besitzen zudem umfassende Orientierungen gegenüber dem politischen System als Ganzem, den Input- und den Output-Aspekten sowie ihrem Verständnis von der eigenen politischen Rolle.[42]

Da eine reale Existenz der theoretisch konstruierten Idealtypen eher unwahrscheinlich ist, werden sie durch drei Typen „of systematically mixed political cultures" (Almond/Verba 1963: 23) ergänzt: Der „Parochial-Subject Culture", der „Subject-Participant Culture" und der „Parochial-Participant Culture". Sie sind notwendig zur Beschreibung der Wirklichkeit politischer Systeme bzw. politischer Kulturen.

Die *parochiale Untertanenkultur* („Parochial-Subject-Culture") verkörpert den Übergang von Stammesgesellschaften und Feudalsystemen hin zu den Anfangsformen differenzierter politischer Strukturen, behält aber eine große Distanz zwischen Bürger und Staat bei. Die *partizipatorische Untertanenkultur* („Subject-Participant-Culture") ist eine Folge des Nationalstaats. Sie speist sich aus dem Gefühl nationaler Loyalität und Identifikation, was den Hang zu Gehorsam gegenüber einer zentralen Autorität beinhaltet. Ein Teil der Bevölkerung hat nun fundierte Input-Orientierungen und ein aktives Rollenbild entwickelt, aber der Großteil der Bevölkerung bleibt einem passiven Rollenbild gegenüber der autoritären Regierungsstruktur verhaftet. Nicht selten kommt es zu einer strukturellen Instabilität, die sich in einem unvorhersehbaren Wechsel zwischen autoritären und demokratischen Regierungen ausdrückt. Daraus entstehen Folgen für die politische Kultur, welche zwischen stärker partizipatorischen Elementen und einer Untertanenmentalität schwankt. Eine ähnlich instabile Situation gilt für die *parochial-partizipatorische politische Kultur* („Parochial-Participant-Culture"). In ihr müssen fundierte Output- und Input-Orientierungen gleichzeitig entwickelt werden. Demokratische Normen der politischen Struktur treffen auf eine parochiale politische Kultur und stellen sie vor Veränderungszwang. Eine Mischung, wie sie die parochial-partizipatorische politische Kultur beschreibt, findet sich eher selten, wenn, dann bei der Entwicklung einer politischen Kultur in neu begründeten Nationalstaaten.

In ihrem Zusammenspiel münden die aufgezeigten Überlegungen in die Untersuchung einer „Civic Culture", welche starke partizipative Orientierungen mit einem positiven Einstellungsgefüge hinsichtlich der Strukturen des politischen Systems und der politischen Prozesse verbindet. Es handelt sich um eine rational-aktivistische Kultur, die sich vor allem auf die Aktivitäten auf der Seite des

---

[42]   Die Orientierungen müssen dabei nicht per se positiv sein, sondern können auch eine negative Ausprägung annehmen (Beispiel: moderne Staatssysteme mit basisdemokratischen Elementen).

Input in das politische System bezieht und diese in ihrer Bedeutung hervorhebt. Deutlich wird dies in der deutschen Übersetzung als Staatsbürgerkultur.

In der „Civic Culture" sind die Beziehungen zu den Strukturen und dem Prozess des Input *positiv* geprägt. Zwischen politischer Struktur und politischer Kultur besteht Kongruenz (siehe nächstes Kapitel). Sie ist der Hintergrund für einen Mix aus Bürgern, Untertanen und parochial orientierten Personen oder aber dem Mix verschiedener, diese Typen konstituierenden, Einstellungen bei einzelnen Bürgern (siehe Abbildung 3.4).

Abbildung 3.4:   Zusammensetzung der Civic Culture (CC)

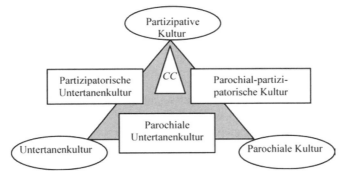

Quelle: Eigene Zusammenstellung.

Der „Bürger" in der „Civic Culture" ist somit in seinem Einstellungsmuster eine Mischung aus partizipatorischen, am Modell des Untertanen ausgerichteten und parochialen Orientierungen. Selten ist er ein durchweg an allen Formen politischer Aktivitäten beteiligtes und interessiertes Individuum. Den nicht-partizipativen Elementen der politischen Kultur wird dabei eine mildernde Funktion hinsichtlich der Dynamik politischen Wandels zugesprochen. Sie sollen die Regierbarkeit eines politischen Systems durch eine zumindest gewisse Akzeptanz und Folgsamkeit hinsichtlich der Entscheidungen der Herrschenden gewährleisten. Der „gute Bürger" ist folglich eine Mischung aus Untertan und aktivem Bürger. Zwar kann er nur durch aktive Teilhabe Entscheidungen beeinflussen, dazu muss er aber Bundesgenossen finden, da er als Einzelbürger allein nicht viel bewirken kann.

Die *Staatsbürgerkultur* ist aus Sicht von Almond und Verba so etwas wie ein *normatives Leitbild* für sich entwickelnde politische Systeme. Wenig überraschend sind Ähnlichkeiten zur anglo-amerikanischen Demokratie zu erkennen, die nicht selten Ziel von Kritik wurden. Das implizite (explizit wird der Vergleich ausgespart)[43] Setzen des Zielbildes einer Demokratie amerikanischer Prägung wird als Kulturdeterminismus angesehen, der für andere Regimeformen nicht unbedingt übertragbar sei, was den Nutzen gerade eines für den Systemvergleich konstruierten Modells natürlich erheblich einschränken würde. Nichtsdestoweniger kann man aber als Forscher versuchen, sich von diesem immanenten Leitbild zu befreien und die aufgestellte Typisierung als idealtypischen Vergleichsrahmen für politische Systeme oder, genauer, politische Kulturen zu verwenden.

Zusammengefasst: Die aufgezählten Formen politischer Kultur ersetzen sich nicht wechselseitig, sie bilden auch keine automatisch aufeinander folgenden Phasen aus – die Elemente der jeweiligen Kulturen können sich überlagern, kombinieren und mischen. Selbst die einzelnen Basiselemente einer politischen Kultur sind nicht immer stabil. Die einzelnen Elemente, die eine parochiale und Untertanenkultur ausmachen, verändern sich, wenn Aspekte einer weiteren politischen Kulturvariante hinzukommen. Die einzelnen Typen politischer Kultur sind also nicht homogen oder einheitlich, sondern teils heterogen und oft variabel in ihrer Zusammensetzung. Da sich politische Systeme über die Zeit hinweg verändern, entstehen nicht selten Inkongruenzen, die wiederum erhebliche Veränderungen auf der Ebene der politischen Kultur erfordern, um eine Anpassung an die Umwelt und weitergehende Stabilität zu gewährleisten. Diese Überlegungen knüpfen an die Gedanken eines „Fließgleichgewichtes" an, wie es im Strukturfunktionalismus für die Erklärung sozialen Wandels verwendet wird (vgl. Parsons 1971). Die politische Kultur steht dabei in Relation zur politischen Struktur des Systems.

3.2.2   Kongruenz von politischer Kultur und Struktur

Überhaupt wird der *Kongruenz von politischer Kultur und politischer Struktur* in den Überlegungen Almonds und Verbas eine große Bedeutung eingeräumt. Insbesondere diese Kongruenz stützt die Stabilität des (demokratischen) politischen Systems und unterscheidet es maßgeblich von den destabilisierenden Einstellungsmustern Apathie und Entfremdung (vgl. Almond/Verba 1963: 22, 493-500), die wiederum die Instabilität eines politischen Systems auslösen können. Abbildung 3.5 verdeutlicht die Formen von Kongruenz oder Diskongruenz, wie sie aus der Kombination der Einstellungen gegenüber den politischen Objekten entstehen können.

---

[43]   Selbst ohne expliziten Verweis auf die USA als Träger der Leitbildfunktion ist aus der Beispielsetzung der Fünf-Länder-Studie ein Bezug offensichtlich.

Abbildung 3.5:   Kongruenz und Inkongruenz von Kultur und Struktur

Kongruenz	Gesamt-system	Input	Output	EGO	System-zustand
allegiance	+1+1+1	+1+1+1	+1+1+1	+1+1+1	*Stabilität*
apathy	+1 0 0	+1 0 0	+1 0 0	+1 0 0	
alienation	+1-1-1	+1-1-1	+1-1-1	+1-1-1	*Instabilität*

Quelle: Eigene Kombination nach Almond/Verba 1963; +1 bedeutet eine positive Hinwendung gegenüber der einzelnen Orientierungsdimension; 0 verweist auf keine Beziehung; -1 auf eine negative Beurteilung. Der erste Wert bezieht sich auf die kognitive Beziehung, der zweite Wert auf die affektive Beziehung, der dritte Wert auf die evaluative Beziehung.

Drei Formen von Beziehungsstrukturen zwischen Bürgern und politischem System können sich ergeben.[44]

a. Es besteht eine Übereinstimmung zwischen den Einstellungen der Bürger und der politischen Struktur auf allen Ebenen. Die Form der „*allegiance*" (Verbundenheit) zeichnet sich durch positive Einstellungen gegenüber dem politischen System, den Vermittlungsprozessen zwischen System und Bürger (Input oder Output) und einer Stellung des Bürgers als mündigem und geneigtem (positive affektive Stellung zum System) Mitglied der politischen Gemeinschaft aus.

b. Die Bürger besitzen zwar Wissen über alle Dimensionen der Politik, sie bilden aber keine positiven oder negativen Haltungen ihnen gegenüber aus. Dieser Zustand wird von Almond und Verba als „*apathy*" (Apathie) bezeichnet und erweist sich als nicht eindeutig verortbar innerhalb des Kontinuums der Beurteilung von Stabilität und Instabilität eines politischen Systems. Der Bürger tritt nicht unbedingt für, aber auch nicht gegen das System ein. Folglich ist auch keine akute Gefährdung des politischen Systems zu erwarten.

c. Gefährlich für das Überleben eines politischen Systems ist der Zustand der „*alienation*" (Entfremdung). Ein gewisses Wissen über die politischen Prozesse und Strukturen ist verbunden mit einer affektiven Abneigung gegen das vorherrschende System und einer ungünstigen Beurteilung der Input-Möglichkeiten, des Outputs des politischen Systems, des Gesamtsystems selbst und der eigenen Position im politischen System. Diese Grundhaltung

---

[44]   Dabei sind die Zuweisungen immer als Aussage über die Mehrheit der in einem Staatengebilde lebenden Bürger zu verstehen.

erweist sich als explosive Mischung, die relativ schnell zu einem System-
umbruch führen dürfte.

Alle drei Formen sind wieder als idealtypische Beziehungen zu verstehen, die in
den Bezugsstrukturen zu den einzelnen Orientierungsdimensionen variieren
können. So ist es nicht auszuschließen, ja sogar relativ realistisch, dass es Bevölkerungsgruppen gibt, die gleichzeitig keinerlei tieferes Wissen über politische
Prozesse besitzen, aber doch spezifische Antisystemneigungen ausgebildet haben. Gerade solch eine Personengruppe dürfte in nicht geringem Umfang für das
politische System gefährlich sein. Überhaupt sind mehrere Mischtypen denkbar,
die in der Realität existieren können. Zudem muss bedacht werden, dass es ganz
unterschiedliche Gruppen in den Bevölkerungen geben kann, die sich teilweise
wechselseitig egalisieren. So ist generell nicht geklärt, inwieweit der Aktivitäts-
grad der Gruppen nicht entscheidender ist als die Größe und inwieweit kleine
aggressive Antisystemgruppen sich gegen „schweigende" Mehrheiten in der
Umgestaltung des politischen Systems durchsetzen können.

Die Position der Bevölkerungseinstellungen für die Beurteilung der Stabilität eines politischen Systems wird aus Überlegungen zu den Beziehungen der
verschiedenen Bestandteile des Struktur-Kultur-Verhältnisses bei Patrick Dias
(1971) erkennbar. Er nimmt das Ursprungsmodell von Gabriel Almond auf und
zeichnet das Geflecht zwischen Kultur, politischem System, Person und politischer Kultur noch einmal in all seiner Komplexität konzeptionell nach. Dabei
wird die große Bedeutung der Sozialisation für die Ausbildung von Orientierungen von Personen gegenüber dem politischen System ersichtlich.

Biographisch frühe Lebenserfahrungen werden in der Form von sozio-
politischen Wertorientierungen internalisiert. Die betroffenen Personen sind im
weiteren Lebensverlauf in eine sie umgebende (Alltags)-Kultur eingebettet, die
ihre Werte und Einstellungen bestätigen oder aber auch modifizieren kann. Ein
genereller Wertewandel ist aber im weiteren Verlauf des Lebens eher unwahrscheinlich (siehe auch Inglehart 1990), so dass von einer relativ starken Kontinuität auf der Werteebene auszugehen ist.

Zwischen der vorherrschenden politischen Struktur (durch das politische
System abgebildet) und der politischen Kultur besteht dann entweder eine Kongruenz oder eine Inkongruenz, die sich wiederum in bestimmten Grundhaltungen
der Bevölkerungen gegenüber dem politischen System widerspiegelt (allegiance,
apathy, alienation) und Aussagen über die Stabilität des politischen Systems
ermöglicht (siehe Abbildung 3.5). Kommt es zu einem Fehlen demokratischer
Einstellungen bzw. zum politischen System kongruenter Einstellungen, dann
entwickelt sich in den politischen Positionen eine gewisse Lagermentalität. Diese
Fragmentierung politischer Positionen, welche nur eigene Interessen verfolgen,

kann zu einem Zerfall des Systems in verschiedene Untereinheiten führen. Die Stabilität des Systems ist gebrochen.

Interessant an Dias' Interpretationen ist seine starke Betonung der Wirkung der Sozialisation und der Platzierung des politischen Systems als den Ausgangspunkt der Beziehungen – eine Festlegung, die als Deutung Almonds in Frage gestellt werden kann. Eindeutig ist die zentrale Bedeutung der Kongruenz zwischen politischer Kultur und Struktur. Ebenfalls interessant ist die hier aufzufindende Unterscheidung zwischen einer allgemeinen „Kultur" und politischer Kultur, wenn sie auch nicht näher ausgeführt wird. Diese Unterscheidung wird später ein Bestandteil verschiedener Kritikpunkte an der politischen Kulturforschung in der Tradition Almonds sein (siehe Kapitel 3.4).

Festzuhalten bleibt die klare Ausrichtung der Terminologie Almond und Verbas auf die Kongruenz von Struktur und Kultur mit ihrer Festlegung auf die *politische* Kultur einer Gesellschaft. Die subjektiven Einstellungen der Bevölkerung, und damit der Bürger, rücken damit ins Blickfeld der wissenschaftlichen und gerade der vergleichenden Politikwissenschaft. Es ist wenig überraschend, dass dieses Konzept der 1960er Jahre mittlerweile einige Ergänzungen erfahren hat. Diesen werden wir uns in den folgenden Kapiteln eingehend widmen.

3.2.3 Die Ergebnisse der „Civic Culture"-Studie

Da die „Civic-Culture"-Studie von Almond/Verba (1963) als die „Geburtsstudie" der politischen Kulturforschung gelten darf, sei kurz auf wenige ausgewählte empirische Ergebnisse dieser Studie eingegangen. Zur Erinnerung, die „Civic-Culture"-Studie konzentrierte sich auf fünf Länder und versuchte politisch kulturelle Kontraste der Nachkriegszeit in ausgewählten Ländern (USA, Deutschland, Italien, Mexiko, Großbritannien) herauszuarbeiten. Ziel war es, aus diesen Ergebnissen heraus eine allgemeine und für spätere Untersuchungen verwendbare (siehe z.B. Pye/Verba 1965) Typisierung zu erstellen, die Auskunft über die jeweilige politische Kultur der Länder geben kann. Durch die Typisierung sollte die Chance einer vergleichenden Perspektive eingeräumt werden. Ihr Kernergebnis liegt in der (bereits dargestellten) Identifizierung von drei Idealtypen politischer Kulturen (Untertanenkultur, parochiale politische Kultur und partizipative politische Kultur), die sich noch einmal in der Mischung ihrer Orientierungsmuster (allegiance, alienation, apathy) unterscheiden können.

Die Zuordnung der Länder zu den allgemeinen politischen Kulturtypen ist relativ einfach nachvollziehbar. Die *USA* wird als Paradebeispiel einer partizipativen politischen Kultur vorgeschlagen. Den US-amerikanischen Bürgern werden eine hohe Zufriedenheit mit den politischen Inputstrukturen und eine große Bereitschaft zur politischen Diskussion attestiert. Diese positiven Eigenschaften begleitet ein tief verwurzelter (positiver, nicht ethnozentristischer) Nationalstolz. Die amerikanischen Bürger empfinden sich eher als aktiver Bestandteil einer politischen Gemeinschaft und nur in sehr geringem Umfang als Untertanen in einem obrigkeitsorientierten politischen System.

Ähnliches gilt – mit Einschränkungen – für *Großbritannien*. Nach Ansicht von Almond und Verba sind dort aber etwas stärkere Tendenzen einer Untertanenkultur aufzufinden und geringere Tendenzen einer partizipativen politischen Kultur. Insgesamt besteht aber in Großbritannien noch eine relativ effektive Kombination aus Untertanenkultur und Partizipationskultur. So wird Großbritannien, zumindest 1963, als eine „Civic Culture" bezeichnet und fällt in die gleiche Typenklasse wie die USA, nur mit leicht verschobenen Schwerpunkten.

Demgegenüber fällt die Beurteilung *Deutschlands* erheblich ungünstiger aus. Das Deutschland der 1950-1960er Jahre sehen beide Forscher als Musterbeispiel für eine Untertanenkultur. Die hohe Zufriedenheit mit dem politischen Output und das große Vertrauen gerade in die Verwaltungen, zusammen mit einem seit dem Zweiten Weltkrieg erst langsam wachsenden politischen Bewusstsein, das sich noch auf die kognitive Ebene beschränkt, wird von einer geringen Gruppenbildung und einer geringen Bereitschaft zu politischen Diskussionen begleitet. Hinzu kommt, dass die deutschen Bürger es bislang noch nicht verstanden haben, Einflusskanäle für das Einbringen ihrer eigenen Interessen in die Politik zu finden, geschweige denn diese zu nutzen. Allgemein herrscht noch immer das Verständnis eines getreuen Untertanen vor, wie es sich seit der Kaiserzeit tendenziell gehalten hat, mit dem Unterschied, dass nun die Herrschenden über Wahlen bestimmt werden. In eine ähnliche Kategorie sortieren Almond und Verba *Italien* und *Mexico* ein.

Grundlage für diese Klassifikationen sind Ergebnisse der 1959 von beiden Forschern durchgeführten Befragung in den fünf angesprochenen Staaten. Einige zentrale Ergebnisse sind in Abbildung 3.6 zusammengefasst.

Abbildung 3.6:   Ländereinordnung und Ergebnisse der Kernindikatoren

	Typ	Out	In	Open
USA	Participant Civic Culture	12	20	82
Großbritannien	Deferential Civic Culture	26	33	61
Italien	Alienated Political Culture	42	63	14
Deutschland	Political Detachment and Subject Competence	26	28	44
Mexiko	Alienation and Aspiration	71	45	42
		ST	EE	CC
USA	Participant Civic Culture	55	38	15
Großbritannien	Deferential Civic Culture	49	45	19
Italien	Alienated Political Culture	7	61	47
Deutschland	Political Detachment and Subject Competence	30	72	34
Mexiko	Alienation and Aspiration	19	78	43

Quelle: Eigene Kombination nach Almond/Verba 1963: 402, 414, 428, 440, 99, 155, 267, 186; Out = Prozentanteil derer, die entfremdet oder parochial im Bezug auf die Output Dimension sind; Input = Prozentanteil derer, die entfremdet oder parochial im Bezug auf die Input Dimension sind; Open = Prozentanteil derer, die eine offene Parteineigung aufweisen; ST = Social Trust „Most people can be trusted" (Almond/Verba 1963: 267); EE = External Efficacy („No one is going to care..."); CC = Prozentanteil derer, die keinerlei „Civic Competence" besitzen.

Diese verallgemeinernden Ergebnisse werden in der Studie durch Einzelbeispiele zu illustrieren versucht. Anhand einer vertiefenden Aufarbeitung der Einstellungen bestimmter Personengruppen (Hausfrauen, Bäcker, Verwaltungsangestellte etc.) wird der Bezug zwischen sozialstrukturellen Gruppen und den Einstellungskonzepten herausgearbeitet. Dieses Vorgehen soll dazu dienen, den Darstellungen eine größere Plastizität zu verleihen. Bedeutsam für die Zuordnung zu einem Kulturtyp, der in der Abbildung 3.6 noch einmal differenzierter ausgewiesen wird, ist die *Zusammensetzung* verschiedener Einstellungsmerkmale und die *Verteilung* der Einstellungsmerkmale bei den Bürgern eines Kollektivs. Die Kriterien für die Auswahl der verwendeten Einstellungskonstrukte wurden bereits in den vorangegangenen theoretischen Überlegungen präsentiert.

Auffällig ist dabei, dass Almond und Verba neben den bereits bekannten Orientierungen der Bürger gegenüber dem politischen System (der Input-Orientierung und der Output-Orientierung) einen weiteren Indikator als Erfassungskomponente der Bürger-Staat-Beziehungen hinzunehmen. Es handelt sich um die Form der *Parteianhängerschaft*. Almond/Verba unterscheiden zwischen einer offenen und einer rationalen Parteianhängerschaft sowie drei Formen mit geringerer demokratischer Ausrichtung (apathetic, parochial, intense). Vor allem die offene Parteianhängerschaft erscheint ihnen als wichtig für eine partizipative politische Kultur, da sie den Wechsel zwischen Parteien sowie kritische Distanz bzw. eine interne Zirkulation von Machteliten und Einflussnahme der Parteianhänger in der Partei zulässt. Geschlossene Parteianhängerschaften dagegen reflektieren eine relativ kompromisslose Parteianhängerschaft, die sich im politischen Kampf durch starke Ingroup-Outgroup Abgrenzungen hervortut.

Wenig überraschend liegen bei allen genannten Bestimmungsindikatoren einer politischen Kultur (Inputorientierung, Outputorientierung, offene Parteianhängerschaft) die Bürger der USA der Idealvorstellung einer Civic Culture am nächsten. Die US-Bürger besitzen am häufigsten von den fünf untersuchten Bevölkerungen offene Parteieinstellungen. D.h. dort existieren kaum verkrusten Parteibindungen und es wird dem Bild des mündigen, kritischen und selbst entscheidenden Bürgers entsprochen. Auch ist das soziale Vetrauen am ausgeprägtesten und die Unzufriedenheit mit der Vertretung durch die Politiker (External Efficacy) am geringsten.

Das Gegenteil findet sich in Italien, wo die Parteistrukturen fast durchweg geschlossen und an den Obrigkeiten orientiert sind. Auch das Vorhandensein bürgerlicher Kompetenzen auf der nationalen und lokalen Ebene wird untersucht. Das Ergebnis ist eine Differenz zwischen den Staaten dahingehend, dass in den USA und Großbritannien fast alle der untersuchten Indikatoren durchweg positive Werte aufweisen, während dies in den drei anderen Vergleichsstaaten nicht der Fall ist (Almond/Verba 1963: 186).[45] Sind in Italien und Mexiko gerade die Bewertungen der Indikatoren politischer Beteiligung schlecht, fallen in Deutschland die evaluativen Aspekte, weniger die kognitiven, ungünstig aus. In eine ähnliche Richtung zeigen die in der Folge behandelten Indikatoren der politischen Kulturforschung. Dazu gehören die Häufigkeit der politischen Diskussionen als Gradmesser der politischen Involvierung und die Einschätzung, ob sich die Politiker überhaupt um einen kümmern: "No one is going to care much what happens to you, when you get right down to it" (Almond/Verba 1963: 267).[46] Ergänzt werden diese Indikatoren der Input- und Output-Beurteilung der Politik

---

[45]   Eine Begründung ist der Verweis auf die historische Genese der USA, die aufgrund ihrer geopolitischen Lage und der Erfahrung des Unabhängigkeitskrieges vor allem durch zwei große, gemeinsame Ziele getragen wird: Politische Selbstentwicklung und ökonomische Freiheit.

[46]   Dieser Fragekomplex wird in der jüngeren Forschung als so genannte „External Efficacy" bezeichnet (vgl. Vetter 1997).

durch das soziale Vertrauen (social trust), welches Informationen über die interne Homogenität der politischen Gemeinschaft vermitteln soll.[47]

Zusammen mit einer breit gefächerten Zahl an Indikatoren, die Überzeugungen zur Chance eigener politischer Partizipation erfassen, Indikatoren zur Erfassung subjektiver Kompetenz und Indikatoren zur Beteiligungsbereitschaft, entwickeln Almond und Verba ein Muster politischer Kultur. Es ist weniger streng im Sinne einer Typisierung zu verstehen, denn vielmehr als eine durch Deduktion erschlossene Verbindung zwischen dem theoretischen Gedankengebäude der Civic Culture Studie und empirischen Befunden. Faktisch kommt es zu einer *Korrelationen zwischen theoretischen und empirischen Bestrebungen*, die für die daraus folgende Typisierung verantwortlich ist.

Aus den Ergebnissen heraus ist es Almond und Verba nun möglich, die fünf untersuchten Länder den jeweiligen Typen politischer Kulturen zuzuweisen. Die präsentierten Reinformen der politischen Kulturen sind dabei als Idealtypen anzusehen. Sie stehen als Zielpunkte der Bewertung im Hintergrund, während sich die konkreten Ausprägungen auf dem einen oder anderen Kontinuum einordnen und z.B. in den angesprochenen Mischtypen äußern.

Die einmal ermittelten Ergebnisse der Civic Culture Studie bedeuten keine dauerhafte Zementierung politischer Kulturen in den einzelnen Ländern. Dies zeigten spätere Forschungsergebnisse. In einer Folgeuntersuchung, 17 Jahre nach der Civic Culture Studie (vgl. Almond/Verba 1980), ergaben sich zum Teil überraschende Ergebnisse:

a. die Beurteilung für *Großbritannien* fällt erheblich ungünstiger aus als noch 1959. Sie ist zwar weiterhin eher zum Typ einer „Civic Culture" zuzuordnen, aber mit deutlich mehr Einschränkungen als früher.

b. *Deutschland* hat sich mittlerweile von einer Untertanenkultur fast zu einer Musterdemokratie – zumindest was die politische Kultur betrifft – entwickelt (vgl. Conradt 1980). Diese Feststellung gilt mit Einschränkungen auch für Italien. Bemerkenswert an der Wiederholungsstudie ist ihre dezidierte Auseinandersetzung mit Aspekten wie kognitiver Mobilisierung und Einstellungen zur politischen Partizipation, deren Bedeutung seit der ersten Studie wesentlich angewachsen ist.

---

[47] Der von Almond/Verba zur Messung des sozialen Vertrauens verwendete Indikator wurde in späteren Untersuchungen (vgl. Gabriel u.a. 2002; Putnam 2001; Newton 1999) zur Abbildung des sozialen Kapitals einer Gesellschaft eingesetzt. Diese Verwendung ist zwar nicht unumstritten, wird sich aber aufgrund des Fehlens geeigneter alternativer Indikatoren aus dem Einstellungsbereich bis in neuere Untersuchungen gehalten. Zur weiteren Fassung sozialen Kapitals werden Mitgliedschaften in Verbänden und Vereinen herangezogen (siehe Gabriel u.a. 2002).

c. Für die *USA* finden sich keine nennenswerten Veränderungen zur ersten
    Studie – sie besaß und besitzt eine Civic Culture, die sich auch auf der Ebe-
    ne des Verhaltens widerspiegelt.

Der Befund einer Veränderung von politischer Kultur in einem Land verweist
auf die doch mögliche *Wandelbarkeit politischer Kultur*. Die Zugehörigkeit zu
einem bestimmten politischen Kulturtypus ist nicht unabänderlich, sondern unterliegt äußeren und inneren Faktoren, die zum Wandel beitragen. Es kann sowohl eine langfristige Entwicklung als auch eine sprunghafte Entwicklung stattfinden. Ein Grund mag der Wandel von Institutionen sein, die ja die Struktur des
politischen Systems bedingen, ein anderer Freiheitsgewinne in der Folge des
global voranschreitenden Modernisierungsprozesses.[48] In beiden Fällen wird die
politische Kultur von einer Veränderung der Struktur getroffen, die auch für ihre
Ebene Folgen bedingt.

---

[48] Gerade an der Fragestellung der Wandelbarkeit politischer Kultur entzündet sich eine Diskus-
      sion über die verwendeten Begrifflichkeiten (vgl. Pollack/Wielgohs 2000). Die langfristige
      Prägekraft von politischen Einstellungen wird dabei in Frage gestellt und auf die Situationsab-
      hängigkeit von Einstellungen verwiesen (siehe auch Diskussionsbox). Allerdings muss ange-
      führt werden, dass eine systematische sprachliche Unterscheidung zwischen langfristig wirk-
      samen Werten und kurzfristigen Einstellungen hilfreich sein könnte.

Diskussionsbox 4:
Werte, Wertorientierungen, Einstellungen – definitorische Probleme der politischen Kulturforschung

Eine Schwierigkeit, die für die frühe politische Kulturforschung noch nicht von größerem Belang war, aber in Folge der Weiterentwicklung der Werteforschung stark an Bedeutung gewann, ist die definitorische Klarheit der verwendeten Begriffe.

Im Übergang der 1960er zu den 1970er Jahren kamen verschiedene Forscher unabhängig voneinander zu der Erkenntnis, dass die Überzeugungen von Personen nicht einfach auf einen relativ unspezifischen Einstellungsbegriff eingeschränkt werden können. Es zeigte sich, dass Einstellungen mit kürzerer Reichweite und zeitlich stabilere Einstellungen mit längerer Reichweite existierten.

Eine Auffassung, die *Einstellungen* von *Meinungen* und Überzeugungen differenzierte und deren hierarchische Struktur diskutierte, stelle Phillip Converse (1964) vor. Daneben wurde das Konzept der *Werte* stärker ins Zentrum der Forschung gerückt. Milton Rokeach definierte Werte folgendermaßen: „Values are an enduring belief that a specific mode of conduct or end-state of existence is personally or socially preferable to an opposite or converse mode of conduct or end-state of existence". Er unterschied (1973) zwischen instrumentellen Werten (*instrumental values*), die sich auf den Umgang mit konkreten sozialen Anforderungen beziehen, und „*terminal values*", die eine idealisierte Haltung zur Grundformen des eigenen Lebens bestimmen. Auch betonte er die Trennung zwischen kurzfristiger und längerfristiger Stabilität.

Ein späteres Hinzutreten von Begriffen wie *Wertorientierungen, Mentalitäten, Überzeugungen* vereinfachte die begriffliche Diskussion nicht unbedingt. Für die politische Kulturforschung setzte sich zunehmend die Auffassung durch, dass es sich um Werte handelt, die Stabilität garantieren. Diese Festlegung ist ein stetiger Angriffspunkt für Kritik, die im Umfeld von Umbrüchen und Transformationen auf die teilweise schnelle Brüchigkeit dieser „Werte" verweist. Effektiver erscheint es auf eine Trennung zwischen Werten, Einstellungen und Meinungen zu verweisen, wie sie Manheim 1982 vorschlug. Dieses Konzept erweist sich als hilfreich, um kurzfristige von längerfristigen Elementen der politischen Kultur begrifflich zu trennen, womit die Diskussion möglicherweise in produktivere Bahnen gelenkt werden kann.

Kurzfazit:

Folgt man den vorgestellten Überlegungen, so ist *politische Kultur* eine Abbildung individueller Einstellungen (nicht Verhaltensweisen) auf der Gesellschaftsebene (Aggregatebene). So definieren Almond/Verba die nationale politische Kultur als „die besondere Verteilung von Orientierungsmustern auf politische Objekte unter den Mitgliedern einer Nation" (Almond/Verba 1963: 13), wobei „politische Einstellungen als Eigenschaften von Individuen, die politische Kultur dagegen als Merkmal von Kollektiven" (Gabriel 1992: 96) gilt. Sie befasst sich demnach mit akkumulierten, individuellen Einstellungen gegenüber politischen Objekten (hierzu detailliertere Aussagen im folgenden Kapitel zum Konzept der politischen Unterstützung).

Ihr zentrales Ziel ist es, die Stabilität eines politischen Systems zu bestimmen. Stabil ist ein politisches System dann, wenn Struktur und Kultur, also Institutionalisierung und Einstellungsmuster, übereinstimmen (vgl. Gabriel 1992: 99-104). „The civic culture is a participant political culture in which the political culture and the political structure are congruent" (Almond/Verba 1963: 31). Besteht eine längerfristige Diskongruenz zwischen Struktur und Kultur (und dies gilt für alle Systemtypen, nicht nur Demokratien) kommt es unweigerlich irgendwann (der Zeitpunkt ist nicht vorherzusagen) zu einem Zusammenbruch des politischen Systems.

Auffällig ist die starke Nähe der Civic Culture zum amerikanischen Demokratiemodell. Diese ist sicher nicht unwesentlich durch die Herkunft der Primärforscher als auch durch die starke empirische Prägung der Theoriebildung bedingt. Überhaupt ist die Korrespondenz zwischen Theorie und Empirie im ursprünglichen politischen Kulturansatz Almond und Verbas sehr hoch. Es handelt sich eher um ein Vorgehen des wechselseitigen Befruchtens als um einen stringenten Theoriebildungsprozess, der dann einer empirischen Prüfung unterzogen wird. Dies ist nicht unbedingt als Kritik zu verstehen, da auch auf diese Art und Weise eine theoretische Weiterentwicklung möglich zu sein scheint.

Folgeergebnisse verweisen darauf, dass die empirischen Zuordnungen zu einem Typus wechseln können, d.h. nicht, dass die Einordnungen der politischen Kulturforschung falsch wären, sondern, dass diese sehr wohl als idealtypische Richt- und Vergleichslinien benutzt werden können und sollten.

Memobox 5:
Grundprämissen des Ansatzes von Almond und Verba

---

* Die empirische Studie „Civic Culture" ist der Ausgangspunkt der systematischen politischen Kulturforschung.
* Bedeutsam für die politische Kulturforschung ist die Bestimmung des Zustandes *Stabilität* eines politischen Systems und der Übergänge zwischen Stabilität und Instabilität.
* Die Stabilität des politischen Systems ist hauptsächlich auf eine *Kongruenz von politischer Kultur und politischer Struktur* zurückzuführen.
* Die Beziehungen zwischen Bürger und politischem System zeichnen sich durch drei Formen aus: *allegiance, apathy* und *alienation*.
* Ziel der Bewertungen der Bürger sind dabei das Gesamtsystem, das Ego des Bürgers (Selbstbild), die Input-Möglichkeiten in das System und der Systemoutput.
* Die Orientierungsformen können sowohl *kognitiv, evaluativ* oder auch *affektiv* sein.
* Politische Kultur resultiert aus der *Verteilung individueller Einstellungen auf politische Objekte*.
* Die Aussagen der politischen Kulturforschung beziehen sich auf *Länderaggregate* und nicht auf Individuen, auch wenn sie deren Einstellungsmuster als Grundlage für die Konstruktion der Typen heranziehen.
* Die *Klassifikation von Ländern* gibt Auskunft über den Typ einer vorherrschenden politischen Kultur. Idealtypen wie auch Mischtypen sind möglich.
* Zwischen der Typenbildung bei Almond und Verba und den empirischen Ergebnissen besteht ein deutlicher *Zusammenhang*. Empirie und Theorie befruchteten sich in diesem Ansatz wechselseitig.

3.3 Politische Unterstützung nach David Easton und subjektive Legitimität nach Seymour M. Lipset

Wie im Vorkapitel angedeutet, ließ sich der Zielpunkt der politischen Überzeugungen im politischen System bzw. das Objekt der Bewertungen seitens der Bürger innerhalb des Ansatzes von Almond und Verba oft nicht hinreichend genau identifizieren. Relativ unbestimmt blieb weiterhin die Beziehung zwischen den Einstellungen der Individuen (Mikroebene) und der politischen Kultur (Makroebene). Diese Tatsache verlangte fast schon zwangsläufig nach einer systematischen Weiterentwicklung der politischen Kulturforschung in Richtung einer Präzisierung und Strukturierung des Forschungsbereichs. Die damit verbundene Suche nach Strukturierung führte folgerichtig zu einer nicht unerheblichen Erweiterung des theoretischen Grundgerüstes des Ansatzes, die sich zentral in einer größeren Differenzierung der politischen Objekte ausdrückt und von der etwas monolithischen Objektdefinition bei Almond und Verba abweicht.

Eine Möglichkeit dem Ziel einer realistischeren Objektbestimmung der Orientierungen gerecht zu werden, bietet das Konzept der politischen Unterstützung von *David Easton*. Eines seiner maßgeblichen Vorteile ist eben die Differenzierung der politischen Objekte, auf die sich Einstellungen beziehen können. Begleitet wird diese Unterscheidung durch eine Aufteilung verschiedener Arten und Formen von politischen Orientierungen, die Easton als *politische Unterstützung* bezeichnet.

Eine zweite Weiterentwicklungsrichtung findet sich in den Arbeiten von Seymour Martin Lipset (1959, 1981), der sich stärker auf die unterschiedlichen Modi des Zusammenwirkens von kurzfristigen und langfristigen politischen Einstellungen auf der Länderebene konzentrierte. Stärker noch als Easton behielt Lipset das Ziel der Stabilität politischer Systeme im Blickfeld und setzte sich mit dem Wechselverhältnis von *Effektivität und Legitimität* politischer Systeme auseinander. Insbesondere der systemstabilisierenden Legitimität weist er eine große Bedeutung für die politische Kulturforschung zu.

Beide Konzepte sollen im folgenden Verlauf dieses Kapitels nun noch etwas näher vorgestellt werden.

3.3.1 Kernelemente des Konzeptes der politischen Unterstützung nach David Easton

Im Anschluss an die strukturfunktionalistischen Arbeiten Talcott Parsons (1951) systematisierte David Easton (1965a, 1965b) die Objekte und Zielpunkte der politischen Einstellungen der Bürger und die Form der Beziehung zwischen den

Bürgern und dem politischen System. Auch für ihn war der Erhalt der Stabilität des politischen Systems der Kerngedanke, nach dem die politischen Einstellungen der Bürger untersucht werden müssen. Dabei konzentriert er sich auf die differenziertere Untersuchung der Beziehungen zwischen der Struktur des politischen Systems und den politischen Einstellungen der Bürger. Er bezeichnet in seinen Überlegungen die Beziehung zwischen Bürger und politischem System als *politische Unterstützung*. Der Begriff der Unterstützung wird als eine Einstellung verstanden, mit der sich eine Person bewertend gegenüber einem Objekt orientiert. Damit unterscheidet sich Unterstützung grundlegend vom Verhalten einer Person und verbleibt auf der Einstellungsebene.

Konkret bezieht sich die Theorie der politischen Unterstützung von *David Easton* (1965a: 171-225) auf drei zentrale Objekte des politischen Systems: die politische Gemeinschaft (political community), das politische Regime (political regime) und die politischen Herrschaftsträger (political authorities). Der erste Bereich, die *politische Gemeinschaft*, umfasst die Mitglieder eines politischen Systems und ihre grundlegenden Wertmuster. Gemeinschaftssinn und eine übergreifende Objektzuordnung (wie z.B. die Nation und die in ihr lebenden Personen) sind die Basisprinzipien dieser Komponente der politischen Ordnung (vgl. Fuchs 1989; Gabriel 1992; Westle 1989), die sich im Zugehörigkeitsgefühl zu dem Kollektiv und einer gegenseitigen Loyalität der Gemeinschaftsmitglieder äußert. Easton drückt dies mit folgenden Worten aus: „that aspect of a political system that consists of it´s members seen as a group of persons bound together by a political division of labour" (vgl. Easton 1979: 177).

Das *politische Regime* als zweites politisches Objekt ist die grundlegende Struktur des Institutionensystems. Hier befinden sich die Kerninstitutionen des politischen Systems. Es handelt sich um eine Orientierung oder Bewertung, die sich auf die Rollen (also beispielsweise die Position des Bundespräsidenten im politischen System) und nicht die Rollenträger (die Person des Bundespräsidenten) bezieht. Unter den *politischen Herrschaftsträgern* werden die konkreten Inhaber politischer Autoritätsrollen verstanden. Politische Unterstützung wird ihnen hauptsächlich durch die Akzeptanz der von ihnen getroffenen Entscheidungen seitens der Bürger zuteil. Diese Objekte können nach Easton positiv oder negativ politisch unterstützt werden. „We can describe support as an attitude by which a person orients himself to an object either favourably or unfavourably, positively or negatively" (Easton 1979: 436). Für die Stabilität der Demokratie ist eine überwiegend positive politische Unterstützung erforderlich.

Solche bewertenden Orientierungen resultieren aus unterschiedlichen *Quellen*. Eine Quelle ist die Zufriedenheit mit den Outputs des politischen Systems bzw. mit den Autoritäten, die diese Outputs produzieren. Nach *Easton* ist diese Quelle das wichtigste Element der *spezifischen Unterstützung* (specific support).

Sie besitzt einen konkret – teilweise personell – fassbaren Bezugspunkt der entsprechenden politischen Einstellungen in der Realität. Sie ist damit generell den
politischen Herrschaftsträgern zugewiesen und lebt aus der Wahrnehmung der
Performanz der politischen Herrschaftsträger und der Zufriedenheit der Bürger
mit deren Leistungen. Davon zu unterscheiden ist die *diffuse Unterstützung* (diffuse support), d.h. eine Zustimmung zu den Objekten „als solchen" (vgl. Fuchs
1981: 208-212) (Abbildung 3.7). Das Objekt wird nicht unterstützt, weil es bestimmte Leistungen erbringt, sondern um „seiner selbst willen".

Abbildung 3.7:   Konzept politischer Unterstützung nach Easton

Unterstützungsobjekte

	Politische Gemeinschaft	Regime	Autoritäten
diffus	Identifikation mit der politischen Gemeinschaft	Regime-Legitimität	Autoritäten-Legitimität
Art der Unterstützung		Regime-Vertrauen	Autoritäten-Vertrauen
spezifisch			Zufriedenheit mit den alltäglichen Outputs

Quelle: Fuchs 1989: 18.

Diese Differenzierung in verschiedene Unterstützungsarten ermöglicht die Stabilität politischer Systeme trotz bestehender Unzufriedenheit auf der Ebene der
Leistungsbewertungen (oder des Outputs), weil der diffusen Unterstützung eine
stärkere Dauerhaftigkeit zugestanden wird, die sie gegenüber kurzfristigen Mei-
nungsschwankungen absichert.[49] Easton unterteilt die diffuse Unterstützung
zusätzlich in *Legitimität* und *Vertrauen*. Legitimität ist ein Produkt der von den
Bürgern gesehenen Übereinstimmung der eigenen Werte und Vorstellungen vom
politischen System und vom politischen Leben mit den Unterstützungsobjekten,
während das Vertrauen die Hoffnung auf eine „Gemeinwohlorientiertheit" dieser
Objekte oder der sie tragenden Personen beinhaltet (vgl. Gamson 1968: 53-54;
Maier 2000: 27; Westle 1989: 70-71). Vertrauen speist sich bei Easton maßgeb-

---

[49]   Die spezifische Unterstützung konkretisiert die am Output orientierte Kurzfristkomponente der
politischen Unterstützung und ist durch ihre genauere Definition ein Gewinn gegenüber dem
diffuseren Konzept der Output-Bewertung bei Almond und Verba.

lich aus Sozialisation und generalisierten (output-)Erfahrungen.[50] Will man eine Wertigkeit einbringen, so ist der Legitimität wiederum eine größere Langlebigkeit und damit höhere Bedeutung für die Persistenz eines politischen Systems zuzuschreiben.

Anknüpfend an Überlegungen zur „Legitimitätskrise" (vgl. Watanuki u.a. 1975; Putnam u.a. 2000) westlicher Demokratien rückte das skizzierte Modell der politischen Unterstützung in den späten 1980er Jahren verstärkt in das Blickfeld der deutschen Politikwissenschaft und erfuhr eine breitere Rezeption (vgl. Gabriel 1986; Fuchs 1989; Westle 1989). Maßgeblich für diese Beschäftigung mit der Haltung der Bürger zum politischen System war die Erkenntnis, dass die politische Unterstützung mit ihrer Konzentration auf Einstellungen von Individuen einen wichtigen Faktor für die Stabilität des politischen Systems und dessen Persistenz, so der von Easton verwendete Begriff, darstellt.

Dies ist ein Befund, der auch für die Zukunftsprognose in fortgeschrittenen Demokratien zu beachten ist. Dabei spielte die Auseinandersetzung mit den Wirtschaftskrisen der 1970er und 1980er Jahre eine bedeutende Rolle, kam es doch trotz erheblicher Zweifel der Bürger an der Leistungsfähigkeit des politischen Systems auf dem ökonomischen Sektor zu keinen größeren Anzeichen einer massiven Gefährdung der Demokratie. Insbesondere die Gültigkeit der These, dass langfristige diffuse politische Unterstützung als Stabilitätskomponente eines politischen Systems gegenüber kurzfristigen Unzufriedenheiten mit den Leistungen der Regierenden anzusehen ist, wurde nach Ansicht vieler Autoren durch diese Entwicklungen gestützt.

Erklärungsbedürftig blieben weiterhin Fragen nach den Quellen der diffusen politischen Unterstützung und die Erklärung der Stärke der Verankerung der politischen Unterstützung in der Bevölkerung. Hier legte Easton sein Interesse mehr auf die Identifikation von politischer Unterstützung und weniger auf die Genese der Unterstützungsformen und Unterstützungsmodi. Zudem blieb die Ermittlung des konkreten Nutzens verschiedener Formen der politischen Unterstützung für die Stabilität des demokratischen Systems relativ unklar.

Ferner erwies sich die von Easton eingeführte Terminologie nicht durchweg als trennscharf. Gerade die empirische Trennung diffuser und spezifischer Unterstützung zeigte in der Folgezeit gelegentlich Schwächen. Dies lag weniger am Unvermögen der Forscher, zielgerechte Fragen zu formulieren, als an der bestehenden Unschärfe des Konstruktes politischer Unterstützung selbst. So sind die „cuting-points" oder „benchmarks" zwischen beiden Formen der politischen

---

[50] Hierbei ist zu beachten, dass eine Überschneidung, aber auch Differenz zur spezifischen Unterstützung besteht. So beruht Vertrauen ebenso wie die spezifische Unterstützung auf Erfahrungen, unterscheidet sich aber von ihr durch deren Generalisierung und Loslösung von den einzelnen Erfahrungen.

Unterstützung oft schwierig zu bestimmen bzw. sauber voneinander zu unterscheiden (siehe hierzu Kapitel 3.5). Grund ist, dass die Übergänge zwischen beiden Formen der politischen Unterstützung wohl auch in der Realität als fließend betrachtet werden müssen und eine trennscharfe Aufteilung realer Einstellungsmuster unmöglich ist.

Trotz dieser Probleme erweist sich das politische Unterstützungskonzept von David Easton als eine hilfreiche Erweiterung des politischen Kulturansatzes, führte es doch eine realitätsnähere Differenzierung politischer Objekte ein und erhellte es die *Beziehungen zwischen Bürger und Staat* weit mehr, als es im ursprünglichen Modell der politischen Kultur von Almond und Verba mit seiner Ausrichtung auf die Bewertung politischer Systeme der Fall war. Anders als der per se breiter formulierte Ansatz von Almond und Verba, strebt Easton keine Ländergruppierung, sondern eine Präzisierung der Einstellungsstrukturen der Bürger und ihrer Muster an.

Wie sehen Messungen zum Konzept der politischen Unterstützung empirisch aus? Und welche Ergebnisse produzieren sie?

Im Folgenden wird ein Ergebnis zum Bereich der politischen Unterstützung aus Daten des European Values Survey vorgestellt, das die Unterscheidung David Eastons zwischen politischer Gemeinschaft, politischem Regime und politischen Autoritäten berücksichtigt und als Grundlage auf eine breite Auswahl an Ländern zurückgreift (Abbildung 3.8). Die Ebene der politischen Gemeinschaft wird, wie großteils üblich, über den Stolz auf die eigene Nation operationalisiert, die Strukturebene über die Ansicht, dass die Demokratie das angemessenste Regierungssystem ist und die politische Performanz über die Zufriedenheit mit der Demokratie.[51]

Die *Bewertungen auf den drei Ebenen der politischen Unterstützung unterscheiden sich* erheblich. So ist die Beurteilung der aktuellen Darstellung der Demokratie und ihrer Träger durch die Bevölkerung (Ebene der politischen Performanz) in der Regel ungünstiger als die vergleichbaren Bewertungen für die politische Gemeinschaft und die politische Struktur. Hier spiegelt sich die Differenzierung zwischen der diffusen Ebene der Struktur und Gemeinschaftsbewertung und der die spezifische Unterstützung umfassenden politischen Performanz wider. Weniger deutlich ist die Unterscheidung zwischen der Bewertung der politischen Gemeinschaft und der Demokratie als Regierungsform. Hier scheinen die Differenzen in den Augen der Bevölkerung nicht so bedeutend zu sein. Dies belegen auch andere Ergebnisse, die neben dem umstrittenen Indikator Nationalstolz für die politische Gemeinschaft auch das Item „Ich würde für mein Land im Krieg kämpfen" benutzen (siehe gleichfalls Klingemann 2000: 276-283). Auch

---

[51]   Letztere könnte auch über die Leistungen des politischen Systems bzw. der Regierenden erfasst werden. Dann würden die Werte noch etwas niedriger ausfallen.

Jacobs (2004) verweist auf die große empirische Nähe zwischen Strukturmessung und Fassung der politischen Gemeinschaft.

Abbildung 3.8:   Einstufung des Demokratiefortschrittes am Beispiel von
Indikatoren der politischen Unterstützung 1999

	Ebene der politischen Gemeinschaft	Ebene der politischen Struktur	Ebene der politischen Performanz
Island	98	98	65
Dänemark	93	98	67
Finnland	94	88	58
Schweden	87	97	60
Irland	98	92	68
Nord-Irland	83	93	29
Großbritannien	90	87	53
Niederlande	80	97	74
Deutschland	72	94	70
Österreich	92	96	75
Belgien	75	91	47
Frankreich	90	89	49
Italien	88	97	36
Griechenland	88	98	55
Spanien	89	94	60
Portugal	97	92	78
Lettland	82	88	30
Litauen	59	86	25
Estland	67	87	37
Polen	97	84	43
Ungarn	89	87	32
Tschechische Republik	81	93	38
Slowakei	77	84	23
Slowenien	91	89	45
Kroatien	87	98	18
Bulgarien	71	87	26
Rumänien	86	89	23
Russland	70	62	7
Ukraine	61	85	15
Weißrussland	72	88	33
Türkei	80	92	24

Quelle: Eigene Berechnungen auf der Basis „European Values Survey 1999" (siehe auch Klingemann 2000: 276-288); Politische Gemeinschaft erfragt über Nationalstolz; Politische Struktur über „Demokratie ist bestes politisches System"; Politische Performanz über Zufriedenheit mit der Demokratie.

Dabei bestehen *in einzelnen Ländern* (erklärbare) *Abweichungen*, die an dieser Stelle nur kursorisch betrachtet werden können. Es wird deutlich erkennbar, dass es in Europa die osteuropäischen Transitionsländer sind, in denen die politischen Objekte durch ihre Bevölkerung besonders schlecht bewertet werden. Die politische Unterstützung in Westeuropa liegt, insbesondere bei der Bewertung der politischen Strukturebene, deutlich über der entsprechenden Beurteilung in Osteuropa. Dies wird zurückgeführt auf die längere (positive) Erfahrung der Bürger mit dem demokratischen System in den westlichen Ländern (vgl. Klingemann 2000: 283), aber auch die größere ökonomische Effektivität der westlichen Demokratien. Historische Erfahrungen, aktuelle ökonomische und soziale Entwicklungen und eine brisante politische Auseinandersetzung sind die Gründe für diese Positionierung in diesen Ländern. Die Unterschiede zwischen den Ländern finden sich dabei auf allen drei Unterstützungsebenen und verlaufen häufig parallel.

Doch nicht nur diese Unterschiede sind zu bemerken, es lassen sich auch einige spezielle Ergebnisse entdecken. So fällt der Nationalstolz in Estland und Litauen geringer als in den Nachbarländern aus. Hier dürfte die dort vorherrschende Minderheitenproblematik eine nicht unwichtige Rolle spielen. Gleiches gilt für Deutschland und Belgien. Während im ersten Fall Reminiszenzen der jüngeren Vergangenheit für den niedriger als bei den Nachbarstaaten ausfallenden Nationalstolz verantwortlich gemacht werden, ist in Belgien die Trennung zwischen Wallonen und Flamen als Begründung zu bedenken. Auffällig sind auch die großen Unzufriedenheiten in den osteuropäischen Staaten und dort dann insbesondere in den Staaten der russischen Föderation. Insbesondere der erschreckend niedrige Wert von gerade einmal sieben Prozent der russischen Bevölkerung, die mit der aktuellen Demokratie zufrieden sind, muss aus Sicht der liberalen Demokratie doch zu denken geben.

Es sind in den europäischen Staaten also merkliche Differenzen in der politischen Unterstützung vorzufinden. In Kapitel 3.8 werden weitere, vergleichbare Ergebnisse der empirischen politischen Kulturforschung vorgestellt und diskutiert. Die Unterschiede befinden sich in der Regel auf einem ähnlichen Niveau: Struktur- und Gemeinschaftsbewertungen sind höher als die Performanzbewertungen. Folglich scheint die Trennung zwischen unterschiedlichen Unterstützungsarten der Realität angemessen, geraten abstraktere politische Objekte doch weniger ins Kreuzfeuer der Bürgerkritik als dem politischen Alltag näher stehende Institutionen oder Personen. Diese Abhängigkeit von der aktuellen politischen Situation wirkt sich aber auch manifest auf die Zufriedenheit mit der Demokratie, also die politische Performanz bzw. die Unterstützung der Autoritäten, aus. Sie unterliegen in den ökonomisch schlechter gestellten Ländern einer wesentlich ungünstigeren Beurteilung als in anderen Staaten. Es zeigt sich auch, dass zwischen den Indikatoren der verschiedenen Ebenen der politischen Unterstützung Beziehungen bestehen. Diese Korrelationen sind zwar signifikant, aber nicht besonders stark ausgeprägt. Es handelt sich bei den untersuchten Wahrnehmungen wohl in der Tat zuerst einmal um drei eigenständige Bewertungskomplexe, die der Bürger unterschiedlich wahrnimmt und evaluiert.

Neben der Terminologie von Easton hat eine zweite Konzeption in der Profession der Politikwissenschaft Beachtung gefunden: Die parallel entwickelte Linie der politischen Kulturforschung mit ihrer Trennung von Legitimität und Effektivität eines politischen Systems. Gleich anzumerken ist: In neueren Untersuchungen wird dabei mittlerweile nicht selten die Differenzierung politischer Objekte, wie sie Easton vorgeschlagen hat, in mehr oder weniger veränderter Form mit dieser Aufteilung von Lipset in Legitimität und Effektivitätsbeurteilung eines politischen Systems kombiniert.

3.3.2 Politische Kulturforschung und Legitimität

Anstatt einer Aufteilung in diffuse oder spezifische politische Unterstützung verwendete Seymour M. Lipset (1959) die Trennung zwischen Legitimität und Effektivität eines politischen Systems als entscheidende Unterscheidungsfaktoren in der Beurteilungsstruktur des politischen Systems durch seine Bürger. Mit diesen beiden Ordnungslinien verband Lipset Modi und Objekte der politischen Beurteilung in nur zwei Begriffen, was eine einfachere als im Konzept von David Easton, aber nicht ganz so differenzierte Handhabung politischer Einstellungen in Bezug auf ihre Auswirkung auf das politische Gesamtsystem ermöglicht. Er setzt dabei ganz zentral an dem bereits bei Almond/Verba identifizierten Ziel der politischen Kulturforschung an – der Stabilität des politischen Systems (Lipset 1981: 64-84). Er betrachtet das politische System als neutral: D.h., selbst wenn er in seinen Überlegungen die Terminologie vor allem auf demokratische Systeme bezieht, kann Legitimität und Effektivität auch in autoritären und feudalistischen Systemen existieren. Das von ihm konzipierte Modell aus Legitimität und Effektivität ist also ein allgemein gültiges Modell für die Stabilität politischer Systeme. Was bedeuten seine beiden Kernbegriffe Effektivität und Legitimität?

Die *Effektivität* des Systems bemisst sich an der Leistungsfähigkeit des politischen Regimes in wirtschaftlicher und politischer Hinsicht. Die durch die Regierung eines politischen Systems erbrachten Leistungen werden von den Bürgern bewertet und hinsichtlich ihres Nutzens für die Person oder die Gemeinschaft bewertet. Aus dieser Evaluation heraus entsteht in den Augen der Bürger eine Performanz des aktuellen politischen Systems. Vor allem die Leistungsfähigkeit auf dem ökonomischen Sektor ist für die Einschätzung des politischen Systems durch die Bürger von Bedeutung. Allerdings bleibt die Effektivitätsbeurteilung nicht per se auf die ökonomische Leistungsfähigkeit beschränkt, auch die öffentlich wahrgenommenen politischen Handlungen der Regierenden unterliegen einer Beurteilung durch die Staatsbürger. Politische Skandale, Korruption und Präsentationsschwächen von Politikern rücken in diesem Fall ins Blickfeld. Es existieren also zwei Arten von Effektivität: eine ökonomische Effektivität und eine politische Effektivität des politischen Systems (oder seiner Regierenden). Die Effektivitätsbeurteilung ist aufgrund ihrer starken Abhängigkeit von aktuellen politischen Entscheidungen per definitionem kurzfristig angelegt.[52]

Memobox 6:
Legitimacy and Effektiveness

"Effectiveness means actual performance, the extent to which the system satisfies the basic functions of government".

"Legitimacy involves the capacity of the system to engender and maintain the belief that the existing political institutions are the most appropriate ones for the society".

Lipset (1981: 64)

Wichtiger für den Erhalt und die Stabilität des politischen Systems – unter welchem Lipset überwiegend eine Demokratie amerikanischer Prägung versteht – ist die *Legitimität*, die ein System bei seinen Bürgern genießt. Hierfür kennzeichnend ist der Gedanke, dass ein politisches System in der Lage sein muss, Loyalitäten in der Bevölkerung zu erzeugen, die es auch zulassen, kurzfristige Krisenzeiten zu überstehen. Plakativ könnte man mit Linz/Stepan (1996) darauf verweisen, dass es „the only game in town" sein sollte und auch unter Problemdruck (ökonomische, soziale und politische Krisen) anderen Formen der Herrschaft vorgezogen wird. Legitimität bedeutet dabei eine Übereinstimmung von Kultur und Struktur, von gesellschaftlichen Werten und Organisationsprinzipien mit

---

[52] Gerade die Beurteilung der politischen Effektivität hat in jüngerer Zeit unter dem Stichwort „Politikverdrossenheit" (vgl. Arzheimer 2002; Maier 2000; Pickel 2002) eine größere wissenschaftliche und öffentliche Diskussion angeregt und diesem vorher im Rahmen des Konzeptes der politischen Kulturforschung etwas vernachlässigten Bereich zu mehr Bedeutung verholfen.

dem politischen System, das als das für die Gesellschaft am besten angemessene angesehen wird.

Die Legitimität einer Demokratie ist dabei (vgl. Almond/Verba 1963; Easton 1975; Diamond 1999; Lipset 1959) nicht nur für die Stabilität eines politischen (demokratischen) Systems von entscheidender Bedeutung, sondern sie stellt auch eine Basis für die reibungslose Umsetzung demokratischer Verfahren dar. Wird einem politischen System oder demokratischen Institutionen keine oder nur eine geringe politische Legitimität zugewiesen, so ist es auf Dauer nicht unwahrscheinlich, dass die eingeführten demokratischen Institutionen und Verfahrensweisen ausgehöhlt werden. Einerseits kann es zu einem Verlust der Normenvorgaben für die Bürger kommen. Die Folge können anomische oder revolutionäre Zustände mit Verstößen gegen demokratische Prinzipien durch Individuen oder kollektive Akteure sein. Andererseits besteht die Möglichkeit einer Abkopplung politischer Entscheidungsprozesse auf der Elitenebene von der Gesellschaft, da keine Bindung zwischen der Bevölkerung und den Institutionen besteht. Eine solche Situation kann dann in „quasi-diktatorische" Verhältnisse münden, wo den Interessen der Bürger seitens der Eliten nicht mehr Rechnung getragen wird und sich eine Entfremdung zwischen Bürger und Staat konstituiert.

Entsprechend ist der Begriff der *Legitimität des politischen Systems* entscheidend für die Integration individueller Einstellungen in ein (makroorientiertes) Demokratie(sierungs)konzept. Nun kann Legitimität aus unterschiedlichen Quellen resultieren. Vor allem auf drei definitorische Bedeutungen des Begriffes Legitimität ist in der Politikwissenschaft zu verweisen:

a. Die Rechtmäßigkeit einer Herrschaftsordnung im Sinne der Bindung staatlichen und individuellen Handelns an *Gesetz und Verfassung* (Legalität)
b. Die Rechtmäßigkeit einer Herrschaftsordnung im Sinne ihrer durch allgemeinverbindliche Prinzipien begründeten *Anerkennungswürdigkeit* (normative Legitimität)
c. Die *Anerkennung* einer Herrschaftsordnung als rechtmäßig und verbindlich seitens der Herrschaftsunterworfenen (empirische Legitimität oder konkrete Anerkennung)
    (Schmidt 1995: 555-556).

Für die Überlegungen der politischen Kulturforschung findet der empirische Legitimitätsbegriff[53] Verwendung, der die Anerkennung des Systems – oder

---

[53] Empirische Legitimitätstheorien gehen im Ursprung bis auf Max Weber zurück. Ihr zentraler Bezugspunkt ist die Anerkennung der herrschenden Ordnung durch die Bevölkerung oder zumindest deren Einverständnis mit der Ordnung durch die Nichtbeseitigung derselbigen.

erweitert der Demokratie – durch ihre Bürger in den Vordergrund der Legitimitätszuweisung rückt. Dabei ist zu bedenken, dass nicht alle Einstellungen des
Bürgers gegenüber Bereichen der Demokratie als Kennzeichen der Legitimität
angesehen werden können. Legitimität bedeutet vor allem eine diffuse und stark
verallgemeinerte Orientierung gegenüber der politischen Struktur (z.B. dem
politischen Institutionensystem), der Idee und den Prinzipien der Demokratie.
Der Bezug auf die Legitimität als Kern der politischen Überzeugungen hinsichtlich politischer Objekte führt zu einer gewissen Präzisierung des Ansatzes, da er
das Zentrum der politischen Kulturforschung auf die langfristigen und Stabilität
abbildenden Komponenten politischer Einstellungen konzentriert (vgl. Pappi
1986; Fuchs 2002; siehe Kapitel 3.5).

Diese Entscheidung bedeutet nicht, dass die Effektivität des Systems für
dessen Stabilität bedeutungslos ist, vielmehr besteht zwischen der Effektivität
und der Legitimität eine Wechselbeziehung: Eine längerfristig ausbleibende
Effektivität des Systems wirkt sich negativ auf die Legitimität aus. Lipset sieht
Krisen der Legitimität hauptsächlich als Resultat der Transition hin zu einer
neuen sozialen Struktur und nennt zwei Gefahren: (a) den Verlust der alten Werte und gleichzeitig den Machtverlust der diese Werte erhaltenden (konservativen)
Gruppen sowie (b) die Nichterfüllung von Erwartungen der Gruppen, die den
Umsturz bzw. den sozialen Wandel in die Wege geleitet haben. Somit ist die
Legitimität des politischen Systems abhängig von den unterschiedlichen Ent-
wicklungspfaden, die zu einer sozialen Krise führen und der Form des sozialen
Wandels, die daran anschließt.[54] Aber auch andere Gefährdungen der Legitimität
sind denkbar. Zum einen ist anzuführen, dass etablierte soziale und politische
Institutionen an Bedeutung verlieren, weil sie nicht mehr adäquat an die Umwelt
und Gesellschaft angepasst sind. Der Zugang wichtiger gesellschaftlicher Gruppen zu handlungsentscheidenden Ressourcen des politischen Systems ist – z.B.
in einer Transitions- und Übergangsphase – eingeschränkt. Das politische System wird sozusagen exklusiv. Von der Herrschaftsmeinung divergierende Überzeugungen müssen sich andere Bahnen suchen, die nicht selten gegen das existierende System gerichtet sind (vgl. Lipset 1981: 65).

Kernpunkt der Überlegungen Lipsets ist aber das Zusammenspiel von Legitimität und Effektivität. Gesellschaften lassen sich seiner Meinung nach entsprechend der Verteilung von Effektivität und Legitimität in eine Typologie einordnen, die Auskunft über den Stabilitätsgrad des politischen Systems geben kann

---

[54]   Mit diesen Überlegungen knüpft Lipset an die von ihm und Stein Rokkan entwickelte Konzeption der „Cleavage-Theorie" an. Sie beschäftigt sich mit sozialstrukturell bedingten Konfliktlinien in der Gesellschaft, die sich in Koalitionen von gesellschaftlichen Gruppen und Parteien
ausdrücken.

(siehe Abbildung 3.9). Dieses Konstrukt weist vier Typen von möglichen Kons-
tellationen beider Beurteilungsmodi eines politischen Systems auf.

Abbildung 3.9:   Ländertypologisierung nach Seymour M. Lipset

Effektivität

		+	-
Legitimität	+	A	B
	-	C	D

Quelle: Lipset 1981: 68

Relationale Bewertung des Stabilitätsgrades: A > B > C > D

Staaten, die sich in der mit A bezeichneten Box befinden, werden durchgehend
als die stabilsten politischen Systeme angesehen. Die Mehrheit der Bürger dieses
Staatentyps empfindet das politische System als legitim und sieht es parallel als
effektiv und leistungsfähig an. Lipset nennt 1981 Schweden, Großbritannien und
die USA als Beispiele für den Typ *A*.

Ineffektive und illegitime Regime finden sich in der Box *D*. Sie sind nach
der Definition unstabil und stehen (permanent) vor dem Zusammenbruch, wenn
sie nicht sowieso bereits in die Kategorie (ebenfalls höchst instabiler) autoritärer
Systeme fallen.[55] Aufgrund Lipsets impliziter Fixierung auf Demokratien westlicher Prägung ist es nicht überraschend, dass er hier Ungarn als Beispiel benennt.
Allerdings ist der Bezug zwischen autoritären und instabilen Systemen theoretisch nicht zwingend.

Box *C* beinhaltet zwar effektive, aber (noch) nicht als legitim angesehene
politische Systeme. Kommt es in diesen Systemen zu wirtschaftlichen und politischen Krisen, so ist ihr Überleben nicht gesichert. Sie funktionieren zwar, sind
aber hochgradig instabil. Die geringste Veränderung in der kurzfristig angelegten
Effektivität kann zu ihrem Zusammenbruch führen. Für diesen Typus verweist
Lipset auf die politischen Regime Europas in den 1920er Jahren und ihren späteren Zusammenbruch. Gleichzeitig stellt C aber auch – betrachtet man es in zeitlicher Perspektive – das Übergangsstadium hin zu Typ A dar.

---

[55]   In seiner Publikation 1981 ordnet Lipset neben Ungarn noch Ostdeutschland in diese Kategorie
ein (vgl. Lipset 1981: 69).

Politische Systeme der Box *B* befinden sich zwar gerade in einer Krise, können aber auf einen bestehenden Legitimitätsvorschuss zurückgreifen. Erst wenn die Effektivitätskrise dauerhaft anhält, kann es zu einer Gefährdung des politischen Systems kommen. In Demokratien wäre eine typische Reaktion auf Effektivitätskrisen der Austausch des politischen Personals durch Abwahlen von Regierungen. Erst wenn sich dies nicht als eine erfolgreiche Strategie gegen die negativ bewertete Leistungsfähigkeit des politischen Systems erweist, kommt es zu Problemen auf der Ebene der generellen politischen Ordnung eines Systems – also zu einer Legitimitätskrise.

Aufgrund der vorliegenden Typologisierung, die nicht als statische, sondern als hochdynamische Typologie zu verstehen ist, fühlt sich Lipset in der Lage, Aussagen zur Stabilität von politischen Systemen treffen zu können. Prozesse zunehmender oder abnehmender Stabilität verlaufen dabei nicht durch direkte Übergänge zwischen A und D, sondern entwickeln sich (üblicherweise) fließend über D => C => A oder A => B => D. Bei beiden Entwicklungslinien handelt es sich wohl um die am ehesten denkbaren Optionen von entsprechenden Ablaufprozessen.

Ein gutes *Beispiel* für sein Grundmodell der Entwicklung hin zu einem stabilen (politischen) System ist die Bundesrepublik Deutschland nach dem Zweiten Weltkrieg. Kann man die Situation 1945 noch als Typ D (ohne Effektivität und ohne Legitimität für das neue politische System) zurechenbar ansehen, so entwickelt sich im Rahmen der wirtschaftlichen Wachstumsphase der 1950er und 1960er Jahre ein System hoher wirtschaftlicher und in Teilen auch politischer Effektivität, bei noch eingeschränkter Systemlegitimität (Typ C). Aufgrund langfristiger wirtschaftlicher Prosperität bildet sich eine Systemlegitimität aus. Die Bundesrepublik Deutschland lässt sich nun Typ A zuordnen. Für die Entwicklung nach 1989 kann man nun spekulieren, ob nicht Phasen des Typs B (Legitimität ohne Effektivität) existieren, die aufgrund ihrer zeitlichen Begrenztheit unproblematisch für die Gesamtkonstitution des Systems sind. Zwei Entwicklungsrichtungen, eine Rückkehr zu Effektivität bei hoher Legitimität oder niedrige Legitimität als Folge geringer Effektivität, sind möglich.

Gerade für ihre Anwendung auf die Bundesrepublik sind die Überlegungen von Lipset besonders reizvoll, kann man doch mit Fug und Recht behaupten, dass sich mit dem politischen Umbruch 1989/1990 eine erhebliche Verschiebung in der Sozialstruktur ergeben hat, die von einem radikalen Wandel in Teilen des bestehenden Gesellschaftssystems begleitet wurde. Um diese zu überwinden, ist in der deutschen Bevölkerung ein Konsens über die Legitimität des politischen Systems notwendig. Anhand dieses Beispiels wird aber auch eines klar: Legitimität ist vor allem bei der *Bewältigung von Systemkrisen*, wie sie z.B. durch grundlegende Verschiebungen in der Sozialstruktur entstehen, von Bedeutung.

Hier finden sich Parallelen zu den sozialstrukturell und historisch geprägten Erklärungsmustern von Übergängen zwischen Diktatur und Demokratie, wie sie bei der Analyse sozialer Revolutionen durch Barrington Moore (1966) entwickelt wurden.[56] Legitimität hilft dem System, diese Krisenphasen durch den Verweis auf die zeitliche Limitierung der Krisen und der grundsätzlichen Vorteile der herrschenden Strukturprinzipien zu überstehen.

Diskussionsbox 5:
Woher kommt die Legitimität?

Ein zentrales Problem der politischen Kulturforschung ist die Genese von politischer Legitimität. In den Konzeptionen Almond und Verbas sowie bei Lipset kommt der ökonomischen Entwicklung die Schlüsselrolle zu. Nicht umsonst wird davon ausgegangen, dass sich Legitimität aus generalisierter Zufriedenheit mit der Systemeffektivität entwickelt. Insbesondere das Beispiel der Bundesrepublik Deutschland nach 1945 wird gern zur Stützung eines so ausgerichteten Verlaufs herangezogen.

Dieser Zusammenhang ist aber gerade mit Blick auf die Transformationen in den neuen Demokratien Osteuropas in Frage zu stellen, findet sich doch dort in vielen Staaten eine relativ hohe Legitimität, bei einer gleichzeitig höchstens mäßig zu nennenden Effektivität. Ein wesentlicher Grund für die dort nachweisbare politische Legitimität ist wohl in der Verankerung des Rechtsstaates und der Gewährleistung demokratischer Rechte und bürgerlicher Freiheiten (zumindest in den Augen der Bürger) zu sehen. Dies bedeutet wiederum, dass eine Erklärung aus rein ökonomischen Gründen zu kurz greift. Auch andere Quellen der Legitimitätsbegründung sind denkbar, z.B. Vorbildeffekte, Legitimitätsvorschuss der Demokratie, vorsozialistische Erfahrungen mit der Demokratie.

Der Rückbezug von Legitimität auf längerfristige Effektivität wurde schon angesprochen. Daneben bestehen jedoch noch weitere Bedingungsfaktoren, welche die Etablierung demokratischer Legitimität und damit einer stabilen Demokratie unterstützen, aber auch unterlaufen können. Lipset hat die positiven Bestimmungsfaktoren als „social requisites of democracy" klassifiziert. Die zentralen

---

[56]   Barrington Moore versuchte 1966 an fünf Ländern die historisch und sozialstrukturell begründeten Entstehungszusammenhänge von Pfaden in die Demokratie oder in die Diktatur zu bestimmen. Als Ergebnis ermittelte er die prägende Kraft der Machtstrukturen zwischen Bürgertum, Landbevölkerung und Adel.

Faktoren für das Bestehen von Legitimität sind seiner Ansicht nach eine längerfristig nachweisbare ökonomische Prosperität und die Steigerung des Bildungs-
niveaus innerhalb eines Landes. Zudem sieht er ein System von zwei Parteien,
die eher auf Wählerstimmenmaximierung, denn auf Ideologie (er nennt dies
Integrationsparteien) ausgerichtet sind, und Föderalismus als Träger systemver-
träglicher regionaler Konfliktlinien, als hilfreich für eine dauerhaft legitimierte
Demokratie an.

Legitimitätskrise westlicher Demokratien?

Interessant ist die Verbindung zu einer in den letzten Jahrzehnten in der vergleichenden Politikwissenschaft geführten Debatte um die *Legitimitätskrise westlicher Demokratien*. Bereits in den 1970er Jahren verwiesen Watanuki u.a. (1975)
auf in den Augen ihrer Bürger kontinuierlich steigende Legitimitätsdefizite westlicher Demokratien. Zur Jahrtausendwende wurde diese Debatte, die sich in den
1980er Jahren beruhigt hatte, angesichts erneut sinkender Partizipationsraten,
eines Einbruchs des Vertrauens in politische Institutionen und eines rückläufigen
politischen Engagements wieder verstärkt virulent. Sie wurde neu aufgenommen
und mit aktuellen empirischen Daten gestützt (vgl. Pharr/Putnam 2000; Norris
1999: 6).

Kernpunkt und Auslöser der Diskussion ist ein über fast alle westlichen
Demokratien feststellbares *Absinken des Vertrauens in politische Institutionen*
und ein Rückgang des Vertrauens in die Rechtschaffenheit und Verantwortungsbereitschaft der politischen Vertreter (vgl. Putnam u.a. 2000). Die Beobachtung
blieb dabei vorerst auf die westlichen Industriegesellschaften begrenzt.

Abbildung 3.10 zeigt, dass dieser Befund fast ohne Abweichungen für alle
westlichen Demokratien gilt. In den letzten Jahren sanken die Vertrauenswerte in
das Parlament und die Verantwortungsbereitschaft der Politiker – teilweise rapi-
de – ab. Nicht nur die Vorstellung nimmt stetig zu, Politiker seien korrupt und
nur an eigenen Interessen orientiert, auch ihr Handeln wird immer weniger als
am Gemeinwohl, denn am Eigennutz orientiert angesehen. Oft werden diese
Erscheinungen auch mit dem Begriff der Politikverdrossenheit zusammengefasst, der eine allgemeine Unzufriedenheit mit Politik zum Ausdruck bringen
soll. Abgesehen von einzelnen Abweichungen, wie sie z.B. in den Niederlanden
und teilweise in Italien aufzufinden sind, und welche von Putnam mit zu spät
begonnenen Messreihen für die Erfassung der Instabilität der Legitimität oder
suboptimalen Datenreihen begründet werden (vgl. Putnam 2000: 15), entwickelte sich der generelle Trend seit den 1970er Jahren in Richtung einer Abnahme
des Vertrauens in die Politiker. Für den fortschreitenden Vertrauensverlust werden verschiedene Begründungen angeführt.

Abbildung 3.10: Legitimitätsverluste in westlichen Gesellschaften

	Vertrauen in die Gemeinwohlorientierung der Politiker			Vertrauen ins Parlament	
Land	Wandel	Periode	Indikator	Wandel	Periode
Österreich	-.577	1974-96	Lose touch		
Großbritannien	-.292	1974-96	Lose touch	-2.399	1981-96
Kanada	-.524	1965-93	Lose touch	-1.152	1979-96
Dänemark	-.185	1971-94	Don't care		
Finnland	-.495	1974-94	Lose touch	-2.266	1981-96
Westdeutschland	-.525	1974-91	Lose touch	-.992	1984-95
Italien	-1.353	1968-91	Lose touch	.222	1981-90
Niederlande	.903	1971-94	Don't care	1.000	1981-90
Norwegen	-.286	1969-89	Don't care	-.533	1982-96
Schweden	-.815	1968-94	Don't care	-2.242	1986-96
Japan	-1.943	1976-92	Dishonest politicians	-.133	1981-96
USA	-.817	1952-96	Don't care	-.917	1973-97

Quelle: Putnam u.a. 2000: 15, 20, eigene Zusammenstellung, Werte sind unstandardisierte Regressionskoeffizienten, die so kodiert sind, dass negative Werte einen Rückgang an Vertrauen abbilden (Putnam u.a. 2000: 16); Don't care = Politiker kümmern sich nicht um den einzelnen Bürger; Lose touch = Politiker verlieren den Anschluss an das, was Bürger denken; Dishonest Politicans = Politiker kann man nicht vertrauen.

So wird einerseits auf ein doch gehöriges Problem der politischen Eliten hingewiesen, denen es nicht gelingt, die Aufgaben, die ihnen vom Wahlbürger zugewiesenen werden, adäquat zu erfüllen. Politische Skandale und teilweise ineffizientes Regieren in einer unheilvollen Kombination mit einer erweiterten Medienpräsenz dieser Verfehlungen sind zentrale Bestandteile dieser Argumentationslinie. Sie bezieht sich somit auf *Effektivitätsdefizite*, die von den Bürgern als solche erkannt und bewertet werden. Aber auch eine andere Sichtweise wird zur Diskussion gestellt. Putnam (u.a. 2000) verweist auf das Problem der *wachsenden Anforderungen der Bürger an den Staat*, die mittlerweile ein unrealistisches Ausmaß angenommen haben. Aufgrund der kontinuierlich steigenden Differenzierung der Gesellschaften werden immer mehr Verantwortungsbereiche in die Obhut des Staates übergeben oder besser – von den Bürgern als übergeben angesehen, während der Staat auf der Gegenseite nicht mehr in der Lage ist, diese Probleme zu lösen. Teilweise steht die Zuweisung der Schuld sogar im Widerspruch zur Realität: Oft ist der Staat gar nicht mehr verantwortlich für die von den Bürgern eingeforderte Lösung der öffentlich relevanten Probleme, sondern andere Organisationen haben diese Aufgaben längst übernommen – dem Staat wird dafür aber noch die Verantwortung für Misserfolge angelastet. Man könnte von der These einer *Überforderung des Staates* sprechen.

Aufgrund der hohen Anspruchshaltung der Bürger kommt es in der Folge zu einer steigenden Unzufriedenheit mit den staatlichen Institutionen und Eliten, die sich in einem Entzug des Vertrauens äußert, der sich wiederum mit Umfragedaten belegen lässt (Abbildung 3.10). Dieser über fast alle westlichen Demokratien empirisch zu konstatierende Vertrauensverlust wird dann als Legitimitätsschwund interpretiert. Gerade diese Gleichsetzung ist sicher zu hinterfragen, muss doch das Vertrauen in Institutionen und Politiker nicht unbedingt 1:1 das Ausmaß an Legitimität des gesamten politischen Systems widerspiegeln. So könnte man mit Blick auf die Messindikatoren möglicherweise auch von einem *Verlust an Effektivitätsvertrauen* reden, welches die Grundfesten der demokratischen Regime zuerst einmal nicht direkt bedroht.

Neben dieser negativen Interpretation sind aber auch andere, für die Stabilität des Systems weniger gefährliche Deutungen möglich. Putnam fragt nicht umsonst „why worry?" (Putnam u.a. 2000: 21). Seiner Ansicht nach ist der Vertrauensverlust der Systeme bei den Bürgern und die damit in Verbindung gesehene Legitimitätskrise nicht unbedingt problematisch, weil

a.   der Staat nicht dazu da ist, alle Bedürfnisse der Bürger zu befriedigen,
b.   die Bürger mehr und mehr auf Formen politischer Beteiligung und Problemlösung außerhalb der Staatstätigkeit zurückgreifen und vor allem
c.   „a critical citizenry signals not illness in the body politic, but rather the health of democracy" (Putnam u.a. 2000: 21).

Dies spricht eine demokratietheoretische Deutung der empirischen Phänomene an, die zwei ganz unterschiedliche Interpretationen zulässt:

1.   Aus Sicht der *klassischen politischen Kulturtheorie* ist ein Vertrauensverlust grundsätzlich als bedenklich für die Stabilität einer Demokratie anzusehen. Die politische Unterstützung des politischen Regimes erodiert und dürfte langfristig an der Legitimität des demokratischen Systems zehren und folglich auch seine Stabilität ungünstig beeinflussen. Entsprechend ist diesem Vertrauensverlust seitens der Politik unbedingt entgegenzuwirken, da die *Erosion des Vertrauens durchweg als schädlich* für die Systemstabilität zu betrachten ist. Daneben ist aber auch eine weitere Sichtweise denkbar.
2.   Möglicherweise ist die *gesteigerte Kritik* an der Performanz des politischen Systems und die Rücknahme eines (blinden) Vertrauens das *Kennzeichen eines guten Demokraten*, da die Kontrolle des politischen Systems durch den „Souverän" Bürger und der Wunsch nach Verbesserung vorherrschen-

der Strukturen einer Distanz der Herrschaftsbefohlenen zur Politik, die blindes Vertrauen abbilden kann, vorzuziehen ist. Trotz der unbestreitbaren Belege eines kontinuierlichen Vertrauensverlustes bleibt es damit fraglich, inwieweit daraus eine ernsthafte Krise des Parteiensystems resultiert, da eine kritische Haltung gegenüber staatlichen Institutionen eher als Ausdruck eines rationalen und mündigen Bürgers, der dem Staat gegenüber misstrauisch seine Kontrollfunktion wahrnimmt, verstanden werden kann.

Mit dem letzten Gedanken kann man das zweite Argument gegen eine Überdramatisierung einer Legitimitätskrise verbinden – die zum Beleg verwendeten *Vertrauensdaten spiegeln* nicht durchweg wirklich die Legitimität des Systems wider, sondern beinhalten in nicht geringem Umfang auch *Beurteilungen der Effektivität*. Diese sind nach den vorgestellten Konzepten von Lipset und Easton nicht für sich systemgefährdend, sondern müssen erst in Legitimitätsverluste transformiert werden, was der Theorie entsprechend erst nach einem längeren Zeitraum stattfinden sollte. Als Beleg hierfür können Daten zur direkten Beurteilung der Demokratie und ihrer Struktur dienen (siehe Abbildung 3.11), die erhebliche Unterschiede zwischen den Beurteilungen der Legitimitätsindikatoren und den stärker durch die Komponenten der Effektivität eines politischen Regimes beeinflussten Indikatoren widerspiegeln. Die Gedanken einer Legitimitätskrise können, folgt man diesen Argumentationen, negiert werden und man kann eher auf eine aktuelle Effektivitätskrise der westlichen Demokratien verweisen. Ihre Wirkung auf die langfristige Beeinträchtigung des Systems ist erst noch zu belegen bzw. liegt noch in der Zukunft.

Es bestehen in allen Gebieten deutliche Differenzen zwischen politischer Unterstützung des demokratischen Regimes und Zufriedenheit mit der demokratischen Performanz. Sie verlaufen dabei grundsätzlich zuungunsten der Zufriedenheit, wobei die Differenzen unterschiedlich stark ausfallen können. Reflektiert die eine Bewertung wohl eher die Legitimität der Prinzipien und die Akzeptanz der demokratischen Strukturen als zumindest beste unter verschiedenen Regierungsformen, so beinhaltet die zweite Beurteilung in hohem Maße aktuelle – und damit schwankende – Bewertungen der Demokratie durch ihre Bürger.

Abbildung 3.11: Beurteilung der Demokratie im internationalen Vergleich

	Demokratie besser als jede andere Regierungsform	Zufriedenheit mit der aktuellen Demokratie	Differenz
Region			
Europäische Union	78	53	-25
Afrika	69	58	-11
Ostasien	61	55	-6
Indien	60	40	-20
Osteuropa	53	29	-24
Lateinamerika	56	32	-24
	Demokratie ist die angemessenste Regierungsform	Zufriedenheit mit der Demokratie, wie sie sich im Land präsentiert	
Albanien	91	35	-56
Bulgarien	75	19	-56
Tschechische Rep.	90	44	-46
Estland	87	44	-43
Ostdeutschland	92	49	-43
Ungarn	78	31	-47
Polen	88	21	-67
Rumänien	87	11	-76
Russland	71	21	-50
Slowakei	85	20	-65
Slowenien	86	25	-61
Westdeutschland	97	62	-35
Spanien	97	57	-40
Griechenland	95	41	-54

Quelle: Lagos 2003: 169; ergänzt um eigene Berechnungen PCE 2000 (leicht veränderte Fragestellung); Werte in Prozent.

Auch zwischen einzelnen Regionen derErde existieren erhebliche Unterschiede. So weisen die westlichen Industrieländer die höchsten Zustimmungswerte zur Demokratie auf, was nicht bedeutet, dass in allen Ländern der Europäischen Union z.B. Zufriedenheit mit den politischen Regimen vorherrscht. Wesentlich ungünstiger ist die Situation in den Entwicklungsländern und in den Transformationsstaaten Osteuropas und Lateinamerikas, deren Legitimitätswerte nach Marta Lagos (2001) sogar hinter denen von Indien und Afrika liegen. Gerade in diesen Transformationsländern scheint es am stärksten verbreitet, das demokratische System generell abzulehnen. Stehen dort aber immerhin im Durchschnitt noch etwas mehr als die Hälfte der Bürger hinter der Demokratie als bestes Regierungssystem, so ist die aktuelle Performanzbewertung um 24%-Punkte niedriger. Bemerkenswert ist auch die besonders hohe Korrespondenz zwischen den Performanz- und den Legitimitätswerten in Afrika und Ostasien, die auf eine geringere Bewertungsdistanz verweisen, während in den (nach Human Development

Index und Weltbank) modernisierteren Ländern die Distanzen zwischen beiden Bewertungen erheblich größer sind.

Allerdings gilt es zu bedenken, dass die Bewertungen auch innerhalb der Großregionen deutlich variieren können. Alternative Daten zu elf osteuropäischen Ländern zeigen die Diskrepanzen in den Bewertungen in Osteuropa genauso wie deutlich höhere Differenzen zwischen Legitimitätsbewertung und Performanzbeurteilung (Zufriedenheit mit der Demokratie). Differenzen im Legitimitätsindikator sind höchstwahrscheinlich auf die unterschiedlichen Erhebungsfragestellungen zurückzuführen.

Trotz dieser Einwände gegen die starke Aussage der These des Legitimitätsverlustes bleibt aber die damit verbundene, empirisch getragene Diskussion eine der interessantesten in der vergleichenden politischen Kulturforschung, spiegelt sie doch eine Verbindung von empirischen, technischen und theoretischen Fragestellungen wider. Unwidersprochen ist die Tatsache, dass diese Diskussion die hohe Relevanz des Legitimitätsbegriffs als zentralem Verbindungsfaktor der politischen Kulturforschung mit der Ebene des politischen Systems verdeutlicht. Die Persistenz bzw. Stabilität des politischen Systems unterliegt dabei dem Maß an Legitimität, die dieses System durch seine Bürger erfährt. Diese Bedeutung ist auch im Konzept des „Critical Citizens" verankert, gilt doch auch hier die Legitimität als Voraussetzung einer positiven Interpretation von demokratischer Verankerung in der Bevölkerung. Damit wird die Relevanz der Konzeptionen von David Easton und Seymour M. Lipset für die vergleichende politische Systemanalyse erkennbar.

Diskussionsbox 6:
Der kritische Bürger („critical citizen")

Eine Debatte der letzten Jahre lenkte ihr Augenmerk verstärkt auf die Differenzierung zwischen Legitimitätsbekundungen und Effektivitätsbewertungen
bezogen auf das demokratische System. Kernpunkt der Überlegungen ist der
Gedanke, dass eine Unzufriedenheit mit der Performanzebene der Demokratie
keine besonders große Gefahr für die Stabilität der Demokratie darstellt – zumindest solange die grundsätzliche Akzeptanz der Demokratie nicht in Frage
gestellt wird. Als das System gefährdend können demnach nur Personen gelten, die gleichzeitig die Performanz *und* die Legitimität der Demokratie
schlecht beurteilen. Ebenfalls ungünstig für die Demokratie ist eine bedeutende Anzahl an Personen, die nur die Performanz des Systems gut finden, ihm
aber keine Legitimität zuweisen bzw. kein grundlegendes Vertrauen in die
demokratische Ordnung besitzen. Da sie im Falle einer Krise sofort in eine
ablehnende Haltung gegenüber dem bestehenden demokratischen System
überwechseln, kann von ihnen – genauso wie von den schon jetzt Performanz
und demokratischer Ordnung ablehnend gegenüberstehenden Personen – keine positive Leistung für das Überleben der Demokratie erwartet werden. Wie
bereits bei Lipset (1959) angesprochen, unterliegen sie kurzzeitigen Einflüssen und können somit keine Grundlage eines stabilen Systems ergeben. Damit
mündet das Konzept in eine Typologie, die nach einer 2x2-Rasterung der Performanzbewertung und der Legitimitätsbewertung vier Gruppen von Personen
klassifiziert (vgl. Norris 1999: 9-13, 269). Die interessanteste Gruppe sind die
„critical citizens", die die Legitimität des Systems anerkennen, aber der aktuellen Performanz kritisch gegenüberstehen. Für die Bezeichnung einer Demokratie als stabil, zumindest aus der Sicht der Einstellungsforschung, sollte also
die Zahl der „critical citizens" (Personen, welche die Demokratie als relational
beste Form der politischen Ordnung ansehen, dabei aber mit ihren Leistungen
nur begrenzt zufrieden sind) und der mit Demokratieperformanz und Demokratielegitimität zufriedenen Bürger die Zahl der beiden alternativen Gruppen
übersteigen. Klingemann (1999: 55) konnte im Rahmen einer länderverglei-
chenden Untersuchung diese demokratiestützende Konstellation eines Über-
hangs an grundsätzlich demokratiefreundlichen Bürgern für West- wie für
Ostdeutschland ermitteln.

Fazit: Aufgrund Lipsets Verbindung von relativ klar fassbaren Faktoren der
Beurteilung eines Systems (Effektivität und Legitimität) kann eine Beziehung

zwischen dem politischen System und dem Bürger abgebildet werden. Mit seiner Klassifikationstypologie für politische Systeme und Kulturen hat sich der Ansatz von Seymour Martin Lipset einen bedeutenden Platz in der modernen Transformationsforschung oder genauer der auf Transformation ausgerichteten politischen Kulturforschung gesichert.

Ein Manko bleibt seine an einigen Stellen etwas unbefriedigende Differenzierung der Zielpunkte der Einstellungen. So wird die Legitimitätszuweisung nicht nach wirtschaftlichem oder politischem System aufgeteilt, während diese Trennung bei der Effektivität doch der Fall ist. Hier könnte man sich fragen, wie nun die unterschiedlichen Objekte in eine gemeinsame Bewertung zusammenzuführen sind.

Lipsets Antwort wäre wahrscheinlich der Verweis, dass er grundsätzliche Systemstabilität behandelt und ihn diese Differenzierung der „Subsysteme" einer Gesellschaft nicht interessiert. Letztlich trennt er in seiner Typologie ja auch politische und wirtschaftliche Effektivität nicht stringent und ausdrücklich voneinander. Damit zeigt sich aber bereits die seinem Ansatz innewohnende Vergröberung des Einstellungsziels. Schließlich sind auch die Objektebenen, auf die sich die Einstellungen beziehen, nicht voneinander getrennt – es gibt eine Systemstabilität und diese umfasst das gesamte System inklusive seiner Rollenträger. Dieses erscheint in der Terminologie David Eastons mit ihrer klaren Objektfestlegung treffender gelöst.

Umgekehrt hat Lipsets Konzept Easton eine gewisse Eindeutigkeit in der Anwendung und die deutliche Konzentration auf die Kernaussage der politischen Kulturforschung – die Einschätzung der Stabilität – voraus. Zudem könnte man wieder darauf verweisen, dass die *Legitimität und die Effektivität ja gerade selbst die Objekte* in Lipsets Konzeption sind, die schlussendlich eher auf eine Erklärung auf der Makroebene von Systemen zielt als die Überlegungen von Easton, der eher die individuelle Ebene der unterschiedlichen Ausprägungen dieser Einstellungen im Visier hat.

Letztendlich sind beide aufgezeigten Ansätze als Ausgangskonzepte einer differenzierteren politischen Kulturforschung mit empirischem Anspruch geeignet. Sie lieferten entsprechend auch die Grundlage für weitergehende Konzepte (siehe Kapitel 3.5) und umfangreiche empirische Analysen innerhalb der politischen Kulturforschung. Sicherlich kommt es dabei zuweilen zu Verkürzungen oder die Konzepte werden in einigen Artikeln eher wie ein Mäntelchen um bestimmte empirische Analysen gelegt. Die generelle Fruchtbarkeit für die Beschäftigung mit auf das System bezogenen politischen Einstellungen ist trotzdem kaum mehr wegzudiskutieren. So liegen doch sicher die grössten Stärken der beiden Ansätze in ihrer Sparsamkeit und der Möglichkeit sie zu operationalisieren, ein Punkt der weit über bislang vorherrschende nichtempirische Debatten zur „politischen Kultur" hinausreicht.

Memobox 7:
Grundprämissen der Ansätze von Easton und Lipset

* Easton führt mit seinem Konzept der politischen Unterstützung über die genauere *Bestimmung der Objekte und der Form der politischen Einstellungen* der Bürger gegenüber dem politischen System eine stärkere Systematik in die politische Kulturforschung ein.
* Politische Unterstützung kann negativ oder positiv ausgeprägt sein.
* Als Objekte politischer Unterstützung gelten die politische *Gemeinschaft*, das politische *Regime* und die politischen *Autoritäten*.
* Arten der politischen Unterstützung sind die *diffuse* Unterstützung eines Objektes um seiner selbst willen und die *spezifische* Unterstützung aufgrund der von dem Objekt erbrachten Leistungen.
* Für Seymour M. Lipset ist vor allem die Unterscheidung zwischen der Beurteilung der *Effektivität* eines politischen Systems und seiner *Legitimität* von Bedeutung.
* Legitimität und Effektivität zusammen können verwendet werden, um eine *Typologie* zu konstruieren, die Aussagen über die *Stabilität des politischen Systems* zulässt.
* Lipset bezieht die Entwicklung einer Demokratie auf ihre sozialen Grundlagen (*social requisits*), welche die Bindung zwischen Bürger und System betreffen.
* Zentral für Lipset ist die Erklärung von Stabilität eines politischen Systems auf der Makroebene, für Easton die Differenzierung der Beziehungen zwischen Bürger und System im Zwischenbereich von Makro- und Mikroebene.
* Für die Stabilisierung einer Demokratie ist insbesondere die Steigerung der ökonomischen *Prosperität eines Landes und die Ausweitung von höherer Bildung* von Bedeutung.
* Das Zusammenspiel zwischen Effektivitätsbeurteilung und Legitimität kann theoretisch in zwei Hinsichten gedeutet werden: (1) als klar negatives bei geringen Zahlen der Zufriedenheit mit der Effektivität, (2) als eher positives bei geringen Zahlen der Zufriedenheit, wenn die Annahme eines kritischen und kontrollierenden Bürgers unterlegt wird (siehe Konzept des „Critical Citizen").

3.4 Kritikpunkte am Konzept der politischen Kultur

Nachdem es in den 1980er Jahren zu einer Art Wiederauferstehung des politischen Kulturansatzes gekommen war (vgl. Inglehart 1988; Laitin 1995), führten fast die gleichen Gründe, die für diese Renaissance des Ansatzes verantwortlich waren, auch zu neuer (und alter) Kritik. Zwei Stoßrichtungen der Kritik sind dabei hervorzuheben.

1. Die Problematisierung *kulturalistischer Gedanken*: Sie ist verbunden mit dem Wunsch nach einem umfassenderen Kulturkonzept und einem weiter reichenden Kulturbegriff als er bislang im Rahmen der politischen Kulturforschung Anwendung fand. Vor allem Untersuchungen in Anlehnung an die Arbeiten von Mary Douglas zur Neufassung der kulturellen Institutionen sind von Bedeutung für diese Gedankenführung. Sie mündeten in die Überlegungen der „New Cultural Theory" (NCT). Für den deutschen Sprachraum besonders interessant ist die differenzierte Erweiterung des politischen Kulturansatzes durch Karl Rohe (1996). Sie wird in Kapitel 3.6 noch einmal gesondert besprochen.
2. Eine stärkere Hervorhebung der Wichtigkeit des Individuums für das Verständnis politischer Entscheidungsprozesse: Erweiterte *handlungstheoretische Modelle* wurden den überwiegend auf der Grundlage systemtheoretischer und strukturfunktionalistischer Ansätze entwickelten Prämissen der politischen Kulturforschung gegenübergestellt und hinsichtlich ihres Erkenntnisfortschrittes diskutiert. Diese bereits früher zwischen strukturfunktionalistischen und handlungstheoretischen Ansätzen bestehende Auseinandersetzung wurde nun im Umfeld der Ausbreitung verschiedener Ansätze des Rational-Choice neu belebt (vgl. Fuchs 2002: 28).

3.4.1 Die Rational-Choice-Kritik

Von Seiten der Befürworter einer an Kriterien der Rationalität orientierten Politikwissenschaft wurde vor allem das Primat der Kulturalität gegenüber anderen Erklärungsfaktoren menschlichen Verhaltens vehement in Frage gestellt. Verschiedene Kritikpunkte, die nicht immer neu waren, wurden dabei formuliert. Sie betreffen

a. die *Unzulänglichkeit der Methode* der politischen Kulturforschung, die durch ihre Konzentration auf politische Einstellungen andere handlungslei-

tende Elemente unangemessen ausblendet und der Situation des Handelns
nur eine untergeordnete Bedeutung zuerkennt und

b.   die *Überbewertung der Relevanz des Einflusses* von kulturellen Faktoren
für den politischen Prozess. Die Eigenlogiken des menschlichen Handelns
und die Eigendynamik von Gruppenkonstellationen für einen Aushand-
lungsprozess werden bei dem Erklärungsmodell der politischen Kulturforschung unberechtigterweise außer Acht gelassen.

Die Rational-Choice-Theorien knüpfen an Gedanken der ökonomischen Theorie
der Politikwissenschaft (vgl. Downs 1968) an und rücken ein stärker am Individuum orientiertes Denkbild in den Vordergrund der Überlegungen. Dabei greifen
die Rational-Choice-Ansätze auf behavioristische und/oder handlungstheoretische Kernprämissen zurück. Sie räumen dem individuellen Handeln die entscheidende Stellung in der Konstruktion einer Gesellschaft ein und distanzieren
sich von der politischen Kulturforschung durch die Betonung von individuellen
Kosten-Nutzen-Abwägungen der betroffenen Individuen, die auf der Basis individuell existierender Präferenzordnungen erstellt werden. Die Handlungen der
Personen sind folglich einzig auf diese Bewertungen zurückzuführen und beruhen nicht auf anderen sozialen oder normativen Gründen.

Damit setzt sich die Rational-Choice-Theorie von der, in der politischen
Kulturforschung implementierten, behavioristischen Denkweise ab. Diese beleuchtet die empirisch nachprüfbaren Tatsachen menschlichen Verhaltens, fragt
aber nicht nach dem „Warum". Begnügt sich der Behaviorismus mit dem „Wie"
und einer Reflexion der beobachteten Tatsachen, versucht die Rational-Choice-
Theorie ein umfassendes Bild der *Gründe* für das individuelle und, weiterge-
führt, das kollektive Handeln, zu bestimmen (vgl. Braun 1998).

Hinzu tritt die generelle Ablehnung der Annahme, dass die Kultur der
Struktur untergeordnet wird und Erklärungsmuster gesellschaftlichen Handelns
sich allein aus Makroprozessen unbestimmter Prägung ergeben. Vielmehr wird
stärker auf die Bündelung rationaler Verhaltensweisen handelnder Individuen in
einem politischen System Wert gelegt. Die Kosten-Nutzen-Abwägungen der
einzelnen Bürger, und weniger die strukturellen oder die kulturalistischen Vor-
prägungen politischer Systeme, führen zu politischen Reaktionen seitens der
Herrschenden, wie auch umgekehrt zu Reaktionen der Herrschaftsunterworfenen. Entscheidungsgründe können dabei sowohl kulturelle Vorstellungen des
Einzelnen als auch objektive Begründungen sein.

Diskussionsbox 7:
Wie kann der Einfluss politischer Kultur auf politische Entscheidungen festgestellt werden?

Als ein schwieriger Punkt in der Abschätzung der Wichtigkeit politischer Kultur für die notwendigen politischen Entscheidungen eines Systems erweist sich die Ermittlung des konkreten Einflusses von kulturellen Prägungen auf Entscheidungshandeln. So ist es oft nicht eindeutig möglich, kulturelle Bestimmungsgründe (historischer Natur, etablierte „legacies" oder einfach in den Einstellungen der Bürger) direkt mit politischen Entscheidungen zusammenzubringen, da verschiedene andere Einflussfaktoren ebenfalls der Grund für das spezifische Entscheidungshandeln sein können. Dieses Problem wird unter dem Begriff der intervenierenden Variablen und der Mehrfachbegründung von politischen Prozessen angesprochen. Oft geben die kulturellen Bestimmungen nur den Hintergrund ab, vor dem konkretes politisches Entscheidungshandeln umgesetzt wird, nicht selten werden aber auch strukturelle Prozesse (z.B. wirtschaftliche Entwicklungen) erst durch die Transformation in Bevölkerungsbeurteilungen handlungsrelevant (z.B. in Wahlen, die Veränderungen im politischen System hervorrufen können).

In Rational-Choice-Theorien sind es die intern gesteuerten individuellen Interessen des Individuums, die beobachtbare Tatbestände bestimmen, während bei Verhaltenstheorie diese individuellen Interessen exogen gesteuert werden. Gegenüber klassischen Handlungstheorien unterscheidet die Rational-Choice-Theorie die genuin ökonomisch geprägte Feststellung, dass Handeln rational begründet sein muss und dieses im Rahmen von Kosten-Nutzen-Analysen überwiegend zweckrational geschieht.

Als Umfeldbedingungen der Kosten-Nutzen-Analysen sind einzig mit dem Begriff *Gelegenheitsstrukturen* benannte Rahmenbedingungen zu bedenken. Sie geben Auskunft über die Umwelt des Handelnden und die daraus resultierenden Beschränkungen seiner zu kalkulierenden Handlungsmöglichkeiten. Gerade mit durch die Umwelt bedingten Restriktionen der Handlungskalkulationen haben sich neuere Ansätze der Rational-Choice-Theorien intensiver auseinandergesetzt (z.B. das RREEMM-Modell). Dort wird auch der Problematik der unvollständig vorliegenden Information als Grundlage der individuellen Entscheidung und der bewertenden Orientierungen der Individuen detaillierter nachgegangen.

Harry Eckstein (1988) bestimmt in einer interessanten Gegenüberstellung des Konzeptes der politischen Kulturforschung und der Rational-Choice-Gedanken einige hinterfragbare Postulate der politischen Kulturforschung. Er unterzieht sie im Verlauf eines dazu verfassten Aufsatzes unter Bezugnahme auf die Erklärung politischen und sozialen Wandels einer Prüfung und formuliert daraus folgende Kritikpunkte. Sein aus Überlegungen der Rational-Choice-Theorie abgeleitetes Kernargument gegen den Ansatz der politischen Kultur ist dessen geringe Brauchbarkeit zur Erklärung des politischen Wandels. Diese resultiert aus der *Konzeption* der politischen Kulturforschung, die per se auf Kontinuität und Stabilität – also den Strukturerhalt des politischen Systems ausgerichtet ist.[57] Damit verneint sie aber die Normalität politischer und sozialer Veränderung und bestimmt ein statisches Gebilde zum Fundament des politischen Systems.[58]

Ein Bezugspunkt zwischen den kollektiv orientierten Rational-Choice-Theorien und der politischen Kulturforschung lässt sich an einer Gemeinsamkeit festmachen: Beide Ansätze versuchen *eine Erklärung kollektiver Phänomene anhand individueller Interessen*. Ein Phänomen auf der Makroebene lässt sich dieser Ansicht nach nicht automatisch aus einem anderen (Makro-)Phänomen ableiten, sondern kann nur über die Vermittlungsinstanz der Bürger als Ausgangspunkt politischer Prozesse und die Bezugnahme auf die Situation (Gelegenheitsstrukturen) erklärt werden.

Anders aber als die politische Kulturforschung, die, ganz in der Tradition des Behaviorismus – zumindest in ihren traditionellen Überlegungen, das Erklärungspotential individueller Handlungen für politische Kulturen für beschränkt hält und die kulturellen (durch Einstellungen und Wertorientierungen bedingten) Rahmenbedingungen des Handelns als entscheidend betrachtet, sind die auf individuelles Handeln ausgerichteten Überlegungen des Rational-Choice primär auf die *Erklärung einer Handlung* eines Individuums ausgerichtet. Erst durch die Zusammenführung der individuellen Handlungen kommt es dann zum kollektiven Handeln von Personen und Personengruppen. Dabei konzentrieren sich Rational-Choice-Theorien auf das *Handeln*, während die politische Kulturforschung *Einstellungen und Werte* der Bürger, quasi als Vorbedingungen politischen Handelns, analysiert.

Nichtsdestoweniger ist eine gewisse Überschneidung in der Verknüpfung von Mikro- und Makroebene festzustellen. Am deutlichsten wird dies bei einem Blick auf die Erklärung kollektiven Handelns, wie sie von James Coleman (1999) vorgeschlagen wurde (siehe Abbildung 3.12). Das größte theoretische

---

[57]   Damit knüpft der Ansatz der politischen Kulturforschung zentral an den Strukturfunktionalismus an, dem genau diese „Starrheit" des Denkens von Gesellschaft immer wieder vorgeworfen wurde.

[58]   Mit dieser Orientierung an der Statik des Systems steht sie im Kontrast zu theoretischen Zugängen, die gerade Konflikte und Wandel als förderlich für ein Gemeinwesen ansehen. Hier sei nur auf die Kontroverse zwischen Strukturfunktionalismus und Konflikttheorie in der Soziologie verwiesen.

Hindernis einer Sozialtheorie, die handlungstheoretisch fundiert ist, liegt in der Art und Weise, wie das zielgerichtete Handeln der Individuen miteinander *verknüpft* wird, um ein *soziales Phänomen* zu erzeugen (vgl. Coleman 2000: 67). Dieses Problem versucht Colemann durch eine Brückenannahme individuellen und kollektiven Handelns zu lösen.

In der so genannten „Coleman´schen Badewanne" wird der Entstehungsprozess kollektiver Entscheidungen einfach aber gut verständlich modelliert. Ausgangspunkt ist die Überlegung, dass kollektive Entscheidungen nicht direkt aus kollektiven Tatbeständen resultieren. Vielmehr sieht er die kollektiven Tatbestände als Produkt individueller Handlungen an. Dabei stellen sie nicht nur eine einfache Aggregation der Einzelhandlungen dar, sondern reichen in ihrer kollektiven Zusammensetzung über diese reine Kumulation der Individualentscheidungen hinaus. Der Zusammenhang zwischen einzelnen Tatbeständen erfolgt auf der Mikroebene und wird über eine weitere Verknüpfung des Resultates der Handlungen der Mikroebene mit dem kollektiven Output wieder auf die Makroebene transportiert. Wichtig sind dabei zwei Verknüpfungen zwischen Mikro- und Makroebene,

1. zwischen der sozialen Situation, die auf den Akteur wirkt und
2. zwischen der Handlung und einem kollektiven Ergebnis (kollektives Explanandum).

Auf diese Weise können kollektive Ergebnisse (z.B. Streiks, Formen politischer Unterstützung) aus individuellen Handlungszusammenhängen heraus erklärt werden.[59]

Basis für die Makrobedeutung von Individualhandeln ist der Gedanke, dass man es mit einer bestimmten Situation zu tun hat, in der sich ein Kollektiv von Individuen gleichzeitig befindet. Diese soziale Situation setzt Rahmenbedingungen für die einzelnen Akteure. Durch die gleichen Rahmenbedingungen werden die Akteure zu ähnlichen Handlungen angeleitet. Dabei sind Variationen von Person zu Person sehr wohl möglich, da es sich ja um individuelle Handlungsentscheidungen mit individuellen Präferenzsystemen handelt. Aufgrund der Vergleichbarkeit der Rahmenbedingungen besteht aber eine gewisse Gleichförmigkeit, die sich dann – unter der Annahme ähnlicher Ursache-Wirkungs-Zusammenhänge auf der Individualebene – letztendlich in einem kollektiven Explanandum niederschlägt. Werte finden sich dabei auf der Ebene des Akteurs als

---

[59]   Zur näheren Beschäftigung mit Rational-Choice-Theorien sei auf einschlägige Bücher wie z.B. Braun (1998) verwiesen, da die Prämissen dieses Ansatzes für das vorliegende Buch nur von begrenztem Interesse sind.

verinnerlichte Dispositionen, die Handeln bestimmen können – sie wirken im
Zusammenhang mit verschiedenen sozialen Situationen.

Abbildung 3.12: „Die Coleman´sche Badewanne"

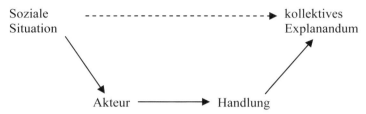

Quelle: Esser 1993.

Der Rational-Choice-Ansatz dieser Variante versucht genau wie die politische
Kulturforschung, von einer Sammlung individueller Prozesse auf kollektive
Prozesse zu schließen. Anders aber als in der politischen Kulturforschung stehen
nicht die Einstellungen, sondern *reale Handlungen* im Vordergrund des Interesses. Zudem sind die Rational-Choice-Überlegungen hauptsächlich theoretisch
orientiert, während die Grundgedanken der politischen Kulturforschung einen
starken empirischen Bias besitzen. Ein Punkt wird allerdings bei der Ansicht
beider Ansätze deutlich: Der Übergang zwischen Entscheidungszusammenhän-
gen von der Mikro- zur Makroebene, wie auch umgekehrt, impliziert theoretische wie methodische Probleme. Diesen Schwierigkeiten kann man sich dadurch
annähern, dass davon ausgegangen wird, „dass Interessen und Ziele von Akteuren in *unterschiedlichen Beziehungen zueinander* stehen können, und dies wiederum unterschiedliche soziale Prozesse und unterschiedliche Institutionen zur
Folge hat" (Coleman 2000: 71).

3.4.2 Die kulturalistische Kritik

Doch nicht nur Anhänger von Argumenten der Rational-Choice-Theorie formulierten Kritikpunkte am Konzept der politischen Kultur. Als Gegenpol zu dieser
Kritiklinie wurden im Umfeld des „cultural turn" auch kritische Stimmen aus
Richtung kulturanthropologischer Ansätze laut. Insbesondere die aus dieser Sicht
als selektiv angesehene *Begriffsfassung von Kultur* und das einengende methodische *Instrumentarium der Umfrageforschung,* beides zentrale Elemente des politischen Kulturkonzeptes, gerieten in das Fadenkreuz der Kritiker. Der Haupt-
punkt in ihrer Argumentation liegt weniger in der Annahme einer Überbewer-

tung des „Kulturellen" als Erklärungsfaktor politischen Geschehens – wie er in den Beiträgen der Rational-Choice-Theoretiker vorgetragen wurde – denn in der *Ablehnung der bisherigen Vorgehensweise* der politischen Kulturforschung, wie sie in Anlehnung an Almond und Verba praktiziert wurde.

Der vielleicht wichtigste Einwand gegen die traditionellen Ansätze der politischen Kulturforschung ist der Hinweis auf eine unzulässige *Verkürzung des Kulturbegriffes*. Diese Kritik setzt an der grundsätzlicheren Problematik des Begriffes „Kultur" an. So ist in der Gilde der Wissenschaftler, die sich mit Kultur auseinandersetzen, umstritten, auf welche sozialen Tatbestände der Begriff zu konzentrieren ist. Wird in der politischen Kulturforschung der Prägung Almond/Verbas und Eastons politische Kultur als Aggregation von Einstellungen der Bürger gegenüber Politik verstanden, so rekurrieren andere Forscher (z.B. Karl Rohe 1996; Aaron Wildavsky 1990) auf Symbole, Mythen und Handlungsweisen der Politiker, aber auch auf Alltagskultur und soziale Beziehungen (vgl. Thompson u.a. 1990: 1). Damit sollen die historischen Tiefendimensionen der politischen Kultur besser gefasst werden als dies durch aggregierte Einstellungsdaten möglich ist.

Aus dieser Position heraus erfolgt oft der Verweis auf die unberechtigte Ausblendung von kulturprägender Geschichte, sie begleitender Geschichten sowie der historischen Prägungen der Gesellschaft durch die traditionellen Ansätze der politischen Kulturforschung. Der Begriff „Kultur" ist entsprechend der Aussagen der Kritiker weit umfassender zu begreifen als bislang verwendet, er wird seitens der politischen Kulturforschung unzulässig auf einen kleinen Teil des Phänomens reduziert. Oft wird der politischen Kulturforschung empirischer Prägung in diesem Zusammenhang gar der Vorwurf der Geschichtslosigkeit oder der Anfälligkeit für (theorielose) Ad-hoc-Begründungen von politisch-kulturellen Phänomenen gemacht (vgl. Patemann 1980).

Diese skeptische (kulturalistische) Sicht der politischen Kultur ist eng mit dem methodisch geprägten Vorwurf der Durchschnitts- und Variablensoziologie verbunden. Die bei Almond und Verba favorisierte Erfassung von politischer Kultur gehe an den wahren Phänomenen der Realität vorbei und füge der Begriffsreduktion eine *methodisch indizierte Reduktion des Zugangs* zu seiner Ermittlung hinzu. Dieser Vorwurf impliziert ein erhebliches Unbehagen gegenüber der Verwendung der Methode der Umfrageforschung und den Wunsch nach einem stärker interdisziplinären Zugang zu Kultur, der auch Symbole, Nationalcharakter und andere Abbildungen von politischer Kultur berücksichtigt. Ein in diesem Zusammenhang thematisierter Gedanke ist die „thickly description" (dichte Beschreibung), ein Ansatz, den Clifford Geertz (2003, 1997) vertritt. Dieser Zugang reduziert, nach Ansicht seiner Befürworter, Kultur nicht auf einzelne, abstrakte Variablen, sondern bewahrt die implizite Komplexität von Kultur, wie sie im Alltagsleben existiert. Diese Überlegungen schließen an die bereits 1977 geäußerte Kritik Lowell Dittmers an, der die fehlende Berücksichtigung symbolischer Manifestationen in der traditionellen politischen Kulturforschung bemängelte. Mit einem ähnlichen Denkbild, aber einem spezifischeren Vorschlag zur Fassung von politischer Kultur wartete Anfang der 1990er Jahre Aaron Wildavsky (1987) auf. Er identifiziert so genannte „cultural codes" (Berg-Schlosser 1987: 14), die ihm die Möglichkeit eröffnen, Muster politischer Kultur zu bestimmen. Dabei schließt er an einen Gedanken von Mary Douglas zur Grid-Group-Analyse an.

Diese Überlegungen gehen davon aus, dass die Einbindungen der Individuen in soziale Rahmenbedingungen ihre politische Kultur oder genauer ihre Soziokultur prägen. Zwei Dimensionen sind dafür von Bedeutung: Group and Grid.

1. „Group" bezieht sich auf das Ausmaß, in dem Individuen in begrenzte soziale Einheiten eingebunden sind. Die Annahme ist: Je größer der Grad der Eingebundenheit, desto eher ist das Individuum Einflüssen der Gruppe – und somit Einflüssen von außen – ausgesetzt. Die Gruppen, denen eine Person angehört, bestimmen einerseits Grenzen gegenüber anderen Gruppen, sie betreiben Exklusion gegenüber Nichtgruppenmitgliedern. Andererseits führen sie aufgrund der dadurch gestärkten inneren Kohärenz zu einer starken Beengung der individuellen Entscheidungsvielfalt. Der Begrenzungsgrad, den die Gruppe für das Individuum setzt, kann nun unterschiedlich stark ausgeprägt sein.
2. „Grid" bezeichnet das Ausmaß, in dem das Leben des Einzelnen durch äußerliche Vorschriften geregelt wird. Je stärker die Bindung und Ausdehnung der Vorschriften, umso weniger gelingt es dem Individuen sich diesen Vorschriften zu entziehen und eigene Entscheidungen zu treffen. „The more binding and extensive the scope of the prescriptions, the less of life that is open to individual negotiation" (Thompson u.a. 1990: 5). Grid meint den Umfang der Regulierung des Lebens seitens der Gesellschaft und korrespondiert mit an Hierarchien ausgerichteten Rollenzuweisungen für den Einzelnen.

Die kulturelle Ausprägung bei den Individuen ist somit eine Reaktion auf das Ausmaß *sozialer Kontrolle* in einer Gesellschaft. Interessant ist dann, dass auch hier Kultur als Wertedimension verstanden wird, die sich aber auf die Ausgestaltung sozialer Beziehungen konzentriert. Diese wird auf die Einbindung des Individuums zurückgeführt. Das „kulturelle" Ergebnis dieser Überlegungen ist relativ einfach und klar und mündet in fünf Typen von Überzeugungsmustern.

Abbildung 3.13: Das Grid-Group Design und seine Dimensionen

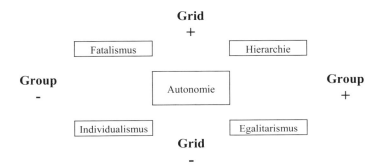

Quelle: Eigene Zusammenstellung nach Thompson 1990: 8.

Eine starke Gruppenbindung in Verbindung mit einer starken sozialen Kontrolle (Grid +) bedingt eine Orientierung an hierarchischen Normen und Prinzipien (*Hierarchie*). Thompson u.a. (1990: 6-8) nennen hier das Kastensystem der Hindus als Beispiel. Klar geordnete Regelhaftigkeiten in der Gesellschaft bestimmen das Leben, die persönlichen, handlungsleitenden Muster erfolgen in Reaktion auf die reglementierende Umwelt.

Trifft eine starke Gruppeneinbindung auf geringe soziale Vorschriften der Umwelt, hat man es mit einem egalitaristischen Beziehungsgeflecht in der Gesellschaft zu tun (*Egalitarismus*). Verschiedene Gruppen bestimmen die verbindlichen Normen gleichberechtigt und unterliegen nicht den Zwängen einer außerhalb der Gruppe stehenden Zentralmacht, sind aber einer Art Selbstverpflichtung ausgesetzt. Eine starke Reglementierung des Individuums ohne Gruppeneinbindung führt zu *Fatalismus*. D.h. das Individuum ist überwiegend fremdbestimmt, kann dabei aber aufgrund seiner Atomisierung in der Gesellschaft keinerlei Einfluss gewinnen.

Keine Form von sozialer Kontrolle gepaart mit geringer Gruppenbindung ermöglicht einen relativ unbeschränkten *Individualismus*. Der Einzelne trifft seine Entscheidungen weitgehend selbstbestimmt, kann aber dabei auch nur begrenzt auf Gruppenhilfe und Leitlinien des Lebens zurückgreifen. Die verschiedenen Individuen einer Gesellschaft leben quasi nebeneinander und versuchen ihre eigenen Interessen zu befriedigen. Da bestimmte Vorschriften für die Lebensorganisation des Individuums hilfreich sind und ein Mindestmaß an sozialer Einbindung in Gruppen für soziale Sicherheit sorgt, ist die ideale – autonome – Position des Individuums in der Mitte des idealtypischen Quadrates (siehe Abbildung 3.13) angesiedelt.

Da es sich bei der Einordnung auf der Grid-Achse, wie auf der Group-Achse, um eine dimensionale Betrachtungsweise handelt, ist auch jede Art von Zwischengruppe abweichend von den vier Grundtypen möglich. Berg-Schlosser (1999: 84) erklärt diese Mischtypen sogar zur üblichen realen Existenzform: „In den heutigen Gesellschaften haben wir es in der Regel mit unterschiedlichen Mischformen dieser Typen zu tun". Er schränkt aber auch die analytische Reichweite des Ansatzes dahingehend erheblich ein, dass der „konkrete Erklärungsgehalt" dieses Ansatzes aufgrund seines hohen klassifikatorischen Abstraktionsgrades begrenzt bleibt.

Der Nutzen dieser Aufteilung für die Erfassung politischer Kultur wird aus der Argumentation Wildavskys deutlich: Er geht von einer hohen Korrespondenz zwischen Kultur und politischer Kultur aus. Einzig in der Ausrichtung der Orientierungen auf die Politik unterscheidet sich die politische Kultur von der allgemein verstandenen Kultur. Entsprechend sind die in Abbildung 3.13 vorgestellten Sozialbeziehungen auch im politischen Spektrum zu finden. Weniger ihre Ausrichtung auf spezifische politische Objekte, als vielmehr die *soziale Einbindung* der Individuen in gesellschaftliche Handlungszusammenhänge wird in diesem Fall als entscheidend für die Ausprägung politischer Überzeugungen und die Ordnung der politischen Kultur angenommen. Dabei berufen sich Wildavsky und Thompson auf die Notwendigkeit einer Kongruenz zwischen den sozialen Beziehungen und der kulturellen Variablität der unterschiedlichen Regionen.

Problematisch für die Erforschung politischer Kultur bleibt in diesem Denkbild die starke Konzentration auf die sozialen Positionen der Individuen. Möglicherweise wird diesen in der traditionellen politischen Kulturforschung ein zu geringes Gewicht beigemessen, in der Grid-Group-Typologie ist das Gewicht für eine Bestimmung der politischen Kultur sicher zu hoch. Überhaupt erscheint die Zielrichtung dieser Vorgehensweise nicht per se auf die politische Kultur, sondern eher auf Sozialmilieukonstellationen ausgerichtet. Der Grid-Group-Ansatz eignet sich gut für die Analyse des sozialen Umfeldes einer Situation und dessen Rückwirkung auf die Personen, weniger aber zu der Bestimmung allgemeingültiger gesellschaftlicher Orientierungsmuster oder einer nationalen politischen Kultur.

Entsprechend dieser verschiedenen skizzierten Überlegungen gehen z.B. sozial- und kulturanthropologische Überlegungen eher in die Richtung einer *individuellen Rekonstruktion der Umwelt* aus der Sicht des Betroffenen und rücken hermeneutisch orientierte Sichtweisen stärker in den Vordergrund (vgl. Patrick 1984).

Die damit verbundene individualistische Prägung setzt zwar auf einen ganz anderen Aspekt der Beziehung zwischen Person und Gesellschaft als die Ansätze des Rational-Choice – sie deckt sich aber mit deren Gedanken darin, dass sie strukturelle und kulturelle Vorgaben des sozialen Umfeldes für die Sichten des Individuums als überbewertet betrachtet. Vor allem dem Fehlen symbolischer Elemente des Alltagslebens im traditionellen Ansatz der politischen Kultur wird eine große Bedeutung zugewiesen.

3.4.3 Fazit: Getrennte Kritik – gleiches Ziel

Fasst man die Kritik zusammen, so wird deutlich, dass vor allem zwei Punkte im Vordergrund stehen – egal, ob von kulturalistischer oder von Rational-Choice-Seite her argumentiert wird: Dies ist erstens die Unzufriedenheit mit der Unschärfe oder der Verengung des Begriffes „Politische Kultur", und zweitens die Kritik an der Methode der Umfrageforschung als zentralem Instrument der politischen Kulturforschung. So findet sich der erste Punkt in einer Vielzahl an Definitionsversuchen von politischer Kultur. Reisinger beschreibt (1995: 334) diese Problematik eindrücklich mit dem Zitat: „One clear difficulty is that political culture has almost as many definitions as authors who employ it". Kaase (1983: 150) bezeichnet den Begriff der politischen Kultur gleich als Pudding, der nur schwer an die Wand zu nageln sei.

Aus dieser Unzulänglichkeit der politischen Kulturforschung traditionaler Richtung schließen ihre Kritiker auf eine nur begrenzte Brauchbarkeit der herkömmlichen Konzeption. Neben ihrer Kritik stellen beide Zugänge indes keine detaillierten Vorgehensmöglichkeiten einer eigenen Umsetzung für eine analytische Erfassung politischer Kultur zur Verfügung. Selbst wenn man sich mit Fuchs (2002: 29) auf die Begrifflichkeit der ursprünglich von Almond und Verba eingebrachten Position festlegt – der Kritik eines unpassenden politischen Kulturbegriffes kann man damit letztendlich nicht entgehen. Ob allerdings andere Begriffe treffender sind, bleibt fraglich, da sich die Gefahr einer gewissen Willfährigkeit der Begriffsverwendung und Unpräzision des Begriffes genauso ergibt wie die fast unlösbare Schaffung von Problemen für eine stichhaltige empirische Analyse.[60]

Festzuhalten bleibt, dass dem Problem der „zu breiten Begriffsverwendung" durch eine letzte, endgültige Entscheidung kaum beigekommen werden kann. Angesichts der Breite der Forschungslandschaft erscheint ein solches Vorhaben auch illusorisch. Forschungspraktisch wird es wohl eher so sein, dass jeder Forscher den von ihm verwendeten Begriff von politischer Kultur für seine Untersuchung explizit offen legen sollte. Die Ergebnisse und die Begrifflichkeit der

---

[60] Gerade die Abkehrung von einer Kausalitätserforschung hin zu einer Beschreibung durch Clifford Geertz, ist in ihrer Nützlichkeit, insbesondere für die vergleichende Analyse, zu hinterfragen.

Studien müssen sich dann an der Realität messen lassen. Möglicherweise erweist sich dabei die traditionelle Verwendung von politischer Kultur als zu fundierende Größe als klarer als manch anderer Begriff.

3.5 Auf dem Weg zur Demokratieanalyse

Die in den vorangegangenen Abschnitten thematisierten Kritikpunkte und Probleme in der Trennschärfe der empirischen Umsetzung der Konzepte von David Easton und Seymour M. Lipset führten in den letzten Jahren zu Weiterentwicklungen dieser Modelle, die jedoch weiterhin der Ursprungstradition verbunden bleiben. In diesem Zusammenhang sind vor allem die Namen von Oscar W. Gabriel, Bettina Westle und Dieter Fuchs zu nennen. Bei den genannten Autoren findet sich eine Verknüpfung theoretischer Überlegungen der Demokratietheorie mit neueren empirischen Befunden zum Feld der politischen Kultur. Gerade die empirischen Resultate ließen eine Überprüfung der bisherigen Annahmen und Ergebnisse notwendig erscheinen und führten zu Verfeinerungen der Analyse von politischer Kultur.

Bettina Westle (1989: 100) zerlegt die Objekte der politischen Unterstützung in vier Einheiten. Neben der politischen Gemeinschaft, der politischen Ordnung (als Pendant zum politischen Regime bei Easton) und den politischen Herrschaftsträgern spezifiziert sie zusätzlich die politischen „Outcomes" als eigenständiges Objekt der politischen Unterstützung. Im Rahmen dieser Überlegungen erscheint ihr die Trennung von spezifischer und diffuser Unterstützung durch Easton als eine unzureichende Reduktion der politischen Unterstützungsarten. Sie ergänzt die bislang verwendeten Unterstützungsmodi um eine diffus-spezifische (beinhaltet moralische Urteile über die demokratische Qualität des Objektes) und eine spezifisch-diffuse Form (beinhaltet die instrumentelle Beurteilung der langfristigen Outcomes). Den Anforderungen (demands) der Bürger werden eindeutige Beurteilungen auf der Bewertungsseite (support) gegenübergestellt.

In eine ähnliche Richtung argumentiert 1989 Dieter Fuchs, der sich in jüngerer Zeit am stärksten um die Weiterentwicklung der klassischen Konzepte der politischen Kulturforschung bemüht hat. Er teilt die Modi der Unterstützung in expressive, moralische und instrumentelle auf (Abbildung 3.13). Diese Modi korrespondieren mit den bereits bei Easton vorgeschlagenen Beziehungsformen der Identifikation und Legitimität, ergänzen diese aber noch um die bei Lipset (1981) herausgearbeitete Effektivitätskomponente. Er verweist wie Westle darauf, dass nur soziale Objekte (in Abgrenzung zu physischen und kulturellen) mit evaluativen Orientierungen (in Abgrenzung zu kognitiven und kathekischen)

Bestandteil der politischen Unterstützung seien. Die drei Typen der evaluativen Handlungsorientierung – instrumentell, expressiv und moralisch – geben dabei die Objekte vor. So steht die Performanz (überwiegend *Effektivität* der Autoritäten) in Beziehung zu einer instrumentellen Handlungsorientierung. Die expressive Handlungsorientierung bezieht sich auf die Qualität der politischen Gemeinschaft (*Identifikation*), während die moralische Orientierung auf den Soll-Charakter des Regimes (*Legitimität*) verweist.[61]

Selbst wenn Fuchs in seinem Modell alle dargestellten Unterstützungsformen bei jedem Unterstützungsobjekt zulässt, so bestehen doch Schwerpunkte. Einige Korrespondenzen zwischen Unterstützungsart und Unterstützungsobjekt treten in der Realität häufiger auf, andere teils gar nicht (in Abbildung 3.14 schattiert hervorgehoben).

Abbildung 3.14: Analytisches Schema zu politischer Unterstützung

Art der Unterstützung	Beziehungs- form	Unterstützungsobjekte		
		Politische Gemeinschaft	Politisches Regime	Politische Herrschaftsträger
diffus	expressiv	Identifikation	Identifikation	Identifikation
diffus-spezifisch	moralisch	Legitimität	Legitimität	Legitimität
spezifisch	instrumentell	Effektivität	Effektivität	Effektivität

Quelle: Fuchs 1989: 26.

Trotz dieser Verfeinerung des Ursprungskonzeptes bleibt aber nicht selten die genaue – auch theoretisch begründbare – Zuordnung der Einstellungen der Bürger zu einzelnen Sektoren der Politik schwierig. Dies führt Fuchs dazu, die Verbindung der Überlegungen der politischen Unterstützung mit der Bewertung der Demokratie als politischer Ordnungs- und Werteform stärker in den Vordergrund der Analysen zu rücken. Die Demokratie, nicht ein imaginäres politisches System, ist nun das Ziel der Beurteilung durch die Bürger. Durch diese Entscheidung gelingt es ihm, die politische Kulturforschung eindeutig mit der Demokratietheorie zu verknüpfen. Er schlägt für die Objektebenen der Demokratie eine *hierarchische Trennung* von normativen Prinzipien (Wertemuster) der Demokratie, implementierter Struktur und Performanzebene der implementierten Demokratie vor (vgl. Fuchs 1996: 6-8). Zwischen diesen Objektebenen bestehen

---

[61] Diese Überlegungen von Fuchs (1989) rekurrieren stark auf die Orientierungsmodi von Parsons (1951, 1968), die auch den Arbeiten Eastons zugrunde liegen.

Wechselbeziehungen, die sich in geregelte zeitliche Abläufe gliedern lassen (siehe Abbildung 3.15).

Eine positive politische Unterstützung auf der obersten Hierarchieebene der Werte beeinflusst die Beurteilung der Struktur und der Leistungen der demokratischen Institutionen. Umgekehrt wirkt aber, und dies deckt sich mit den Überlegungen Eastons, Lipsets und Almond/Verbas, die gesammelte Perzeption des Outputs des politischen Systems über längere Zeit wieder auf die langsam verlaufende Ausbildung der Wertebene zurück.

Abbildung 3.15: Hierarchien politischer Unterstützung

Normative Prinzipien der Demokratie/Wertmuster
(z.B. Akzeptanz der Idee der Demokratie, Grundrechte)
⇓   ↑
Implementierte Struktur einer Demokratie in einer bestimmten Gesellschaft
(Demokratie als Staatsform)
⇓   ↑
Performanz dieser implementierten Demokratie
(Demokratierealität, z.B. Bewertung der Outputs des politischen Systems)
↑
Nicht-demokratische Kriterien
(Wirtschaftliche Effizienz, sozialstaatliche Leistungen)

Quelle: Fuchs 1996: 7, leicht modifiziert. ⇓ Legitimationsfluss zu einem gegebenen Zeitpunkt T1; ↑ Rückkopplungseffekte mit einer Zeitverschiebung T1+x.

Maßgeblich in diesem Modell ist die Trennung von *Werteebene* (normative Prinzipien der Demokratie), *Strukturebene* (implementierte Struktur einer Demokratie in einer Gesellschaft) und *Performanzebene* (Ausführung dieser implementierten Demokratie auf der Handlungsebene). Diese *Aufteilung* überschneidet sich in größeren Teilen mit der Aufsplitterung der Objekte der politischen Unterstützung nach Easton: der politischen Gemeinschaft, des Regimes und der Autoritäten. Erst mit diesem Modell ist die Werteebene der Demokratie klar zu bestimmen. Dies erweist sich als Vorteil, da in den Überlegungen Eastons gerade die Kategorie der politischen Gemeinschaft Probleme der Messbarkeit und der Interpretation der Messergebnisse erzeugte.

Ein weiterer Vorteil dieser hierarchischen Struktur liegt in der *Herausarbeitung zeitlicher Abläufe.* Durch den Versuch, die Dynamik der politischen Einstellungen zu erfassen, werden Aussagen zur Entstehung politischer Unterstützung möglich. Es handelt sich dabei nicht um einen einseitig ausgerichteten Prozess, die Genese der Einstellungen ist eher als rekursiv zu verstehen. Sie besteht aus Interdependenzen. Beruhen einerseits die langlebigeren Muster der Wertebene und Strukturebene auf sich längerfristig bestätigenden Erfahrungen mit der Demokratieperformanz, so ist auch die Bewertung der Demokratierealität nicht vollständig von existierenden normativen Prinzipien der Demokratie unabhängig.

Die Entstehungsprozesse politischer Einstellungen liegen dabei in einer gewissen zeitlichen Ordnung. Während sich die normativen Prinzipien bereits frühzeitig bilden, d.h. in der Sozialisationsphase, und sich folglich relativ grundsätzlich auf das Bewertungsraster der Staatsbürger auswirken, erfolgt eine Modifikation von struktureller Unterstützung und von sozialisierten demokratischen Werten erst später. Die normativen Überzeugungen können sich erst nach der Erfahrung mit einzelnen politischen Entscheidungen auf der Performanzebene verändern. Zudem besitzt dieser Rückfluss von der Performanz auf die normative Ebene oft nur eine geringe Prägekraft. Eine nachhaltige Veränderung der normativen Prinzipien der Demokratie bei den Bürgern benötigt dementsprechend eine größere Zahl an Rückwirkungen aus der Performanzebene der Demokratie.[62] Sie müssen sich relativ stetig über einen längeren Zeitraum wiederholen.

Gleiches gilt für die Beziehung zwischen der Performanz- und der Strukturebene. Die Performanzebene ist einem Einfluss von zwei Seiten, den grundlegenden Orientierungsmustern der Struktur- und der normativen Ebene einerseits und nicht-demokratischen Kriterien andererseits, unterworfen. Über die demokratische Performanz werden damit nun auch bislang nicht bewusst berücksichtigte Komponenten wie z.B. Beurteilungen der ökonomischen Performanz in das politische Unterstützungsmodell integriert. Dies kann in den Überlegungen Lipsets und Eastons als Problem erkannt werden. Beide verwenden andere Elemente als politische, die zu einer Effektivitätsbeurteilung führen, implizit für die Bestimmung der Effektivität des politischen Systems mit, weisen sie aber nicht explizit aus.

2002 stellt Fuchs die vorerst letzte Variante seiner Weiterentwicklungen des politischen Kulturkonzeptes vor. In dieser Variante differenziert er zwischen den Konstrukten der Einstellungen und den Zielebenen auf der Ebene der politischen Struktur (vgl. Fuchs 2002: 36-37). Fuchs nimmt dabei – wie bereits oben angesprochen – das bei Easton implizit, aber nicht offen genannte Grundmodell der Demokratie nicht nur auf, sondern verwendet es jetzt gezielt als das zu behandelnde Objekt der Analyse. Dabei verweist er auf die Relevanz von demokratietheoretischen Überlegungen. Aufgrund der Konzentration auf die Demokratie erreicht er eine genauere Spezifikation des Untersuchungsobjektes (Demokratie) statt der bisher etwas ungenauen Zuordnung (politisches System).

---

[62] Hier ist es interessant, die zeitlichen Überlegungen mit den Ablaufsequenzen der Legitimitätsproduktion bei Seymour M. Lipset zu vergleichen.

Drei Punkte sind aus seiner Argumentation herauszuheben:

1. die bereits angesprochene klare Trennung zwischen Einstellungskonstrukten und Systemkonstrukten (siehe Abbildung 3.15),
2. die Auseinandersetzung um die kausale Struktur des politischen Unterstützungsmodells, welches den Bezug zwischen dem Einstellungsmodell und der Stabilität des politischen Systems behandelt und
3. die theoretische Debatte um das zugrunde liegende Demokratiekonzept der Analysen.

Beginnen wir mit dem letzten Punkt. Fuchs betont die Relevanz der normativen Entscheidung für ein verwendetes Demokratiekonzept. Er geht davon aus, dass es nicht ein allgemeingültiges Verständniskonzept von Demokratie gibt, sondern mehrere und nennt vier Möglichkeiten: (a) das libertäre, (b) das republikanische, (c) das sozialistische und (d) das liberale Demokratiemodell. Die meisten Untersuchungen der politischen Kulturforschung setzen implizit das liberale Demokratiemodell als Grundversion voraus, dies ist aber nicht unbedingt gerechtfertigt. So lässt sich z.B. für die neuen Demokratien in Osteuropa annehmen, dass in den Köpfen der Bürger auch ein sozialistisches Modell von Demokratie existiert (vgl. Fuchs 2002: 40-43). Ohne weiter auf die einzelnen Modelle einzugehen, bedeutet diese theoretische Überlegung eine erhebliche Erweiterung des Untersuchungsspektrums. Man weiß nicht per se, welchem Demokratiekonzept der befragte Bürger bei der Antwort auf einfache Demokratiefragen folgt. Allerdings kann man durch geschickt gestellte Zusatzfragen, z.B. nach der Zustimmung zur Idee des Sozialismus u.ä. ermitteln, in welche Richtung sein Demokratiebegriff tendiert.

Auch der zweite zentrale Punkt von Fuchs ist ein Ansatz, stärkere Klarheit in die Analysen der politischen Kulturforschung einzubringen. Die seitens der traditionellen politischen Kulturforschung vorgenommene Annahme, dass die Stabilität eines politischen Systems von Einstellungen der Bürger abhängig ist, setzt nach der Meinung von Fuchs eine relativ klar geordnete *kausale Erklärungsstruktur* voraus. Die über die Sozialisation und Internalisierung vermittelten Einstellungen wirken über Prädispositionen auf politisches Handeln, welches in der Folge zur Konsolidierung oder Erosion eines politischen Regimes beiträgt (siehe Fuchs 2002: 32-34). Das politische Regime wirkt durch die Setzung von strukturellen „Constraints" auf das Handeln der Bürger und durch Einflüsse im Erziehungssystem auf die Sozialisation des Einzelnen zurück. Zusätzlich unterliegen die Personen Erfahrungen mit der Alltagsperformanz des Systems und mit den institutionellen Mechanismen. Dieses Modell stellt die Grundlage für Tests des Erklärungsmodells der politischen Kulturforschung dar.

Abbildung 3.16: Einstellungsebenenmodell eines demokratischen Systems

Ebenen	Konstrukte		Systemische Konsequenzen
Kultur	Bindung an demokratische Werte	↔	Persistenz eines demokratischen Systems im eigenen Land
	↓↑		↓↑
Struktur	Unterstützung des demokratischen Regimes im eigenen Land	↔	Persistenz des Typs des demokratischen Regimes im eigenen Land
	↓↑		↓↑
Prozess	Unterstützung politischer Entscheidungsträger	↔	Wieder- und Abwahl politischer Entscheidungsträger

Quelle: Fuchs 2002: 37.

Wichtigster Punkt bei Fuchs bleibt aber weiterhin die eindeutige Bezugsstruktur zwischen Einstellungskonstrukten und systemischen Konsequenzen. Auf diese Weise eröffnet er sich die Möglichkeit, *konkrete Kriterien* für die Einhaltung oder Nichteinhaltung demokratischer Prinzipien zu bestimmen, ein bislang grundsätzliches Problem der politischen Kulturforschung. Das bereits bekannte Drei-Ebenen-Modell (Abbildung 3.16) wird in seine systemischen Bestandteile (systemische Konsequenzen) und seine kulturellen Konstrukte (Konstrukte) sowie ihre Beziehungen untereinander aufgeteilt.

Mit seinem gestuften Vorgehen gelingt Fuchs die *Verbindung der empirisch orientierten politischen Kulturforschung mit den theoretischen Überlegungen der Demokratietheorie.* Er etabliert die politischen Überzeugungen quasi als Spiegelbild der rein systemischen Prozesse des politischen Systems. Trotz der großen Gewinne durch diese Weiterführungen der Modelle von Easton und Lipset bestehen aber auch weiterhin einige kleinere Probleme: So ist die Verwendung der Begriffe Kultur und Struktur als Trennpunkte der vertikalen Ebenen nicht durchgängig überzeugend. Man hätte mit Fug und Recht auch die Spalte der Einstellungen (Konstrukte) mit dem Begriff Kultur und die Spalte der systemischen Konstrukte mit der Bezeichnung Kultur benennen können. Dies hätte aber zweifelsohne zu einer anderen Unklarheit in der objektgebundenen Verwendung der Begriffe geführt, die erst recht vermieden werden sollte. Indes ist die Entscheidung für die Bezeichnungen nicht explizit begründet, was auch dazu führt, dass die Verwendung des Terminus Konstrukt inhaltlich etwas unbefriedigend bleibt.

Nichtsdestoweniger sind die Überlegungen von Fuchs für die Weiterentwicklung des Hauptstranges der politischen Kulturforschung von herausragender Bedeutung. Sie tragen zu einer erheblichen Präzisierung des Forschungsfeldes bei und erweisen sich auch für die in der politischen Kulturforschung angestrebte empirische Analyse der Demokratie als gut handhabbar. Damit wird eine wichtige wissenschaftstheoretische Forderung, die Korrespondenz zur Realität, erfüllt. Zudem ermöglicht die vorgenommene Anbindung an demokratietheoretische Überlegungen Schritte in Richtung der Entwicklung einer stärker theoretisch basierten Demokratieforschung.

Demokratische politische Kultur bei Larry Diamond

In eine ähnliche Richtung, nur mit einer etwas abweichenden Gewichtung der Erklärungskomponenten, gehen die Überlegungen von Larry Diamond.[63] Sie sind angelehnt an die Grundprinzipien Seymour Martin Lipsets und versuchen die Legitimität eines politischen Systems zu erklären. Diamond sieht diese Legitimität ebenfalls als Kernelement der Stabilität des politischen Systems an. Er geht davon aus, dass die Stabilität des demokratischen Regimes ein wichtiges Kennzeichnungsmerkmal der demokratischen Qualität darstellt. Dabei richtet er sein Augenmerk weniger auf die reine Beschreibung der Urteile der Bürger, die das Ausmaß der Legitimität widerspiegeln. Wichtiger ist es ihm, die *komplexen Begründungen von demokratischer Legitimität* herauszuarbeiten (siehe Abbildung 3.16). Dabei erachtet er die Verteilung und Begründung demokratischer Legitimität in der Bevölkerung als bedeutend für die erfolgreiche Transformation von autoritären Systemen in Demokratien und deren Erhalt in der Folge der Transformation.

Diamonds erste Überlegung bezieht sich auf die Problematik des *„benchmarking"*. Er legt sich dahingehend fest, dass ein stabiles demokratisches System nur dann als ein solches bezeichnet werden kann, wenn es eine allgemeine Zustimmung von 70 Prozent und mehr der Bürger auf sich vereinen kann und nicht mehr als 15 Prozent der Bürger zu Gruppen zu zählen sind, die klar erkennbar antidemokratische Neigungen aufweisen. Diese Gruppenverteilungen in der Bevölkerung bilden die Grundlage für eine Einschätzung des möglichen Antisystempotentials und des Anteils der Bevölkerung, die für solche Tendenzen nicht anfällig sind.

So interessant diese Festlegung ist, so wenig zwingend ist es, ihr zu folgen. Es ist ohne weiteres möglich, theoretisch fundiert andere Schwellenwerte als die von Diamond zu definieren. Gleiches gilt empirisch. So lassen sich einige osteuropäische Länder finden, die außerhalb dieser Schwellenwerte liegen, aber noch relativ eindeutig als Demokratien behandelt werden und in entsprechenden Be-

---

[63] Larry Diamond ist auch verantwortlich für die Herausgabe der Zeitschrift „Journal of Democracy", welche sich im internationalen Kontext mit verschiedenen politischen Entwicklungen der Demokratisierung auseinandersetzt.

wertungsrastern der Demokratiemessung auch durchgehend als frei oder als
Demokratie eingestuft werden.

Fazit: Dieses Element in Diamonds Überlegungen ist nur begrenzt weiter-
führend für die Demokratieforschung und auch die politische Kulturforschung zu
erachten. Dennoch verweist es auf ein Grundproblem der Demokratieforschung –
das Bestimmen von inhaltlich plausiblen Schwellenwerten (vgl. Lauth 2003: 45-
48), die es ermöglichen, Demokratien von Nichtdemokratien oder stärker ge-
fährdete von weniger gefährdeten Systemen zu unterscheiden. Etwas anders sieht
es bei dem Versuch einer breiteren Begründbarkeit politischer Legitimität aus.
Bislang konzentrierten sich vorliegende Studien und Überlegungen oft zu stark
auf die Abbildung der politischen Überzeugungen, die demokratische Legitimität
oder Effektivität widerspiegeln. Weniger häufig wurde deren Entstehungsge-
schichte und deren Einbindung in andere politische und soziale Prozesse untersucht. Hier konstruiert Diamond ein – zumindest beachtenswertes – Bild der
Zusammenhangsmuster und Zusammenhangsmöglichkeiten unterschiedlicher
Prozesse und Rahmenbedingungen (Abbildung 3.16). Wie bei Fuchs steht der
Gedanke gewisser kausaler Zusammenhänge und Bestimmungen des Legitimi-
tätsgrades im Zentrum dieser Überlegungen.

Diamond entwickelt ein Pfadmodell der Genese demokratischer Legitimität,
die er mit politischer Unterstützung des demokratischen Regimes gleichsetzt, in
dem sich Legitimität aus unterschiedlichen politischen Einstellungskomplexen
(politisches Institutionenvertrauen, Zufriedenheit mit der Demokratieperformanz,
Zufriedenheit mit der politischen Performanz allgemein), ökonomischen Faktoren (Bewertung der ökonomischen Performanz), Systemfaktoren (Institutionali-
sierungsgrad des Parteiensystems, Repressivität des früheren Systems) und
grundlegenden Werten und Normen herleiten lässt. Besonders hervorzuheben ist
seine Berücksichtigung vergleichender Wertungen der Bürger, einer Denkweise,
die bislang in Erklärungsmodellen nur eine geringe Berücksichtigung fand.

Neben den (im Modell dick umrandeten) bereits im Konzept von Lipset entscheidenden Komponenten der sozioökonomischen Entwicklung sowie der ökonomischen und der politischen Performanz fließen auch die Perzeption der steigenden Freiheiten (siehe auch Welzel 2002) und historisch geprägte Werte in
Diamonds Erklärungsmodell ein. Grob unterteilt er die Erklärungsfaktoren in
historische Bedingungen, gegenwärtiges Regime, Komponenten der Parteienpo-
litik und Effekte der Sozialstruktur. Erst in ihrem komplexen Zusammenspiel
sind sie in der Lage, Erkenntnisse über die Legitimität eines politischen Systems
zuzulassen.

Die Annahmen von Diamond und Fuchs gleichen sich in der Zielsetzung –
der Fassung der Legitimität des demokratischen Systems und in dem Wunsch,
das Objekt der Analyse, wie auch dessen Beziehungen zu anderen Einstellungen,

stärker in den Vordergrund der Forschung zu rücken. Während sich aber Fuchs weit mehr der internen Struktur der Demokratiebewertung zuwendet, richtet Diamond seinen Blick auf die primär ländervergleichende Analyse. Beide Ansätze zeigen die derzeitige Entwicklungsrichtung der politischen Kulturforschung: Sie ist geprägt

1. von einer stärkeren Konzentration auf das Objekt Demokratie;
2. von einer stärkeren Beachtung kausaler Zusammenhänge und der Analyse von Beziehungsmustern; und
3. der Konzentration auf ein vergleichend anwendbares – aber doch komplexes – Instrumentarium zur Erforschung der Bedingungen und Folgen demokratischer politischer Systeme.

Für diese Entwicklungsrichtungen lassen sich einige Ergebnisse anführen, die aufzeigen, dass es sich um einen interessanten Weg zur Klärung verschiedener Probleme der politischen Kulturforschung handelt. So sind z.B. bedeutende Zusammenhänge zwischen der Beurteilung der ökonomischen Situation und der Demokratiezufriedenheit festzustellen. In verschiedenen Studien sind für west- wie auch für osteuropäische Länder Korrelationen in Höhe zwischen Pearsons r=.20 und r=.30 zu errechnen.

Dadurch wird empirisch verdeutlicht, dass die Bewertung der eigenen Demokratie in starkem Umfang an die eigene wirtschaftliche Situation, aber auch die ökonomische Entwicklung des Landes gebunden ist.[64] Diese Form der Beurteilung der Demokratie unterliegt einem deutlich erkennbaren situativen Einfluss. Bei Analysen mit auf die Strukturebene der Demokratie bezogenen Indikatoren fallen die Zusammenhänge auf der Individualebene anders aus. Dort sind die Gewährleistung und Wichtigkeit von Rechten und Freiheiten (vgl. Pickel 2001: 313-322; Pickel 2004) oder andere grundsätzliche Wertindikatoren (wie Einschätzung der Gesellschaft als sozial gerecht) zentral. Die Ergebnisse deuten darauf hin, dass die bei Lipset und Fuchs (2002) festgelegte Aufteilung zwischen Performanz/Effektivität und Prinzipien/Legitimität der Demokratie sehr wohl Bedeutung besitzt.

---

[64] Zur Erfassung von Demokratiezufriedenheit werden üblicherweise Indikatoren, wie „Alles in allem gesehen sind Sie mit der aktuellen Entwicklung der Demokratie zufrieden?" oder „Sind Sie mit der Demokratie, so wie sie in ihrem Land existiert, zufrieden" verwendet. Diese Fragestellungen richten sich aufgrund ihrer Benennung der aktuellen Demokratie in einem Land auf die Performanz der Demokratie. Davon zu unterscheiden ist die Bewertung der Legitimitätsebene, die durch Fragen nach der „Demokratie als bester (oder angemessenster) Regierungsform" bzw. nach der „Idee der Demokratie" erfasst wird (siehe Abbildung 2.1).

Abbildung 3.17: Beziehungsmodell demokratischer Legitimität

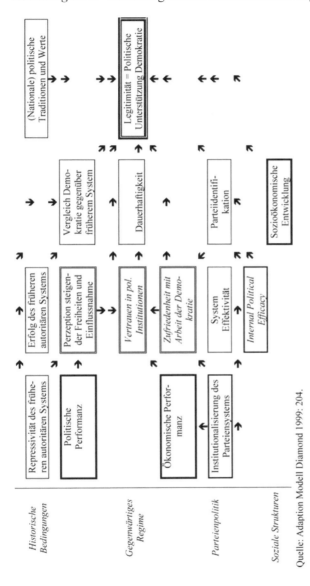

Ein weiteres Ergebnis empirischer Analysen ist erwähnenswert. Sozialstrukturelle Faktoren, und dabei insbesondere die ökonomische Situation des einzelnen Bürgers, besitzen auf der Individualebene nur eine geringe Erklärungskraft für demokratische Legitimität. Da für die Demokratieperformanz – wie bereits angesprochen – aber eindeutig Zusammenhänge zwischen ökonomischen Effektivitätsorientierungen und Demokratiebewertung bestehen, weist dies auf die Notwendigkeit eines subjektiven Vermittlungsprozesses der sozialen Lage im Bewusstsein des Individuums hin. Zudem fließen bei Individuen relationale Bewertungsmechanismen in die Evaluation mit ein. Bewertungen der früheren Systeme, die Betrachtung von politischen Systemen in Nachbarländern und das Bemessen der aktuellen Lage an zuvor entwickelten Erwartungen spielen eine nicht unwesentliche Rolle für die eigene Haltung zur Demokratie.[65]

Alle diese Beziehungen betreffen aber eher den Bereich der Demokratieperformanz. Die Legitimität abbildende positive Evaluation der Prinzipien der Demokratie[66] weisen weitaus stärker Beziehungen zu grundsätzlicheren Orientierungen auf. Dabei spielen die Gewährleistung und der Wunsch nach der Einhaltung von Grundrechten genauso eine Rolle, wie die Frage, ob es im neuen System generell gerecht zugeht. Die aktuelle wirtschaftliche Situation hat für diese Einschätzung fast gar keine Bedeutung (vgl. Pickel 2001: 321). Diese Ergebnisse lassen sich nicht nur in den Transformationsländern, sondern auch in den westlichen Demokratien finden.

---

[65] Gerade für die osteuropäischen Transformationsländer gilt ein negativer Effekt der positiven Bewertung der früheren Systeme, die entweder aus einer Nostalgie, einer rückwärtigen Verklärung des alten Systems oder aber auch der realen Bewertung als besseres System durch den einzelnen Bürger resultieren kann. Negative Zusammenhänge zwischen Sozialismusbewertung und Demokratiezufriedenheit verweisen in verschiedenen Studien (vgl. Fuchs 1996; Pickel 2001) auf eine gewisse Kontraststellung zwischen der Beurteilung zweier Systeme.

[66] Gemessen durch die Zustimmung zu den Statements „Demokratie ist die angemessenste Regierungsform" (Strukturebene) und „Die Idee der Demokratie ist immer gut" (Werteebene).

Memobox 8:
Zentrale Linien neuerer politischer Kulturforschung

* Die neueren Gedanken, die an die traditionelle politische Kulturforschung anschließen, richten sich vor allem auf das Objekt *Demokratie.*
* Sie besitzen einen stärkeren *Hang zur vergleichenden Analyse* und integrieren die ursprünglichen Überlegungen in die vergleichende Demokratieforschung.
* Weniger die Beschreibung, als vielmehr die *Untersuchung der Zusammenhänge und Kausalstrukturen* politischer Überzeugungen wird in den neuen Ansätzen bedeutsam.
* Damit rückt der Gedanke der *Erklärung* gegenüber dem der Deskription stärker in den Vordergrund.
* *Bezüge* zu Gedanken der *Transformationsforschung* und der *Demokratiemessung* werden ersichtlich.
* Das Objekt der politischen Gemeinschaft wird durch die *Wertebene der Demokratie als Erkenntnisziel* abgelöst.
* Das Problem der Definition des Begriffes politische Kultur wird aber auch hier noch nicht definitiv gelöst.
* Zudem zeigt sich für die vergleichende politikwissenschaftliche Forschung die Schwierigkeit, Umkehrpunkte von Entwicklungen (*benchmarks*) festzulegen.

3.6 Karl Rohe – symbolische Elemente der politischen Kultur

Einen weithin beachteten Versuch zusätzliche Deutungsweisen kulturalistischer und historisch geprägter Ansätze mit den traditionellen Überlegungen der politischen Kulturforschung zu einer integrierenden Definition politischer Kultur zu verbinden, unternahm Karl Rohe (1987, 1990, 1994, 1996). Zwei grundsätzliche Annahmen prägen seinen Ansatz. Erstens verweist er auf den *Prozesscharakter politischer Kultur* und distanziert sich von dem seiner Ansicht nach eher statisch angelegten Konzept der politischen Kultur in der Forschungstradition Almond´s und Verbas. „Politische Kultur kann aber sinnvoller Weise nicht nur als vorgegebenes Resultat, sondern muss stets auch als Prozess begriffen werden" (Rohe 1996: 8). Er räumt damit der Dynamik von Kultur eine größere Bedeutung für ihre Analyse ein, als es bislang, in den seiner Meinung nach eher statisch ausgeprägten Konzepten der traditionellen politischen Kulturforschung, der Fall war.

Zweitens führt er den Begriff einer „*politischen Deutungskultur*" (Rohe 1996: 8) ein und stellt ihn neben die Soziokultur.[67] Eine „politische Deutungskultur ist gleichsam eine Kultur der Kultur, eine Metakultur, deren Funktion nicht zuletzt darin besteht, die auf der Ebene der Soziokultur gespeicherten, mehr oder minder unbewussten Denk-, Rede- und Handlungsgewohnheiten zu thematisieren und sie damit selbst dann ihrer gleichsam natürlichen Unschuld zu berauben, wenn eine Deutungskultur sich grundsätzlich affirmativ zu einer Soziokultur verhält" (Rohe 1996: 8). Sie ist für die geistige Überformung der aus vielen Prozessen gewirkten politischen Soziokultur von entscheidender Bedeutung, hilft sie doch soziale Identität auch in Zeiten radikalen Umbruchs zu bewahren (z.B. nationale Identität).

Damit rückt Rohe von der Konzentration der bisherigen politischen Kulturforschung auf die politischen Einstellungen der Bürger als repräsentierende Größe „der politischen Kultur" ab und plädiert für eine Berücksichtigung *symbolischer Elemente* in der Erfassung politischer Kultur in der Tradition Lowell Dittmers (1977). „Es geht deshalb nicht nur darum, die kulturelle Dimension des Politischen umfassender zu konzeptionalisieren als bislang, sondern umgekehrt auch darum, die politischen Dimensionen der allgemeinen Kultur systematischer in den Blick zu nehmen als das bislang der Fall war" (Rohe 1996: 10). Dabei liegt ein zentrales Augenmerk auf der *wechselseitigen Einflussnahme von politischer und kultureller Sphäre* und dem Stellenwert, welcher der Politik in der Kultur eingeräumt wird.

Die Deutungskultur steht in einem korrespondierenden Verhältnis zu politischen *Soziokulturen*, welche als „kollektives Ergebnis von Prozessen, an denen viele mitgewirkt haben" (Rohe 1996: 9) zu verstehen sind. Historische, strukturelle und politische Entwicklungen und Entscheidungen sind für sie konstitutiv. In den Soziokulturen sind auch die Gedanken der bislang vorherrschenden klassischen politischen Kulturforschung zu integrieren. Politische Deutungskulturen wirken sich durch ihre geistige Überformung der objektiven Prozesse des Lebens auch auf die Soziokulturen einzelner Gesellschaften aus, sind aber umgekehrt auch von ihnen als Handlungsrahmen abhängig.

Ausgehend von dieser Erweiterung des Bezugsgebiets politischer Kultur gegenüber dem – von Rohe als nur ungenügend breit klassifizierten – Ansatz von Almond/Verba (1963), plädiert Rohe für eine Ausweitung des politischen Kulturkonzeptes. Er sieht die politische Kultur als für jeweils „eine soziale Gruppe maßgebende Grundannahmen über die politische Welt und damit verknüpfte operative Ideen", die einen „mit Sinnbezügen gefüllten politischen Denk-, Handlungs- und Diskursrahmen" darstellen (Rohe 1996: 1). Innerhalb dieser Rahmen-

---

[67]   Schwelling (2001a: 21-24) bezieht die Soziokultur auf die Ebene des politischen Denkens und die Deutungskultur auf die Ebene der politischen Mentalität.

bedingungen spielt sich dann das Verhalten, Handeln und Denken aller politischen Akteure ab. Dabei wird davon ausgegangen, dass „Einstellungen *und* Verhaltensmuster" (Rohe 1990: 326) politische Kultur konstituieren.[68]
Entsprechend ist der durch die bisherige politische Kulturforschung gemessene Einstellungswandel nicht gleichbedeutend mit einem Kulturwandel, da die historische Verankerung der Kultur in der Tat eine stärkere Langlebigkeit voraussetzt, als diese bei Einstellungen und auch Wertorientierungen der Bürger zu vermuten sind. Diese Langlebigkeit wird aber bei der Fassung der politischen Kultur über Einstellungen unterschätzt, da die *geronnenen Regelhaftigkeiten der Gewohnheitsebene* überwiegend ausgeblendet werden. Gerade die konstanteren, kulturellen Verpflichtungen des Individuums werden zugunsten oft weit kurzlebiger Prozesse unangemessen vernachlässigt und führen zu einem „*verengten" Kulturbegriff* in der klassischen Forschung (vgl. Rohe 1990: 331).
Eher als in den traditionellen Ansätzen ist davon auszugehen, dass politische Kultur einen subjektiven und objektiven Doppelcharakter besitzt. „Denn (politische) Kultur ist stets innerlich und äußerlich, ist *objektiv und subjektiv"* (Rohe 1990: 337). Sie muss gleichzeitig ein Ideensystem, ein Zeichensystem und Symbolsystem integrieren können (vgl. Rohe 1996: 7). Ein Beispiel hierfür ist das Bestehen von *symbolischer Politik*, welches sich über entsprechende Handlungen der Eliten, wie über nationale Symbole (Flaggen, Hymnen) und andere Identifikationsmuster abbilden und erfassen lässt.
Am besten ist politische Kultur über politische und gesellschaftliche *Ordnungskonzepte* zu erschließen (vgl. Rohe 1996: 2-3). Diese besitzen die geforderte historische Verankerung und berücksichtigen nicht nur das Hier und Jetzt, sondern auch die Konzeptionen der Soziokultur in der Vergangenheit, welche die soziale und politische Entwicklung bestimmt. Ohne die Berücksichtigung dieser Prozesse sind politische Kulturen nach der Ansicht Rohes nicht zu verstehen.
Eine weitere offensichtliche Abgrenzung gegenüber dem klassischen politischen Kulturansatz liegt in der verwendeten *empirischen Basis und Vorgehensweise*. Beruhen die Einschätzungen der traditionellen politischen Kulturansätze durchweg auf aggregierten Befragungsdaten und Abbildungen von Einstellungen und Wertorientierungen in der Bevölkerung, so erscheint Rohe ein solches Vorgehen für die Beschreibung einer politischen Kultur unzureichend. Politische Kultur muss seiner Ansicht nach über verschiedene Datenquellen erhoben werden. Neben der Auswertung von Umfragedaten – die er nicht per se ablehnt – sind dies die Beobachtung von politischem Verhalten der Staatsbürger und die

---

[68]   Hier setzt sich Rohe ab (a) von einem stark an Handlungen orientierten Bild, wie es Peter Reichel 1980, 1981 vorgestellt hat, und (b) dem klassischen Ansatz der politischen Kulturforschung, der eigentlich die Einstellungen und nicht das Verhalten als konstitutives Element bestimmt.

Analyse von politischer Sprache und politischen Symbolen. Zwar sind auch diese Erhebungsformen nur indirekt, sie besitzen aber den Vorteil, „Studien am lebenden Objekt" (Rohe 1996: 3) zu behandeln. Sie geben nun die Chance den „gesellschaftlichen Charakter von politischer Kultur" (Rohe 1996: 4) aufzuspüren und weg von der zu starken Individualorientierung der Umfrageforschung hin zu einem Einbezug des sozialen Verpflichtungscharakters von politischer Kultur zu kommen. So liegt ein Problem in der Erfassung politischer Kultur durch die Umfrageforschung darin begründet, dass der „harte Kern von politischer Kultur aus Selbstverständlichkeiten besteht, die dem Einzelnen oft gar nicht bewusst sind" (Rohe 1996: 4). Diese können aber über ein Verfahren wie die Befragung, welche ja Bewusstheit der entsprechenden Überzeugungen voraussetzt, gar nicht erfasst werden.

Damit will Rohe nicht den Nutzen der Erfassung politischer Orientierungen für die Bestimmung einer politischen Kultur schmälern, sieht er doch weiterhin das Individuum im Zentrum der Ermittelung einer politischen Kultur. Dies wird deutlich, wenn Rohe Vorschläge zu einer Modifikation des Orientierungskonzeptes unterbreitet. Er verortet die affektiven Orientierungen auf einer anderen Ebene als die – auch von ihm akzeptierten – evaluativen und kognitiven Beurteilungen. Entsprechend würde Rohe zugunsten einer *ästhetischen Unterdimension* unterhalb der evaluativen politischen Orientierungen gerne auf die Dimension affektiver Orientierungen verzichten. Er plädiert für eine Hinwendung zur Untersuchung der „Doppelheit von Inhalt und Ausdruck" (Rohe 1990: 338) gegenüber dem Einbezug einer an die individuellen Einstellungen gebundenen affektiven Komponente, die intentional nur ungenügend zu bestimmen ist.

Rohe stellt noch einen weiteren wichtigen Punkt heraus, den er in den bislang vorliegenden Ansätzen als zu wenig berücksichtigt ansieht. War die Sicht auf politische Kultur bislang davon geprägt, dass sie „als Produkt und Resultat kollektiver historischer Prozesse bereits vorliegt", vertritt Rohe demgegenüber eine erweiterte Überzeugung: „politische Kultur kann aber sinnvoller Weise nicht nur als vorgefundenes Resultat, sondern muss stets auch als *Prozess* begriffen werden". (Rohe 1996: 8). Damit ist die politische Kultur aber nicht nur etwas passiv aus der Vergangenheit produziertes, sondern sie wird etwas dynamisches, das wiederum verändernd auf die politische Struktur einwirkt und politisches Handeln erfordert.

Entsprechend dieser Gedanken muss die politisch-kulturelle *Praxis*, das Alltagsleben stärker in der Analyse politischer Kulturen berücksichtigt werden. Für die konkrete Analyse empfiehlt er dann die bereits angesprochene Trennung in die politische Deutungskultur und die Soziokultur (vgl. Rohe 1986).

Die Aktivitäten auf der Ebene der politischen Struktur, also das Verhalten der Akteure auf der *Policy-Ebene, stehen dabei in gewisser Abhängigkeit von der soziokulturellen Verankerung* der Deutungskultur. So sind „die von der Politik vorgefundenen sozial-kulturellen Gegebenheiten und Verhältnisse zwar politisch gestaltbar", sie können aber nicht beliebig gestaltet oder geformt werden. Faktisch muss die handelnde Politik immer Rücksicht auf die vorherrschende politische und gesellschaftliche Kultur nehmen (vgl. Rohe 1996: 11).

Aufgrund der unterschiedlichen Funktion, die nun die politische Kultur für das politische Leben besitzt, schlägt Rohe (1996: 12) eine Unterscheidung in *handlungsnormierende* und *organisations-legitimierende* Kulturen vor. Ist Erstere als regulierende Instanz für das Verhältnis zwischen Akteuren anzusehen (es impliziert dabei formale wie auch informelle Strukturbeziehungen), dient die zweite Kulturform (organisationslegitimierend) als Legitimationsspender für das politische System und nähert sich stark dem klassischen politischen Kulturansatz an. Je nach dem bestehenden Typus einer politischen Kultur greifen nun andere Methoden und Instrumentarien bei ihrer Beschreibung, was noch zusätzlich dadurch verkomplizert wird, dass beide Formen auf verschiedenen Ebenen eines politischen Systems (regionale und lokale Ebenen) ausgerichtet sein können.

Politische Kulturforschung ist Rohes Ansicht nach besonders dann virulent, wenn *politische Krisenzeiten* anstehen. Treten die politischen Weltbilder sonst in den quasi „selbstverständlichen" Hintergrund des politischen Lebens, werden sie beim Kampf um eine neue politische Ordnung oft reaktiviert oder treten in Konkurrenz zu anderen Weltanschauungen. Gerade deswegen kommt der politischen Kulturforschung auch in Transformationszeiten eine besondere Bedeutung zu, finden doch mannigfaltige Veränderungen im politischen System statt. Somit bieten sich politische Kulturkonzepte als Forschungsinteressen für den Übergang von autoritären zu demokratischen Systemen nicht nur an, sie sind sogar unerlässlich, um Aussagen über die Tragfähigkeit und Stabilität der neuen Regime treffen zu können. Damit ist der Ansatz von Rohe ein expliziter politischer Kulturansatz, der die (aus seiner Sicht unberechtigten) Reduktionsversuche der traditionellen politischen Kulturforschung ablehnt.

Zweifelsohne erweitert der Ansatz von Rohe den Spielraum des Konzeptes der politischen Kultur um etliche interessante Aspekte, berücksichtigt er doch die *Handlung*sebene, versucht übergreifende kulturelle Muster und *Symbole* zu integrieren und fügt eine *dynamische Sichtweise* zum Denken über politische Kultur hinzu. Doch auch die von Rohe vorgeschlagene Definition politischer Kultur unterliegt einigen *Problemen*. Erstens sind seine Zielgrößen nicht durchweg klar definiert, und die Operationalisierung von politischer Kultur für die empirische Analyse kann als noch weniger präzise angesehen werden als in den ursprünglichen Gedanken Almonds und Verbas. Rohe gibt selbst zu, dass „das Verständnis von politischer Kultur, wie es hier entwickelt wurde, sehr breit ist" (Rohe 1996: 14). Damit unterliegt es aber der Gefahr eines „conceptual stretching". Zwar soll diesem Problem durch eine bewusste Ausweitung des Kulturbegriffes ausgewichen werden, zur Präzision des empirischen Analyseziels „politische Kultur" trägt dieses Vorgehen indes nicht unbedingt bei.

Zudem sind in der empirischen Arbeit mit dem geschilderten Konzept methodische Umsetzungsprobleme der Erfassung einer politischen Deutungskultur nicht auszuschließen. Bislang fehlen noch konkrete und insbesondere für die vergleichende Politikwissenschaft fruchtbare empirische Versuche, welche auf das von Rohe vorgeschlagene Konzept zurückgreifen. Entsprechend ist eine eindeutige Bewertung der empirischen Umsetzbarkeit und Zielgenauigkeit des Ansatzes derzeit noch nicht möglich.

Als weiteres Problem erweist sich möglicherweise die Integration der Beobachtung von Verhalten – ein Bereich, der in den traditionellen Konzepten der politischen Kulturforschung explizit aus dem Untersuchungsdesign ausgeschlossen wird. Im klassischen politischen Kulturansatz ist Verhalten und Handeln nur eine Folge der politischen Kultur und der Einstellungen im Kollektiv. Mit dem Einbezug von Verhalten in die Analyse wird nicht nur eine extreme Verbreiterung des Ansatzes in die Wege geleitet, sondern auch davon ausgegangen, dass man als Forscher in der Lage ist, die beobachteten Verhaltensweisen richtig zu deuten. Dies erscheint aber mindestens ebenso problematisch und für Fehler anfällig wie die Schwierigkeiten der Umfrageforschung, die wahren Bestimmungsgründe von Individuen zu erfassen. Im Gegenteil verleitet die notwendige Selektion der Beobachtungsfälle zu Überinterpretationen einzelner, singulärer Ereignisse und verhindert die Erkundung struktureller Gründe und Bedingungen für verschiedene Formen politischer Kultur und Kulturen.

Deutsche Rezeption

Die Überlegungen Karl Rohes finden mittlerweile verstärkt in den Arbeiten einiger jüngerer deutscher Wissenschaftler Widerhall (vgl. Pesch 2000; Schwelling 2001a 2001b; Langenohl 2000). Einige ergänzende Argumente aus diesen Arbeiten sollen im Folgenden zumindest kursorisch angesprochen werden, da sie einen Einblick in die Weiterführung dieser Diskussion, vor allem auf dem kulturwissenschaftlichen Sektor reflektieren. So wurde jüngst (vgl. Schwelling 2001a, 2001b) an den bereits in den 1950er Jahren thematisierten Gedanken bestimmter Muster (*patterns*) von Kulturen angeknüpft (vgl. Benedict 1955). In diesem Konzept wird dem angemahnten *umfassenden Verständnis des Begriffs „Kultur"* Rechnung getragen. Durch den Einbezug fast aller Komponenten des Alltages (Symbole und Einstellungen, aber auch Handlungen[69]) erscheint es Ruth Bene-

---

[69] Man bedenke an dieser Stelle, dass Handeln und Verhalten im klassischen politischen Kulturkonzept nicht beinhaltet und nur als Ausdruck der politischen Kultur aufzufinden sind.

dict möglich, typische Muster und Konfigurationen von Kulturen zu ermitteln, die letztendlich erst eine Unterscheidung zwischen ihnen ermöglichen (vgl. Schwelling 2001b: 614).

Neben dem Einbezug weiterer Elemente in die Definition einer realen politischen Kultur in der Realität sind für sie vor allem die *Konfigurationen*, die sich aus Zusammenhängen und Beziehungen zwischen den klassifikatorischen Elementen ergeben, für eine Bestimmung der politischen Kulturen zu betrachten. Das „ganzheitliche" Kulturkonzept von Benedict soll dementsprechend die Ebenen überschreiten und somit der Problematik der Beziehung zwischen Mikroebene (Individuen) und Makroebene (Länder und Kulturen) entgehen.

Schwelling (2001b: 617) kommt bezüglich der Verwendbarkeit dieser Gedanken für die Politikwissenschaft zu dem Schluss, „dass sich ein in der Politikwissenschaft verwendeter Kulturbegriff nur in der Ausrichtung auf eine spezifische Bezugsgröße, nicht aber in der Begrifflichkeit selbst, unterscheiden kann. [...] Politische Kulturforschung im hier vertretenen Sinn interessiert sich demzufolge für die kulturellen Grundlagen politisch relevanter Phänomene" (Schwelling 2001b: 617). Damit ergibt sich die Möglichkeit an Gedankengänge der Phänomenologie (vgl. Schütz 1971) anzuknüpfen und eine breitere Orientierung am Begriff der Lebenswelt zu entfalten. Zentral für diese soziologische Theorie sind die Zugänge zu Wissen, Wissensrepräsentation und gesellschaftlich vermittelten Wissensvorräten in der Alltagswelt. Anschlussfähig an diese Forschungsrichtung ist insbesondere der Aspekt der *Ganzheitlichkeit individuellen Denkens und Handelns*, wie es in konstruktivistischen Ansätzen der Anthropologie oder der Soziologie betont wird. Ausgangspunkt ist die Sicht des Einzelnen auf die Gesellschaft und die Konstruktion der Wirklichkeit durch die daran Beteiligten (vgl. Berger/Luckmann 1980).

Um solchen Ansätzen zu folgen, ist eine weitere Differenzierung vonnöten. Schwelling (2001a: 22) plädiert an anderer Stelle für eine differenziertere Fassung der Begrifflichkeit von Einstellungen und Vorstellungen. Letztere sind auf der Ebene der *politischen Mentalität* zu verorten, während Erstere dem *politischen Denken* zuzurechnen sind. Diese Trennung eröffnet die Möglichkeit, Lebenswelt und Alltagsleben der Individuen über deren politische Mentalitäten aus dem Kontext heraus zu verselbständigen und als eigenen Faktor politischer Kultur zu bestimmen.

Neben dieser an die Lebensweltanalyse angekoppelten Deutungsart, die aber stark auf die Gedanken Karl Rohes zurückgreift, ist eine weitere kulturwissenschaftliche Zugangsweise kurz zu erwähnen. Sie ist verbunden mit der Diskussion um eine „kollektive Erinnerung" (vgl. Halbwachs 1967; Assmann 1999) in Bevölkerungen und führt weg von einer gesammelten Sicht der Individuen hin zu einem kollektiven Bestand an Erinnerung. Vor allem die soziale Teilhabe und gemeinsame Riten und Symbole sind für die Pflege der kollektiven Erinnerung bedeutsam. Für die politische Kulturforschung wurde dieser Ansatz jüngst von Andreas Langenohl (2000) zur Erklärung politischer Kollektivität in Russland eingesetzt.

Ein letzter zu nennender Versuch ist die Verbindung von Elementen der Handlungstheorie mit Gedanken der politischen Kulturforschung, wie sie Volker Pesch (2000) in der Tradition von Charles Taylor (2001) vorschlägt. Er verweist auf die hohe Bedeutung von Intentionalität im Handeln, die bislang in der politischen Kulturforschung unberücksichtigt bleibt. Insbesondere die Aussparung handlungstheoretischer Überlegungen und anthropologischer Denkweisen erscheint ihm als ein Hauptmanko der klassischen politischen Kulturforschung (vgl. Pesch 2000: 167-169). Wenig befriedigend ist dabei für empirisch arbeitende Forscher der Hinweis, „dass der Prozess der Konstruktion politischer und sozialer Wirklichkeiten von so hoher Komplexität ist, dass jeder Versuch, Ursachen und Determinanten konkreten menschlichen Handelns allgemein-theoretisch zu rekonstruieren, misslingen wird" (Pesch 2000: 167). Die empirisch-hermeneutische Reflexion kollektiver symbolischer Selbstinterpretationen scheint dabei auch nach Ansicht von Pesch (2000: 171) als verwendbare Methode unbefriedigend, um den Begründungszusammenhängen politischer Kultur auf die Spur zu kommen.

Damit ist ein wesentlicher Grund für die bislang geringe Reaktion auf diese Erweiterungen angesprochen – ihre schwierige empirische Umsetzbarkeit. Keine der vorliegenden Überlegungen kann das bereits bei Rohe bestehende Problem der Operationalisierung ihrer theoretischen Modelle umgehen. Zwar erfolgen verschiedenen Stellen Übergänge zu Verfahren der qualitativen Sozialforschung (narrative Interviews, Beobachtungsverfahren bzw. Diskursanalyse (vgl. zusammenfassend Keller 2004)), diese scheinen aber noch weniger als die auf eine große Zahl an Personen bezogene Umfrageforschung geeignet, politische Kulturen (die sich ja vorwiegend auf Nationen und größere Regionen beziehen) hinreichend abzubilden.

Ein Argument für einen eher kritischen Blick auf die gerade präsentierten Ansätze ist die Feststellung, dass bislang kaum detaillierte empirische Analysen vorgelegt wurden, die einen wirklichen übergreifenden Erklärungscharakter politischer Kulturen aufweisen. So konzentrieren sich die meisten alternativ zur traditionellen politischen Kulturforschung durchgeführten Untersuchungen dann überwiegend auf einzelne historische oder qualitative Zugänge und damit wiederum auf partikulare Untersuchungsformen. Möglicherweise ist diese Entwicklung ja auch ein einfacher, aber schlagkräftiger Beleg für die methodischen und praktischen Schwierigkeiten, einer Verbindung der unterschiedlichen Ansätze entlehnen.[70] Vielleicht *muss* die Sichtweise dieser Form der politischen Kulturforschung ja auch notwendigerweise auf kleinere Einheiten beschränkt bleiben. Grundsätzlich ist die Sichtweise rein phänomenologischer Ansätze mikrobasiert, da sie die Orientierungen des Individuums ins Zentrum der Untersuchung rückt. Es ist und bleibt schwierig Aussagen dieser Art für größere Kollektive – egal ob Aussagen über die Gesellschaft selbst oder über politische Prozesse – zu verallgemeinern, zumindest schwieriger als die Verallgemeinerung mit den bereits vom Konzept her auf Kollektivaussagen angelegten repräsentativen Umfragen.

Zudem ist es weiterhin als problematisch anzusehen, individuelle Lebensweltkonstruktionen für Forscher wirklich aufzubrechen, da objektive Prüfungen auch bei dieser Vorgehensweise überwiegend ausgeschlossen bleiben und ein hoher Grad an subjektiver Interpretation erforderlich ist. Somit stellt sich nicht nur das Verallgemeinerungsproblem, sondern auch das Objektivitätsproblem für diese Art und Weise der politischen Kulturforschung. Eventuell können aber zukünftig bei diesen praktischen Problemen Fortschritte erzielt werden. Sicherlich wäre dies aufgrund der größeren Spannbreite der erfassten Indikatoren einer politischen Kultur wünschenswert. Momentan zumindest stehen konkrete empirische Untersuchungen und eine Feuerprobe dieser Ansätze, die über Einzelfallanalysen hinausgehen, noch aus.

---

[70] So ist es teilweise aufgrund des hohen Aufwandes verständlich, dass in einzelnen – zeitlich und finanziell limitierten – Untersuchungen solche Konzentrationen vorgenommen werden. Um eine gewisse Qualität der einen oder anderen Methode zu erreichen, ist es manchmal geboten, sich einem ausgewählten Analysevorgehen stärker zu verschreiben als einem anderen Vorgehen. Dies äußert sich dann in den Spezialisierungsgraden der individuellen Forscher.

Memobox 9:
Politische Kultur nach Karl Rohe

---

* Ausgangspunkt für Rohe ist die Suche nach *politischen Ordnungskonzepten*, die über die Einstellungsforschung des klassischen politischen Kulturansatzes hinausgehen und symbolische Elemente berücksichtigen.
* Dies impliziert auch eine stärkere Rückbindung an historische Ereignisse und Entwicklungsverläufe: „Fruchtbarkeit und Reiz einer politisch-kulturellen Analyse liegen (dabei) nicht zuletzt in dem Versuch, die *historische Dimension* als eine kontrollierte systematische Variable in die sozialwissenschaftliche Analyse einzubringen" (Rohe 1996: 3).
* Dabei unterteilt er politische Kultur in eine *Deutungskultur* und eine *Soziokultur*, die beide nebeneinander existieren, aber wiederum aufeinander bezogen sind.
* Politische Kultur muss die Praxis des politischen Lebens berücksichtigen und als *Prozess*, nicht statischer Strukturzusammenhang, auf der geistigen Ebene verstanden werden.
* Politische Kultur besitzt *subjektiven und objektiven* Doppelcharakter im Sinne eines gleichzeitigen Ideen- und Symbolsystems.
* Die *empirische Umfrageforschung* reicht – nach Ansicht Rohes – für die Erfassung von politischer Kultur nicht aus und verengt aufgrund ihres Zuschnittes die Analyse politischer Kultur auf quantitativ-empirisch erfassbare Phänomene.
* Insgesamt ist der klassische politische Kulturansatz als erheblich zu undifferenziert zu betrachten, da insbesondere der *Kulturbegriff unzulässig verengt* wird.
* Eigene *empirische Umsetzungen* des von Rohe vorgeschlagenen Alternativkonzeptes bestehen derzeit *nur* hinsichtlich *selektiver* Zielobjekte. Es ist fraglich, ob das Konzept für Kollektive überhaupt operationalisierbar ist und insbesondere für die vergleichende Forschung eingesetzt werden kann.

3.7 Spezielle Konzepte der politischen Kulturforschung

Neben den bereits vorgestellten Zugängen zur politischen Kulturforschung finden sich über die Erweiterung der Ansätze von Lipset und Easton hinaus, analytische Konzepte und empirische Untersuchungen, die eine international vergleichende Analyse politischer Kulturen anstreben. Besonders hervorzuheben sind zwei Konzeptionen: Da ist zuerst der Ansatz des Wertewandels von Ronald Inglehart (1971) zu nennen. Dieser Ansatz ist auf die Aggregatebene ausgerichtet und versucht – ganz im Sinne Almond/Verbas – den Wandel politischer Wertorientierungen in seiner Bedeutung für den sozialen und politischen Prozess zu begreifen und empirisch zu analysieren. Weniger die Analyse von Individualdaten und ihren Zusammenhängen als vielmehr die Analyse der Aggregatzustände, also der durchschnittlichen Zustimmungswerte zu Indikatoren im Ländervergleich, steht im Zentrum der Untersuchungen von Ronald Inglehart.[71] Der zweite Zugang ist der „Social Capital"-Ansatz von Robert Putnam. Er setzt seinen Schwerpunkt nicht in der empirisch breiten Untersuchung vieler Länder, sondern in einer stärker theoretisch angelegten Konzeption, die sich im Zusammenspiel von politischer Kultur und politischer Partizipation im Konzept des „Civic Engagement" widerspiegelt.

3.7.1 Ronald Inglehart – Wertewandel

Die Wertewandelstheorie von Ronald Inglehart ist sicher eine der mit am meisten beschriebenen und diskutierten theoretischen Ansätze der Kulturforschung überhaupt, umfasst der Geltungsbereich des mit Aufsätzen zur *"silent revolution"* (1971, 1979) in den 1970er Jahren in die Sozialwissenschaften eingeführten Ansatzes doch nichts weniger als die Formulierung einer allgemeinen Theorie zur Erklärung gesellschaftlichen Verhaltens durch gesellschaftliche Wertorientierungen und die Beschreibung ihres *grundlegenden Wandels*. Wurde in der Grundkonzeption noch der Wandel von materialistischen zu postmaterialistischen Werten nachgegangen, so sieht Inglehart in neueren Publikationen (vgl. Inglehart 1998) diesen Wandel in einen umfassenderen und globaleren kulturellen Wandel eingebunden: „The shift toward Materialist/Postmaterialist values is only one component of a much broader cultural shift" (Inglehart 1997: 4). Diese „stille Revolution" von materialistischen hin zu postmaterialistischen Wertorientierungen stellt allgemeine Orientierungsmuster in den Vordergrund der Analy-

---

[71]   Dies drückt sich auch in dem Bestreben Ronald Ingleharts aus, die von ihm initiierten Erhebungen des World Values Surveys kontinuierlich um weitere Befragungsländer zu erweitern.

sen und versucht weniger konkrete *politische* Kulturen zu identifizieren. Die herrschenden *politischen* Kulturen sind eher eine Folge der Verteilungen der Wertorientierungen über unterschiedliche Gebiete und Regionen. Die Wertewandelstheorie sieht die politischen Einstellungen als nur einen Bereich des Lebens an, der von den grundsätzlichen Wertorientierungen Materialismus und Postmaterialismus beeinflusst wird. Genauso betroffen sind Familienwerte, Arbeits- und Berufsauffassungen und Einstellungen zu Umwelt und Religion.[72]

Aufgrund des umfassenden Geltungsbereichs und des enormen empirischen Materials ist eine Darstellung des gesamten Ansatzes nicht möglich. Entsprechend beziehen wir uns an dieser Stelle auf die Grundprämissen und die für die politische Kulturforschung relevanten Aussagen. Auf jeden Fall ist dazu ein kurzer Einblick in das Denkgerüst der Wertewandelstheorie notwendig. Verschiedene, relativ klar zu fassende Prämissen leiten Ingleharts Denken:

1. Inglehart geht davon aus, dass *Wertorientierungen für individuelles Verhalten eine Bedeutung* besitzen. Entsprechend sieht er den Wandel der Einstellungen nicht auf diese beschränkt, sondern geht von einer Manifestation in bestimmten Verhaltensformen der Bürger aus. Dazu kann er auf die empirische Evidenz einer wachsenden politischen Partizipation, die auch als partizipatorische Revolution bezeichnet wird (vgl. Kaase 1981), verweisen. Jüngere gut ausgebildete Bürger tendieren mehr und mehr dazu intensiver und insbesondere stärker in unkonventioneller art und Weise am politischen Leben zu partizipieren (vgl. Marsh 1990).

2. Inglehart stellt zudem in seinem Konzept den *Einfluss der Kultur vor den Einfluss der Struktur.* D.h. kulturelle Prozesse, wie eben der Wandel der Orientierungen von materialistischen zu postmaterialistischen, Werten erfordern Reaktionen der Institutionen (im soziologischen wie auch im politischen Sinne). Nicht die Institutionen und Eliten geben die Richtlinien des Denkens an und die Bürger folgen ihnen, sondern der umgekehrte Prozess ist entscheidend. Bestes Beispiel ist die Etablierung der Grünen als Partei, die gerade postmaterialistische Themen, wie Umweltschutz und Frieden, vertreten. Sie haben ihre Institutionalisierung als Partei erst erzwingen müssen, obwohl bereits weit im Vorfeld die entsprechenden Wertorientierungen in der Bevölkerung eine immer größere Ausbreitung nahmen.

3. Inglehart differenziert zwischen zwei übergeordneten Wertorientierungsmustern, die auf einer Dimension angesiedelt sind: dem *Materialismus,* der

---

[72]   Darauf deuten auch die verschiedenen Fragekomplexe in den World Values Surveys hin die neben politischen Einstellungen Fragen zu religiösen Orientierungen, Familienwerten und Berufsorientierungen beinhalten.

die traditionellen Werte beinhaltet und den *Postmaterialismus*, der die neu-
en, an Selbstentfaltung orientierten Werte verkörpert.

4. Diese Wertorientierungen befinden sich im Rahmen der Modernisierung der
    meisten Gesellschaften in einem Austauschprozess von einer mehr materia-
    listisch geprägten hin zu einer postmaterialistisch geprägten Bevölkerung –
    also einfach gesprochen: *vom Materialismus zum Postmaterialismus*. Es
    handelt sich also um einen *Prozess* mit einer eindeutigen Zielrichtung, dem
    Postmaterialismus. Der Postmaterialismus wird dabei als Konsequenz der
    erweiterten Moderne und damit als Folge der voranschreitenden Moderni-
    sierung angesehen, die sich wiederum in steigendem Wohlstand ausdrückt
    (vgl. Inglehart 1997: 142-143, 1997, 1979).[73]

5. Zwei weitere Kernthesen begründen den Wertewandel Die erste ist die
    Mangelhypothese, welche davon ausgeht, dass das Individuum Bedürfnisse
    besitzt, die sich aus der Reflexion der Umwelt und seiner sozioökonomi-
    schen Position ergeben. Der Einzelne schätzt die Güter subjektiv am höchs-
    ten ein, die für ihn im Verhältnis zu anderen knapp sind. Aus diesem Den-
    ken heraus entsteht eine Hierarchie der Bedürfnisse, die das Individuum zu
    befriedigen versucht.[74] Durch das Aufkommen eines stetig steigenden
    Wohlstandes in den Industriegesellschaften verschiebt sich das Interesse der
    Individuen von der Befriedigung rein am Überleben orientierter Bedürfnisse
    hin zu den nichtmateriellen Bedürfnissen der Selbstentfaltung und Selbst-
    verwirklichung. Diese fasst Inglehart in seinem Verständnis von Postmate-
    rialismus, während Materialismus die Überlebensbedürfnisse materieller
    Prägung abbilden.

6. Die zweite wichtige Grundannahme ist die *Sozialisationshypothese*. Nach
    Meinung von Inglehart findet zwischen der sozioökonomischen Umwelt
    und dem Individuum inklusive seiner Wertstruktur kein direkter und unmit-
    telbarer Anpassungsprozess statt. Zwischen Adaption und Ausbildung der
    Werte als Reaktion auf soziale Veränderungen schiebt sich eine Verzöge-
    rungsphase. Für diese zeitliche Diskrepanz zwischen Aufnahme der Wert-
    elemente und Konstruktion des individuellen Wertegefüges sorgt die Verin-
    nerlichung der Werte in der Sozialisationsphase des Individuums[75], in den

---

[73] Dies bringt Inglehart (1997) in seinem Buch „Modernization and Postmodernization" relativ
      deutlich zum Ausdruck, wobei er auf einen Entwicklungsprozess „nach" der Moderne blickt.
[74] Hier lehnt sich Inglehart an das Konzept von Abraham Maslow an, der eine Hierarchisierung
      der Bedürfnisse vertritt (vgl. Inglehart 1997: 143).
[75] Diese liegt nach neueren Ergebnissen der Jugendforschung mittlerweile ca. zwischen 13 und
      29 Jahren.

formativen Jahren[76] und einer darauf folgenden hohen Persistenz dieser Werte über den restlichen Verlauf des Lebens.

7. Damit wird ein weiterer Punkt angesprochen, die Stabilität der einmal sozialisierten Werte. Die *Wertepersistenz* führt dazu, dass es erst durch den Generationenaustausch zu einem Wandel der Werte kommt. In neueren Publikationen (1990, 1997) gibt Inglehart dabei zu, dass biographische Prozesse als auch Periodeneffekte nicht auszuschließen sind. Er hält allerdings daran fest, dass der Kohorteneffekt – also der Austausch von Werten über Generationen – die weitaus größte Bedeutung unter diesen drei Einflussformen besitzt.[77]

8. Aus dieser letzten These ergibt sich der Schluss, dass es bei steigendem Wohlstand in den Industriegesellschaften zu einem kontinuierlichen Austausch materialistischer Kohorten durch postmaterialistische Kohorten kommen muss. Diese verzögerte Verschiebung der Wertprioritäten spiegelt sich in den Unterschieden zwischen jüngeren und älteren Alterskohorten wider.

Zur Stützung seiner Thesen unternahm Inglehart empirische Untersuchungen mit einer Vielzahl an Ländern, weil er davon ausging, dass deren Gesellschaften unterschiedlichen Modernisierungs- und Wohlstandsgrades auch parallel variierende Grade an Verteilungen von Materialisten und Postmaterialisten beherbergen müssten.[78] Basis seiner Forschungsarbeit waren international vergleichend angelegte Umfragestudien. Inglehart konstruierte als konkretes Erfassungsinstrument eine Operationalisierung von Wertprioritäten, die in ihrer ausführlichen Fassung zwölf Einzelindikatoren beinhaltet, die vier Bedürfnisstrukturen abbilden, welche wiederum den zwei grundlegenden Wertorientierungen (Materialismus und Postmaterialismus) zugeordnet werden können (siehe Abbildung 3.18). Aus diesem breiten Erfassungsinstrument wurde zu Analysezwecken eine Skala herausgenommen, die nur vier Indikatoren einbeziehend und die mittlerweile in

---

[76] Die formativen Jahre werden der politischen Sozialisation werden in der Regel in der Zeit zwischen 16 und 24 Jahren angesiedelt.

[77] Üblicherweise werden drei zeitliche Effektmuster in den Sozialwissenschaften unterschieden: *Periodeneffekte*, die aus direkten Auswirkungen spezifischer Situationen zu einem bestimmten Zeitpunkt resultieren (z.B. Sparsamkeit infolge zusätzlicher Belastungen der Renten); *Kohorteneffekte*, die als Folge der Sozialisation in einer bestimmten Zeit für eine ganze Generation als prägend erachtet werden können (z.B. Sparsamkeit als erlerntes Verhalten infolge des Aufwachsens während der Nachkriegszeit); *Lebenszykluseffekte*, die im Prozess der biographischen Alterung entstehen (z.B. Sparsamkeit als Folge der Verknappung der Ressourcen in der Spätphase des Lebens).

[78] Hiermit werden hauptsächlich die World Values Surveys (WVS) und in Teilen die ersten Eurobarometer-Studien angesprochen.

fast allen vergleichenden Untersuchungen der Umfrageforschung Berücksichtigung findet.[79]

Abbildung 3.18: Operationalisierung von Wertprioritäten nach Inglehart

Typ	Bedürfnisstruktur	Fragestellungsitems
PMat	ästhetische und intellektuelle soziale Bedürfnisse	*Schutz der freien Meinungsäußerung*
		Fortschritt auf eine Gesellschaft hin, in der Ideen mehr zählen als Geld
		Versuch unsere Städte und ländlichen Gebiete zu verschönern
	Selbstverwirklichung, Zugehörigkeit und Achtung	*Verstärktes Mitspracherecht der Menschen bei wichtigen Regierungsentscheidungen*
		Verstärktes Mitspracherecht der Menschen am Arbeitsplatz und in ihren Gemeinden
		Fortschritt auf eine humanere, weniger unpersönliche Gesellschaft hin
Mat	physisches Bedürfnis Sicherheit	*Aufrechterhaltung der Ordnung in der Nation*
		Sicherung von starken Verteidigungskräften für dieses Land
		Kampf gegen Verbrechen
	physisches Bedürfnis Versorgung	*Kampf gegen steigende Preise*
		Erhaltung eines hohen Grades an wirtschaftlichem Wachstum
		Eine stabile Wirtschaft

Quelle: Eigene Zusammenstellung nach Inglehart 1997a: 148; Mat = Materialistische Wertprioritäten; PMat = Postmaterialistische Wertprioritäten; 12-item-Skala, Kernindikatoren der 4-item-Skala kursiv hervorgehoben.

Wichtig ist eine Kernentscheidung hinsichtlich des Erhebungsinstrumentes. Inglehart geht im Gegensatz zu anderen Werteforschern (vgl. Klages 1984) davon aus, dass sich Werte substituieren. D.h., die Gruppe der Materialisten nimmt zugunsten der Gruppe der Postmaterialisten ab. Theoretisch sind auch andere Entwicklungskonzepte denkbar. So könnte anstelle einer *Wertesubstitution* ein genereller Werteverlust ohne Ersatz eines Wertemusters durch ein anderes eben-

---

[79]   Die Zusammensetzung der 4-Item Skala wurde im Laufe der Jahre und über verschiedene Studien hinweg teilweise variiert, insbesondere in den Indikatoren zu psychischen Versorgungsbedürfnissen.

so eintreten, wie eine Wertedifferenzierung, die mehrere Wertmuster nebeneinander zulässt.[80]

Bei der Erfassung von Werten entschied sich Inglehart konsequenterweise
dann für ein Verfahren der Bewertung der Items (Ranking), die in eine Rangfolge der Wichtigkeit für das Individuum selbst zu bringen sind. Dies entspricht den
Gedanken einer Bedürfnis*hierarchie*. Der (nicht verwendete) Gegenpol dieser
Erhebungsform wäre eine gleichzeitige Erfragung der Wichtigkeit aller Items
nebeneinander (Rating).[81] Als Argument für seine Entscheidung führte Inglehart
(1997: 109) Ergebnisse von Faktorenanalysen an, die die eindeutig bipolare
Struktur seiner Wertsubstitutionsthese stützen sollten.

Die Ergebnisse seiner Arbeiten bestätigten Hypothesen Ingleharts in brei-
tem Umfang. So konnte er

1. eine eindeutige Zunahme der Anteile an Postmaterialisten in fast allen westlichen Industrieländern feststellen, die der Bezugspunkt seiner ersten Untersuchungen waren.
2. Zudem wiesen ältere Kohorten der Bevölkerungen erheblich größere Anteile an Materialisten auf als jüngere Kohorten.
3. Nicht zuletzt bestanden zwischen Ländern mit einem höheren Wohlstandsgrad und Ländern mit einem niedrigeren Wohlstandsgrad zumeist theorie-
   konforme Unterschiede in den Verteilungen der Wertprioritäten über die
   Bevölkerungen hinweg.

Diese beeindruckenden empirischen Ergebnisse machten den Kritikern eine
grundlegende Ablehnung der Wertewandelshypothese schwer. Allerdings gaben
einige Teilergebnisse zum kritischen Nachdenken Anlass. So konnten auch Veränderungen in Richtung des Postmaterialismus in älteren Gruppen festgestellt
werden, die an sich die formative Phase bereits hinter sich gelassen hatten. Hier
scheint die Prägung der Gesellschaft – im Sinne eines lebenslangen Lernens –
nicht nur seitens ihrer Sozialisation in den frühen Lebensphasen festgeschrieben.

---

[80]   Die These der Wertemischung wird im deutschsprachigen Raum vor allem von Helmut Klages
       (1984) und Thomas Gensike (1998) vertreten. Sie gehen von einem nebeneinander verschiede-
       ner Wertorientierungen aus, die sich zu bestimmten Werttypen zusammensetzen können. Ent-
       sprechend verwendeten sie für die Erhebung dieser Werte auch nicht ein Ranking, sondern Ra-
       tingskalen.

[81]   An dieser Vorgehensweise Ingleharts entzündete sich eine breite Diskussion über den Einsatz
       von Ranking- oder Ratinginstrumenten (vgl. Flanagan 1979). Setzen, nach Ansicht ihrer Kriti-
       ker Rankingvorgaben unzulässigerweise eine Wertigkeitshierarchie fest, die möglicherweise
       für eine Person gar nicht existiert, so läuft man mit Ratinginstrumenten Gefahr eine Zustim-
       mung zu allen Angeboten zu erhalten, die den Entscheidungssituationen im wahren Leben
       nicht angepasst ist.

Auch nehmen in wirtschaftlichen Krisenzeiten, wie seit Beginn der 1990er Jahre, in einigen Staaten (z.b. der Bundesrepublik) die Anteile an Postmaterialisten ab. Dies ist zwar mit der Mangelhypothese, aber nicht mit der Sozialisationshypothese vereinbar.

Der wohl kritischste Einwand gegen das Konzept Ingleharts ergibt sich aber aus Panelstudien zwischen 1974 und 1980. In ihnen wurde eine nur begrenzte individuelle Stabilität der Werte nach dem Inglehart-Indikator ermittelt. Trotz Aggregatstabilität ließen sich bei bis zu 35% der Befragten individuelle Veränderungen in der Zuordnung zu Materialisten und Postmaterialisten feststellen. Damit ist die Annahme einer Wertepersistenz nicht unerheblich in Zweifel zu ziehen. Dieser Problematik wich Inglehart in seiner Veröffentlichung 1990 („Cultural Shift") dadurch aus, dass er auf die weitaus größere Bedeutung des intergenerationalen Wandels auf der Aggregatebene verwies.

Ohne diese Debatten weiter verfolgen zu wollen, sei hier nur darauf verwiesen, dass einige kritische Punkte im Erklärungspotential Ronald Ingleharts bestehen bleiben. Diese beziehen sich gleichermaßen auf die theoretischen Prämissen, wie auch die empirische Umsetzung (vgl. Flanagan 1979; Bürklin/Klein 2000). Auch die Nutzung von Umfragen als Abbildung von Kultur wurde gelegentlich angefeindet. Nichtsdestoweniger bleibt aber zu konstatieren, dass trotz aller nachvollziehbaren Schwächen der Konzeption Ronald Ingleharts ein wahrer und nicht gänzlich zu verwerfender realer Tatbestand zugrunde liegt. Zumindest deuten viele der von ihm präsentierten Ergebnisse in die Richtung einer Veränderung der Wertstrukturen in einer Bevölkerung im Zuge der Modernisierung bzw. (nach Inglehart 1998) der Postmodernisierung.

Die *Implikationen für die vergleichende Politikwissenschaft* sind vielfältig. Der propagierte Wertewandel wird in engem Zusammenhang mit politischen Entwicklungen gesehen. Neben dem Aufkommen einer größeren Bereitschaft zu politischer Partizipation, allerdings in eher unkonventionellen Formen, sind Veränderungen der Sozialmilieus, die das Wahlverhalten beeinflussen, und das Aufkommen von jugendlichen Protestbewegungen hervorzuheben. Für die vergleichende politische Kulturforschung erweist sich der Bezug zwischen Selbstverwirklichung und Freiheitsrechten – wie er in der Theorie der Humanentwicklung von Christian Welzel aufgenommen wird (dazu mehr in Kapitel 4) – als besonders interessant.

Der Kerngedanke, der hinter diesen Überlegungen steht, die sich hauptsächlich auf die Umfragedaten des World Values Surveys beziehen, ist die Folgerung, dass sich die mit dem Wertewandel verbundene Ausbreitung von Selbstentfaltungswerten (self-expression values) als förderlich für die Steigerung der Qualität von Demokratie erweist. Begründet wird dies mit der engen Verbindung von Wünschen nach Freiheit und Selbstbestimmung auf der Seite der Bürger und der Verbundenheit von Demokratie mit Werten der Freiheit und Selbstverwirklichung auf der Seite des politischen Systems. Die demokratischen Nationen gewinnen durch die Bereitstellung von Freiheitsrechten Legitimität bei ihrer Bevölkerung. Welzel (2002) konnte anhand empirischer Analysen nachweisen, dass nicht nur eine steigende Selbstbestimmung mit einer höheren Qualität der Demokratie zusammenfällt, sondern, dass auch ein positiver Zusammenhang zwischen steigender Wohlfahrt und Selbstbestimmung/Selbstverwirklichung existiert. Damit schließt er zentral an den Grundgedanken des Bedürfnis- und Wertewandels bei Ronald Inglehart an.

Zwei zentrale und übergreifende Punkte der Diskussion sind zum Abschluss noch herauszuheben: Inglehart vertritt anders als Vertreter eher institutionalistisch ausgerichteter Ansätze (z.B. Schmitter) die Auffassung, dass der Einfluss von Kultur auf die Ausbildung politischer Strukturen stärker ist als der umgekehrte Einfluss von Struktur auf die politische Kultur. Diese Position ist eine für die politische Kulturforschung sehr typische. Der zweite erwähnenswerte Punkt ist der relativ problemlose, parallele Einsatz von Aggregat- und Individualdatenanalysen und die Verwendung von aggregierten Individualdaten in den empirischen Untersuchungen.[82] Beide Aspekte zeigen deutlich, dass gerade aus dem Ansatz von Inglehart viele Anregungen für die vergleichende politische Kulturforschung resultieren.

3.7.2 *Robert Putnam – Soziales Kapital*

Ein weiterer bedeutender Ansatz, der im Bereich der politischen Kulturforschung angesiedelt ist, ist die Konzeption des sozialen Kapitals von Robert Putnam. Zunächst ist darauf hinzuweisen, dass mit dem Begriff „soziales Kapital" nicht die Konzeption von Bordieau (1988) oder andere ähnliche Konzepte (z.B. Coleman/Cressey 2000) angesprochen werden sollen. Putnam fasst das soziale Kapital als eine Ressource, die dem System über die Vermittlung des Kollektivs zur Verfügung steht. Er definiert soziales Kapitel (social capital) als „features of social organisation, such as trust, norms, and networks, that can improve the efficiency of society by facilitating co-ordinated actions" (Putnam 1993: 167).

Sein am Beispiel der am Gemeinwohl orientierten Organisationen und der Funktionstüchtigkeit von Verwaltungen in Norditalien aufgestelltes Gedankengebäude geht davon aus, dass informelle Netzwerke zivilen Engagements in der Lage sind, die Funktionsfähigkeit eines demokratischen Systems zu stützen. Sie sind quasi der „*Kitt*" der demokratischen Gesellschaft und reduzieren durch ihre soziale Verbindlichkeit die Kosten, die eine Durchsetzung verschiedenster politi-

---

82   In neueren Diskussionen über Methoden der vergleichenden Politikwissenschaft finden sich derartige Kombinationen von Analyseebenen u.a. unter den Stichworten Multi-Level-Analysis und Triangulation (vgl. S. Pickel u.a. 2003:201-289).

scher Ziele für den Staat mit sich bringen würde (vgl. van Deth 2001: 575). Über eine historische Verankerung kommt Putnam zum Schluss, dass die Verteilung *ziviler Tugenden* (Civil Virtues) für Unterschiede zwischen Regionen in der Entwicklung und Performanz der Demokratie verantwortlich ist.[83] Putnam macht hierfür die Steigerung interpersonellen Vertrauens in den Gesellschaften durch die Existenz sozialer Netzwerke verantwortlich.[84] Damit knüpft er direkt an frühe theoretische Überlegungen von Alexis de Tocquevilles an, der bereits im 19. Jahrhundert den freiwilligen Vereinen und Verbänden eine besondere Bedeutung für die Ausgestaltung einer Demokratie zuwies.

Zu hinterfragen ist, ob diese primär unpolitischen Netzwerke, wie Sportvereine, Bürgerinitiativen usw., in der Tat auch eine politische Wirkung auf der Systemebene erzeugen. Putnams Argument ist, dass das Vertrauen in die Interaktionen der jeweiligen „Anderen" durch die Netzwerke steigt. So finden innerhalb dieser Netzwerke wiedererholt Interaktionen statt (repeated Interactions), die ein positives Ende besitzen. Diese (positiven) Erfahrungen übertragen sich auf zukünftige Interaktionen, zuerst mit dem gleichen Partner, dann auf andere Partner, und bilden Vertrauen aus. Dieses gewonnene Vertrauen ermöglicht letztendlich auch den politisch Handelnden einen gewissen Spielraum für Aktivitäten, da es Vertrauen in politische Institutionen durch die Bürger ausbildet.

Gerade dieser Zusammenhang – zwischen sozialem und politischem Vertrauen – wird immer wieder in Frage gestellt. So verweist Kenneth Newton darauf, dass zwischen beiden Vertrauenskomponenten keine oder nur geringe Zusammenhänge festzustellen sind (vgl. Newton 1999: 180-183). Ohne die Bedeutung dieses Ergebnisses schmälern zu wollen, muss aber angemerkt werden, dass Newtons Analysen nicht durchweg konsistent ausfallen und möglicherweise durch ihre Indikatorenauswahl auch nicht genau die von Putnam angesprochene Themenstellung aufgreifen.

In späteren Erweiterungen seiner Thesen für die USA zeigt Putnam (2000) einen Verlust an Beteiligung an freiwilligen Aktivitäten z.B. in Vereinen, sozialen Organisationen und Netzwerken auf, den er als schädlich für die Entwicklung sozialen Vertrauens und auf die Gemeinschaft bezogener Wertorientierungen ansieht (vgl. Gabriel u.a. 2002: 28). Hier könnte man Parallelen zu den Debatten über die Individualisierung in modernen Gesellschaften anstellen, die kollektive Beziehungsmuster in den Hintergrund treten lässt. Soziales Vertrauen und das Interesse am Gemeinwohl sieht Putnam dabei wieder als Kernbestandteile der

---

[83] Putnams Beispiel ist die Effektivität von lokalen Verwaltungen in Norditalien, die eine größere Legitimation erreichen, wenn vermehrt soziale Netzwerke existieren.

[84] Als Begründung für die Unterschiede in den sozialen Tugenden zwischen Nord- und Süditalien verweist Putnam auf historische Differenzen, die zwischen kommunalen Entwicklungen in Norditalien und dem Prinzip der Königreiche in Süditalien stehen.

Unterstützung der Demokratie an, die sich aus ihren sozialen Vereinigungen speist.[85] Dies sieht er auch wieder in Verbindung zur Stabilität des politischen Systems, wie er es in „Bowling Alone" beschreibt: „I present evidence that social capital makes us smarter, healthier, safer, richer, and better able to govern a just and stable democracy" (Putnam 2000: 290).

Damit verknüpft er, wie in der politischen Kulturforschung, Orientierungen des Individuums und Folgen für das Kollektiv miteinander. Die Leistungsfähigkeit und Legitimität eines demokratischen Systems wird durch die Bereitschaft der einzelnen Bürger zur Beteiligung an informellen Gruppen getragen. Hier liegt der zentrale Anknüpfungspunkt für die politische Kulturforschung. Vor allem die Bezüge zu informellen Institutionen (soziale Netzwerke) und die Differenzierung des „Civic Engagement" in den Aggregaten ist für die politische Kulturforschung von Interesse, stellen sie doch einerseits die Verbindung zu sozialen Gruppenprozessen her und erfassen andererseits den politischen Einstellungen folgende Handlungen.[86]

Gründe für den Verlust an sozialem Kapital sind nach Putnams Meinung insbesondere die Medien, und dabei besonders das Fernsehen, welches sich auf die Nachfolgegeneration der aktiven 1940er Geburtenkohorte ungünstig auswirkt. Die Bürger werden durch von politischen Aktivitäten in ihrer Freizeit abgelenkt und wandeln sich von aktiven Interaktionsteilnehmern zu passiven Konsumenten. „Fernsehen verhindert soziale Aktivitäten und führt zum Verlust von sozialem Vertrauen durch die Verbreitung von Pessimismus bezüglich des menschlichen Verhaltens und die Förderung von Aggressivität bei Kindern" (van Deth 2002: 577). Dies führt in den Folgegenerationen der noch aktiven 40er Kohorten zu einem substantiellen Verlust an sozialem Kapital, der langfristig die Demokratie gefährden könnte.

Trotz verschiedener Kritikpunkte an der Operationalisierung, Nachvollziehbarkeit der Studien und der Konzentration auf soziale Netzwerke, greift Putnam in seinen Untersuchungen einen wichtigen Aspekt der politischen Kulturforschung auf – die innere Bindekraft einer politischen Gemeinschaft. Problematisch erscheint, dass der Begriff des Sozialkapitals nicht nur begrifflich unterschiedlich besetzt ist, sondern auch in gewisser Hinsicht zur Unpräzision neigt.

Alles in allem haben aber gerade Putnams Überlegungen erheblich dazu beigetragen, die Frage nach der inneren Kohärenz einer Gesellschaft zu stellen

---

[85]   Putnam betitelt ganz entsprechend seiner These vom Rückgang des sozialen Kapitals durch den Rückgang sozialer Netzwerke sein Buch „Bowling Alone" (vgl. Putnam 2000).

[86]   Gabriel u.a. bezeichnen diese beiden Komponenten als *Beziehungskapital* (für das Individuum) und als *Systemkapital* (für das Kollektiv), wobei Ersteres auf das Zweite Einfluss nimmt. „Es ist die gezielte Steigerung des Beziehungskapitals, die die Defizite im Bestand des Systemkapitals ausgleichen soll" (Gabriel u.a. 2002: 28).

und Effekte der Modernisierung und des sozialen Wandels als Bestimmungsgründe auch politischer Vergemeinschaftung aufzunehmen. Zudem rückten sie
zumindest einen Strang politischer Partizipationsforschung sowie Gruppierungs-
prozesse der Mesoebene (Ebene zwischen Makro- und Mikroebene) wieder ins
Licht der wissenschaftlichen wie auch öffentlichen Debatte.

Memobox 10:
Zusatzkonzepte der politischen Kulturforschung

---

* Zu den wichtigsten neueren empirischen Auseinandersetzungen mit politischer Kultur zählt die *Wertewandelstheorie* Ronald Ingleharts.
* Der Wandel von Werten erfolgt nach Inglehart hauptsächlich über einen
  Generationenaustausch.
* Zentral für die Wertewandelstheorie ist die *Sozialisationshypothese*, die
  davon ausgeht, dass einmal in der Sozialisation erworbene Wertvorstel-
  lungen über das Leben hinweg weitgehend stabil bleiben.
* Die zweite Grundannahme der Wertewandelstheorie geht davon aus, dass
  sich mit zunehmendem Wohlstand in einer politischen Gemeinschaft die
  Wertmuster weg von so genannten traditionalen, materialistischen Werten
  hin zu *postmaterialistischen Werten* bewegen.
* Postmaterialistische Werte sind das *Streben nach Selbstentfaltung* und Äs-
  thetik
* Die Ausbreitung des Postmaterialismus intendiert eine Steigerung *unkonventioneller Formen der politischen Partizipation.*
* Die Überlegungen Robert Putnams konzentrieren sich auf das *zivile Engagement* der Bürger von politischen Gemeinschaften.
* Putnam konstituiert einen Rückgang des zivilen Engagements in westlichen Gesellschaften, der zu einem *Bindungsverlust* der Bürger an die Demokratie führt.
* Putnam sieht die Zugehörigkeit zu Vereinen, also die *Handlungsebene* der
  Individuen im Gegensatz zu der zentral auf Einstellungen konzentrierten
  politischen Kulturforschung, als Hauptfaktor für das Vertrauen in politische Institutionen an. Das Vertrauen in die Institutionen wird dabei über
  die Herausbildung sozialen Vertrauens, welches aus der Zugehörigkeit zu
  Vereinen und eigenständigen Gruppierungen erfolgt, entwickelt.
* Nach Putnam zeichnen vor allem die *Medien* und ihre Ausbreitung für einen Rückgang des zivilen Engagements *verantwortlich.*

3.8 Viele Weiterentwicklungen, das gleiche Ziel

Sicher ist es schwierig, die bislang präsentierten Konzepte zusammenzufassen. Gerade deshalb ist es sinnvoll, einige zentrale Punkte der vergleichenden politischen Kulturforschung zum Abschluss dieses Kapitels noch einmal kurz aufzunehmen.

Ziel der vergleichenden politischen Kulturforschung war und ist die Erklärung der *Stabilität* oder besser des Überlebens von *Demokratien*. Hierin sind sich die verschiedenen Richtungen der politischen Kulturforschung einig, selbst wenn sie voneinander abweichende Definitionen von politischer Kultur verwenden. Dabei entwickelt sich die Forschung weg von einer allgemeinen Analyse der Stabilität politischer Systeme hin zu dem Erklärungsobjekt *Demokratie*, deren Überlebenschancen es zu erforschen gilt. Die größte Kritik an der klassischen politischen Kulturforschung bezieht sich auf ihren (zu engen) *Kulturbegriff*. Auffindbare Diskrepanzen im politischen Kulturbegriff können dabei auf theoretischen Überlegungen (zu enge Fassung des Begriffes Kultur, verfehltes Verständnis des Begriffes Kultur), aber auch auf methodischer Skepsis gegenüber bestimmten Erfassungsinstrumenten der politischen Kulturforschung (z.B. die starke Verwendung der Umfrageforschung) beruhen.

In den letzten Jahren rückt mehr und mehr die *Frage nach der Legitimität* des politischen Systems und der demokratischen Ordnung in den Vordergrund der theoretischen Diskussionen und empirischen Analysen. Den Beurteilungen der wirtschaftlichen und politischen Leistungsfähigkeit wird zunehmend eine Rolle als erklärende, unabhängige Komponente für die Legitimität der politischen Ordnung zugewiesen (vgl. Diamond 1999). Dies bedeutet nicht, dass der Performanzbewertung eines demokratischen Systems kein wissenschaftliches Interesse gewidmet werden sollte, im Gegenteil, eine detaillierte Analyse von Einstellungen zu konkretem politischen Handeln und politischen Entscheidungen ist von Relevanz für die vergleichende Politikwissenschaft. Sie nimmt aber im Rahmen der politischen Kulturforschung nur eine begleitende Funktion wahr und fungiert als Erklärungsfaktor für die untersuchte Legitimität. Es gilt auch hier wieder, dass der Stabilität des demokratischen Systems (wie bereits seit ersten Überlegungen zur Bestandserhaltung von sozialen Systemen seitens Talcott Parsons 1951) die höchste Priorität für demokratische politische Systeme zuerkannt werden muss. Die Performanzebene ist wichtig, weil die Untersuchung ihrer Verknüpfung zu den als langlebiger eingeschätzten Komponenten der Legitimität von Bedeutung für die Stabilität eines Systems ist.

Wichtiger noch als die Bestimmung von Zustimmungsraten zu Legitimitätsaussagen ist daher die Ermittlung der *Beziehungen zwischen Effektivität und Legitimität*. Besteht ein starker Zusammenhang, so ist eine dauerhafte, krisenresistente Unterstützung der Demokratie durch ihre Bevölkerung nicht vorhanden. Hohe Zustimmungswerte zu Struktur und Prinzipien der Demokratie könnten dann genauso schnell wieder verschwinden wie sie sich gebildet haben. Hängt die Beurteilung der politischen und wirtschaftlichen Leistungsfähigkeit dagegen nur begrenzt oder gar nicht mit der bei den Bürgern auffindbaren Legitimität zusammen, so ist bei hohen Legitimitätswerten eine relativ große Stabilität, bei niedrigen Werten aber eine extrem ungünstige Ausgangsposition für die Etablierung einer Demokratie zu erwarten.

Die Forschungsinteressen der politischen Kulturforschung tendieren damit stärker hin zu *Aussagen über die Prozesse der Genese* und des Wandels politischer und demokratischer Legitimität als zur reinen Feststellung niedrigerer oder höherer Häufigkeiten entsprechender Legitimitätsindikatoren in dem einen oder anderen Land. Letztere sind allerdings vor allem in vergleichender Perspektive hilfreich und notwendig für die angesprochene zentrale Zielstellung.

Ein weiteres Teilgebiet der vergleichenden politischen Kulturforschung ist ihre Rezeption der Ergebnisse der *Transformationsforschung*. Diese sind überwiegend ländervergleichend angelegt und praktizieren bereits in ihrer Modellkonstruktion eine Verknüpfung struktureller, (neo-)institutioneller, (makro-) akteursorientierter und kultureller Ansätze. Durch die Forderung, ein politisches System müsse auch auf der Verhaltensebene verankert und konsolidiert sein, gewinnen die Bevölkerungen und die Bürger eine größere Bedeutung für den politischen Prozess und die Etablierung einer Demokratie (vgl. Merkel 1999). Damit findet sich nicht nur theoretisch, sondern auch empirisch eine Entwicklung hin zu *übergreifenden Erklärungsansätzen*, welche den Rahmen der politischen Kulturforschung erweitern, aber auch gelegentlich sprengen. Nichtsdestoweniger nehmen viele Forschungsvorhaben der vergleichenden politischen Kulturforschung mittlerweile interdisziplinären Charakter an.

Nicht alle Problempunkte des politischen Kulturansatzes konnten aber bislang hinreichend ausgeräumt werden. Ein Aspekt, welcher als grundsätzliche Schwierigkeit des politischen Kulturansatzes, aber auch als Korrespondenzproblem zwischen dem Konzept der politischen Kultur und der Demokratieforschung angesehen werden muss, ist der Zweifel an der konkreten Relevanz des Einflusses der politischen Kultur auf das politische Verhalten. Inwieweit zwischen politischer Partizipation, politischen Prozessen in einzelnen Politikfeldern (Policies) und politischen Überzeugungen der Bürger eine Beziehung besteht, gilt es bislang immer noch empirisch sauber nachzuweisen. Die seitens der politischen Kulturforschung postulierte Auswirkung der Einstellungen auf das Verhalten ist aber ein Kernbestandteil für die Annahme der Wirksamkeit politischer Kultur auf die Stabilität eines politischen Systems überhaupt.

Damit ist man bereits bei Überlegungen zur Stabilität. Auch eine mögliche Definition des Begriffes Stabilität bleibt in den neueren Forschungsansätzen erstaunlich ungeklärt. Der Grund ist einfach. Stabilität ist ein zeitliches Phänomen und kann entsprechend anhand selektiver Querschnittsanalysen kaum hinlänglich empirisch überprüft werden. Erst Langzeitbeobachtungen und die Erforschung von Ursache-Wirkungs-Zusammenhängen sind in diesem Fall ein Erfolg versprechender Weg zur Bestimmung der Stabilität eines politischen oder demokratischen Systems.

Noch zu diskutieren ist die offene Frage, ob es sich beim Zielpunkt der politischen Kulturforschung um eine Demokratie westlichen Zuschnitts handelt. Möglicherweise werden alternative Regimeformen häufig zu schnell als defizitär abqualifiziert. Auch sie könnten ein Ziel der Stabilitätsforschung sein. Andererseits ist zu bedenken, dass eine zu starke Fixierung auf die Vermeidung eines „Demokratiezentrismus" möglicherweise wissenschaftspraktischen Untersuchungen die Vergleichsbasis und die inhaltlichen Objekte entzieht.

Festzuhalten bleibt aber auch, verschiedene Forschungsergebnisse zeigen die Existenz und die politische Relevanz von politischer Kultur. So sind nicht zuletzt Wahlergebnisse „Outcomes" von politischen Beurteilungen der Bürger. Subjektive Wahrnehmungen der Umwelt, Orientierungen der relativen Deprivation der Bürger und persönliche Aversionen gegen Politiker, Parteien und einfach Kampfbegriffe erweisen sich als Hinweise auf die Fahrlässigkeit, politisch-kulturelle Prozesse für die Erklärung des Verlaufs von Politik in einem Land unberücksichtigt zu lassen. Eine rein auf institutionellen Gedanken beruhende politikwissenschaftliche Forschung erscheint entsprechend als nicht ausreichend, um gesellschaftspolitische Prozesse zu erklären.

Selbst wenn man die traditionellen Linien der politischen Kulturforschung akzeptiert, zeigen sich doch in den letzten Jahren Veränderungen in ihrer Verwendung und in den Bereichen und Themenstellungen, in denen sie angewendet wird. Dies ist insoweit nicht überraschend, weil sich die skizzierte Kritik an der politischen Kulturforschung hauptsächlich auf ihre ursprüngliche Form bezieht. Konzeptionelle Erweiterungen, wie sie z.B. Larry Diamond (1999), David Putnam (2000) oder Ronald Inglehart (1998) u.a. mittlerweile vollzogen haben, konnten einigen – wenn auch nicht allen – der Kritikpunkten Rechnung tragen. Zwar taten sich, wie z.B. für das Konzept Ronald Ingleharts, nicht selten andere Kritikpunkte auf, eine pauschalisierende Ablehnung des Ansatzes findet sich aber immer seltener.

Interessant ist insbesondere eine Entwicklungsrichtung, in die sich die politische Kulturforschung der letzten Jahre mehr und mehr bewegt – die Erfassung, Messung und Beurteilung von Demokratie. Anknüpfungspunkt für Konzepte der politischen Kulturforschung an die Demokratieforschung ist die Herausarbeitung der Bedeutung subjektiver Elemente für die Beurteilung der Qualität einer Demokratie (vgl. Lauth u.a. 2000; Lauth 2004). Parallel zu der Bewertung der demokratischen Qualität anhand objektiver, quasi-objektiver und subjektiver (von Experten bestimmter) Messwerte, rückt die Unterstützung der Demokratie durch ihre Bürger stärker in den Vordergrund der Untersuchung. Ihr Interesse bezieht sich vor allem auf die Akzeptanz einer demokratischen Ordnung durch ihre Bürger als eine fundamentale Komponente.

In diesem Zusammenhang sind die Arbeiten von Larry Diamond und Veröffentlichungen im von ihm herausgegebenen Journal of Democracy maßgeblich. In ihnen wird mehr und mehr die Bedeutung des Individuums für die Herausbildung und den Erhalt einer Demokratie diskutiert. Diese Gedankengänge berücksichtigen weitergehende Überlegungen der Transitionsforschung. Diese konzentriert sich auf die Übergänge von autoritären Systemen zur Demokratie (vgl. Linz/ Stepan 1996) und versucht in neueren Entwicklungen die Konsolidierung der neuen Demokratien als Verankerung in der Bevölkerung zu evaluieren und verschiedene Typen demokratischer Ordnung zu erforschen (vgl. Thiery u.a. 2000). Beispielhaft seien die Debatten um defekte Demokratien genannt (vgl. Croissant 2002).

Die Unterscheidung zwischen demokratischer Legitimität und politischer Effektivität (siehe Kapitel 2.2) gewinnt in diesem Zusammenhang dahingehend an Bedeutung. Die größere Relevanz der Legitimität einer Demokratie für ihre Stabilität wird gegenüber ihrer Leistungsfähigkeit auf der wirtschaftlichen und politischen Ebene herausgestellt. Die Qualität einer Demokratie bemisst sich dann nicht mehr an ihrer am Output und Outcome gemessenen Leistungsfähigkeit, sondern an ihrer grundsätzlichen Akzeptanz in der Gesellschaft und dem Ausbleiben von Faktoren und Personengruppen, die ihren Umsturz bzw. einen Wechsel in ein nicht-demokratisches System verursachen können. Für die Einordnung der Konzeptionen der politischen Kulturforschung in die vergleichende Demokratieforschung sei auf das Folgekapitel verwiesen, in dem die entsprechenden Konzepte eingehend erläutert werden.

 3.9 Kernliteratur

Almond, Gabriel/Verba, Sidney, 1963: The Civic Culture. Political Attitudes and
  Democracy in Five Nations. Princeton: Princeton University Press.
  Grundlegendes Werk zur politischen Kulturforschung mit den ersten vergleichenden
  empirischen Analysen zu diesem Bereich sowie der Darlegung der Grundkonzeption
  der politischen Kulturforschung.

Almond, Gabriel/Verba, Sidney (Hrsg.), 1980: The Civic Culture Revisited. Boston: Little Brown.
    Wiederaufnahme der Civic-Culture-Diskussion in einem Reader, der einzelne Bereiche anhand neuerer Daten prüft und die Civic-Culture-Typologie für einige Länder neu bestimmt.

Barry, Brian, 1970: Sociologists, Economists and Democracy. Chicago.
    Erste kontroverse Diskussion von ökonomischen (Rational-Choice und verhaltenstheoretischen) und soziologischen (politische Kultur) Ansätzen.

Easton, David, 1965a: A Framework for Political Analysis. Englewood Cliffs: Prentice Hall.
    Grundlage der systemtheoretischen Gedanken David Eastons.

Easton, David, 1975: A Re-Assessment of the Concept of Political Support. In: British Journal of Political Science 5. S. 435-457.
    Darstellung und Basisartikel zum Ansatz der politischen Unterstützung. In dem Aufsatz wird das Konzept ausgearbeitet.

Fuchs, Dieter, 1989: Die Unterstützung des politischen Systems der Bundesrepublik Deutschland. Opladen: Westdeutscher Verlag.
    Breite Darstellung der politischen Kulturforschung und insbesondere des Konzeptes der politischen Unterstützung mit theoretischer Diskussion und empirischer Verankerung am Beispiel der Bundesrepublik Deutschland.

Gabriel, Oscar W., 1986: Politische Kultur, Postmaterialismus und Materialismus in der Bundesrepublik Deutschland. Opladen: Westdeutscher Verlag.
    Erste kompakte und ausführliche Auseinandersetzung mit dem Zusammenhang der Phänomene politische Kultur und Wertewandel.

Greiffenhagen, Martin/Greiffenhagen, Sylvia/Prätorius, Rainer (Hrsg.), 2002: Handwörterbuch zur Politischen Kultur der Bundesrepublik Deutschland. Wiesbaden: Westdeutscher Verlag.
    Wörterbuchzusammenstellung der wichtigsten Begriffe der politischen Kulturforschung.

Inglehart, Ronald, 1998: Modernization and Postmodernization. Culture, Economic, and Political Change in 43 Societies. Princeton: Princeton Univ. Press.
    Zusammenstellung der Überlegungen Ingleharts mit vielen empirischen Analysen. Zudem wird der Einfluss von Religion und Modernisierung auf Bereiche politischer Einstellungen theoretisch und emipirisch diskutiert.

Kaase, Max, 1983: Sinn oder Unsinn des Konzepts "Politische Kultur" für die vergleichende Politikforschung, oder auch: Der Versuch einen Pudding an die Wand zu nageln. In: Kaase, Max/Klingemann, Hans-Dieter (Hrsg.): Wahlen und politisches System – Analysen aus Anlass der Bundestagswahl 1980: Opladen: Westdeutscher Verlag. S. 144-171.
    Kritische Diskussion zum Begriff der politischen Kultur.

Laitin, David D., 1995: The Civic Culture at 30. In: American Political Science Review 89/1. S. 168-173.
Resümee der aktuellen Bedeutung der politischen Kulturforschung 1995 und kritische Reflexion ihrer Fortschritte und Entwicklungsperspektiven.

Lipset, Seymour M., 1959: Some Social Requisites of Democracy, Economic Development and Political Legitimacy. In: American Political Science Review 53. S. 69-105.
Präzisierung der Trennung zwischen Legitimität und Effektivität als Leitlinie der Analyse der politischen Kultur eines Landes.

Lipset, Seymour M., 1981: Political Man. The Social Bases of Politics. Baltimore: Johns Hopkins.
Basisbuch für verschiedene Themen der politischen Kulturforschung. Setzt sich insbesondere mit dem Verhältnis von Effektivität und Legitimität auseinander und kann als eine zentrale Einführung in den Forschungsbereich der politischen Soziologie angesehen werden.

Norris, Pippa (Hrsg.), 1999: Critical Citizens. Global Support for Democratic Governance. Oxford: University Press.
Sammlung von einschlägigen Artikeln zur politischen Unterstützung, die Vertrauen in die politischen Institutionen genauso behandelt, wie die Beurteilung der Demokratie auf drei Ebenen.

Pharr, Susan J./Putnam, Robert D. (Hrsg.), 2000: Disaffected Democracies. What's troubling the Trilateral Countries. Princeton: University Press.
Grundlegendes Buch, welches die Diskussion um die Legitimitätskrise westlicher Demokratien wieder aufnimmt und mit neuen Daten debattiert.

Reisinger, William M., 1995: The Renaissance of a Rubric: Political Culture as Concept and Theory. In: International Journal of Public Opinion Research 7/4. S. 328-352.
Kritische Diskussion der politischen Kulturforschung, die Ansätze der Rational-Choice-Theorien berücksichtigt,

Rohe, Karl, 1996: Politische Kultur: Zum Verständnis eines theoretischen Konzeptes. In: Niedermayer, Oskar/von Beyme, Klaus (Hrsg.): Politische Kultur in Ost- und Westdeutschland. Opladen: Westdeutscher Verlag. S. 1-21.
Kurze und klare Darstellung der alternativen Überlegungen Karl Rohes zu seinem Konzept der Erfassung von politischer Kultur.

Welzel, Christian, 2002: Fluchtpunkt Humanentwicklung. Über die Grundlagen der Demokratie und die Ursachen ihrer Ausbreitung. Wiesbaden: Westdeutscher Verlag.
Umfassende empirische Analyse der Bedingungen für Demokratie durch kulturelle Faktoren.

4 Empirische Demokratieforschung

4.1 Ursprung, Grundgedanke und Kriterien

Nachdem im vorangegangenen Kapitel 3 das Hauptaugenmerk der Betrachtung auf die verschiedenen Ansätze der politischen Kulturforschung gelegt wurde, rückt nun die *Erforschung der Demokratie* verstärkt ins Blickfeld. Es wurde bereits angedeutet, dass sich in der politischen Kulturforschung ein Trend zeigt, der sich in Richtung Demokratieforschung bewegt. Das Bestehen einer Demokratie, deren Stabilität und Persistenz, aber auch deren Qualität sind erklärte Ziele der neueren empirischen Analysen im Bereich der vergleichenden Politikwissenschaft.

Die hauptsächlich auf subjektive Indikatoren ausgerichtete politische Kulturforschung trifft in diesem Untersuchungsgegenstand anhand institutioneller, normativer oder prozeduraler Kriterien auf alternative Formen der vergleichenden *empirischen* Analyse von *Demokratie*. Diese eher aus der Demokratietheorie abgeleitete Disziplin taucht immer wieder unter dem Begriff *Demokratiemessung* in der Forschungsliteratur (vgl. Beetham 1994; Lauth u.a. 2000; Schmidt 2000) auf und konzentriert sich stärker auf „situative" Bewertungsindikatoren für die funktions- und leistungsfähige Demokratie. D.h., hauptsächlich durch die Konstruktion von in Zahlen umsetzbare Indikatoren bzw. Messindizes wird versucht, die Demokratiegrade unterschiedlicher Länder und Regionen in Relation zueinander zu setzen. Angelehnt an erste Überlegungen von Aristoteles und seiner Auszählung von Verfassungstypen sollen Messindikatoren dabei Auskunft über die Dichotomie Demokratie/Autokratie geben oder wie in aktuelleren Vorgehen die *Qualität*sgrade der Demokratie widerspiegeln. Nicht die Abbildung aller komplexen Demokratisierungs- oder Institutionenbildungsprozesse in einer einzelnen Demokratie, sondern die Schaffung von vergleichbaren Punkten zur Einschätzungen mehrerer Demokratien zueinander steht im Mittelpunkt der Bemühungen der Demokratiemessung.

Demokratiemessungen, wie sie z.B. von der in New York beheimateten Organisation Freedom House durchgeführt werden oder wie sie andere internationale Forschergruppen (Democratic Audit, Polity-Gruppe, Kenneth Bollen, Raymond Gastil, Tatu Vanhanen, Mark Gasiorowski) konstruiert haben, sind dabei kein gänzlich neues Phänomen. Sie besitzen seit den 1970er Jahren (vgl. Dahl

1971) eine gewisse Tradition in der Politikwissenschaft. Allerdings werden die in dieser Forschungsrichtung erzielten Ergebnisse erst seit jüngerer Zeit (den 1980er und 1990er Jahren) in einem breiteren Rahmen in die vergleichende Politikwissenschaft eingebunden – dafür erfolgt diese Integration aber mittlerweile umso intensiver.

Ausgangspunkt der jüngeren Beschäftigung ist das steigende Interesse an abgestuften Einschätzungen des Zustandes der Demokratie in den untersuchten Ländern.[87] Es ist nach Ansicht (nicht nur) von Experten kaum mehr ausreichend, einzig zwischen Demokratien und Nichtdemokratien bzw. Autokratien zu unterscheiden. Oft besitzen Staaten einen nicht eindeutig zuordenbaren Status oder erfüllen nur einen Teil der Kriterien, die man als notwendig für eine Einordnung als „Demokratie" ansieht. Hier erscheint eine *graduelle* Messung weit eher angebracht. Genau diese Entwicklung hat sich in der Demokratiemessung in den letzten Jahren vollzogen und dadurch Forschung und Öffentlichkeit wesentlich realitätsnähere Ergebnisse mit einem höheren Informationsgehalt zur Verfügung stellen können als dies noch bei den dichotomen Betrachtungen der Fall war. Die Erforschung von Demokratie über ihre Qualitätsbestimmung hat entsprechend in den letzten Jahren einen erheblichen Bedeutungsgewinn verzeichnen können (siehe Schmidt 2000, 2002; Lauth u.a. 2000; Lauth 2004; Welzel 2002; Berg-Schlosser 1999).

Für die Demokratiemessung wirkte sich auch ein empirischer Befund günstig aus. Seit der „dritten Welle der Demokratisierung"[88] hat sich die Zahl der Demokratien in der Welt (mit über 190 Demokratien) soweit ausgedehnt, dass ihr Bestand, ihre Ursprünge und ihre Folgen rein quantitativ ein immer stärkeres Forschungsinteresse nach sich ziehen. Trotz autokratischer Gegenbewegungen (vgl. Merkel 1999: 175-176) erlebt die Demokratie eine recht einmalige *Expansionsgeschichte*, und diese ist dem Anschein nach noch nicht zu Ende (siehe Freedom House; Lauth u.a. 2000: 7-10). Kann man als Ursprünge technische oder wirtschaftliche Entwicklungen (vgl. Przeworski 1991, 2000; Gasiorowski 2000) vermuten, so ist als eine Folge z.B. die gesunkene Zahl kriegerischer Konflikte in und zwischen Demokratien (vgl. Ember u.a. 1992: 573-577; Lauth u.a.

---

[87]   Man nehme nur die Debatten um den Beitritt verschiedener Länder in die Europäische Union, die sich relativ stark auf Kriterien des Demokratiegrades der Beitrittsländer zuspitzen. Ein besonders eingängiges Beispiel ist die Türkei, die nur eingeschränkt den gängigen Vorstellungen einer liberalen, westlichen Demokratie entspricht. Nicht zuletzt diese Feststellung ist ein wichtiges Argument einiger EU-Mitglieder gegen die Aufnahme der Türkei in den europäischen Staatenbund.

[88]   Es ist sicher diskutabel, inwieweit ein Verständnis des Demokratisierungsprozesses in Form von Wellen berechtigt ist und ob man den doch relativ holzschnittartigen Überlegungen von Samuel Huntington (1991) folgen sollte (vgl. Zimmerling 2003). Nicht zu übersehen ist aber eine deutliche Steigerung der Zahl an Ländern mit Merkmalen liberal-demokratischer Prägung.

2000: 8-12) zu nennen. Diese impliziten Folgen der Demokratisierung könnten zu einer „weiteren Zivilisierung unserer Welt" führen (Lauth u.a. 2000: 7), die ganz neue Rahmenbedingungen für das weitere menschliche Zusammenleben bereithält.

Nicht unbeteiligt an dem erwähnten Aufschwung der vergleichenden empirischen Demokratieforschung sind die seit 1970 entstandenen grundlegenden Arbeiten von Tatu Vanhanen, Raymond Gastil, Kenneth Bollen und die Entwicklung des übergreifenden Messinstrumentes des Freedom House Surveys. Ziel der benannten Autoren ist es, objektive Aussagen über die *Klassifikation einer Demokratie* und die *Qualität einer Demokratie* zu erlangen. Dabei gehen sie in vielen Punkten unterschiedliche, in anderen Punkten wieder sehr ähnliche Wege. Dieses Unterfangen setzt eine Vorgabe zwingend voraus – einen klaren und empirisch messbaren *Demokratiebegriff*.

In der neueren Literatur wird Demokratie üblicherweise durch ein Bündel an Merkmalen definiert (vgl. Dahl 1972, 1989, 1998; Schmidt 2000).[89] Sie gehen weitgehend über die ursprüngliche Bedeutung der Demokratie als „Herrschaft des Volkes" hinaus und versuchen die Definition von „Demokratie" differenzierter zu fassen. Dies hat nicht unwesentlich dazu beigetragen, dass sich die Zahl der Definitionen von Demokratie in der Neuzeit vervielfacht hat.[90] Unterschieden werden muss zwischen normativ geprägten Ansätzen und prozeduralistischen Ansätzen. Lenken erstere die Definition von Demokratie auf grundsätzliche Werte und Prinzipien, die sich teilweise philosophisch begründen lassen, rekurrieren *prozeduralistische Ansätze* auf eine grundlegende *Verfahrensgerechtigkeit*, die hilft, zentrale Rechte und die Freiheit des Bürgers zu gewährleisten. Für die empirische Analyse von Demokratie wird hauptsächlich auf die für den Vergleich geeigneten prozeduralistischen Theorien zurückgegriffen.

Einig ist man sich in den prozeduralistischen Ansätzen dahingehend, dass Demokratie verschiedene grundsätzliche *Freiheiten und Rechte* beinhaltet. Diese werden dann als konstitutiv für die Identifikation eines Staatengebildes als Demokratie angesehen (vgl. Dahl 1989) und müssen von allen Herrschaftssystemen, die als Demokratie bezeichnet werden wollen, so eingelöst werden. Lauth (2004: 268) sieht eine Orientierung dieser Freiheiten und Rechte an den zwei zentralen Dimensionen *Wettbewerb* und *Partizipation*. So werden z.B. in den empirisch geleiteten Arbeiten Robert Dahls (1971) „prozedurale Minima" der

---

[89]   Für die Darstellung und nähere Erläuterung moderner Demokratietheorien unterschiedlichster Ausprägung sei an dieser Stelle auf die erschöpfende und ausgezeichnete Aufarbeitung bei Manfred Schmidt (2000) verwiesen.

[90]   Inwieweit Konventionen der Definition Einfluss auf die Ausgestaltung der Definition von Demokratie besitzen diskutiert in breiter Form Sartori (1997: 253-260).

Demokratie herausgearbeitet, die seiner Meinung nach für deren Bestimmung unabdingbar sind.

Diese von einigen Autoren (vgl. Sartori 1994; Bobbio 1994) als *minimalistische Demokratiedefinition* angesehene Festlegung der Grundprämissen einer Demokratie rückt hauptsächlich den Schutz persönlicher Freiheiten und die Gewährleistung von Partizipationsrechten der Bürger in den Vordergrund. Rechtsstaatliche Prinzipien werden bei diesen Schutzfunktionen implizit mitgedacht (vgl. Becker 2001), wobei neuere Überlegungen der Rechtsstaatlichkeit sogar eine eigenständige Rolle für die Konstituierung der Demokratie zuweisen (vgl. O'Donnell 1999a, 1999b; Diamond 1999: 12).

Die Bezüge zum klassischen Demokratiebegriff liegen in der Aufnahme der Stellung des Bürgers in der Gesellschaft und in der Einschränkung der politischen Handlungen durch Verfahren. Diese *Verfahren* sollen die Freiheit des Bürgers gewährleisten, ihm individuelle Rechte zum Schutz dieser Freiheiten zugestehen und Mitwirkung am politischen Prozess sichern. Neben den individuellen Freiheiten wird gerade den politischen Beteiligungsrechten eine hohe Bedeutung zugestanden. Daraus entwickelt sich nach Lauth (2004: 255) eine Trias von Freiheit, Gleichheit und Kontrolle, die für eine spätere empirische Erfassung von Demokratie konstitutiv ist.

Fallen einzelne dieser Komponenten aus, so führt dies zwar zu demokratieähnlichen Gebilden, sie dürfen aber nicht als vollständige Demokratie bezeichnet werden sondern zählen zum Typus der eingeschränkten Demokratie. Hier knüpfen neuere Überlegungen zur Bestimmung so genannter „*defekter Demokratien*" oder unvollständiger Demokratien an (siehe Diamond 1999, Croissant/Thierry 2001; Croissant 2002; Merkel u.a. 2003). Sie stellen die Analyse von Zwischenstufen zwischen Demokratie und den überwiegend als Widerpart verwendeten autoritären politischen Regimen in das Zentrum ihrer Arbeit. Wichtig ist ihnen die steigende Bedeutung von Grauzonen (vgl. Bendel u.a. 2002) politischer Herrschaft. Dabei unterscheiden sie vier in der Realität beobachtbare Typen defekter Demokratien – die illiberale Demokratie (vgl. auch Zakaria 1997), die Enklavendemokratie, die delegative Demokratie und die exklusive Demokratie (vgl. Merkel u.a. 2003: 69-73, siehe auch Kapitel 4.7).[91]

Die meisten Messungsversuche in der vergleichenden Demokratieforschung greifen auf eine prozedurale und minimalistische Demokratiedefinition zurück. Eine solch eng begrenzte Definition von Demokratie erweist sich als guter Ansatzpunkt für eine *empirische Auseinandersetzung mit der Demokratie*[92], ist sie

---

[91]   Die Überlegungen zu defekten Demokratien werden in Kapitel 4.7. noch näher erläutert und in ihrer Verwendung diskutiert werden.

[92]   Hier muss angemerkt werden, dass Dahl selbst nicht von einer Demokratie, sondern von einer „Polyarchie" spricht (vgl. Dahl 1971).

doch anders als ein weiter Demokratiebegriff, wie ihn „Herrschaft des Volkes" erlaubt, auch empirisch umsetzbar. Nicht von ungefähr lassen sich in einer Vielzahl empirischer Untersuchungen immer wieder die oben genannten Kernelemente einer Demokratie als die Kennzeichen der Bewertung eines demokratischen Systems oder der Demokratie in einem Land auffinden (vgl. Beetham 1994; Bollen 1980; Coppedge/Reinicke 1990, 1995; Gastil 1990; Gurr/Jaggers 1995 (Polity-Messung); Hadenius 1992; Inkeles 1991; Freedom House und Vanhanen 1990, 1992, 1997; Welzel 2002).[93]

Bei der Konstruktion der Indizes treten allerdings häufig kleinere Modifikationen in den ausgewählten Merkmalen auf und „nur selten werden diese Merkmale (Wettbewerb und Partizpation) beziehungsweise Dimensionen exakt übernommen" (Lauth 2004: 268). Dies führt derzeit noch zu einer großen Vielfalt, ja manchmal Unübersichtlichkeit der Bestimmung von Qualitätsgraden der Demokratie (siehe auch Munck/Verkuilen 2002, oder Kapitel 4.8). Zudem mangelt es einigen Demokratiemessinstrumenten immer noch an Präzision und einer realitätsnahen Aufnahme der komplexen Umweltbedingungen So verweist auch Schmidt (2000: 307) auf einen bislang noch bestehenden Mangel der vergleichenden Demokratieforschung, der am ehesten durch die Verwendung von „Typologien und empirisch-analytischen oder realistischen Demokratietheorien" gelöst werden könne.

Demokratie verliert mit der Reduktion auf eine übersichtliche Zahl an messbaren Indikatoren – denn dies ist die Leistung aller Demokratiemessungen – auch ihren Charakter als unbestimmbares Ideal und wird zu einem konkreten *Vergleichskriterium*, an dem sich real existierende Regierungs- und Herrschaftssysteme (so zumindest die Ansicht von Fachwissenschaftlern) messen lassen müssen. In den Überlegungen der Demokratiemessung wird die Demokratie zum zentralen Zielgegenstand einer *vergleichenden empirischen Analyse*.

Ihr Vorgehen ist deswegen stringent vergleichend angelegt, weil sie nur aus den Relationen zwischen einzelnen Staaten Bedeutung gewinnen kann (siehe Kapitel 2). Im Gegensatz zu den aus der politischen Kulturforschung bekannten Messungen subjektiver demokratischer Einstellungen stützt sie sich nicht auf Bürgerbefragungen, sondern vielmehr auf mehr oder weniger objektive Indikato-

---

[93] Diese unterschiedlichen politikwissenschaftlichen Ansätze machen sich vor allem die Messung der Qualität von Demokratie zur Aufgabe. So erfolgt die Beurteilung von Demokratie anhand von demokratischen Kriterien des politischen Systems oder durch Experteneinschätzungen der Demokratierealität. Hierbei finden die angesprochenen Kriterien in großen Teilen Verwendung. Zur Übersicht siehe Beetham (1994); Lauth (2004); Lauth u.a. (2000); Schmidt (2000).

ren für die Qualität einer Demokratie.[94] Diese Beurteilung erfolgt anhand unterschiedlicher Kriterien, die entweder die Verfassungswirklichkeit oder die reine Institutionalisierung von Demokratie betreffen.

Die Tradition der Messung von Demokratien geht, sieht man einmal von Aristoteles ab, bis in die 1950er Jahre zurück (Vorläufer z.b. James Bryce 1921, Seymour M. Lipset 1959) und knüpft genauso an den Gedanken der Standardisierung und Vergleichbarkeit von Demokratie wie an Gedanken der älteren Institutionenkunde (vgl. Schmidt 2000: 307; Loewenstein 1975) an. Hier sind besonders die typologischen Vorgehensweisen hervorzuheben, wie sie z.b. exemplarisch bei Arend Lijphart (1977) zu finden sind. Kernziel dieser Vorgehensweisen war die Klassifikation eines Landes als Demokratie anhand seiner institutionellen Struktur. Eine Aussage über den Demokratiegrad war aber eher ein Abfallprodukt, denn das Ziel dieses Vorgehens. Eher schon stand die Leistungsfähigkeit der Demokratien im Vordergrund der Untersuchungen (siehe exemplarisch Ljiphart 1999).

Die Messung von Demokratie wandte sich damit von der zu dieser Zeit ausgeprägten Linie kulturanthropologischer Erfassung von Demokratien und Nicht-Demokratien ab, welche sich überwiegend auf eine breite Deskription einzelner Nationalstaaten und ihrer Umfeldbedingungen konzentriert hatte. Diese auf die Beschreibung von Einzelländern bezogene Ausrichtung wird auch heute noch in einer breiten Welle von Einzelstudien zu Demokratien in der Entwicklungsländerforschung oder in einzelnen Bereichen der Policy-Forschung angewandt. An diese Tradition knüpft eine Vielzahl von politikwissenschaftlichen Studien an, die sich selbst als „qualitativ"[95] bezeichnen und sich mit unterschiedlichen Aspekten des demokratischen Systems in einem einzelnen Land auseinandersetzen. Die meisten dieser Studien bleiben auf dem methodischen Niveau der („dichten") Beschreibung und sind nach dem Kanon der Methodologie des Vergleichs als fallorientierte Studien zu verstehen. Gelegentlich werden die Einzelbeschreibungen auch nebeneinander, als Paarvergleiche, präsentiert.

Die von dem kulturanthropologischen Vorgehen abweichende Entstehungsrichtung verfestigte sich in der bis heute bedeutsamen vergleichenden politischen Institutionenanalyse. Diese Forschungsrichtung beschäftigt sich großteils mit Fragen zu Konkurrenz- und Konkordanzdemokratie (vgl. Lehmbruch 1992), parlamentarischen versus präsidentiellen (vgl. Steffani 1981) Regierungssyste-

---

[94] Diese Objektivität ist einzuschränken, weil die meisten der noch vorzustellenden Messinstrumente auf subjektive Einschätzungen durch Experten zurückgreifen, die dann quantifiziert werden. Da sie aber keine Umfragen einbeziehen, könnte man, etwas prosaisch, von quasi-objektiven Vorgehen (vgl. Lauth u.a. 2000) sprechen.

[95] Mit der Bezeichnung qualitativ ist allerdings keine Wertung im Sinne von „hochwertiger" oder „besser", als z.B. quantitative Forschung, verbunden. Die Zuordnung dient einzig einer Begriffsfestlegung bestimmter Verfahren in den Sozialwissenschaften.

men und der institutionellen Differenzierung von Herrschaftsformen. Dabei
handelt es sich durchgängig um Fragen, die sich mit der Demokratie oder Grundprinzipien liberaler Demokratie auseinandersetzen. Die Untersuchungen bewegen sich im Raum der vergleichenden Regierungslehre (vgl. Lauth 2002) und
münden nicht selten in die Erstellung einschlägiger Typologien (vgl. Schmidt
2000: 315-330). Ihr Manko ist, dass sie oft nicht über die Typenbildung hinausgehen und ihnen der Weg zu erklärenden Analyseformen versperrt ist. Von der
Demokratiemessung unterscheidet sie ihre Konzentration auf einzelne Aspekte
der Demokratie und ihre Ausrichtung an institutionellen „Constraints" politischer Systeme. Die Behandlung der Qualität der Demokratie im Allgemeinen ist
nicht ihr Ziel.

   Dies ist in der mittlerweile verbreiteten empirischen Demokratiemessung
anders. Zwar liegt auch ihr Fokus auf der Konstruktion einer für die vergleichende Beschreibung mehrerer Länder tauglichen Klassifikation, doch auch die Analyse von Zusammenhängen und ein möglicher Einsatz statistischer Verfahren
soll ermöglicht werden. D.h. aber gleichzeitig, Demokratiemessung ist überwiegend *quantitativ* ausgerichtet (Demokratiequalitätsgrade werden zu Vergleichs-
zwecken in Zahlen transformiert) und konzeptionell auf der *Makroebene* angesiedelt (Aussagen erfolgen über Länder und Regionen). Sie greift entsprechend
häufig auf standardisierte Verfahren der statistischen Sozialforschung zurück,
um über Typologien hinausgehende kausale Erklärungen und statistische Zusammenhangsmuster zu erzielen.

   Voraussetzung ist eine vorherige *Quantifikation* der Ergebnisse der Demokratiemessung und der Versuch, möglichst viele Länder in das Klassifikations-
verfahren einzubeziehen. Die statistische *Reliabilität* (Zuverlässigkeit) und *Validität* (Richtigkeit)[96] der so konstruierten Erhebungen ist mittlerweile genauso
Inhalt einer steigenden Zahl an Publikationen wie die inhaltliche Tragfähigkeit
der den Indizes zugrunde liegenden Indikatoren (vgl. Bollen/Paxton 2000; Fowe-
raker/Krznaric 2000; Gasiorowski 2000; Munck/Verkuilen 2002; Lauth 2004).[97]

---

[96]   Ein Ergebnis ist valide (gültig), wenn es den anvisierten Sachbestand korrekt und realitätsge-
       mäß abbildet.
[97]   Dabei sind alle einschlägigen Verfahren der Demokratiemessung grundsätzlich vom For-
       schungsvorgehen der Umfrageforschung, wie es in der politischen Kulturforschung hauptsäch-
       lich Anwendung findet, zu unterscheiden. Werden bei der politischen Kulturforschung die
       Bürger als Objekt der Forschung direkt befragt, so wird bei der Demokratiemessung „überwie-
       gend ein Sachverhalt durch einen Beobachter klassifiziert und bewertet (judging)" (vgl. Lauth
       2004: 262).

Nichtsdestoweniger können auch Vorgehen, die zur vergleichenden Demokratiemessung zu rechnen sind, einen *kontrollierten qualitativen*[98] Charakter aufweisen (vgl. Beetham 1994; Beetham/Weir 2000; Saward 1994; Elklit 1994). Ihre Unterscheidung von den bereits genannten (quasi-objektiven) Verfahren liegt einzig in der Ablehnung einer Quantifikation der erzielten Forschungsergebnisse. Diese Ergebnisse beruhen nicht selten auf fast deckungsgleichen Sets von Indikatoren, zielen aber darauf ab, die in anderen Verfahren zusammengefasste Komplexität des Ergebnisses in voller Breite zu präsentieren.

Die wohl bekannteste qualitative Form der Demokratiemessung ist das Konzept des *democratic audit*, der eine geordnete Untersuchung verschiedener Demokratien anstrebt. David Beetham beschreibt mit ihm ein Vorgehen, welches seine Daten aus einem Pool an Informationen gewinnt und auf Standardisierungen und Quantifizierungen verzichten möchte. Die Umsetzung der Ergebnisse in Zahlen wird im Gegenteil sogar offensiv abgelehnt.[99]

Dieses Vorgehen steht damit ebenfalls im Widerspruch zu den institutionalistischen Ansätzen, welche wie die quantitative Demokratiemessung klare und eindeutige Klassifikationen von demokratischen Systemen anstreben. Üblicherweise umfassen „qualitative" Zugänge (wie der Beethams) eine Vielzahl an beschreibenden Einzelstudien zu Demokratien oder aber, sie verzichten vollständig auf eine kategorisierende Systematisierung der erzielten Ergebnisse.

Die Ansätze der Demokratiemessung können folglich aufgrund ihres Vorgehens in

a.   Demokratiemessungen mit einem stärker institutionalistischen Grad der Messung (Lijphart, Polity; Bollen),
b.   objektiv-partizipatorische (Vanhanen),
c.   eine auf die Messung der Verfassungswirklichkeit ausgerichtete Untersuchungsanlage (Freedom House) und
d.   qualitative Ansätze (democratic Audit, Saward, Elklit) unterschieden werden.

---

[98]   Qualitativ ist hier im Sinne der soziologischen qualitativen Forschung zu verstehen. Einzelne Forschungsansätze, die im Folgenden näher erläutert werden, nutzen Fragekomplexe ähnlich denen eines strukturierten Interviews, um die Qualität einer Demokratie zu bewerten. Dabei ist allerdings die Verwendung des Begriffes qualitativ höchst unklar, wird sie doch in der Politikwissenschaft oftmals fälschlicherweise, d.h. auch für weitgehend ohne Einsatz von empirischen Methoden arbeitende Untersuchungen verwendet. Dazu mehr in Kapitel 2, welches sich ausführlicher mit Fragen der vergleichenden Methode auseinandersetzt.
[99]   Zu Einschränkungen bzw. Zugeständnissen an die quantifizierend arbeitende Forschung vgl. Kap. 4.4.

Dieser grobe Orientierungsrahmen ist für eine Einordnung der inhaltlichen Gegenstandsangemessenheit der Messinstrumente hilfreich, muss aber nicht zur Auswahlgrundlage für die eigene Analyse werden. Auch andere Trennlinien, z.B. die einbezogenen theoretischen Dimensionen von Demokratie (Freiheit, Gleichheit, Partizipation, Wettbewerb und Kontrolle), können hierfür Anwendung finden.

Will man die eingangs angesprochene Begriffsdebatte noch einmal kurz aufnehmen, so könnte man viele der qualitativen Studien gut unter den Begriff der Demokratieforschung summieren. Ob sie als Vorgehen der Demokratiemessung anzusehen sind, bleibt angesichts ihrer Distanz zur Quantifikation und Zusammenfassung der Einzelbefunde offen. Will man beide Begriffe ein wenig systematischer auseinanderhalten, so sind zwei Unterscheidungsmerkmale zwischen der Demokratie*forschung* und der Demokratie*messung* hilfreich:

1. Bezieht sich der Begriff der Demokratieforschung[100] generell auf alle Arten der wissenschaftlichen Betrachtung von Demokratie, konzentriert sich die Demokratiemessung auf die (meist quantitativ) *empirische Analyse von Demokratie*.
2. Auch wenn die Demokratieforschung nicht unbedingt vergleichend angelegt sein muss und sie auch hauptsächlich durch Fallstudien einzelner Länder geprägt ist, so ist die Demokratiemessung von der Grundkonzeption her doch *vergleichend angelegt*.

Da in der vorliegenden Publikation die vergleichende Perspektive eine zentrale Bedeutung einnimmt, erscheint die vorgenommene Konzentration auf die analytischen Vorgehensweisen der Demokratiemessung vertretbar. Dies soll nicht bedeuten, dass andere Zugänge der Demokratieforschung unbedeutend oder zu vernachlässigen sind. Im Gegenteil, gerade sie produzieren wichtige Tiefenanalysen in ausgewählten Ländern, die wiederum wichtige Erkenntnisarbeit für die Erforschung und Bestimmung von Demokratie leisten. Damit stützen sie sie – neben ihrer eigenständigen Bedeutung – auch die vergleichende Analyse von Demokratie, wenn sie nicht sogar nach bestimmten Kriterien zur vergleichenden Vorgehensweise zu rechnen sind.

In den folgenden Abschnitten dieses Kapitels werden einige Ansätze der empirischen Demokratiemessung in der gebotenen Kürze dargestellt und disku-

---

[100] Auch Schmidt (2000: 307) behandelt die Verfahren der Demokratiemessung – allerdings zusammen mit weiteren vergleichenden Demokratietheorien realistischer Prägung – unter dem Begriff der „vergleichenden Demokratieforschung". Im angelsächsischen Sprachraum findet sich sehr häufig die Begrifflichkeit des „Measurement of Democracy" oder des „Measurement of the Quality of Democracy".

tiert. Ausgehend von den auch demokratietheoretisch getragenen Überlegungen Robert Dahls (4.2.1), werden die Ansätze von Michael Coppedge und Wolfgang H. Reinicke (4.2.2), David Beetham (democratic audit; 4.4) und die Weiterentwicklung seines Ansatzes bei IDEA, Kenneth Bollen (4.2.3), Keith Jaggers und Ted Gurr (Polity; 4.2.4), Tatu Vanhanen (4.3) sowie der New Yorker Gruppe Freedom House (4.5) dargelegt.

Nicht ausführlich behandelte Vorgehen mit Potential für die Messung von Demokratie (vgl. Arat, Alvarez, Bertelsmann Transformationsindex (BTI), Konzept der defekten Demokratie (Merkel, Croissant), Elklit, Gasiorowski, Hadenius, Saward) werden im Anschluss an die Einzeldarstellungen im Abschnitt 4.6 kurz aufgenommen und kursorisch diskutiert. Dieser Präsentation folgt der Einblick in die Leistungsfähigkeit der Demokratiemessung anhand eines Überblicks über einige Ergebnisse (siehe hierzu auch im Anhang Abbildung A1 mit verschiedenen Messergebnissen zu einer breiten Zahl an Ländern), die durch eine kurze Debatte der Konsistenz von Demokratiemessungsinstrumenten (4.7), ihrer Schwächen (4.8) und ihrer Nutzenfunktion (4.9) komplettiert wird. Das Kapitel schließt (4.10) mit einer Betrachtung der Verbindungsmöglichkeiten von vergleichender politischer Kulturforschung und Demokratiemessung.

Memobox 11:
Grundlagen der Demokratiemessung

* Demokratiemessung ist die *empirisch vergleichende Analyse von Ländern,* d.h. sie analysiert Staaten auf der Makroebene.
* Häufig handelt es sich um *quantitativ* vergleichende Zugänge, aber auch systematisch-vergleichende qualitative Konzepte finden sich (vgl. Beetham; Elklit; Bollen).
* Die Demokratiemessung unterscheidet sich von der *Demokratieforschung* durch die Einengung ihres Wirkungsbereiches.
* Primäres Ziel der Demokratiemessung ist die *Klassifikation* von Demokratien und die Erstellung einer *Typologie* von Demokratien, die auf bestimmten Kriterien beruht sowie die Abgrenzung demokratischer von nicht-demokratischen Systemen.
* Gelegentlich finden sich sogar Messungen, die nur Trennungen zwischen Demokratien und Nichtdemokratien ohne die geringste Abstufung erstellen.
* Als Kernkonzept der Demokratieforschung müssen die Gedanken von *Robert Dahl* (1971) verstanden werden, die sich in fast allen neueren Demokratiekonzepten wieder finden.
* Es existieren verschiedene Konzepte der Demokratiemessung, welche sich hauptsächlich durch die Konstruktion von *Indizes* zur Messung *demokratischer Qualität* hervortun.
* Die Demokratiemessung greift auf einen *prozeduralistischen* (also an Verfahren orientierten) Demokratiebegriff zurück.
* Demokratie erfährt ihre Legitimation in der prozeduralistischen Denkweise aus den Rechte und Freiheiten absichernden *Verfahren.* D.h. die Demokratiemessungsinstrumente können (a) die institutionellen Rahmenbedingungen (Installierung von Rechten zur Bewahrung von Freiheit und politischen Mitwirkung) und/oder (b) die Gewährleistung von Rechten und Freiheiten (Implementation und Umsetzung von Freiheitsrechten) als Grundlage ihrer Erfassung verwenden.
* Den betrachteten Freiheiten und Bürgerrechten liegen hauptsächlich die Dimensionen *Partizipation* und *Wettbewerb* zugrunde.
* Die Demokratiemessung hat sich seit den 1980er Jahren in der Politikwissenschaft weiter ausgebreitet und weist mittlerweile ein breites Spektrum an Demokratiemessinstrumenten auf.

4.2 Institutionelle Ansätze der Demokratiemessung

4.2.1 Das Polyarchie-Konzept Robert Dahls

Als eine der wichtigsten Grundlagen der modernen Qualitätsmessungen der Demokratie ist die Konzeption einer „Polyarchie" (Dahl 1971; 1989) oder „poly-archischen Demokratie" (Dahl 1998: 90) anzusehen. Die Typologisierung von Polyarchie durch Robert Dahl gilt mittlerweile als Hauptbezugskonzept der pro-zeduralistischen Definition von Demokratie und dient vielen elaborierten Mes-sungsformen von Demokratie als Ausgangspunkt. Dahl definiert Polyarchie in Abgrenzung von älteren Verwendungen dieses Begriffs als institutionelles Ar-rangement, das öffentliche Opposition ermöglicht und das Recht, in der Politik zu partizipieren, festschreibt. Schmidt (2000: 393) fasst diese Definition kurz als „Repräsentativdemokratien des 20. Jahrhunderts mit allgemeinem Männer- und Frauenwahlrecht" zusammen. Sie kann mittels verschiedener Herangehenswei-sen erklärt werden. *Polyarchie* ist:

1. ein *Ergebnis historischer Entwicklungen*, die den Bemühungen um Libera-lisierung und Demokratisierung politischer Institutionen der Nationalstaaten geschuldet sind;
2. ein bestimmter *Typ politischer Ordnungen* oder Regime, die sich in wichti-gen Punkten von allen nicht demokratischen Systemen ebenso unterscheidet wie von frühen Demokratien mit kleinen Bevölkerungszahlen;
3. ein *System politischer Kontrolle*, in dem die hohen Regierungsmitglieder eines Staates ihre Ämter in Wahlen gewinnen müssen, die dem politischen Wettbewerb mit anderen Kandidaten, Parteien und politischen Gruppierun-gen unterworfen sind;
4. ein System bestimmter politischer Rechte;
5. ein *Set politischer Institutionen*, die für eine Demokratie mit grosser Bür-gerschaft notwendig sind (Dahl 1989: 218-219).

Memobox 12:
Demokratiebegriff bei Dahl

Eine Demokratie zeichnet sich durch

a. wirksame Partizipation,
b. gleiches Wahlrecht,
c. authentische, aufklärerische Willensbildung,
d. Inklusion aller Erwachsenen und
e. Erlangung letztendlicher Kontrolle über die Agenda der Politik seitens der Gesamtheit der Stimmberechtigten aus

(vgl. Dahl 1997, 1998: 38-39; zitiert nach Schmidt 2000: 393-394).

Allgemein betrachtet weist eine Polyarchie zwei Charakteristika auf, die sie von allen anderen politischen Systemen unterscheidet: Ein relativ hoher Anteil der Erwachsenen genießt die Rechte der Bürgerschaft (im Unterschied zu Exklusivsystemen, in denen bestimmte große Bevölkerungsgruppen von den Bürgerrechten ausgenommen sind) und diese Rechte umfassen die Möglichkeit, die höchsten Regierungsmitglieder aus dem Amt zu wählen (im Unterschied zu modernen autoritären Regimen; Dahl 1989: 220-221). Von der Demokratie, die Dahl als das unerreichbare Leitbild auf einem Entwicklungskontinuum ansieht, unterscheidet sich die Polyarchie durch

1. einen gewissen Imperfektionsimus. *Demokratie ist das Ideal*, das kein Staat bisher erreicht hat. Polyarchie ist ein institutionelles Arrangement, das diesem Ideal nahe kommt, es aber nicht erreicht (vgl. Dahl 1971: 9-10).
2. den dimensionalen Charakter. Es gibt *verschiedene Qualitätsstufen* der Polyarchie, die von Hegemonie – Abwesenheit von Polyarchie – bis zu voller Polyarchie reichen.
3. relativ *moderate Kriterien*, d.h. weil Polyarchie sich mit nicht perfekten Annäherungen beschäftigt, ist der verlangte Standard für die meisten polyarchischen Regime eher niedrig. Das Konzept beschränkt sich auf die grundlegenden institutionellen Anforderungen der Demokratie (eigentlich Polyarchie).
4. den allgemeinen Bezug auf die *nationale Ebene* des politischen Regimes (vgl. Dahl 1971: 10-14). Polyarchie berücksichtigt keine unterschiedlichen

Demokratiequalitäten auf den diversen Ebenen des politischen Gemeinwesens, z.B. Länderstruktur oder betriebliche Mitbestimmung.

5. den *Verzicht* auf die Voraussetzung bestimmter Erfolge bei der Herstellung *sozioökonomischer Gleichheit* für die Einstufung als volle Polyarchie.

Ein wichtiger Punkt ist anzumerken: Polyarchie bezieht sich einzig auf den politischen, keinesfalls auf den sozialen oder wirtschaftlichen Aspekt von Demokratie. Diese Bereiche werden als eigenständig und unabhängig angesehen, sie können aber Einfluss auf die politischen Ausprägungen besitzen, was jedoch eine empirische Frage und keine theoretische Implikation ist, die für die Entscheidung einer Zuordnung zur Polyarchie von Bedeutung ist. Ehe jedoch ein politisches System Polyarchie genannt werden darf, müssen nach Dahls (1971: 3) Ansicht mindestens folgende acht Institutionen in einer politischen Ordnung verankert sein:[101]

Memobox 13:
Die Prinzipien einer demokratischen Ordnung bei Dahl

1. Freiheit, Organisationen zu gründen und ihnen beizutreten
2. Meinungsfreiheit
3. aktives Wahlrecht
4. passives Wahlrecht
5. Recht politischer Führer, um Unterstützung zu werben
6. Informationsfreiheit
7. freie und faire Wahlen
8. Institutionen für die Politikgestaltung der Regierung (Exekutive) unterliegen der Wahl und anderen Möglichkeiten, Präferenzen auszudrücken

In Massendemokratien befähigen diese Rechte die Bürger Präferenzen zu formulieren, Präferenzen deutlich zu machen und für diese Präferenzen bei der Regierung gleichgewichtete Berücksichtigung zu finden. Die Liste beinhaltet Freiheitsrechte (1, 2, 6, 7) und die Gewährleistung von Partizipationsrechten (1, 3, 4,

---

[101] Schmidt (2000: 394) klassifiziert abweichend folgende sieben Kriterien: (1) Wahl und Abwahl der Amtsinhaber; (2) regelmäßig stattfindende freie und faire Wahlen; (3) inklusives Wahlrecht in dem Sinne, dass alle oder nahezu alle Erwachsenen bei der Wahl von Amtsinhabern aktiv und passiv wahlberechtigt sind; (4) freie Meinungsäußerung; (5) Informationsfreiheit; (6) Organisations- und Koalitionsfreiheit zur Bildung politischer Parteien und Interessengruppen; (7) ein „inklusiver Bürgerschaftsstatus".

5, 8). Dadurch, dass diese Rechte über *Verfahren* abgesichert werden sollen, entstehen prozedurale Kontrollen von Rechtsstaatlichkeit, welche die Polyarchie (und übertragen Demokratie) sichern sollen. Entsprechend werden die Institutionen auch als sogenannte *„prozedurale Minima"* bezeichnet.

Sie dienen als „minimale" Grundlage der Absicherung von Polyarchie mit zusätzlichen Möglichkeiten in Richtung des demokratischen Ideals. Generell wird dem *politischen Wettbewerb* eine zentrale Bedeutung eingeräumt. So rekapituliert Lauth (2004: 270): „Insgesamt dominieren die Skalentypen der Wettbewerbsskala die Rangordnung" (vgl. auch Weir 1994). Daneben wird noch der Partizipationsgrad der Bürger explizit berücksichtigt, ohne aber die überragende Bedeutung des Wettbewerbsgrades zu erreichen.

In einem späteren Beitrag thematisiert Dahl (1989) noch die *Entwicklungsbedingungen für eine Polyarchie* bzw. deren Erhalt. Dabei handelt es sich um:

1. ...die Zerstreuung oder Neutralisierung von Mitteln zur Gewaltausübung, eine Bedingung, die sich insbesondere in der *zivilen Kontrolle des Militärs* und der Polizei ausdrückt.
2. ...die Existenz einer modernen, dynamischen und pluralistischen Gesellschaftsform. Sie spiegelt sich u.a. in einem relativ hohen Wohlstandniveau, einem hohen Verstädterungsgrad sowie einer breiten Verteilung von hohen Bildungsabschlüssen wider.
3. ...eine kulturelle möglichst homogene Gesellschaft. Sie zeichnet sich durch die Abwesenheit von größeren Subkulturausbildungen aus bzw. durch eine „consociationale"[102] Ausprägung der Subkulturen in heterogenen Gesellschaften.
4. ...das Bestehen einer breiten Unterstützung in der Bevölkerung oder die Existenz einer die Institutionen der Polyarchie unterstützenden politischen Kultur (siehe Kapitel 3).
5. ...ein Ausbleiben von Interventionen fremder (feindlicher) Mächte.

Diese Bedingungen sind die Grundlage für die Entwicklungsprozesse zur Polyarchie oder aber auch das Ausbleiben einer solchen Entwicklung. Drei allgemeine Bedingungskonstellationen werden aufgeführt: günstige Bedingungen, ungünstige Bedingungen, gemischte bzw. schwankende Bedingungen. Dabei werden folgende Muster der Entwicklung einer Polyarchie als möglich erachtet:

---

[102] Consociational ist eine Gesellschaft, wenn sie einer Spaltung (in religiöse, ethnische, regionale Segmente) unterliegt, dabei aber durch große Koalitionen und Autonomie der Segmente gekennzeichnet wird (Schmidt 1995: 196-197).

NPR ist ein nicht-polyarchisches Regime ("a nonpolyarchal regime"), P eine Polyarchie:

1. günstige Bedingungen   NPR → stabile Polyarchie (P)
2. ungünstige Bedingungen NPR → NPR
3. gemischte Bedingungen
   A: Zusammenbruch   NPR → P → NPR
   B: Erneute Entwicklung NPR → P → NPR → P
   C: Schwankungen   NPR → P → NPR → P →NPR

Es zeigt sich, dass sehr unterschiedliche Bedingungen vorherrschen können, die eine Polyarchie (P) oder ein nicht-polyarchisches System (NPR) bedingen können. Entsprechend ist der Ansatz von Dahl besonders gut geeignet, Voraussetzungen für Polyarchien, zeitliche Entwicklungen und Übergänge zwischen den Polyarchie-Dimensionen zu analysieren (vgl. Dahl 1971: 202-207). Die praktische Bedeutung der Dahl'schen Bestimmung von Polyarchie (und Demokratie) wird aber von ihrem richtungsweisenden Charakter für die weitere Demokratiemessung erheblich übertroffen. So sind die acht Prinzipien der Polyarchie als Kernbestandteile demokratischer Systeme in fast allen neueren Versuchen der Demokratiemessung aufzufinden. Ganz besonders deutlich wird dies bei der Messung von Freedom House, auf die im weiteren Verlauf dieses Kapitels noch gesondert eingegangen wird (Kapitel 4.5). Somit sind die theoretischen Betrachtungen Dahls zu den prozeduralen Minima von wesentlicher Bedeutung für den gesamten Bereich der Demokratiemessung.

   Kritisch anzumerken ist, dass sich mit der Begrifflichkeit der Polyarchie Probleme in der Verwendung als Demokratiekonzept ergeben, die letztendlich nicht ganz auflösbar sind. So bezeichnet eine Polyarchie definitorisch die "Herrschaft der Vielen" – aber nicht von Allen. Entsprechend wird ein deutlicher Akzent in Richtung eines repräsentativen politischen Systems gesetzt. Dies drückt sich auch in der Ausrichtung der Kriterien aus, die eher an eine "elektorale Demokratie" erinnern. Rechtliche Prämissen werden genauso wenig als eigenständige Indikatoren fixiert, wie ein möglicherweise zu starker Fokus auf die Freiheiten im politischen Prozess gelegt wird. Dagegen finden soziale Freiheiten und humanistische Grundbedingungen (Menschenrechte) kaum Einlass in die Konzeption von Dahl. Zudem wird der institutionelle Kontrollsektor kaum beachtet. "Der gesamte Bereich der *accountability* und der rechtsstaatlichen Kontrolle wird durch die acht Garantien nicht angemessen berücksichtigt" (Lauth 2004: 273).[103]

Insgesamt aber hat das Konzept von Dahl einen bleibenden Eindruck in der Demokratiemessung hinterlassen, was wohl hauptsächlich auf die Kompaktheit des Messkataloges und die daraus resultierende Vergleichbarkeit der Ergebnisse der Messung zurückzuführen ist. Dabei ist darauf zu verweisen, dass das theoretische Gerüst der Demokratieanalyse Dahls in den letzten Jahren fortwährend zeitgemäße Anpassungen erfuhr (vgl. Dahl 1989, 1998).

Memobox 14:
Grundlagen der Polyarchie bei Dahl

* Definition ac*ht prozeduraler Mi*nima auf denen Polyarchie (Demokratie) beruhen sollte
* Das Parademodell eines prozeduralistischen Demokratieverständnisses
* Einführung des *Polyarchie*begriffes als reales Systemstadium auf einem Kontinuum mit dem Zielbild Demokratie
* *Leitvorstellung* des Denkens bei Dahl ist *Demokratie*
* Eher ein *theoretisches Konzept* denn eine empirische Messung von Demokratie (siehe Coppedge/Reinicke)
* Vorrang der *Wettbewerbsorientierung* des Systems dominiert andere Faktoren
* Berücksichtigung von *Partizipation* und Wahlrecht
* Einbezug der Informations- und Meinungs*freiheit*
* *Abschottung gegenüber Leistungsergebnissen* als Bestandteil der erfassung von demokratischer Qualität
* *Probleme* durch zu starke Konzentration auf Wettbewerb und einige Operationalisierungsprobleme
* Zu starker Überhang eines „*elektoralen"* Demokratie*modells
* Dahls Konzept besitzt eine zentrale *Bedeutung* für die *Weiterentwicklung* der Demokratiemessung und hat in der Folgezeit theoretische Ausgangsbasis für verschiedenste Versuche der Demokratiemessung gegeben.

---

[103]   Lauth (2004: 241) verweist zudem noch auf einige Probleme in den Operationalisierungen bei Dahl.

4.2.2 Polyarchiemessung nach Coppedge und Reinicke

Michael Coppedge und Wolfgang H. Reinicke verwenden das Polyarchie-Konzept Robert Dahls als Grundlage ihrer (Demokratie-)Messung. Sie untergliedern allerdings vier der acht Polyarchie-Kriterien weiter und zerlegen sie in feinere Indikatoren, welche eine konkrete Messung in einzelnen Untersuchungsstaaten zulassen. Damit wollen sie auch bis zu diesem Zeitpunkt gewonnene Erfahrungen aus technischen Problemen des Konzeptes von Robert Dahl in ihrem Messkonzept berücksichtigen. Dieses soll das Ausmaß ermitteln, in dem die untersuchten politischen Systeme die Mindestvoraussetzungen für eine Polyarchie erfüllen. Dabei sind reale politische Systeme als Maßstab angegeben und nicht das abstrakte Ideal einer Demokratie im Sinne Dahls (vgl. Coppedge/Reinicke 1990: 51). Die Autoren beanspruchen für ihre Messung eine weltweite Gültigkeit, eine hohe Validität und Unabhängigkeit von der Gewichtung einzelner Indikatoren sowie eine leichte Replikabilität.

Erleichtert wird ihr Vorhaben der Polyarchiemessung durch die konzeptionelle und operationelle Vorgabe der acht Dahl'schen Minimalkriterien für eine Demokratie. Vier dieser Kriterien – Wahlrecht, Meinungsfreiheit, Organisationsfreiheit und Informationsfreiheit – werden von Coppedge/Reinicke (1990) direkt in Variablen umgesetzt, die wiederum mehrere Ausprägungen annehmen können. Drei weitere Kriterien Dahls werden ebenso zur Variable „freie und faire Wahlen" zusammengefasst wie die Aspekte des aktiven und passiven Wahlrechts zur Variable „Wahlrecht".

Die Variablen wurden dann nochmals gemäß Dahl'scher Vorgabe zu den Dimensionen „öffentlicher Wettbewerb" (FAIRELT, FREORG, FREXT, ALTINF) und „Inklusivität" (SUFF) zusammengefasst (Coppedge 1995: 976):

FAIRELT (freie und faire Wahlen):
1. Wahlen ohne deutlichen oder routinemäßigen Betrug oder Einschüchterung.
2. Wahlen mit mäßigem Betrug oder Einschüchterung.
3. Keine aussagefähigen Wahlen: Wahlen ohne Auswahl der Kandidaten oder Parteien oder überhaupt keine Wahlen.

FREORG (Organisationsfreiheit)
1. Einige Gewerkschaften oder Interessengruppen werden möglicherweise schikaniert oder verboten, aber es gibt keine Beschränkung von rein politischen Organisationen.
2. Einige politische Parteien sind verboten und Gewerkschaften oder Interessengruppen werden schikaniert oder verboten, aber die Mitgliedschaft in einigen alternativen, nicht-staatlichen Organisationen ist erlaubt.
3. Die einzigen relativ unabhängigen Organisationen, die erlaubt sind, sind unpolitisch.

4. Unabhängige Organisationen sind nicht erlaubt. Alle Organisationen sind verboten oder werden von der Regierung oder der Partei kontrolliert.

FREXT (Meinungsfreiheit)
1. Die Bürger können ihre Meinung zu allen Themen ohne Angst vor Bestrafung äußern.
2. Regimekritiker werden eingeschüchtert, entweder durch informellen Druck oder systematische Zensur, aber die Kontrolle ist nicht umfassend. Das Ausmaß der Kontrolle reicht von selektiver Bestrafung von Dissidenten in Bezug auf eine begrenzte Anzahl von Sachfragen bis zu einer Situation, in der sich nur entschlossene Kritiker Gehör verschaffen können. Es gibt etwas Freiraum für private Diskussionen.
3. Jede Regimekritik ist verboten und wird wirksam unterdrückt. Die Bürger sind vorsichtig bei der Kritik an der Regierung selbst im privaten Bereich.

ALTINF (Informationsfreiheit)
1. Alternative Informationsquellen existieren und werden durch Gesetze geschützt. Wenn es eine bedeutsame Eignerschaft der Regierung an den Medien gibt, so werden sie durch tatsächlich unabhängige oder durch von mehreren Parteien besetzte Organe wirksam kontrolliert.
2. Alternative Informationsquellen sind weitgehend erhältlich, allerdings werden bevorzugt die Darstellungen der Regierung präsentiert. Das können die Auswirkungen der Einseitigkeit der Medien oder des besseren Zugangs zu Medien sein, die unter Regierungskontrolle stehen; gezielte Inhaftierung, Bestrafung, Verfolgung oder Zensur von regimekritischen Reportern, Verlegern oder Rundfunkbetreibern oder daraus resultierende geringe Selbstzensur.
3. Die Regierung oder die regierende Partei dominiert die Verbreitung von Informationen in einem solchen Ausmaß, dass alternative Informationsquellen nur im Bereich der unpolitischen Themen, für kurze Zeit oder für kleine Gruppen der Bevölkerung bestehen. Die Medien werden entweder fast alle durch die Regierung oder die Partei kontrolliert oder sie werden durch routinemäßige Vor-Zensur eingeschränkt; nahezu sichere Bestrafung von regimekritischen Reportern, Verlegern und Rundfunkbetreibern oder weitgehende Selbst-Zensur. Ausländische Medien können für eine kleine Gruppe der Bevölkerung erhältlich sein.
4. Es gibt keine öffentliche Alternative zur offiziellen Information. Alle Informationsquellen sind offizielle Organe oder diesen vollständig unterworfene private Quellen. Die Medien sind Instrumente der Indoktrination. Ausländische Publikationen werden in der Regel zensiert oder sind nicht erhältlich, ausländische Rundfunksendungen können unterbrochen werden.

SUFF (Wahlrecht)
1. umfassendes Erwachsenenwahlrecht
2. eingeschränktes Wahlrecht
3. Wahlrecht wird weiten Teilen der Bevölkerung vorenthalten
4. kein Wahlrecht

Nach einiger Forschungstätigkeit wurde die Variable „Wahlrecht" von Coppedge und Reinicke aus der Messung von Demokratie herausgenommen, weil sie aus Sicht der Forscher keinen signifikanten empirischen Beitrag zur Verbesserung der Messung von Polyarchien leisten konnte und zudem die durch die Forscher angestrebte Eindimensionalität der Messung aufgrund ihres Aufspannens einer zweiten Dimension „Partizipation" bzw. „Wahlrecht" verhinderte.[104]

Auf der Basis der verbleibenden vier Variablen führen Coppedge und Reinicke im Jahr 1986 eindimensionale Messungen auf der Basis der Dimension „öffentlicher Wettbewerb" zum politischen System von 170 Staaten durch.[105] Sie stützen sich dabei auf Aggregatdaten aus diversen Quellen, u.a. von Raymond Gastil/Freedom House, Charles Humana und Watch Committees/The Lawyers Committee for Human Rights. Diese Datenquellen[106] erlauben ihnen die Konstruktion einer Guttman-Skala[107] (Rep = .900)[108] mit den Eckwerten „vollständige Polyarchie" und „keine Polyarchie/Hegemonie"[109]. Die hier erstmals in die Demokratiemessung eingebrachte Guttmann-Skalierung sollte ihnen die Möglichkeit einer trennscharfen Unterteilung von Polyarchien und Autokratien eröffnen, ohne dabei die Möglichkeit von Zwischenstufen aus dem Blick zu verlieren.

---

[104] Die Varianz der Dimension „Inklusivität" gemessen durch ein umfassendes Erwachsenenwahlrecht war so gering, dass sie keinen Beitrag zur Qualitätsbestimmung der Polyarchie liefern kann. 85% der analysierten Staaten sahen in ihren Verfassungen ein allgemeines Wahlrecht vor. Sie wurden von den Forschern als „abweichende Fälle" für diese Dimension behandelt.

[105] Die Ergebnisse der Messungen von Coppedge und Reinicke sind in Anhang 1, Abbildung A1, detailliert aufgeführt. Eine ausführliche Diskussion der Messgenauigkeit der Operationalisierungen von Coppedge und Reinicke findet sich in Lauth (2004: 250).

[106] Die Datenquellen enthalten Informationen in verschiedenen Formaten – skalierte Indizes, Beschreibungen und Mischtypen. Für die Verwendung in der Polyarchieskala wurden sie durch Coppedge/Reinicke neu codiert und in die entsprechenden Variablen umgeformt. Der Problematik der Subjektivität der Kodierung (Kodiervorschriften) sowie der Schwierigkeit von möglichen Fehlern innerhalb der Datenquellen (Reliabilität) widmen sich die Autoren ausführlich in einem Beitrag 1990 (Coppedge/Reinicke 1990: 59).

[107] Weitere Erläuterungen zur Guttman-Skala als Instrumentarium der empirischen Sozialforschung sind bei Gehring/Weins (2002: 44-49) und Diekmann (1995: 237-244) zu finden.

[108] Der Wert fällt besser aus als bei den gleichen statistischen Prüfverfahren bei Robert Dahl, was in der gezielten Bereinigung der Indikatorenauswahl begründet sein dürfte. Diese ist aber theoretisch gesehen nicht immer problemfrei.

[109] Im Laufe der Indexkonstruktion ergab sich die Erkenntnis, dass es für die Bewertung der Länder als „nicht polyarchisch" keine Rolle spielt, ob es sich dabei um autoritäre oder totalitäre Systeme handelt (vgl. Coppedge/Reinicke 1990: 59).

Memobox 15:
Guttman-Skala am Beispiel der Polyarchiemessung

In der Polyarchieskala werden zunächst die Ausprägungen der Variablen FAI-RELT, FREORG, FREXT und ALTINF so sortiert, dass eine aufsteigende Reihenfolge der Abweichung vom Ideal der Polyarchie entsteht. Dabei wird angenommen, dass eine deutliche Abweichung auch eine weniger eindeutige beinhaltet. So würde z.b. eine vollständige Unterdrückung der Informationsfreiheit (ALTINF 4) auch die Zensur von Regimekritikern beinhalten (AL-TINF 2). Die Guttman-Skala ist eine Ordinalskala, d.h. es können nur Unterschiede im Sinne von „mehr" oder „weniger" (Rangfolge) ermittelt werden.

Es wird ein Schwellenwert angenommen, bis zu dem ein Item mit Sicherheit nicht zutrifft. Ist dieser überschritten, wird das Item mit Sicherheit als zutreffend bewertet. Die Beantwortungswahrscheinlichkeit springt am Schwellenwert von 0.0 auf 1.0. Ordnet man die Items nach der Stärke der Abweichung vom Polyarchieideal, so ist das Rating des jeweiligen Landes auf den vier Variablen gleich der Nummer des Items, die auf dieses Land zutrifft. Der Skalenwert gibt dann an, um wie viele Stufen ein Land vom Ideal abweicht. Der Perfect Scale Type benennt diese Abweichungen. In der Regel ist am Skalenwert zu erkennen, welche Defizite in einem Land zu finden sind; bei Abweichungen vom Idealtyp der Guttman-Skala gibt jedoch nur die Kombination von Skalenwert und Perfect Scale Type Aufschluss über die Art der Abweichung von der Polyarchie.

Ein Beispiel aus Coppedge/Reinicke (1990: 64): Der Scale Score von Israel in der Polyarchiemessung ist 1, d.h. Israel weicht in einem Item eine Bewertungsstufe vom Ideal der Polyachie ab. Scale Score 1 bedeutet in der Regel, dass eine schwache Abweichung vom Ideal der Polyarchie bei der Variable ALTINF vorliegt. Israel ist jedoch ein vom Idealtyp der Guttman-Skala abweichender Fall. Somit ist nur aus der Kombination von Scale Score (1) und Scale Type (1 1 2 1) zu erkennen, dass für Israel Verstöße gegen die Variable 3 (FREXT, Meinungsfreiheit) beobachtet wurden. Der Reproduzierbarkeitskoeffizient (Rep) misst diese Abweichungen von der perfekten Guttman-Skala, er gibt den Anteil der Bewertungen an, die ohne Fehler vorhergesagt werden können, wenn der Skalenwert bekannt ist. Die perfekte Skala besitzt einen Reproduzierbarkeitskoeffizienten von 1.00; Skalen mit bis zu 10% Fehler (Wert 0.9) gelten als zuverlässig.

$$Rep = 1 - \frac{Anzahl\ der\ Fehler}{Anzahl\ der\ Fälle\ *\ Anzahl\ der\ items}$$

Bei der Indexkonstruktion ergibt sich jedoch das Problem der Gewichtung. Welches Element der Dimension Wettbewerb ist wichtiger – Pressefreiheit oder Organisationsfreiheit? Kann man bürgerliche Rechte und Freiheiten überhaupt in eine Rangfolge bringen? Offensichtlich fällt bereits die Staffelung der Abweichungen vom Ideal bürgerlicher und politischer Freiheiten schwer, denn der Indikator FREORG erfasst beispielsweise zwei Kategorien – unpolitische Organisationen sind erlaubt und alle Organisationen sind verboten – in getrennten Stuen, während ähnliche Kategorien bei FAIRELT – keine aussagefähigen Wahen und überhaupt keine Wahlen – zusammengefasst werden. Damit wird die Ausprägung 3 des Indikators FAIRELT mehrdimensional. Eine gültige Begründung wäre, dass man den Begriff „aussagefähig" im Sinne von „Auswahl" zwischen Parteien und Kandidaten auffasst. Dann entsprechen nicht aussagefähige Wahlen im Ergebnis „keinen" Wahlen.

Der Vorteil einer Guttman-Skala liegt darin, dass sich diese Gewichtungsfragen so lange nicht stellen, wie die Bewertungen der Länder dem Skalentyp vollständig entsprechen. Dann geht jede Variable mit gleichem Gewichtungsfaktor in die Skala ein. Bewertet wird nur die Abweichung an sich. Abweichende Fälle können als solche dargestellt werden, ohne dass ein neuer Skalenwert benannt werden muss. Im Falle der Berechnung von Coppedge und Reinicke werden allerdings vier Guttman-skalierte Indikatoren verbunden – der Skalenwerte wird damit zweideutig und gewichtet diejenigen Indikaotren höher, die eine größere Zahl an Abweichungen zulassen (FREORG und ALTINF mit drei Abweichungen gegenüber FAIRELT und FREXT mit nur zwei Abweichungen).

Coppedge/Reinicke (1990: 56-57) unterscheiden zwei Arten von abweichenden Fällen – *„näherungsweise gleiche Varianten"* (maximal zwei Bewertungen weichen um maximal eine Stufe von idealen Skalentyp ab; z.B. Israel) werden in den entsprechenden Skalenwert eingeordnet, *„Anomalien"* (eine oder mehr Bewertungen weichen um zwei oder mehr Stufen vom Skalentyp ab bzw. drei oder mehr abweichende Bewertungen insgesamt; z.B. Liechtenstein) werden aus dem Ranking herausgenommen.

Polyarchie kann demnach zumindest grob auf einer eindimensionalen Skala bestimmt werden, wenn man annimmt, dass sich auch die Indikatoren für Polyarchie in eine Reihenfolge ihrer Wichtigkeit für die Aufrechterhaltung der Polyarchie bringen lassen:

FAIRELT > FREORG > FREXT > ALTINF

Dabei werden Typen der Abweichung vom Ideal benannt, allerdings kann innerhalb dieser Typen kein weiteres Länderranking erfolgen. Coppedge und Reinicke
weichen in diesem Punkt von Dahl dahingehend ab, dass sie die Annahme des
Kontinuums stärken wollen und deswegen keine Schwellenwerte für die Einschätzung von Demokratien oder Autokratien festsetzten.

Die Skala genügt den Anforderungen eines Vergleichs von bezüglich der
Kriterien einer Polyarchie ähnlichen oder differierenden politischen Systemen
sowie den Erfordernissen einer Checkliste, um beispielsweise Merkmale, die zu
Abweichungen vom Ideal geführt haben oder die Art des Defizits zu identifizieren. Zudem wirkt sich ihr Rückgriff auf weit mehr Datenquellen, als sie Robert
Dahl ursprünglich verwendet hat, günstig auf die Einordnungsqualität der Länder
aus. Ein Problem ihres Messvorschlages ist die fehlende Schwellenwertentschei-
dung, da sie keine begründete Differenzierung zulässt.

Der Ansatz von Coppedge und Reinicke unterliegt in vielen Punkten den
gleichen Einschränkungen wie bereits die Überlegungen von Robert Dahl, nach
dessen Kriterien er operationalisiert wurde. Die Analyse geht aber tiefer und
versucht eine präzisere Bestimmung von Polyarchie durch eine Abstufung der
einzelnen Kriterien des Dahl'schen Polyarchiekonzeptes. Es werden jedoch e-
benfalls nur die Minimalkriterien einer Polyarchie angegeben, ergänzende und
die Qualität der Demokratie verbessernde Elemente werden in Coppedge und
Reinickes Überlegungen nicht gemessen.

Die Autoren führen entschuldigend an, dass zu viele Ergänzungskriterien
vorstellbar seien und diese daher wohl überlegt in die Analyse einzuführen wären. Zudem schließen sie von der geringen Fruchtbarkeit der Messung der Partizipationsdimension durch Dahl auf deren Unbrauchbarkeit und entscheiden sich
(etwas unglücklich) zu einem vollständigen Verzicht auf diese Dimension, statt
sie in alternativer Form in ihr Konzept einzubauen. Dieses Vorgehen führt zu
einem Defizit in ihrem Demokratieverständnis, was sie an dieser Stelle hinter
einige alternative Messkonzepte zurückfallen lässt. Dennoch gelingt auf der
Basis der Minimalerfordernisse eine umfassende Länderanalyse, die gut als Ausgangspunkt für eine vergleichende Untersuchung der Qualität politischer Systeme geeignet ist.

Aufgrund des Ordinalskalenniveaus kann die Polyarchie-Skala nur im
Rahmen von loglinearen Modellen oder auf der Ebene der beschreibenden Analyse mit anderen Indizes verglichen werden. Auch sind keine Qualitätsvergleiche
innerhalb der Ländergruppen möglich. Dies gelingt nur durch eine Erweiterung
der Qualitätsmessung durch ergänzende Variablen, die erst bestimmt und operationalisiert werden müssen. Abhilfe kann hier ein Vergleich mit anderen Indizes
schaffen. So könnte z.B. die Stabilität und Konsolidierung des jeweiligen politi-

schen Systems berücksichtigt werden, um eine neue Qualitätsabstufung innerhalb der Polyarchien zu erreichen.

Die Interpretation der Polyarchie-Skala erscheint zunächst relativ einfach,
weil aus dem Skalenwert die Übereinstimmung bzw. genaue Abweichung vom
Ideal der Polyarchie mit einer Sicherheit von 90% bestimmt werden kann. Somit
sind Aussagen über diejenigen Variablen möglich, welche im jeweiligen Land
von der Idealkonfiguration abweichen. Sie ist jedoch komplizierter als es zunächst den Anschein hat: Für die genaue Bestimmung der Abweichung vom
Ideal benötigt man die Kriterien und Variablen sowie den genauen Wortlaut ihrer
möglichen Ausprägungen, den Skalenwert und Skalentyp, den das jeweilige
Land erreicht und/oder die Ratings auf der Polyarchieskala, die Copped-
ge/Reinicke (1990) im Anhang auflisten.

Bei genauer Kenntnis der Kodierungsvorschriften und der Aktualisierung
der Datenquellen ist die Polyarchie-Skala von einem Forscherteam relativ leicht
zu replizieren und auf den aktuellen Stand zu bringen. Sie findet allerdings in der
aktuellen Forschung bislang – auch aufgrund ihrer Begrenztheit in der inhaltlichen Reichweite – nur eine begrenzte Rezeption. Dies hat sicher nicht unwesentlich von der steigenden Bedeutung der bei ihnen eben gerade ausgelassenen
Partizipationsdimension zu tun.

Memobox 16:
Polyarchie-Skala nach Coppedge und Reinicke

---

* Coppedge/Reinicke setzen die Minimalkriterien Robert Dahls zur Beschreibung einer idealen Polyarchie in eine *Guttman-Skala* zur Messung der Qualität politischer Systeme um.
* Diese Messung verzichtet auf die Dimension „Inklusives Wahlrecht" und stützt sich lediglich auf die Dimension „*Wettbewerb*". Diese wird anhand von vier Variablen – freie und faire Wahlen, Organisationsfreiheit, Meinungsfreiheit und Informationsfreiheit – gemessen, die bis zu vier Ausprägungen von „voll gewährleistet" bis „überhaupt nicht gewährleistet" annehmen können.
* Der Ausschluss der Partizipation äußert sich in einem gewissen *Demokratiedefizit* auf dem theoretischen Sektor.
* Auf der Dimension „Wettbewerb" können *Rangfolgen der Übereinstimmung mit einer Polyarchie* erstellt werden, die von „Polyarchie" bis „keine Polyarchie/Hegemonie" reichen.
* Durch Einbezug *verschiedener Datengrundlagen* kann bei der Polyarchie-Skala von Coppedge und Reinicke eine wesentliche Verbesserung der Ergebnisse gegenüber Dahl erzielt werden.
* Die Guttman-Skala ist relativ *einfach zu interpretieren*, erlaubt aber nur eine Aussage darüber, ob politische Systeme „mehr" oder „weniger" mit den Polyarchie-Kriterien übereinstimmen.
* Das *Fehlen von Schwellenwerten* und die Konzentration auf eine rein kontinuierliche Betrachtungsweise von Polyarchie erweist sich als teilweise problematisch für die Interpretation der Ergebnisse.
* Vergleiche sind nur *zwischen* den Bewertungsgruppen, jedoch nicht *innerhalb* der Gruppen möglich. Dazu bedürfte es einer genaueren Qualitätsbestimmung.
* Die Vorgehensweise von Coppedge und Reinicke erweist sich als Fortschritt in der Demokratieerfassung, obwohl sie in ihrer Reichweite begrenzt ist.

4.2.3 Politische Kontrolle und Volkssouveränität als Merkmale demokratischer Systeme bei Bollen

Einen ähnlichen Weg der Demokratiemessung schlägt Kenneth Bollen ein. Auch er setzt in seinem 1979 entwickelten Demokratieindex subjektive Bewertungen der Qualität von Demokratien in „objektive" Zahlen um. Sein Ideal, das über die Qualität demokratischer Systeme entscheidet, ist die liberale Demokratie, andere Demokratieformen werden ausgeblendet.

Ein demokratisches politisches System wird zunächst bestimmt durch „*das Ausmaß, in dem die politische Macht der Eliten minimiert und die der Nicht-Eliten maximiert wird*" (Bollen 1990: 9; Übersetzung der Verfasser). Politische Macht bezieht sich auf die Fähigkeit, das nationale Regierungssystem zu kontrollieren. Die politischen Eliten sind diejenigen Mitglieder der Gesellschaft, die eine disproportionale Machtfülle besitzen. Dazu gehören Mitglieder der Exekutive, Judikative und Legislative ebenso wie die Führer politischer Parteien, der Regierungen auf lokaler Ebene, von Wirtschaftsverbänden, Gewerkschaften, Berufsverbänden oder Kirchen (vgl. Bollen 1990: 9). Das Ausmaß politischer Demokratie wird am relativen *Machtgleichgewicht* zwischen Eliten und Nicht-Eliten gemessen. Wo die Bürger wenig Kontrolle über Eliten ausüben können, ist wenig politische Demokratie zu finden, wo die Eliten den Bürgern verantwortlich sind, herrscht mehr politische Demokratie.

Eine liberale Demokratie definiert Bollen (1993: 1208 sowie 1980, 1986) als „*das Ausmaß, in dem ein politisches System politische Freiheiten und demokratische Herrschaft ermöglicht*" [Übersetzung der Verfasser]. Diese Definition stützt er zum einen auf die angenommene Verbreitung, Bedeutung und Allgemeingültigkeit der liberalen Demokratie, zum anderen auf ähnliche Konzepte bei Schumpeter (1950), Lipset (1981), Huntington (1984), Vanhanen (1990), Lenski (1966), Therborn (1977), Casanova (1970) und Dahl (1971).

Bollens Begriffsbestimmung legt zwei Dimensionen liberaler politischer Demokratien (POLDEM) fest: Politische Freiheiten (political liberties) und demokratische Herrschaft (democratic rule; in älteren Aufsätzen Bollens auch als politische Rechte (political rights) bezeichnet). Die meisten Eigenschaften einer politischen Demokratie können nach Bollens Ansicht in eine der beiden Kategorien eingeordnet werden (vgl. Bollen 1980: 375-377).

Politische Freiheiten beschreiben die Möglichkeit der Bürger eines Landes ihrer politischen Meinung in allen Medien Ausdruck zu verleihen und politische Vereinigungen zu gründen sowie Mitglied in politischen Gruppierungen zu werden. Gemessen werden die Ausprägungen der politischen Freiheiten anhand der Verwirklichung von:

- (Y$_1$) *Pressefreiheit*: Ausmaß an Kontrolle, die durch offizielle Stellen über die Verbreitung und Diskussion von Nachrichtenmeldungen ausgeübt wird (neun-Punkte-Skala),
- (Y$_2$) *Freiheit zu organisierter Opposition*: Ausmaß, in dem organisierte Opposition erlaubt ist (vier-Punkte-Skala: keine Oppositionspartei bis freie Oppositionstätigkeit aller Parteien möglich)
- (Y$_3$) *Regierungssanktionen*: Maßnahmen seitens der Regierung, die politischen Aktivitäten von einer oder mehreren Bevölkerungsgruppen einschränken. Dazu gehören Zensur der Massenmedien, das Verhängen einer Ausgangssperre, das Verbot oder die Einschüchterung politischer Parteien und die Verhaftung von Mitgliedern oppositioneller Parteien (Anzahl der Vorfälle).

Demokratische Herrschaft (oder politische Rechte) bezieht sich auf die Responsivität der Regierenden gegenüber den Regierten und auf die Berechtigung des Individuums entweder direkt oder durch Repräsentanten an der Regierung teilzunehmen. Indikatoren zur Messung demokratischer Herrschaft sind:

- (Y$_4$) *Fairness der Wahlen*: Ausmaß, in dem die Wahlen frei sind von Korruption und Zwang. Die Bewertung richtet sich danach, ob eine echte Kandidatenauswahl besteht, ob die Wahlen durch eine parteiunabhängige Verwaltung durchgeführt werden, ob die Wahlen manipuliert werden und ob die Ergebnisse der Wahlen für alle Parteien bindend sind (vier-Punkte-Skala: keine Wahlen bis freie und wettbewerbsorientierte Wahlen).
- (Y$_5$) *Auswahl der Exekutive*: Bestimmung des Chefs der Exekutive durch Wahl oder nicht.
- (Y$_6$) *Auswahl der Legislative*: Wahl der Legislative oder nicht (dichotome 0-1-Skala) und Effektivität der Legislative (Effektivität (1-3) multipliziert mit 0 bzw. 1 aus der Wahl-Skala). Die höchsten Bewertungen erhalten politische Demokratien mit einer gewählten und effektiven Exekutive, die niedrigsten diejenigen Länder, die keine Wahlen durchführen oder keine gewählte Legislative besitzen.

Jeder Wert dieser sechs Indikatoren wird linear in eine Skala von 0 bis 100 transformiert.

$$\text{POLDEM} = \frac{Y_1 + Y_2 + Y_3 + Y_4 + Y_5 + Y_6}{6}$$

POLDEM variiert damit auch insgesamt zwischen 0 und 100. Diese „Endpunkte" der Skala markieren jedoch nicht gleichzeitig das Ende einer möglichen Entwicklung eines Landes, d.h. 0 bedeutet nicht, dass die Bevölkerung überhaupt
keine politische Macht besäße und 100 ist nicht mit einer völligen Machtlosig-
keit bzw. Nichtexistenz politischer Eliten gleichzusetzen. Sie geben einzig Be-
zugsgrößen für die Ausbildung eines Kontinuums an. Bollen unterzieht seinen
Index einer ausgedehnten Validitäts- und Reliabilitätsprüfung, in der er sowohl
eine hohe interne und externe Validität als auch eine hohe Zuverlässigkeit der
Messung demokratischer Qualität durch die sechs Indikatoren nachweist (vgl.
Bollen 1980: 377-384).

Der Grad der Verwirklichung der Indikatoren zur Messung der Qualität der
Demokratie kann dabei in allen politischen Systemen variieren, auch innerhalb
der sog. etablierten demokratischen politischen Ordnungen oder innerhalb von
Industriestaaten. Bollens Vorstellung der *Messung einer politischen Demokratie*
ist die Vorstellung eines Kontinuums, keinesfalls sei Demokratie dichotom oder
kategorial zu bestimmen. Länder mit unterschiedlichen Ausprägungen demokratischer politischer Systeme würden dann ein und derselben Kategorie zugeordnet, ein Vorgehen, das alle Qualitätsunterschiede zwischen Demokratien gleicher
Kategorie verwischt (vgl. Bollen 1990: 14-19; Bollen/Jackman 1989). Nach
Möglichkeit sollten auch jährliche Bewertungen der politischen Systeme vorgenommen werden, um Veränderungen der politischen Demokratie sowie ihre
Ursachen und Wirkungen besser erforschen zu können.

Ebenso irreführend wie dichotome Demokratiemessungen sind nach Ansicht Bollens Qualitätsbestimmungen, die gleichzeitig die Stabilität der Demokratie miterfassen möchten. Dichotomie und Stabilitätsbestimmung anhand der
„Lebenszeit" der Demokratie in einem Index vermengt nicht nur unterschiedliche Qualitätskategorien und -ausprägungen sowie unterschiedliche Ursachen und
Konsequenzen demokratischer Herrschaft, sondern ignoriert auch Qualitäts-
schwankungen und macht die Güte einer Demokratie auch von der Dauer der
Existenz einer Nation abhängig (vgl. Bollen 1990: 15-16).[110]

Um den Demokratie-Index nicht durch eine Kombination von genuinen
Merkmalen der Qualität politischer Demokratie mit Eigenschaften anderer Aspekte von demokratischen Systemen – Stabilität, Sozialstaat, Wirtschaftssystem
oder Parteiensystem – zu verfälschen, schließt Bollen eine Ergänzung des Index
um weitere Indikatoren aus (vgl. Bollen 1990: 12-13; Bollen/Jackman 1989).
Partizipation, Parteienwettbewerb, der Anteil kleinerer Parteien an den Wähler-
stimmen als Ausdruck des Parteienwettbewerbs und Wahlbeteiligung werden als

---

[110]   Damit steht Bollens Ansatz im Gegensatz zur politischen Kulturforschung, welche die Stabili-
        tät der Demokratie als ein Kriterium für ihre Qualität betrachten.

Maße für Demokratiequalität ebenso verworfen wie die Konstellation des Parteiensystems (vgl. Bollen 1990: 14-16, 1993: 1209-1210). Das allgemeine Wahlrecht sei inzwischen zu weit verbreitet, um noch als Qualitätsindikator einsetzbar zu sein. Beschränkungen der Partizipationsmöglichkeiten entweder durch Behinderung einer freien und fairen Wahl oder durch Einschränkung des Parteienwettbewerbs fallen unter Bollens Dimension der „demoratischen Herrschaft". Darüber hinaus ist der Indikator „Wahlbeteiligung" nach Bollens Ansicht zu leicht als Spielball aller möglichen politischen Versuche zu missbrauchen, durch eine hohe Wahlbeteiligung eine Legitimation für das jeweilige politische System zu erhalten (z.b. durch Wahlpflicht und Wahlzwang). Unterschiedliche Motivationen wirken sich auch in funktionierenden Demokratien auf die Beteiligung an Wahlen aus: Politische Apathie beeinflusst das Partizipationsverhalten unter Umständen genauso negativ wie umfassende Zufriedenheit mit der Arbeit der Regierung (vgl. Bollen 1986: 571).

Eine Beurteilung der Qualität einzelner Demokratien in eindeutige Maßzahlen umzusetzen, ist laut Bollen (vgl. 1990, 1993) aus mehreren Gründen durchaus vorteilhaft: Objektive Maße, wie z.b. die Wahlbeteiligung, können wesentliche Aspekte wie Meinungsfreiheit, Versammlungsfreiheit und die korrekte Durchführung nationaler Wahlen bzw. eine Verletzung dieser Prinzipien nicht erfassen. Repressalien sind oft nicht mit „objektiven" Indikatoren zu messen, die Bewertung durch Wissenschaftler anhand „subjektiver" Kriterien kann solche Vorkommnisse in die Qualitätsbestimmung einbringen.

Sein „objektivierter" subjektiver Index politischer Demokratie bestimmt deshalb auch beobachtete und keine absoluten Werte. Kleine Differenzen zwischen einzelnen Staaten sind nicht automatisch mit Qualitätsunterschieden der dort herrschenden Demokratien gleichzusetzen. Nachteile einer „subjektiven" Messung entstehen seiner Ansicht nach vor allem während des Bewertungsvorganges: Die Forscher können zufällige und systematische Messfehler verursachen, welche die Bewertung nutzlos machen.[111] Will man dennoch liberale Demokratie „subjektiv" messen, so müssen drei Richtlinien qualitativ hochwertiger Messverfahren umgesetzt werden: (1) Die Wissenschaftler müssen die Validität (Zuverlässigkeit und Qualität) ihrer Messung maximieren und sie müssen gleichzeitig (2) systematische und (3) zufällige Messfehler minimieren. Bollen schlägt vor allem methodische, statistische Verfahren vor, um die Qualität der Demokratiemessungen zu verbessern. Er bietet mehrere Rechenstrategien als Lösungsversuche an:

---

[111] In neueren Untersuchungen wird diese Problematik unter dem Aspekt der „Intercoderreliabilität"(vgl. Bollen/Paxton 2000; Gaber 2000) behandelt.

a. Die Verwendung von Strukturgleichungsmodellen (z.B. Lisrel) anstatt „einfacher" Lineargleichungen: Diese unterscheiden zufällige und nicht-zufällige Messfehler, um die drei genannten Ziele zu optimieren. Ihr Problem: Sie sind äußerst komplex und stellen Forscher oft vor das Problem, zu viele Variable berücksichtigen zu wollen, aber in der Untersuchung auf zu wenige Fälle (hier Länder) zurückgreifen zu können (Problematik der Freiheitsgrade). Auch Pooled-Cross-Sectional oder Pooled-Time-Series-Analysen können dieses Problem aufgrund hoher Multikollinearität der unabhängigen Variablen (Indikatoren zur Qualitätsbestimmung der Demokratie) nur in beschränktem Umfang lösen.

b. Die Beschränkung auf einen einzigen Indikator zur Messung der Demokratiequalität: Den gravierenden Nachteil einer solchen Vorgehensweise sieht Bollen in methodischen Fehlern, wie z.B. der einseitigen Bevorzugung bestimmter Regionen oder Länder, die bei der Verwendung bestimmter Indikatoren entstehen können. So zeigt Bollen, dass Gastils Indikator „politische Rechte" die Länder Mittel- und Südamerikas, westliche Industrienationen und Ozeanien bevorzugt und die Qualität ihrer Demokratien als besser beschreibt als sie ist (vgl. Bollen 1990: 1223).

c. Die Schätzung der Faktorladungen latenter (theoretischer) Variablen zur Messung der liberalen Demokratie im Lisrel-Modell: Durch dieses Verfahren können zwar Fehler ausgeglichen werden, jedoch sind solche Modelle hochkomplex. Zudem ändern sich die Faktorladungen möglicherweise von Jahr zu Jahr und erfordern wiederum Ausgleichsverfahren.

Insgesamt kommt Bollen zu dem Schluss, dass bei den meisten Demokratiemessungen methodische Faktoren, unabhängig vom verwendeten Indikator für die Qualitätsbestimmung der Demokratie, zwischen 7% und 38% der Varianz erklären. Als methodische Faktoren nennt er die subjektive Beurteilung an sich und den Charakter des Beurteilenden, seine unvollständige Information – vollständige Information über einen Indikator zu gewinnen hält Bollen (1990, 1993) für unmöglich –, den Grad der Informiertheit, der wiederum bestimmte Filter in die Bewertung einbringt und die Methode der Skalenkonstruktion der Demokratiemessung (vgl. Bollen/Paxton 2000).

Wichtig ist Bollen bei der Korrektur der Skalenkonstruktion vor allem die Verwendung breiter Skalen mit möglichst vielen Ausprägungen jenseits von dreistufigen Ordinalskalen. Als weitere Faktoren, die den Forscher bei der Beurteilung einer politischen Demokratie beeinflussen können, nennt Bollen (1986: 583) die politische Orientierung des Bewerters und die Beziehungen zwischen dem zu beurteilenden Land und seinem Heimatland.

Insgesamt identifiziert Bollen (1990: 19) drei *konzeptionelle* Fehler der Indexkonstruktion – eine fehlende, adäquate theoretische Definition politischer Demokratie, eine Vermischung ihrer Kriterien mit andern Konzepten (z.B. Stabilität) und die Messung als binäres anstatt als kontinuierliches Konzept – sowie vier *methodische* Fehler – Indikatoren, die nicht valide sind, rein subjektive Indikatoren, ordinale oder dichotome Indikatoren sowie fehlende Validitäts- und Reliabilitätstests.

Um die aufgeführten Messfehler zu vermeiden, schlägt Bollen (1990: 19) sechs allgemeingültige Standards für die Konstruktion von Indizes zur Messung der Qualität politischer Demokratie vor. Diese sind:

1. die theoretische Definition politischer Demokratie
2. die Identifikation ihrer wesentlichen Dimensionen
3. die Messung jeder Dimension durch mehrere Indikatoren
4. die Erklärung, wie die Indikatoren konzipiert wurden und wie sie repliziert werden können
5. die Verdeutlichung der Beziehung zwischen jeder Dimension und den Indikatoren
6. Validitäts- und Reliabilitätstests.

Leider muss bemängelt werden, dass sich Bollen in seinen Analysen selbst nicht immer an seine eigenen Standards hält: Die Umsetzung der subjektiven Bewertung seiner Indikatoren in objektive Messwerte ist teils schwer nachzuvollziehen und Bollens Erklärungen und Dokumentationen bleiben in seinen Aufsätzen von 1979 und 1980 eher dürftig.[112] Damit verletzt er an dieser Stelle eigentlich selbst sein Gebot der Replizierbarkeit von Forschungsergebnissen bzw. Indexkonstruktionen. Doch nicht nur durch dieses Versäumnis ist eine Bestimmung der Demokratiequalität nach Bollens Vorschlägen für interessierte Forscher kaum durchführbar.

Für den Einsatz seines Messinstrumentariums erweist es sich nicht als hilfreich, dass Bollen, wie schon Coppedge und Reinicke, keine Schwellenwerte formuliert hat.[113] Nicht umsonst finden sich kaum weitere Aktualisierungen seines Index in der einschlägigen Literatur. Für die Forschung wertvoll sind je-

---

[112] Ergebnisse der Messungen von Bollen finden sich in ausführlicher Form in Abbildung A1, Anhang 1.

[113] Die Verwendung von Schwellenwerten verbietet sich auch bei der Auffassung, Demokratie und Autokratie ließen sich auf einem Kontinuum abbilden, nicht von selbst. Auch Bollens Kontinuum-Konzept kann nicht dafür garantieren, dass Länder mit leicht unterschiedlicher Demokratie-Qualität gleiche Punkt-Werte erhalten. Hans-Joachim Lauth (2004: 284-291) führt noch einige weitere spezifische Kritikpunkte an der Indikatorenauswahl und Zusammenstellung an.

doch sein methodisches Vorgehen des Testens der Validität und Reliabilität sowie seine Formulierung von Forschungs- und Messstandards, die als Grundlage einer soliden Demokratiemessung gelten sollten. Aus ihnen wird ersichtlich, welche Möglichkeiten statistischer Kontrolle der Demokratiemessung bestehen.

Inhaltliche Kritik an Bollen üben u.a. Coppedge/Reinicke (1990: 56): Die bei ihm in „politische Rechte" und „politische Freiheiten" aufgeteilten institutionellen Voraussetzungen für eine Polyarchie bei Dahl messen lediglich eine Dimension von Komponenten politischer Demokratie. Bollen habe dies 1980 in einer früheren Konstruktion seines Index selbst nachgewiesen. In der Tat zeigt seine konfirmatorische Faktorenanalyse (Bollen 1980: 377) zur Reliabilitätsbestimmung der Indikatoren eindrucksvoll, dass diese lediglich eine einzige Dimension abbilden. Aus einem eindimensionalen Phänomen zweidimensionale Indikatoren abzuleiten sei laut Coppedge und Reinicke unsinnig und komme der Messung von Länge in Morgen gleich (oder auch von Entfernungen in Quadratmetern).

Memobox 17:
Demokratiemessung nach Bollen

* Idealbild politischer Demokratie ist die liberale Demokratie, andere Demokratieformen werden ausgeblendet. Eine liberale Demokratie definiert Bollen als „das Ausmaß, in dem ein politisches System politische Freiheiten und demokratische Herrschaft ermöglicht".
* Zentral für Bollen ist die Verteilung politischer Macht. Eine demokratische politische Demokratie wird bestimmt durch „das Ausmaß, in dem die politische Macht der Eliten minimiert und die der Nicht-Eliten maximiert wird". Politische Macht bezieht sich auf die Fähigkeit, das nationale Regierungssystem zu kontrollieren.
* *Politische Freiheiten* (political liberties) werden durch Pressefreiheit, Freiheit zu organisierter Opposition und Regierungssanktionen gemessen, *demokratische Herrschaft* (democratic rule) durch Fairness der Wahlen sowie Auswahl der Exekutive und Legislative.
* Jeder Wert dieser sechs Indikatoren wird linear in eine *Skala von 0 bis 100* transformiert. Diese „Endpunkte" der Skala markieren jedoch nicht gleichzeitig das Ende einer möglichen Entwicklung eines Landes.
* Demokratie wird als *Kontinuum* verstanden, wobei ihre Qualität am besten jährlich beurteilt werden sollte. Durch eine Überbetonung des Kontinuumgedankens ergibt sich aber das Problem *fehlender Schwellenwerte* für eine Einordnung von Demokratien oder Autokratien.
* Vorteil der subjektiven Beurteilung und ihrer Umsetzung in objektive Maßzahlen ist: Wesentliche Aspekte der politischen Demokratie wie z.B. Pressefreiheit, die sich einer Bewertung mittels objektiven Zahlenmaterials entziehen, können erfasst werden.
* Nachteile einer subjektiven Zuordnung durch die Forscher entstehen vor allem während des Bewertungsvorganges: Die Forscher können zufällige und systematische Messfehler verursachen, welche die Bewertung nutzlos machen.
* Kritik: Die genaue Konstruktion des Index bleibt intransparent; die beiden identifizierten Aspekte liberaler politischer Demokratien gehören eigentlich in die gleiche Dimension.

4.2.4 Demokratie- und Autokratiemessung nach Jaggers und Gurr (Polity Projekt)

Einer der am weitesten verbreiteten Ansätze in der Demokratiemessung ist das Messkonzept der Polity-Studien, welches sich seit Mitte der 1970er Jahre zum Ziel setzte, die Auswirkungen von politischen Regimen auf die Stabilität und Ausformung von Demokratie bzw. Autokratie zu erfassen. Diese Zielsetzung rückt eine dynamische Komponente ins Zentrum, da Stabilität nur über zeitliche Distanzen gemessen werden kann. Folglich erfassen Ted Gurr und seine Kollegen „Polities" in über 150 Ländern zwischen 1800 und 2002.

Im Unterschied zu den bereits beschriebenen Indizes, die sich bei der Qualitätsmessung (demokratischer) politischer Systeme auf bürgerliche Freiheits- und Beteiligungsrechte stützen, schließen Jaggers/Gurr (1995; Gurr u.a. 1990; Marshall/Jaggers 2001) die Einbettung der Exekutive in die institutionelle Ordnung des jeweiligen Landes in ihre Bewertung ein. Mit Hilfe der Stellung der Exekutive im politischen System bewerten sie *Demokratie in Abgrenzung von Autokratie*. Ihre einfachste Definition von Demokratie lautet entsprechend: „Democracy is the opposite of autocracy" (Jaggers/Gurr 1995: 469). Die Untersuchung von Jaggers und Gurr (1974) nimmt die Autoritätsstrukturen als Ausgangspunkt. Gurr (1974: 1483) beschreibt mit Eckstein (1973) Autorität als „set of asymmetric interactions among hierarchically ordered members of social units that involve the direction of the unit" und weiter "the state's authority pattern is the set of structures and processes through which directives applicable to members of the state are made, issued, and enforced". Was die Demokratie von der Autokratie unterscheidet, sind die Art der Rekrutierung des politischen Personals, der Umfang der Kontrolle der Exekutive, die Offenheit der Partizipationsmöglichkeiten sowohl der Politiker als auch der Bürger an der politischen Willensbildung, das Ausmaß der Regulierungstätigkeit des Staates und der Umfang staatlicher Dezentralisierung.

Beide Varianten politischer Systeme – Demokratie und Autokratie – decken als Idealtypen die gegensätzlichen Pole ein und desselben politischen Kontinuums ab. Varianten dieser Systeme sind möglich, sie können über ihren Grad an Demokratisierung bestimmt und abgegrenzt werden. Demokratie ist somit nicht einfach vorhanden oder nicht, vielmehr setzt sie sich aus mehreren Strukturelementen zusammen, die demokratischen oder autokratischen Charakter haben können und entsprechend ihres Grades an Demokratisierung auf dem Kontinuum platziert werden.

Jaggers/Gurr (1995) berechnen in ihren Polity-Indizes[114] eine „institutionalisierte Demokratie", in der Partizipation und Wettbewerb, freie Wahlen und institutionelle Begrenzung der Macht der Exekutive vereinigt werden. Den theoretischen Kern ihres Demokratiekonzepts fassen sie mit drei unerlässlichen, untereinander verbundenen Elementen der Demokratie zusammen (vgl. Jaggers/ Gurr 1995: 471):

1. Institutionen und Verfahren, mit deren Hilfe die Bürger ihre Präferenzen für alternative politische Inhalte und Eliten wirksam ausdrücken und nötigenfalls auf demokratischem Wege durchsetzen können.
   Diese Voraussetzung für eine funktionierende Demokratie wird durch regelmäßigen und effektiven Wettbewerb zwischen Individuen und organisierten Gruppen, eine umfassende Beteiligung der Bürger bei der Auswahl der politischen Führer und Inhalte sowie ein für die Funktionsfähigkeit der demokratischen Partizipation, Verfahren und Institutionen ausreichendes Ausmaß an politischen Freiheiten erfüllt (vgl. Diamond 1994).
2. Die Existenz von institutionellen Begrenzungen der exekutiven Machtausübung.
   Massendemokratien können kaum mehr gemäß des philosophischen Ideals der „Selbstregierung" oder direkten Demokratie geführt werden. Eine moderne Demokratie ist daher laut Sartori (1965: 66) ein politisches System, in dem das Volk seine Macht in dem Sinne ausübt, dass es seine Regierung auswechselt, sich aber nicht im eigentlichen Sinne selbst regiert. Um diese repräsentative Art der demokratischen Herrschaft nicht zu verspielen, muss die Macht der Exekutive beschränkt werden.
3. Die Garantie bürgerlicher Freiheiten für alle Bürger im täglichen Leben und in der politischen Partizipation.
   Darunter ist in erster Linie die Wahrung der Menschen- und Bürgerrechte zu verstehen.

Der zuletzt genannte Aspekt spielt für die Konstruktion des Demokratie-Autokratie-Index bei Jaggers/Gurr allerdings keine Rolle, da dieser sich *ausschließlich mit den institutionellen Dimensionen der Demokratie beschäftigt.* Oder besser gesagt: Der Indikator wird aus einer subjektiven, d.h. vom Forscher gemäß eigener Einschätzung kodierten Bewertung des Wettbewerbscharakters der politischen Beteiligung, der Offenheit bei der Rekrutierung exekutiven Personals

---

[114] In den letzten Jahren haben beide Forscher die empirische Arbeit so weit vorangetrieben, dass seit 1999 die vierte Variante des Polity-Index vorliegt (Polity IV) (siehe Marschall/Jaggers 2001), die permanent überarbeitet wird. Ergebnisse und Konstruktion sind im Internet unter www.cidcm.umd.edu/ inscr/polity einzusehen.

unter Wettbewerbsbedingungen und des Ausmaßes der Begrenzung der Macht der Exekutive, besonders ihrer Führung, gebildet. Dabei fassen Jaggers und Gurr ihren institutionellen Ansatz so umfassend auf, dass weitere Elemente einer pluralistischen Demokratie wie Rechtsstaatlichkeit, ein System von „checks and balances", Pressefreiheit und ähnliche Rechte als Mittel oder Ausdruck der grundlegenden demokratischen Institutionen „Wettbewerb und Partizipation" sowie „Machtbegrenzung der Exekutive" bewertet werden.[115]

Um ihren Index aus der Gegenüberstellung von demokratischen und autoritären Elementen eines politischen Systems kreieren zu können, grenzen Jaggers/Gurr die Eigenschaften von autoritären und demokratischen Regimen von einander ab:

Autokratie
a. Politische Beteiligung wird streng reglementiert oder unterdrückt.
b. Die Führung der Exekutive wird in einem geregelten Auswahlverfahren lediglich innerhalb der politischen Elite bestimmt.
c. Einmal an der Macht, übt die Exekutive diese mit wenig oder keinen institutionellen Beschränkungen aus.

Weniger „ausgereifte" Autokratien
a. unterdrücken ebenfalls eine politische Partizipation der Bürger,
b. bestimmen ihre Exekutivführer mittels informeller Verfahren wie Staatsstreiche und
c. begrenzen deren persönliche Macht durch Regelungen innerhalb des autoritären Machtverbands wie einer Einheitspartei oder des Militärs.

Autoritäre politische Regime sind in ihrer institutionellen Struktur heterogener als demokratische Systeme. Ihnen allen jedoch gemeinsame Eigenschaften sind der Mangel an geregeltem und regelmäßigem politischem Wettbewerb und ein mangelhaftes Bewusstsein ihrer politischen Führung für politische und bürgerliche Freiheiten. Jaggers und Gurr nennen solche Systeme „autokratisch" und definieren sie in ihrer „ausgereiften" Form über das Vorhandensein bestimmter politischer Merkmale und das Erreichen von mindestens 6 Punkten auf der Autokratieskala (kohärente Autokratie). In beiden Ausprägungen autokratischer Systeme ist mit erheblichen Verletzungen der Menschenrechte und Einschränkungen der Freiheitsrechte zu rechnen.

---

[115] Dabei räumen Jaggers/Gurr durchaus ein, dass es auch in etablierten Demokratien zu Menschenrechtsverletzungen kommen kann, jedoch sei insgesamt doch ein hoher Zusammenhang zwischen der Funktionsfähigkeit der zentralen demokratischen Institutionen und Verfahren und der Wahrung der Menschen- und Bürgerrechte zu erwarten (vgl. Jaggers/Gurr 1995: 471).

Demokratische Systeme hingegen zeichnen sich durch wettbewerbsorientierte politische Partizipation, offene Wahlen zur Rekrutierung der politischen Führung und eine wirksame Begrenzung der Macht der Exekutive aus (vgl. Gurr u.a. 1990: 84). Kohärente Demokratien erzielen 6 Punkte auf der Demokratieskala[116]. Die Indikatoren für demokratische und autokratische Systemelemente werden anhand einer additiven Elf-Punkte-Skala gemessen und nach von den Autoren bestimmten Kriterien gewichtet (siehe Abbildung 4.1; Gurr 1990; Jaggers/Gurr 1995: 472). Dieser Operationalisierungsleitfaden wurde so konstruiert, dass jede Dimension unabhängig von anderen Dimensionen gemessen werden kann; es gibt keine notwendigen Bedingungen, um ein System als demokratisch oder autokratisch zu charakterisieren. Vielmehr existieren z.B. in den politischen Systemen des Überganges von einer Autokratie in eine Demokratie gemischte Muster aus demokratischen und autokratischen Merkmalen.

Würde man den Demokratie-Autokratie-Index beispielsweise mit Beginn der Transition osteuropäischer Staaten im Zeitverlauf messen, so könnte man die unterschiedlichen Veränderungen der post-sozialistischen Länder auf dem Kontinuum politischer Systeme erkennen: Die Phase der Liberalisierung der Autokratie bringt vermehrt demokratische Verfahren ins Spiel, die mit der Demokratisierung die Oberhand über die autokratischen Verfahrensvarianten gewinnen. Schließlich wird ein politisches System institutionalisiert, dem anhand des Demokratie-Autokratie-Index möglicherweise ein neuer Platz auf dem Kontinuum zugewiesen wird.

Die Demokratie- und Autokratiewerte werden anhand subjektiver Bewertungen der Forscher mittels der in Abbildung 4.1 bgebildeten Kodierungskategorien ermittelt (vgl. Gurr u.a. 1990: 79-83). Nehmen die Skalen den Wert 0 an, so fehlen die Elemente der jeweiligen politischen Ordnung völlig, der Wert 10 gibt eine vollständige Übereinstimmung mit dem jeweiligen System an. Zur Bestimmung des Wertes eines Landes auf dem Index werden schließlich die Autokratiewerte von den Demokratiewerten subtrahiert. So können Misch- oder Übergangstypen politischer Ordnungen ermittelt werden; Demokratie und Autokratie werden als Kontinuum aufgefasst. Somit ist es möglich, auch innerhalb von Demokratien und Autokratien System- bzw. Qualitätsunterschiede zu ermitteln und zu vergleichen.

---

[116] In den Länderberichten wird dieser Schwellenwert bei 6 Punkten auf der Demokratie- und Autokratieskala angegeben. 1995 legten Jaggers/Gurr den Werte für kohärente Systeme noch bei 7 fest (1995: 480).

Abbildung 4.1   Demokratie-Autokratie-Konstruktion (Polity IV)

Kodierung der Indikatoren	Demokratie-wertung	Autokratie-wertung
Wettbewerbscharakter der politischen Partizipation (PARCOMP)		
(5) konkurrierend/offen	3	0
(4) beschränkter individueller Zugang	2	0
(3) Zugang für bestimmte Gruppen/selektiv	1	0
(2) generell eingeschränkt	0	1
(1) unterdrückt/geschlossen	0	2
Steuerung der politischen Partizipation (PARREG)		
(3) selektiv/eingeschränkt	0	1
(4) eingeschränkt	0	2
Wettbewerbscharakter der Rekrutierung der Exekutive (XRCOMP)		
(3) Wahl	2	0
(2) Mischform	1	0
(1) Auswahl/Ernennung	0	2
Offenheit der Rekrutierung der Exekutive (XROPEN)		
(4) Wahl	1	0
(3) dualistisch: Vererbung/Wahl	1	0
(2) dualistisch: Vererbung/Ernennung	0	1
(1) geschlosse	0	1
Einschränkung des Chefs der Exekutive (XCONST)		
(7) Regierungspartei oder untergeordnete Rolle	4	0
(6) Zwischenkategorie 1	3	0
(5) wesentliche Beschränkungen	2	0
(4) Zwischenkategorie 2	1	0
(3) leichte oder mittlere Beschränkungen	0	1
(2) Zwischenkategorie 3	0	2
(1) uneingeschränkte Macht der Exekutive	0	3

Quelle: Jaggers/Gurr 1995: 472; Polity IV Project. Dataset User's Manual 2002, S. 14-15, www.cidcm.umd.edu/inscr/polity; Übersetzung der Autoren.

Der besondere Verdienst der Messung von Jaggers/Gurr ist in der Anerkennung der Tatsache zu sehen, dass demokratische und autokratische Systeme in bestimmten Übergangsphasen – wie etwa während der Transitionswellen in Lateinamerika, Süd- und Osteuropa – Grenzbereiche zwischen den jeweiligen politischen Ordnungen abdecken, die durch eine polarisierende Erfassung von demokratischen und autokratischen Systemelementen nicht berücksichtigt werden[117].

Die Länderberichte von Polity IV (siehe nebenstehendes Beispiel für Argentinien; Abbildung 4.2) weisen neben dem Polity Score (8) auch den Democracy Score (8) und den Authocracy Score (0) aus. Daneben wurden sechs Komponenten-Variablen dokumentiert, die sich mit Ausnahme der „Regulierung der Rekrutierung der Exekutive" (XRREG) aus den Index-Variablen abgeleitet sind. Die Werte geben an, welche Ausprägung der jeweiligen Komponente auf das beschriebene Land zutrifft. XRREG kontrolliert, ob es im jeweiligen politischen System institutionalisierte Verfahren des Machtwechsels gibt und unterscheidet (1) unreguliert (gewaltsame Machtergreifung), (2) Ernennung (durch die politische Elite ohne politischen Wettbewerb)/Übergang (Absprachen während Übergangsphasen) und (3) reguliert (Erbfolge oder Wahl; es existieren institutionalisierte Verfahren der Rekrutierung; Polity IV Project. Dataset User's Manual 2002, S. 19-20).

Das Kontinuum von Autokratie zu Demokratie vermag sowohl Liberalisierungsansätze in restriktiven Systemen als auch restriktive Regelungen in pluralistischen Systemen zu erkennen. Wichtig wird diese Eigenschaft des Index v.a. wenn man die zeitliche Entwicklung von politischen Systemen nachvollziehen will. So verweisen Marschall und andere Kollegen (2002: 40) auf einen Wandel in der Zielrichtung der Polity-Forscher: „The format of the Polity data set has been transformed over the past 30 years from its original focus on persistence and change in the polity as the unit of analysis (i.e. polity-case format) to its present focus on the state and changes in the institutional nature of its successive regimes."

---

[117] In Polity (IV) werden zusätzlich „Unterbrechungsphasen" (-66), „Interregnumsphasen" (-77) und „Transitionsphasen" (-88) kodiert (siehe Abbildung 4.3; Politiy IV Project. Dataset User's Manual 2002, S. 14-15, www.cidcm.umd.edu/inscr/polity).

Abbildung 4.2: Länderbericht Argentinien

Score:	2001	2002	Change
Polity:	8	8	0
Democ:	8	8	0
Autoc:	0	0	0
Durable:		19	
Tentative:		No	

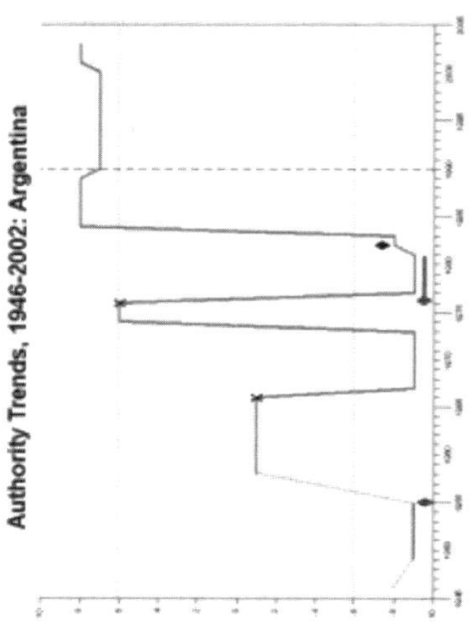

SCODE	ARG	CCODE	160	Date of Report	11/11/03

Polity IV Component Variables

XRREG	XRCOMP	XROPEN	XCONST	PARREG	PARCOMP
3	3	4	6	2	4

Quelle: http://www.cidcm.umd.edu/inscr/polity/Arg1.htm

Dank der inzwischen mehrfach wiederholten retrospektiven – bis ins 19. Jahrhundert zurückgreifenden – und aktuellen Erfassung von bis zu 161 Staaten im von Monty G. Marshall, Keith Jaggers und Ted Robert Gurr zusammengestellten Datensatz Polity I-IV werden somit sowohl Transitionswellen als auch Veränderungen im politischen System einzelner Staaten erkennbar, solange sich diese in der Verfassung des jeweiligen Landes niederschlagen (vgl. Marshall/Jaggers 2001). Die Verfassungswirklichkeit und die Umsetzung der von Jaggers/Gurr in den Mittelpunkt ihrer Demokratie- und Autokratiekriterien gerückten Rechte finden jedoch keinen Eingang in die Wertungsskala. Der Blick gilt allein der verfassten, institutionellen Ausgestaltung der politischen Ordnungen und der, im Index übergewichtigen, Begrenzung der Exekutivrechte, die zudem stark an das Ideal einer liberalen Präsidialverfassung angelehnt ist. So kommt es bei der Bewertung demokratischer Staaten zu Verzerrungen, die nicht nur Anlass zur Kritik am Index von Jaggers und Gurr, sondern auch zum Vergleich mit Ergebnissen anderer Messinstrumente geben sollte (vgl. Schmidt 1995: 285-292; 2000: 402-408).

Beispielsweise liegt Polen mit seinem stark an Frankreich orientierten, von der Amtsaufassung des jeweiligen Präsidenten geprägten Semipräsidentialismus 1995 mit insgesamt 8 Punkten gleichauf mit Frankreich selbst, Albanien (mit extremem Klientelismus und Korruption) erhält 7 Punkte, Südkorea mit einer nach Herkunftsregionen der Amtsträger strukturierten Rekrutierung von Führungspersonal gar 10 Punkte. Südafrika (8) bekommt ebenso viele Punkte wie Frankreich, Russland und die Ukraine. Trotz einer im Vergleich zu Frankreich umfassenden Machtfülle des russischen Präsidenten, einer mangelhaften Transparenz politischer Entscheidungen und einer geringen Unterstützung der Demokratie seitens der Bevölkerung werden alle vier (demokratischen) Systeme im Index von Jaggers und Gurr einander gleich gestellt. Ebenso wenig nachvollziehbar erscheint das Ergebnis der Türkei 1995 mit 9 Punkten, trotz gewaltsamer Unterdrückung der kurdischen Minderheit und Einschränkung der Redefreiheit, alleine aufgrund der Tatsache, dass die Verfassung diese Rechte garantiert und die Macht der Exekutive im Sinne von Jaggers und Gurr ausbalanciert wird.

Abbildung 4.3:   Polity IV-Daten für Argentinien – Länderbericht

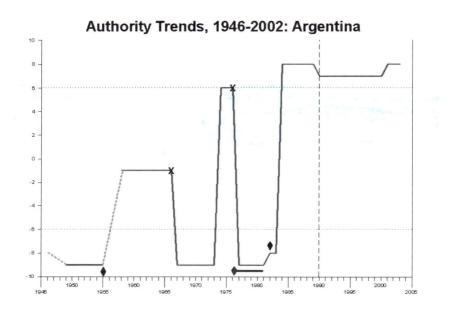

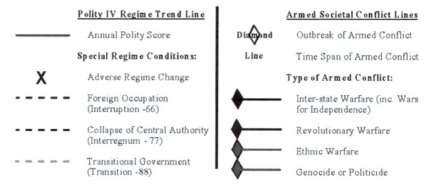

Die Daten der Länderberichte umfassen, wie im Beispiel Argentinien, neben der Darstellung der Entwicklungsverläufe des politischen Systems auch Übergänge zwischen Regimetypen oder bewaffnete Konflikte und Regimewechsel.

Daneben erfordert es schon größere Anstrengungen, den jeweiligen Indizes und ihren Bedeutungen auf die Spur zu kommen. So wird die Komponente XRREG weder für die Berechnung des Polity-Index noch für seine Untereinheiten „Democracy Score" und „Autocracy Score" verwendet, im Länderbericht aber ausgewiesen. Ohne eine gründliche Lektüre des Datenhandbuches ist von der Verwendung des Polity IV-Datensatzes abzuraten.

Memobox 18:
Demokratiemessung nach Polity I-IV

---

* Demokratien werden als politische Systeme beschrieben, die über eine wettbewerbsorientierte politische Partizipation, offene Wahlen zur Rekrutierung der politischen Führung und eine wirksame Begrenzung der Macht der Exekutive verfügen. Autokratien schränken diese Prinzipien ein.

* Die Polity-Skala basiert auf der zunächst *getrennten Bestimmung* und Messung von *Kriterien für demokratische und autokratische* politische Systeme. Anschließend werden die erzielten Werte verrechnet.

* Diese Vorgehensweise ermöglicht die Beschreibung von *Mischtypen* politischer Systeme, welche die Analyse sowohl einer zeitlichen wie auch einer qualitativen Entwicklung der politischen Ordnung vor dem Hintergrund des Demokratie-Autokratie-Kontinuums gestattet.

* Bewertet wird lediglich die *Ausgestaltung der Verfassung* des jeweiligen Landes; Beobachtungen der Verfassungswirklichkeit gehen nicht in die Analyse ein.

* Die Skala ist insgesamt *zu einseitig auf die Beschränkung der Macht der Exekutive* nach dem Vorbild liberaler Präsidialverfassungen ausgerichtet. Somit kommt es zu Verzerrungen bei der Qualitätsmessung. Ein Vergleich mit anderen Demokratiemessungen ist zu empfehlen.

* Die Gestaltung des Index und der Länderberichte ist teilweise unübersichtlich, ohne Datenhandbuch sind die Länderberichte nicht zu verstehen.

4.3 Objektive Messungen – Vanhanens Demokratieindex

Bereits Ende der 1970er Jahre entwickelte Tatu Vanhanen Messindikatoren, die
es ihm ermöglichen sollten, autoritäre Regime von demokratischen zu unterscheiden und darüber hinaus Aussagen über den Qualitätsstand der Demokratie
in einem Land zuzulassen. Er bezog sich dabei auf Teilbereiche des Polyarchie-
Modells von Robert Dahl.

Im Gegensatz zu den bislang beschriebenen Versuchen, Demokratie durch
eine Vielzahl von Indikatoren auf breiter Ebene zu erfassen, verwendet Vanhanen ein relativ spartanisches Modell. Seine Messindikatoren beschränken sich
auf Substrate der Demokratie: Partizipation und Wettbewerb, die er dann auch
jeweils nur mit einem Indikator erfasst. Die Messung ist stark an Überlegungen
zur Bürgerbeteiligung, also einem klassischen Merkmal von Demokratie, ausgerichtet. So beinhaltet Vanhanens Index Maßzahlen zur faktischen Wahlbeteiligung in nationalen Wahlen (vgl. Gaber 2000: 115; Schmidt 2000: 398), die er in
zweierlei Hinsicht bewertet:

1. durch die Verwendung des prozentualen Anteils der Stimmen, die nicht auf
    die stärkste Partei entfallen (vgl. Vanhanen 1990: 41) als *Grad des öffentli-
    chen Wettbewerbs (Competition).*

    C = 100 – Stimmenanteil der stärksten Partei

2. als *Partizipationsgrad* der Bevölkerung *(Participation).* Der Partizipations-
    grad wird dabei anhand der *faktischen* Wahlbeteiligung bestimmt, d.h. ge-
    messen wird der prozentuale Anteil derjenigen Bürger an der *Gesamt*bevöl-
    kerung, die sich tatsächlich an der jeweiligen Wahl beteiligt haben.

    P = *Wahlbeteiligung / Bevölkerungszahl * 100*

Um die verschiedenen Regierungssysteme berücksichtigen zu können, werden
die Wahlen zum jeweils dominierenden Repräsentativorgan betrachtet. Im Falle
eines parlamentarischen Systems verwendet Vanhanen die Stimmen der größten
dauerhaften Parteiallianz bzw. die Stimmen der größten eigenständigen Partei;
im Falle eines präsidentiellen Systems den Stimmenanteil des siegreichen Kandidaten. Bei semipräsidentiellen Systemen gehen beide Wahlen mit entsprechen-

der Gewichtung (50-50; 25-75; 75-25) in die Berechnung ein.[118] Der Gesamtindex ID (Index of Democratization; vgl. Vanhanen 1990: 18; 2000:189-192) wird dann bestimmt als:

ID = *(Partizipationsgrad (P) * Wettbewerbsgrad (C))* / 100

Beide Komponenten fließen gleichgewichtig in den Indikator ein, weil beide gleichermaßen für eine funktionierende Demokratie unerlässlich sind. Das Fehlen oder die Schwäche eines Faktors kann nicht durch den anderen kompensiert werden (vgl. Vanhanen 2000: 191-192).

Somit bietet sich eine Multiplikation von Wettbewerbs- und Partizipationsgrad an, um einen Staat, dem eine Komponente fehlt, sofort als „nichtdemokratisch" ausweisen zu können. Zur Folge hat diese Indikatorkomposition, dass politische Systeme mit einer hohen Wahlbeteiligung und vielen Parteien, die durch Bevölkerungsgruppen unterstützt werden, hohe Werte auf dem Demokratieindex erzielen. Länder ohne Wahlrecht bzw. mit Akklamationswahlen oder mit einem Einparteiensystem bzw. einer hegemonialen Partei erhalten niedrige Werte bzw. den Wert Null.

Vanhanen misst für 184 Länder und einen Zeitraum von 1850 bis 1998 ein Kontinuum politischer Systeme von Autokratie bis Demokratie. Dabei ergibt sich kein „natürlicher" Übergangswert zwischen Demokratien und Nicht-Demokratien. Den *Schwellenwert* für den Übergang eines autokratischen zu einem demokratischen System legt Vanhanen bei fünf Punkten auf seinem Demokratieindex bzw. bei 10-15 Punkten[119] für den Partizipations- und 30 Punkten für den Wettbewerbsgrad fest. Als Begründung für diese Werte nennt er die übergroße Mehrheit einer Partei, die 70% der Stimmen auf sich vereinigen kann und beruft sich dabei auf eine ähnliche Begründung bei Gastil (1988: 15). Die verbleibende Opposition sei einfach zu schwach, um ihre Rolle wirksam ausüben zu können, zudem besitzt die Mehrheit häufig die Chance zur alleinigen Verfassungsänderung.

---

[118] Für „Sonderfälle" wie indirekte Wahlen entscheidet Vanhanen nach dem Wahlprinzip: Wird ein Wahlmännergremium, wie etwa in den USA, vom Volk bestimmt, so zieht er die Stimmen- und Partizipationsanteile aus dieser Wahl heran. Werden Parlament oder Präsident ohne Beteiligung der Bevölkerung bestimmt, wie in China, so berücksichtigt er lediglich die tatsächlichen Wähler, d.h. die Partizipationsrate fällt auf Null (vgl. zu Ausnahmefällen Vanhanen 2000: 189-190).

[119] In der Studie 1984 verwendete Vanhanen einen Schwellenwert von 10% für die Partizipationskomponente, zwischen 1990 und 1998 15%, um dann (2000) wieder zu 10% zurückzukehren, „because it has historically been difficult for many countries to reach the 10% level of electoral participation" (Vanhanen 2000: 193).

Für die Partizipation gibt Vanhanen mit dem Hinweis, die faktische Wahlbeteiligung würde ja als Anteil an der Gesamtbevölkerung gemessen werden,
einen niedrigeren Wert an. Um nun nach seiner Ansicht als Demokratie bezeichnet werden zu können, muss ein politisches System beide Schwellenwerte überschreiten und zudem mit fünf Punkten auf dem ID den Indexwert für beide
Schwellenwerte zusammen (3.0 bzw. 4.5) klar übertreffen. Somit werden die
Übergänge zwischen Autokratie und Demokratie zwar nicht durchgehend eindeutig begründet, dennoch stellen sie einige Anforderungen an demokratische
politische Systeme und lassen Raum für realistische Zwischenbereiche. Diese
Zwischenbereiche bezeichnet er als „Semidemokratien" (Vanhanen 1990: 33).
Es ergibt sich folgende Einteilung:

Abbildung 4.4:   Einteilung von Demokratien nach Vanhanen

	Wettbewerbsgrad	Partizipationsgrad
Demokratie	> 30%	> 15%
Semidemokratie	< 30% - > 20%	< 15% - > 10%
Nicht-Demokratie	< 20%	< 10%

Quelle: Vanhanen: 1990: 33.

Der Vorteil dieses knappen Modells liegt in seiner *exakten Bestimmbarkeit*, seiner
Objektivität (amtliche Wahl- und Bevölkerungsstatistiken) und leichten Erfassbar-
keit für alle demokratischen und nicht-demokratischen politischen Systeme. Bevölkerungszahlen und Wahlbeteiligung sowie Wahlergebnisse für die Parteien sind
leicht zu ermitteln, z.B. durch www.electionguide.org bzw. nationale Homepages.
Bereits das Fehlen einer Komponente – Wettbewerb oder Partizipation – disquali-
fiziert das betreffende politische System als nicht-demokratisch, weil der Wert des
„Index of Democratisation" dann automatisch Null annimmt.
    Vanhanen stellt inzwischen eine bemerkenswerte Datenreihe, die teilweise
bis zu den ersten freien Wahlen vieler unabhängiger Staaten zurückreicht, zur
Verfügung. Er hat seinen Datensatz mehrfach aktualisiert, wobei die letzte Version (Sommer 2004) bis 1998 reicht. Die Datensätze sind unter www.prio.no/
cwp/vanhanen/ aus dem Internet herunterzuladen. Zwischen 1818 und 1998
lassen sich Demokratisierungsschritte ebenso beobachten wie Hinwendungen zu
und Abwendungen von demokratischen Strukturen sowie Veränderungen in der
Qualität des jeweiligen demokratischen politischen Systems. Seine Einschätzungen beruhen dabei auf real gemessenen und keineswegs auf ex post interpretier-
ten Daten, die häufig kaum zu verarbeitenden oder ungenügenden Quellen unterliegen. Dadurch kann Vanhanen außerhalb der Kategorisierung der Staaten in
drei politische Systeme – Nicht-, Semi-Demokratien, Demokratien – auf jede

subjektive, d.h. vom Forscher selbst durchzuführende, Bewertung von Demokratieindikatoren verzichten. Dies ist auch die Kernunterscheidung seines Ansatzes von alternativen Instrumenten der Demokratiemessung. Die Verwendung objektiven, quantitativen Datenmaterials erhöht die Nachvollziehbarkeit und die Reliabilität seiner Messungen. Allerdings kann Vanhanen dabei die Variation der Beziehung zwischen den Indikatoren Partizipation und Wettbewerb im Zeitverlauf zwischen 1850 und 1998 nicht berücksichtigen. Sein Indikator macht weiterhin nur Sinn, wenn diese Beziehung eng war, ist und bleibt (vgl. Braizat 2000: 225).[120]

Nachteile des Messkonzepts werden v.a. mit seiner Knappheit begründet: Trotz der scheinbaren Einfachheit des ID und seiner Komponenten wird der Anwender vor das Problem der exakten Klassifizierung aller verwendeter Länder und ggf. der korrekten Gewichtung der Wahlen gestellt. Bereits eine falsche Bewertung verzerrt das Gesamtergebnis völlig. Vor allem im Bereich der semipräsidentiellen Systeme ergeben sich dabei hochdiskutable Schwierigkeiten.

Die Bedeutung des Wahlsystems für den Wahlausgang blieb zunächst unberücksichtigt, wirkt sich aber dann indirekt auf die Indexergebnisse aus. Die Frage, die sich stellt ist: Ist ein Parteiensystem mit zwei Parteien und Mehrheitswahl demokratischer als ein Mehrparteiensystem mit Verhältniswahl?

Um die Schieflage beim Anteil der kleineren Parteien in einem Proporzsystem auszugleichen, kappt Vanhanen diesen Anteil nun „künstlich" bei 70% und lässt keine höheren Werte zu. Eine weitere (Rand-)Problematik im Zusammenhang mit den Wahlsystemen stellt sich bei Ländern mit Wahlpflicht (z.B. Belgien). Hier verändert sich der Partizipationsgrad mit der demographischen Entwicklung des Landes, der Demokratieindex wird somit stark von der Verteilung der Stimmanteile für die einzelnen Parteien beeinflusst. In Italien findet sich ein Effekt der 1993 stattgefundenen Wahlrechtsänderung, die größere Schwankungen in den Indexwerten verursachte.

Vanhanens Index variiert deutlicher mit der Altersstruktur des analysierten Landes als Vanhanen dies durch seine Schwellenwerte berücksichtigen kann (vgl. Vanhanen 1990: 32-33)[121]. Dies impliziert, dass die Qualität der Demokratie alleine dadurch zunimmt, dass der Anteil der Wahlbevölkerung an der Gesamtbevölkerung steigt. Mit Repräsentativität muss dies nichts zu tun haben. Schon die Tatsache einer „überalterten" Bevölkerung (z.B. Deutschland, Italien), wie sie in den meisten entwickelten Staaten zu finden ist, würde gegenüber einer

---

[120] Der Ansatz von Vanhanen folgt stark den Überlegungen der partizipatorischen Demokratietheorie (siehe Schmidt 2000: 251-268) und sieht den Aspekt der Partizipation als zentral für die Konstitution von Demokratie an.

[121] Dieses Problems war sich Vanhanen (1990: 22; 2000: 191) durchaus bewusst, indes eine über die Setzung von Schwellenwerten hinausgehende rechnerische Lösung fand er nicht.

sehr jungen Bevölkerung (z.B. Indien) zu einem höheren Demokratisierungsgrad führen. Italien und Deutschland sind in Vanhanens Ranking (1990: 27-29) an erster bzw. sechster, Indien an 31. Stelle zu finden. Sicher bestehen zwischen den Demokratien der drei Länder erhebliche Qualitätsunterschiede, die nur zum Teil über die Repräsentativität erklärt werden können. Möglicherweise ist jedoch allein durch die divergierende Altersstruktur eine Verzerrung erfolgt, die Italien im Zeitvergleich zwischen 1980 und 1988 als erfolgreichstes Demokratiemodell erscheinen lässt.

Auch über derartige Einzelkritikpunkte hinaus vermag die Qualitätsmessung Vanhanens nicht durchgängig zu überzeugen: Alleine die Spitzenposition Italiens (40,1 bis 44,1 1980-1988; 48,3 1993), das in 50 Jahren Demokratie etwa eine Regierung pro Jahr verschlissen hat (durchschnittliche Überlebensdauer eines Kabinetts 1,14 Jahre; Lijphart 1999: 132), oder die hohen Bewertungen Belgiens (35,9 bis 44,7 1980-1988; 47,1 1993) und auch noch gute Werte Israels (30,8 bis 35,8 1980-1988; 34,4 1993) wirken als Differenzierungen westlicher Demokratien reichlich verwirrend. Die Verwunderung nimmt noch zu, betrachtet man die Werte der traditionellen, alten Demokratien den USA (16,7 bis 18,7 1980-1988; 20,7 1993), Frankreichs (28,3 bis 41,3 1980-1988; 30,9 1993), Großbritanniens (31,3 bis 33,2 1980-1988; 33,6 1993) und Schweiz (21,6 bis 23,1 1980-1988; 23,7 1993). Demgegenüber scheinen neue Demokratien wie Rumänien (27,5 1993), Russland (27,0 1993) und die Tschechische Republik (40,3 1993; der dritthöchste Werte, der in diesem Jahr überhaupt auf dem ID erzielt wurde!) trotz Behinderung der Oppositionsparteien, unklarer Machtverteilung, Beschneidung der Rechte des Parlaments und instabiler Parteiensysteme, die jeweils zumindest in einem der genannten Länder zu beobachten sind, wahre Musterbeispiele an Demokratien zu sein (1980-1988 nach Vanhanen 1990: 27-29; 1993 nach Schmidt 2000: 419-422). Hier wird deutlich, dass eine Bewertung nach Partizipation und Wettbewerb allein zu viele für eine Demokratie ebenfalls unerlässliche Elemente aus dem Bereich der Bürger- und Freiheitsrechte, wie etwa Meinungsfreiheit und tatsächliche Beteiligungschancen oder checks and balances im Regierungssystem, sowie output und outcome von Politik und politischem System außer Acht lässt.[122] Auch wenn man Vanhanen nicht zumuten kann all diese Defizite auszugleichen, so sollte sein ID doch stets im Kontext der Umfeldbedingungen von Wahlen und Beteiligungs- und Interessenvertretungsmöglichkeiten über Parteien hinaus verwendet werden.

---

[122]   Dieser Kritik begegnet Vanhanen durch den Verweis auf eine hohe Korrelation mit dem rein auf Freiheitswerte bezogenen Indikator von Freedom House (Vanhanen 1997: 38-39.).

Memobox 19:
Demokratiemessung nach Vanhanen

---

* Bei Vanhanens Konzept handelt es sich um einen Ansatz, der auf *objektive Zahlen* – Wahl- und Bevölkerungsdaten – zurückgreift.
* Vanhanen hat für eine extrem große Zahl an Ländern Daten erhoben, die teilweise einen Rückgriff bis auf die ersten freien Wahlen zulassen. Damit wird die Möglichkeit einer *zeitlich weit zurückgreifenden Analyse* eröffnet.
* Seine Indikatoren beziehen sich auf zwei zentrale Aspekte eines demokratischen politischen Systems – *Parteienwettbewerb und Partizipation der Bürger*: ID = P * C / 100.
* Vanhanens Index ist äußerst trennscharf, ermöglicht er doch durch die Multiplikation beider Indikatoren, die beide den Wert Null annehmen können, eine *klare Differenzierung zwischen Demokratie und Nicht-Demokratie*. Gleichzeitig lässt er sowohl innerhalb der Demokratien als auch innerhalb der Semi-Demokratien und Nicht-Demokratien Qualitätsabstufungen zu.
* Allerdings sind die *Schwellenwerte* zwischen den drei Systemarten zwar argumentativ logisch gesetzt, sie *unterliegen jedoch einer gewissen Willkür* und sind nicht, wie der Demokratieindex als solcher, rein rechnerisch, d.h. in diesem Falle objektiv, zu erzeugen.
* Manko des Messkonzeptes ist seine relative Begrenztheit in der Erfassung von für die Demokratiequalität relevanten Faktoren und seine Anfälligkeit für politische Stimmungsschwankungen.

4.4 „Angewandte normative Analyse": David Beetham und Democratic Audit

David Beethams Democratic Audit stellt in vielerlei Hinsicht eine Besonderheit unter den Demokratiemessungen dar. Zunächst bewerteten Forscher, Anwälte und Journalisten des Human Rights Centre an der Universität von Essex und Forscher des Centre for Democratic Studies an der Universität Leeds den Zustand der britischen Demokratie. Das Audit sollte ein Messinstrument werden, das eine exaktere und systematischere Bewertung der traditionellen informellen Regeln – „the British way of doing things" (Beetham/Weir 2000: 73) – für demokratisches Regieren und den Schutz der politischen und bürgerlichen Rechte sowie Aussagen über künftigen Reformbedarf ermöglicht.

Über diese „Prüfung" des britischen demokratischen politischen Systems hinaus hat sich aber auch ein komparatives Interesse entwickelt. Entsprechend wurde mittlerweile eine Studie des „Institute for Democracy and Electoral Assistance" (IDEA)[123] in Stockholm zur weltweiten Bewertung etablierter und neuer demokratischer Systeme in die Wege geleitet, welche auf die gleichen Bewertungskriterien wie das britische Projekt zurückgreift und derzeit (2003) neun Vergleichsländer und zwei Regionen (Südosteuropa und Süd-Kaukasus) mit Sicht auf die Einhaltung der Prinzipien der liberalen Demokratie untersucht. Ziel von IDEA ist dabei durch sogenannte „Capacity-Building-Programme" die Demokratisierungsprozesse in den untersuchten Ländern voranzutreiben bzw. dabei Hilfestellung zu geben. Dies umfasst zwei Schritte, die Evaluation der Demokratiequalität und die praktische Hilfe bei der Demokratisierung. In dem vorgestellten Zusammenhang werden wir uns auf die Erfassung der Demokratiequalität und damit die Evaluationsseite von IDEA beziehen. Diese wird nun zentral durch die Überlegungen des Democratic Audit geprägt

Democratic Audit hat mit den übrigen in diesem Band vorgestellten Qualitätsmessungen einige zentrale Punkte gemeinsam, so z.B. die Frage nach der Verwirklichung politischer und bürgerlicher Rechte (Freedom House) und die Überzeugung, dass Wettbewerb und Inklusivität zu einer funktionierenden Demokratie gehören (Dahl). Andere Merkmale dagegen sind nur in der Democratic Audit-Konzeption zu finden, das von Beetham und Weir definiert wird: „A democratic audit [...] is a form of democratic assessment which has a number of distinctive features. It is undertaken by locally-based assessors or auditors as part of an ongoing debate about the quality and democratic character of the country's political life. It employs systematic criteria and standards to identify which aspects are satisfactory from a democratic point of view, and which are less so; but it does not seek to aggregate these into an overall score, for example to form an international ranking or league table. At the same time it does not advocate specific solutions to any democratic deficiencies it has identified. The need for these may indeed follow from its findings, but to advocate solutions does not form part of an "audit" as such" (Beetham/Weir 2000: 77).

Democratic Audit wird:

1. vorrangig von *Forschern* verwirklicht, *die im bewerteten Staat leben.* Dieses Vorgehen soll die internen politischen Debatten dieses Landes widerspiegeln und ein Teil der Auseinandersetzungen werden. Gefahren wie kul-

---

[123]   Träger des 1995 gegründeten IDEA sind Vertreter von 16 Nationen und vier Nichtregierungsorganisationen.

turelle Blindheit oder Voreingenommenheit wird durch ausländische Kooperationspartner begegnet.

2. *unabhängig vom Zustand anderer etablierter Demokratien* durchgeführt, d.h. es gibt keine Demokratie mit Vorbildcharakter. Kein Land wird zur perfekten Demokratie auserkoren, an der die übrigen Staaten gemessen werden. Der Demokratisierungsprozess wird vielmehr als andauernder Prozess wahrgenommen, der in „alten" wie in „neuen" Demokratien kritisch begleitet werden muss.

3. nach *strengen und umfassenden Kriterien* durchgeführt. Die Analyse politischer Institutionen wird um die Offenheit, Verlässlichkeit und Responsivität der Regierung, Aspekte der Zusammenarbeit zwischen Zivilgesellschaft und Regierung sowie das Prinzip der politischen Gleichheit ergänzt.

4. *ohne Zusammenführung der einzelnen Bewertungskriterien in einen einzelnen Index* auskommen. Damit wird dem Problem der Gewichtung der einzelnen Kriterien ebenso begegnet wie der Versuchung, numerische Demokratieschwellen festzulegen, die die Welt in demokratische und undemokratische Staaten aufteilen. Vielmehr geht es den Forschern darum, innerhalb eines Staates politische Aspekte zu eruieren, die aus demokratischer Sicht sehr zufriedenstellend funktionieren und Funktionsbereiche zu finden, die noch verbessert werden müssen.

Welche Kriterien legt nun Democratic Audit an eine funktionierende Demokratie an? Die Kriterien werden aus einer Demokratiedefinition abgeleitet, die Demokratie als politisches Konzept auffasst (vgl. Beetham 1994: 28). Demokratie ist zunächst *ein Set von Grundsätzen oder regulativen Idealen, die durch eine bestimmte Institutionenkonstellation und Verfahrensweisen verwirklicht werden.* Diese Grundsätze sind „Kontrolle des Volkes" (popular control) über die Entscheidungsfindung und diejenigen, welche die Entscheidungen treffen sowie „Gleichheit" (political equality) von Status und Berücksichtigung der Bürger im Hinblick auf diese Entscheidungen[124]. Volkskontrolle und Gleichheit sind die Schlüsselprinzipien der Demokratie, deren Verwirklichung Auskunft über den Zustand des politischen Systems eines Landes gibt (vgl. Beetham/Weir 2000: 77). Um die Qualität einer Demokratie zu messen, wurden die beiden Kriterien – Kontrolle durch das Volk und Gleichheit – zunächst in vier Dimensionen aufgeteilt (Beetham 1994: 28-31, Übersetzung der Autoren):

---

[124] IDEA (2002: 4) beschreibt die grundlegenden Prinzipien der Demokratie als Popular control over public decisions and decision makers. Equality of respect and voice between citizens in the exercise of that control."

Kriterium 1:
Kontrolle durch das Volk:

    i.   *Volkswahl/"freie und faire Wahlen"*
        1. Reichweite des Wahlprozesses (Ämtervergabe durch Wahl)
        2. Inklusivität der Wahl (Parteien, Kandidaten, Wähler)
        3. Unabhängigkeit der Wahl
    ii.   *offene und verantwortliche Regierung:*
        1. direkte Verantwortung gegenüber der Wählerschaft
        2. indirekte Verantwortung gegenüber den Volksvertretern
           a)   politische Verantwortung gegenüber Legislative oder Parlament
           b)   rechtliche Verantwortung gegenüber den Gerichten
           c)   finanzielle Verantwortung gegenüber der Legislative und den Gerichten
    iii.   *garantierte bürgerliche und politische Rechte oder Freiheiten:*
        Bürgerliche und politische Rechte schaffen eine liberale Demokratie.
    iv.   *Sphäre der Zivilgesellschaft:*
        1. Verknüpfung von Vereinigungen, in denen die Bürger ihre eigenen Anliegen unabhängig von staatlichen oder politischen Vereinigungen organisieren, die aber auch als Möglichkeit zur Einflussnahme auf die Regierung und zu ihrer Kontrolle genutzt werden können.
        2. Eine demokratische Gesellschaft wird nicht als Voraussetzung, sondern als Teil des demokratischen politischen Systems angesehen. Dabei wird die Unabhängigkeit der gesellschaftlichen Selbstorganisation betont, die auch politisches Bewusstsein und politische Partizipation der Bürger einschließt.

Aus diesen Kriterien entwickelten die Wissenschaftler des Democratic Audit ihre Pyramide der Demokratie (vgl. Beetham 1994: 30; Abbildung 4.5), in der jedes einzelne Element für das Gesamtsystem notwendig ist. Um politische Gleichheit zu erfassen, muss nun jedes Segment der Pyramide unter diesem Aspekt untersucht werden. Demokratie wird vor diesem Hintergrund als „matter of degree" (IDEA 2002: 4) beschrieben. Es kann bei der Bewertung der Demokratie immer nur um den „Grad" ihrer Verwirklichung gehen, da das IDEA/Democractic Audit kein fixes, ideales Demokratiebild festlegt, von dem gleichsam eine Abweichung gemessen würde.

Abbildung 4.5:   Pyramide der Demokratie nach David Beetham

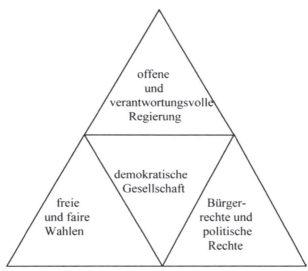

offene
und
verantwortungsvolle
Regierung

demokratische
Gesellschaft

freie
und faire
Wahlen

Bürger-
rechte und
politische
Rechte

Quelle: Beetham 1994: 30, Übersetzung der Autoren.

Kriterium 2:
Politische Gleichheit in jedem Bereich der politischen Kontrolle durch das Volk

Bis 2001 entwickelte IDEA ein weiterführendes Konzept so genannter „vermittelnder Werte" (mediating values; IDEA 2002: 4-5), über die sich die Prinzipien der Demokratie entfalten können und die den politischen Institutionen zu einem demokratischen Charakter verhelfen.

Andererseits dienen die „mediating values" zur Messung des Demokratisierungsgrades der Institutionen.[125] Die „mediating values" sind somit der Maßstab demokratischer politischer Realität. Mit dieser Ergänzung wurde das Democratic Audit erheblich erweitert. Das Indikatorenset bemüht sich um eine möglichst breite und vollständige Erfassung der Verwirklichung demokratischer Grundsätze. Dabei genügt es nicht, wenn demokratische Institutionen und Verfahren im politischen System installiert werden, die politische Praxis muss sie auch realisieren. Die „mediating values" können mit ihren Anforderungen und ihrer insti-

---

[125]   Diese Grundidee wurde zunächst für die Diagnose der Demokratie in Großbritannien in insgesamt 30 Fragen umgesetzt (vgl. Beetham 1994: 36-39).

tutionellen Verwirklichung wie in Abbildung 4.6 dargestellt beschreiben werden
(vgl. IDEA 2002: 5).

Abbildung 4.6:   „Mediating Values" – Katalog

MEDIATING VALUES	ANFORDERUNGEN	INSTITUTIONELLE REALISIERUNG
Partizipation	• Partizipationsrechte • Kapazitäten/Ressourcen, um zu partizipieren • Institutionen zur Partizipation • partizipative politische Kultur	• ziviles und politisches Rechtssystem • wirtschaftliche und soziale Rechte • Wahlen, Parteien, NGOs • Erziehung zur Bürgerschaft
Autorisierung	• Überprüfung der Verfassung • Auswahl der Amtsinhaber/ Programme • Kontrolle des gewählten über das nicht-gewählte Personal der Exekutive	• Referenden • freie und faire Wahlen • System der Unterordnung unter gewählte Amtsinhaber
Repräsentation	• Legislative repräsentiert die Hauptströmungen der öffentlichen Meinung • Alle öffentlichen Institutionen repräsentieren die sozialstrukturelle Zusammensetzung der Wählerschaft	• Wahl- und Parteiensystem • Anti-Diskriminierungsgesetze • Förderungsmaßnahmen zugunsten benachteiligter Gruppen
Verantwortlichkeit	• klare Hierarchien der rechtlichen, finanziellen und politischen Verantwortlichkeit, um eine effektive und rechtschaffene Leistungserbringung des öffentlichen Dienstes und Integrität der Juristen zu gewährleisten	• Rechtsstaat, Gewaltenteilung • unabhängiger Prüfungsprozess • gesetzlich einklagbare Standards • starke Kontrollbefugnisse des Parlaments
Transparenz	• Regierung ist der Kontrolle durch Parlament und Öffentlichkeit unterworfen	• Informationsfreiheit • unabhängige Medien
Responsivität	• Zugangmöglichkeiten zur Regierung für Wähler und verschiedene gesellschaftliche Gruppen bei der Politikformulierung, Implementierung und Bereitstellung öffentlicher Dienste	• geregelte und offene Verfahren öffentlicher Anhörungen • effektive, rechtlich geregelte Wiedergutmachung • volksnahe lokale Regierung
Solidarität	• Toleranz gegenüber Verschiedenheit im eigenen Land • Unterstützung für demokratische Regierungen und für den Kampf des Volkes für Demokratie im Ausland	• Unterrichtung in Bürger- und Menschenrechten • Internationales Menschrecht • UN/andere Institutionen • Internationale NGOs

Quelle: IDEA 2002: 5, Übersetzung der Autoren.

Um politische Systeme evaluieren zu können, auch wenn sie sich noch im Entwicklungsprozess zur Demokratie befinden, wurde im Verlauf der letzten Jahre der ursprüngliche Fragenkatalog des Democratic Audit auf der Basis dieser Prinzipien und ihrer Umsetzung stark erweitert (vgl. IDEA 2002: 7-12).[126] Anhand einer Darstellung der Oberbegriffe der Fragenkomplexe soll im Folgenden ein kurzer Einblick in die umfangreichen Fragebereiche gegeben werden.

I.   Bürgerschaft, Gesetz und Recht
     1.0 Nationalität und Staatsbürgerschaft
     2.0 Rechtsstaat und Zugang zu den Gerichten
         Bürgerliche und politische Rechte
         Wirtschaftliche und soziale Rechte

II. Repräsentative und verantwortliche Regierung
     5.0 Freie und faire Wahlen
     6.0 Demokratische Rolle der politischen Parteien
     7.0 Leistungsfähigkeit und Verantwortlichkeit der Regierung
     8.0 Zivile Kontrolle über das Militär und die Polizei
     9.0 Minimierung der Korruption

III. Zivilgesellschaft und Partizipation des Volkes
     10.0 Medien in einer demokratischen Gesellschaft
     11.0 Politische Partizipation
     12.0 Responsivität der Regierung
     13.0 Dezentralisierung

IV. Demokratie jenseits des Staates
     14.0 Internationale Dimensionen der Demokratie

Damit dieser umfangreiche Fragenkatalog nicht durch die nationale britische Brille gesehen, sondern auch für die allgemeine Messung demokratischer politischer Systeme anwendbar wird, muss er auf andere, vergleichbare Länder und politische Systeme übertragbar sein. Dem wird mit einer einfachen Strategie Rechnung getragen: Für die unterschiedlichen Länder können Fragen ergänzt oder Formulierungen für nationale Spezifika angepasst werden. Dadurch entsteht aus der Sicht der Forscher ein noch hinreichend kultursensitives Instrument, das Zwecken der Vergleichbarkeit Genüge leistet.

Der Ansatz, eine liberale Demokratie über Kontrolle durch das Volk und politische Gleichheit der Bürger zu definieren, erlaubt *unterschiedliche instituti-*

---

[126]   Der vollständige Fragekatalog ist unter www.idea.int und bei Beetham (Beetham u.a. 2001) nachzulesen.

onelle Ausgestaltungen von Demokratien sowie die Untersuchung neuer und alter Demokratien. Vorrangig geht es dem Democratic Audit und IDEA um die Bewertung der Demokratie *innerhalb* eines bestimmten Landes zur Überprüfung ihrer Entwicklung. Mit dieser Ausrichtung wird der „*Kulturspezifität*" der einzelnen Untersuchungsländer Rechnung getragen und sich gezielt gegen eine abstrakte übergreifende Messlatte positioniert. Die Frage ist dann: Welche Demokratie funktioniert gut unter welchen kulturellen Bedingungen? Ein expliziter Ländervergleich wird nicht angestrebt.

Allerdings sind historische Vergleiche möglich und auch Ländervergleiche werden nicht per se verneint. Laut IDEA kann man den Fragekatalog für *komparative Analysen* nutzen (vgl. IDEA 2002: 2): Gemeinsame Probleme mehrerer Länder bei der Entwicklung demokratischer Institutionen und Verfahren sind ebenso zu identifizieren wie nationale Besonderheiten dieses Prozesses im Vergleich zu anderen Ländern. Darüber hinaus ist es möglich, beispielhaft gute Entwicklungen und innovative Problemlösungen aufzuzeigen[127].

Trotzdem entsprechen alle verwendeten Kriterien den Eigenschaftsprofilen *liberaler Demokratien*, die von Beetham und Weir (2000: 85) nicht nur, wie oftmals kritisch eingewandt wird, als selbstverständlich westliches Modell eines politischen Systems, sondern als *universelles Demokratiemodell* aufgefasst werden, das alternativen Formen der Organisation von Beziehungen zwischen Bürger und Staat überlegen ist. Grundlage des Democratic Audit ist die Anerkennung dieser Standards liberaler Demokratien.

Mit dem Democratic Audit ist ein umfassendes Instrument zur Bewertung der Qualität von liberalen Demokratien oder politischen Systemen, die sich zu liberalen Demokratien entwickeln, geschaffen worden. Keine wesentliche Eigenschaft, die für das Funktionieren eines demokratischen politischen Systems notwendig ist, wurde ausgelassen. Allerdings, und das ist einer der Hauptkritikpunkte am Democratic Audit, den Beetham und Weir (2000: 82-84) auch einräumen, ist ein Instrument entstanden, das *vom Einzelforscher kaum mehr zu beherrschen* und auch durch den von IDEA formulierten *ganzheitlichen Ansatz* an den Rand der Unübersichtlichkeit geraten ist. Zudem scheint die *Vergleichbarkeit* durch die breiten Kriterienkataloge und die fehlende Zusammenfassung der Kriterien eingeschränkt. Will man die Entwicklung der Demokratie verschiedener Länder vergleichen, so wird der Fragenkatalog schnell unübersichtlich und schwer handhabbar.

---

[127] Da die Komplexität des Fragenkatalogs offenbar auch die Forscher und Kooperationspartner von IDEA überfordert, werden die Fragen anhand einer Einschätzung auf einer fünfstufigen Skala von „very high" bis „very low" beantwortet. Dieses Verfahren bricht, streng genommen, mit dem Vorsatz, Quantifizierungen subjektiver Bewertungen im Democratic Audit zu vermeiden.

Beetham und Weir schlagen daher vor, das Democratic Audit-Konzept als *fortlaufendes Programm* zu betreiben, dessen Kriterien nacheinander in „Einzelportionen" abgearbeitet werden. Eine Alternative ist auch das selektive Vorgehen, bestimmte Teile des „Audit" werden in transparenter und begründeter Vorgehensweise ausgeklammert. Dabei sind die einzelnen Kriterien jedoch nicht ohne eine komplexe wechselseitige Verbindung zwischen den Institutionen und Verfahren zu betrachten. Eigentlich bevorzugen Beetham und Weir den „big bang", d.h. ein großes Forscherteam, bestehend aus Experten aus Wissenschaft, Politik und Medien, nimmt sich tatsächlich aller Kriterien gleichzeitig an und bewertet die jeweiligen Staaten. In der Praxis hat sich ein Mix aus diesen drei Forschungsmethoden bewährt.

Da diese Art der Forschung Ist- mit Soll-Zuständen von Demokratien vergleicht, haben Beetham und Weir (2000: 84) sie als neues Verfahren der „*angewandten normativen Analyse*" bezeichnet. Politische Systeme werden hier nicht als dichotome Alternative von demokratisch/undemokratisch aufgefasst. Demokratie ist vielmehr als Kontinuum zu sehen. Bestimmte Fixpunkte markieren die bestmögliche Umsetzung der Kriterien. Diese werden aus Gegenüberstellungen mit anderen, vergleichbaren Ländern gewonnen. Einige Kriterien der Messung demokratischer Qualität könnten in eine quantitative Form transferiert werden, dazu gehört z.B. die Bestimmung der Wahlberechtigten, andere sind nur qualitativ zu bestimmen und müssten – wie etwa im Falle von Freedom House – durch subjektive Einschätzungen der Forscher in quantitative Maßzahlen überführt werden. Darauf wird beim Democratic Audit weitgehend verzichtet.

Bewertet man das Instrument, so ist folgendes zu sagen: Das entwickelte Instrumentarium ist hinreichend *transparent* und für den eigenen Gebrauch verfügbar. Zudem ist eine hinreichende Aktualität gesichert: das Democratic Audit wird am Institute for Democracy and Electoral Assistance (IDEA) in Stockholm ständig weiter entwickelt. Neuste Ergebnisse sind im Internet auf ständig aktualisierten Web-Seiten zu finden (www.idea.int; www.democraticaudit.com). Daneben erfolgt eine Verbreitung in verschiedenen Veröffentlichungen und Medien.

Vorteile dieser Demokratiemessung sind eindeutig in ihrer Vollständigkeit zu sehen. Es wird praktisch kein Element liberaler Demokratie ausgespart. Alle institutionellen und informellen Regelhaftigkeiten demokratischer politischer Prozesse werden erfasst. So verbindet das Messinstrument des Democratic Audit politische Kultur mit formellen und informellen politischen Institutionen und deren Funktionsweise. Gerade die explizite (breite) Berücksichtigung politischer Kontrolle und der Rechtsstaatlichkeitsdimension, die in anderen Ansätzen eher unterentwickelt ist, spricht für diesen Ansatz. Zudem ist seine bewusste normative Ausrichtung als Schritt in die richtige Richtung zu werten.

In der gezielt produzierten *Komplexität* liegt aber auch der zentrale Schwachpunkt: Wie Beetham selbst zugibt, ist das Instrument kaum mehr beherrschbar. Nicht nur studentische Nutzer wären rettungslos überfordert, selbst Wissenschaftler sind gezwungen, den Fragekatalog aufzuteilen und „häppchenweise" abzuarbeiten. Hier erweist sich der bewusste Verzicht auf eine Quantifizierung und Zusammenfassung der Ergebnisse als Schwäche des Ansatzes. Wird keine knappe Aussage getroffen, so ist es dann auch wenig verwunderlich, dass keine Schwellenwerte definiert werden, mit denen Demokratien von Nichtdemokratien unterschieden werden können. Wahrscheinlich siegt hier der stärker an praktischen Einzelpunkten ausgerichtete Gedanke der tatkräftigen Unterstützung des realen Demokratieprozesses über die Komponente der wissenschaftlichen Evaluation von Staatsgebilden, wie man überhaupt die bei IDEA eingesetzte Messung von Democratic Audit stark als praktisches Instrument der Förderung von Demokratisierungsprozessen ansehen muss.

Um die Übersicht über die Einzelergebnisse zu wahren, ist zweifelsohne eine breite Kooperation und große Disziplin nötig. Zudem ist die Verwendung des einen oder anderen zentralen Grundbegriffes der Demokratieerfassung nicht ganz den eigenen Ansprüchen entsprechend. So verweist Lauth (2004: 324) auf das „sehr breite Verständnis von demokratischer Kontrolle, das somit stark an Trennschärfe verliert" und die Unterrepräsentation des Begriffes der Freiheit im Konzept des Democratic Audit.

Zuletzt sei noch ein grundlegender Einwand wiederholt: Will man den Democratic Audit verarbeiten, wird zunächst ein Grundkonsens mit seinen Autoren verlangt – die Akzeptanz des liberalen Demokratiemodells. Zwar bemühen sich Beetham und seine Kollegen, den Fragekatalog in eine universelle Anwendbarkeit zu überführen, der „Soll-Zustand" bleibt bei aller kulturellen Adaption jedoch stets unklar. Dieses Fehlen eines konkreten Maßstabes führt letztendlich dazu sich eindeutig auf ein Demokratiekonzept westlicher, liberaler Prägung auszurichten und damit an die eigentlich kritisierte Beurteilungspraxis mit westeuropäischem „Bias" anzuschließen.

Memobox 20:
Demokratiemessung nach Beetham

* Das Democratic Audit stellt den *umfangreichsten Fragekatalog* zur Demokratiebeurteilung zur Verfügung. Er umfasst alle Bereiche formeller und informeller Institutionen einer liberalen Demokratie, ihre Funktionsweise und die politische Kultur der Bevölkerung.
* Die Fragen dienen der Beurteilung von „Ist-Zuständen" von politischen Systemen *gemessen am Soll-Zustand* einer liberalen Demokratie.
* Kulturspezifische Entwicklungen werden durch die breite Fassung berücksichtigt.
* Die Demokratiemessung erfolg auf der Basis *rein qualitativ*er, nichts desto weniger wissenschaftlicher Beurteilung der Fragen durch interdisziplinäre Forscherteams (sog. „dichte Beschreibung"; vgl. Geerts 1990).
* Durch die Tiefe der qualitativen Analyse ergibt sich ein *Zielkonflikt* zwischen dichter Beschreibung und dem *Ländervergleich.*
* Der *Fragekatalog ist zu umfangreich,* um von Einzelforschern bearbeitet zu werden. Selbst bei einer Bearbeitung in der Gruppe nimmt der Arbeitsumfang für mehrere Länder unverhältnismäßig stark zu.
* Grundkonsens aller Anwender ist das *liberale Demokratiemodell,* was grundsätzlich eine diskutable normative Entscheidung ist.

4.5 Messung der Verfassungswirklichkeit: Freedom House

Zu den am häufigsten verwendeten Indizes der Demokratiemessung zählt die Demokratiebestimmung durch die New Yorker Gruppe „Freedom House".[128] Dabei muss gleich zu Anfang betont werden, dass es der Freedom House-Gruppe nicht einmal primär um die Messung von Demokratie geht, sie wollen gezielt die Verteilung politischer und individueller Freiheit erfassen. Der Bezug auf die Freiheitsrechte erfasst aber zentrale Kriterien der Demokratie, was die Verwendung des Freedom House-Index als Messinstrument für Demokratiequalität doch rechtfertigt. „Auch wenn der Ursprung der Messungen in der Bestimmung des

---

[128] Freedom House wurde in den 1940er Jahren von Eleanor Roosevelt als unabhängige und überparteiliche Organisation, mit dem Ziel der politischen Aufklärung im Sinne einer demokratischen Wertordnung, gegründet. Freedom House setzte sich in der Folgezeit für die Etablierung von Bürgerrechten, z.B. in afroamerikanischen Bevölkerungsteilen oder in Entwicklungsländern, ein.

Freiheitsgrades eines Landes lag, so werde doch zugleich damit die Demokratie im Wesentlichen erfasst: the survey was essentially a survey of democracy (Gastil 1991: 22)" (Lauth 2004: 302).

Die offensichtliche Beliebtheit des Freedom House-Index bei Forschern ist insbesondere aus den regelmäßigen, jährlichen Erhebungszyklen, der großen Verbreitung und der guten Zugänglichkeit des Index sowie der Berücksichtigung der realen Umsetzung von Demokratie im Alltag der Untersuchungsländer zu begründen. „Ziel der Messung ist es, ein generelles Bild über den Stand der politischen und zivilen Freiheiten in der Welt zu geben" (Gaber 2000: 115 nach Freedom House 1988: 7). Die Ursprünge der Freedom House-Berichte gehen in die 1950er Jahre und auf die im „Balance Sheet of Freedom" erfassten Bewertungen politischer Entwicklungen und ihrer Bedeutung für die Freiheitsrechte der Bürger zurück. Ihre Weiterentwicklung beruht auf Überlegungen von Raymond Gastil zu Beginn der 1970er Jahre, die sich ab 1973 in jährlichen bis halbjährlichen Berichten in der Zeitschrift „Freedom at Issue" niederschlugen. Seit 1978 werden Jahresbände mit einer vergleichenden Übersicht der Ergebnisse des zusammengefassten Index für alle untersuchten Länder und einzelne, kurze Länderreports, die zur Begründung der Indexerstellung für ein Land dienen, veröffentlicht (www.freedomhouse.org).[129]

Der Freedom House-Index rekurriert auf zwei zentrale Charakteristika der Demokratie: Die Gewährung von *bürgerlichen Freiheitsrechten (Civil Liberties)* soll Auskunft darüber geben, inwieweit der Schutz des Individuums (festgemacht an Freiheitsrechten) in einem Staat gewährleistet wird. Die Gewährleistung *politischer Rechte (Political Rights)* sichert die Mitbestimmung der Bürger. In ihnen kommen fundamentale politische Mitbestimmungsrechte, die sich vornehmlich auf die Dimension der Partizipation beziehen, zum Tragen. Mithin handelt es sich bei den Freedom House-Indikatoren wiederum um Abbildungen der demokratischen Kernprinzipien Freiheit, Rechtsstaatlichkeit und Partizipation.

Insbesondere der Aspekt der *Freiheit*, sei es durch die Betrachtung der Institutionen, die die Freiheitsrechte der Bürger sichern (Rechtsstaatlichkeit) oder durch die Umsetzung der Freiheitsrechte (generelle Freiheiten, Partizipationsfreiheit), steht bei Freedom House im Mittelpunkt der Messung. „Die Freedom

---

[129] In den letzten Jahren finden sich regelmäßig auch Überblicksberichte im „Journal of Democracy" (vgl. Karatnycky 1999, 2003; Piano/Puddington 2001).

House-Indizes sind darauf angelegt, die freiheitsrechtliche Situation der Gesellschaft zu erfassen" (Welzel 2002: 78).[130]

Beide nach Gastil (1993) für eine Demokratie konstitutiven Bereiche erfasst Freedom House mit Hilfe zweier Indikatorenblöcke – „Civil Liberties" und „Political Rights". Die dafür konzipierten Einzelfragen werden durch ein Expertenteam unter Einbezug von Länderexperten eingeschätzt und quantifiziert.[131] Die für die Bewertung erhobenen einzelnen Fragen beschäftigen sich unter anderem mit freien und fairen Wahlen, einer „echten" Opposition, die die Chance hat, mittels freier Wahlen an die Macht zu kommen, freien Medien, freier Religionsausübung und sozialen Freiheiten (siehe Abbildung 4.7). Die Beurteilung erfolgt anhand einer Checkliste, die in den letzten Jahren immer wieder kleineren Veränderungen unterlegen war.

Für den Hauptindex werden die beiden Subindizes „Civil Liberties" und „Political Rights" in eine gemeinsame Beurteilung jedes einzelnen Landes – teilweise sogar eigenständiger Regionen – zusammengefasst. Bereits auf den ersten Blick wird die Ableitung der Indikatoren des Freedom House-Index aus den prozeduralen Minima von Robert Dahl erkennbar. Rechte und ihre Umsetzung in der Realität, nicht institutionelle Designs per se, sind für Freedom House von entscheidender Bedeutung für die Qualität einer Demokratie. Hier bestehen auch Anknüpfungsmöglichkeiten zu den Erhebungen von Jaggers/Gurr (1996) oder Coppedge/Reinicke (1990).

Der Versuch einer Messung der Demokratierealität erfordert ein gewisses Abweichen von den rein institutionellen Designs. Dieses resultiert in der bei Freedom House verwendeten *Experteneinschätzung*. Es werden anhand des Fragenkataloges durch Experten qualitative Urteile über die Länder – nicht selten stammt der Experte aus dem entsprechenden Land – abgegeben, die in der Folge in quantitative Bewertungen umgesetzt werden. Anders aber als z.B. bei Jaggers und Gurr sind es nicht die Forscher selbst, sondern die ca. 30 extern angeworbenen Experten, welche die Einschätzungen vornehmen. Hinzu treten Expertengruppen, vornehmlich aus New York, die durch Besuche in der Region und das Sammeln von diversen Berichten aus unterschiedlichen Quellen (z.B. wissenschaftliche Abhandlungen, Veröffentlichungen von Nichtregierungsorganisationen (NGO´s) oder Medienberichte) eigenständige Beurteilungen zur Gesamtbewertung beisteuern.

---

[130] Welzel verweist in der Darstellung seines Konzepts einer Humanentwicklungstheorie darauf, dass die zivilen Rechte im Wesentlichen durch negative Freiheiten – also Kontroll- und Schutzrechte – und die politischen Rechte überwiegend durch positive Freiheiten – Möglichkeiten der Einflussnahme auf politische bzw. kollektive Entscheidungen – geprägt sind (vgl. Welzel 2002).

[131] Bis 1989 wurden die Zuweisungen der Indexwerte durch Raymond Gastil vorgenommen (vgl. Checkliste Gastil 1990: 36). Seit 1989 ist hierfür ein Forscherteam verantwortlich.

Abbildung 4.7:   Inhalte des Freedom House-Index seit 2003

POLITICAL RIGHTS	CIVIL LIBERTIES
A. Wahlen • freie und faire Wahl der Staatsführung • freie und faire Wahlen der Abgeordneten • faire Wahlgesetze **B. Politischer Pluralismus und Partizipation** • das Recht der Menschen, sich in verschiedenen politischen Parteien zu organisieren • bedeutsame Stimmenanteile für die Opposition und de facto Ausübung von Opposition • Freiheit von Vorherrschaft durch das Militär oder andere einflussreiche Gruppen • angemessene Selbstbestimmung, Autonomie oder Partizipation für Minderheitengruppen durch informelle Konsensbildung in Entscheidungsprozessen **C. Arbeit der Regierung** • frei gewählte Repräsentanten bestimmen die Politik der Regierung • Korruptionsfreiheit der Regierung • Verantwortlichkeit der Regierung gegenüber den Wählern zwischen den Wahlen, offener und transparenter Regierungsprozess	**A. Meinungs- und Glaubensfreiheit** • freie und unabhängige Medien, Literatur und andere kulturelle Ausdruckformen • freie religiöse Institutionen und freie private und öffentliche Religionsausübung • akademische Freiheit und Freiheit des Bildungssystems von extensiver politischer Indoktrination • freie private Meinungsäußerung **B. Versammlungs- und Organisationsfreiheit** • Versammlungs- und Demonstrationsfreiheit, freie öffentliche Meinungsäußerung • Freiheit, politische oder quasi-politische Organisationen zu gründen (d.h. politische Parteien, bürgerliche Vereinigungen, Bürgerinitiativen usw.) • freie Gewerkschaften und Bauernorganisationen – Vorhandensein wirksamer Tarifverhandlungen **C. Rechtsstaat** • Unabhängige Rechtsprechung • Rechtsstaatlichkeit in zivil- und strafrechtlicher Angelegenheiten; zivile Kontrolle der Polizei • Schutz vor politischem Terror, nichtgerechtfert. Inhaftierung, Exil, Folter • Gleichheit vor dem Gesetz **D. Persönliche Autonomie und Individualrechte** • Persönliche Autonomie und Freiheit von Indoktrination • gesicherte Eigentumsrechte und Möglichkeit, Privatunternehmen zu gründen • persönliche soziale Freiheiten • Chancengleichheit (auch die Freiheit von Ausbeutung)

Quelle: www.freedomhouse.org/research/freeworld/2003/methodology.htm.

Die *quantitativen Einschätzungen* des Freedom House-Index variieren für beide Subindizes zwischen 1 und 7. 7 ist der schlechteste Wert (geringster Grad an Freiheit) und 1 der beste Wert (höchster Grad an Freiheit). Zum besseren Allgemeinverständnis wird die Beurteilung noch einmal in drei grundsätzliche Bewertungen zusammengeführt. So kann ein eingeschätztes Land als frei (*free*), teilweise frei (*partly free*) und unfrei (*not free*) bewertet werden, wobei letztere Beurteilung Autokratien oder totalitäre Systeme umfasst. Die Zuordnungen sind: unfrei = 7-5,5; teilweise frei = 3-5,5; frei = 1-2,5. Dabei ergibt sich die Generalbewertung des Freiheitsgrades als Summe der beiden Subindizes geteilt durch die Ziffer zwei. D.h. ein Land kann in den „Political Rights" eine 6 erreichen und in den „Civil Liberties" eine 5 und erhält dann die gleiche Bewertung wie ein Land, welches für die „Civil Liberties" eine 6 und die „Political Rights" eine 5 zugewiesen bekommt. Gleiches trifft natürlich auch auf ein Land mit den Werten 4 und 7 zu.[132]

Diese grundsätzliche Zuweisung beruht auf einem weitaus *differenzierteren Erhebungssystem*. Den einzelnen Fragen der „checklist" (Freedom House 2000: 582-589) wird eine Bewertung von 0 bis 4 seitens der Experten zugewiesen. Durch die zehn Fragen der Abfrageliste der politischen Rechte ergibt sich so eine Spanne zwischen 0 und 40 Bewertungspunkten. Für die Checkliste „Civil Liberties" ergeben 15 Fragen eine Wertespanne zwischen 0 und 60. Damit werden auch die Zuordnungsmöglichkeiten der Grobklassifikation genauer. Beide Zahlensummen werden wiederum summiert. Zwischen 0 und 33 liegen die unfreien Staaten, zwischen 34 und 67 die teilweise freien Staaten und zwischen 68 und 100 die freien Staaten. Diese Werte werden in die bereits vorgestellten Zuordnungen zwischen 1 und 7 transformiert (siehe Abbildung 4.8; vgl. Freedom House 2000: 588 und www.freedomhouse.org).

Bei Betrachtung von Abbildung 4.6 wird deutlich, dass es sich bei den Schwellenwerten um Werte handelt, die zwischen den Zuordnungen zu den übergreifenden Werten 1 bis 7 liegen. Dies bedeutet, die Schwellen zwischen Freiheit (free), teilweiser Freiheit (partly free) und Unfreiheit (unfree) liegen auf den Grenzwerten von 5,5 sowie von 2,5. Damit sind Einordnungen von politischen Systemen auf Zwischenziffern des Gesamtindex möglich. Zusätzlich zeigen „Trend-Pfeile" positive oder negative Trends in der Entwicklung der Länder

---

[132] Welzel schlägt anstatt der Verwendung eines summierten Index einen multiplizierten Index vor. Sein Argument für den „Produktindex" ist, dass es vorkommt, dass die institutionellen, politischen Rechte zwar etabliert werden, diese aber durch Einschränkungen ziviler Rechte nur begrenzt wirksam werden, was zu autoritären Regimestrukturen führt (vgl. Welzel 2002: 79-80). Entsprechend erscheint auch die Option, beide Indizes einzeln zu verwenden (vgl. Schmidt 2000: 412; Pickel 2000: 252-254), für differenzierte Aussagen über Demokratien vorteilhaft.

seit der letzten Bewertung an, die sich nicht notwendigerweise in der Punkte-Bewertung niederschlagen.

Abbildung 4.8:   Bewertungsliste nach Freedom House

Grundbewertung	Political Rights	Civil Liberties	Einschätzung
1	36-40	53-60	Free
2	30-35	44-52	Free
3	24-29	35-43	Partly free
4	18-23	26-34	Partly free
5	12-17	17-25	Partly free
6	6-11	8-16	Not free
7	0-5	0-7	Not free

Quelle: Zusammenstellung nach www.freedomhouse.org.

Mit diesem Bewertungsraster ist es nun möglich, Staaten bezüglich ihres Freiheitsgrades zu klassifizieren. Dabei wird zwischen Freiheit und Demokratiequalität eine Verbindung unterstellt. Die ermittelte Punktezahl kann als Messung der freiheitlichen Qualität von Staaten angesehen werden. Der *Gewinn oder der Verlust von Freiheit wird dabei als Veränderung der demokratischen Qualität* gedeutet (vgl. Welzel 2002: 78). Ausgangspunkt für die Deutung als Indikator für demokratische Qualität ist der Gedanke, dass Demokratie ohne Freiheitsrechte nicht denkbar ist (vgl. Gastil 1993). Die erhobenen Freiheitsrechte spiegeln den Grad eines bestimmten Typus von Demokratie, den der liberalen Demokratie wider (vgl. Gaber 2000: 116). Da der Freedom House-Index in den USA entwickelt wurde, erscheint diese Fokussierung auf das liberale Modell von Demokratie nicht weiter überraschend.

Derzeit umfasst die Messung von Freedom House 192 eigenständige Staaten und 18 Regionen und kann damit als eines der umfassensten Messinstrumente in der Demokratieforschung betrachtet werden. Die *gute Zugänglichkeit* via Internet ist für die vergleichende Politikwissenschaft eine nicht unwesentliche Hilfe, können doch relativ problemlos Aggregatdaten für größere Ländersets in die Analysen einbezogen werden. Zudem wird der Freedom House-Index jährlich aktualisiert. Die dadurch gewonnene hohe *Aktualität* besitzt zwei nicht zu unterschätzende Vorteile:

1.   Die Messungen von Freedom House können immer wieder auf der Basis aktueller Ergebnisse, also zeitnah, eingesetzt werden. Man hat nicht das Problem, auf veraltetes Datenmaterial zurückgreifen oder die Schwierigkeit, Brücken zwischen unterschiedlichen Zeitpunkten konstruieren zu müssen.

2. Zudem wird dem Forscher die zusätzliche Option verschafft *zeitliche Vergleichsanalysen* durchzuführen.[133] Mit ihrer Spannbreite von nunmehr deutlich über 30 Jahren Indexerfassung liefert Freedom House somit ein gutes und gerne genutztes Instrument der vergleichenden Demokratieforschung.[134]

Ein Beispiel für diesen Einsatz des Freedom House-Index ist die Betrachtung der Entwicklung in Transformationsstaaten. Zum Beispiel ergibt ein Vergleich verschiedener Länder in Osteuropa und Lateinamerika (Abbildung 4.9) teilweise ähnliche Ablaufprozesse in den Transformationsverläufen – zumindest was die eingeräumten Rechte und Freiheiten betrifft. Bemerkenswert ist aber auch, dass gleiche Prozesse, die ein Land von einem autoritären System in ein demokratisches freiheitliches System überführen (siehe hier Argentinien, Chile und Bolivien), häufig in unterschiedlichen zeitlichen Phasen verlaufen. Interessant ist es auch, die Ablaufprozesse in unterschiedlichen Transformationsregionen einander gegenüberzustellen. So zeigt Polen einige Gemeinsamkeiten mit mehreren lateinamerikanischen Staaten, was den Ablaufprozess der demokratischen Transformation angeht.

---

[133] Gerade aufgrund der jährlichen Abstände eignen sich die Daten von Freedom House gut zu Zeitreihenanalysen. Gleiches gilt allerdings auch für die Daten von Polity und Vanhanen.

[134] Gerade diese Chance zum Vergleich eröffnet eine gewisse Überprüfung der Validität der Messungen, da sie – eher als nur einmal erhobene Daten – an der realen Entwicklung auf ihre Plausibilität und Abbildungskraft geprüft werden können.

Abbildung 4.9:   Zeitreihen nach Freedom House in ausgewählten Staaten der Erde (Seite 1)

	72	74	76	78	80	85/86	87/88	88/89	90	91	93	95	97	99	01	03	04
USA	1,1	1,1	1,1	1,1	1,1	1,1	–	1,1	1,2	1,2	1,1	1,1	1,1	1,1	1,1	1,1	1,1
Westdeutschland	1,1	1,1	1,1	1,2	1,2	1,2	1,2	1,1	1,2	1,2	1,2	1,2	1,2	1,2	1,2	1,1	1,1
Deutschland-Ost	7,7	7,7	7,7	7,7	7,6	7,6	7,6	6,6	–	–	–	–	–	–	–	–	–
Frankreich	1,2	1,2	1,1	1,2	1,2	1,2	1,2	1,2	1,2	1,2	1,2	1,2	1,2	1,2	1,2	1,1	1,1
Großbritannien	1,2	1,1	1,1	1,1	1,1	1,1	1,1	1,1	1,2	1,2	1,1	1,1	1,1	1,1	1,1	1,1	1,1
Spanien	5,6	5,5	5,3	2,3	2,3	1,2	1,2	1,1	1,1	1,1	1,2	1,2	1,2	1,2	1,2	1,1	1,1
Griechenland	6,6	2,2	2,2	2,2	2,2	2,2	2,2	1,2	1,2	1,2	1,3	1,3	1,3	1,3	1,3	1,2	1,2
Portugal	5,6	5,3	2,2	2,2	2,2	2,2	1,2	1,2	1,2	1,1	1,1	1,1	1,1	1,1	1,1	1,1	1,1
Türkei	3,4	2,3	2,3	2,3	5,5	3,5	2,4	3,3	2,4	2,4	4,4	5,5	4,5	4,5	4,5	3,4	3,3
Ungarn	6,6	6,6	6,6	6,5	6,5	5,5	5,4	4,3	2,2	2,2	1,2	1,2	1,2	1,2	1,2	1,2	1,1
Polen	6,6	6,6	6,6	6,5	6,4	6,5	5,5	4,3	2,2	2,2	2,2	1,2	1,2	1,2	1,2	1,2	1,1
Slowakei	7,7*	7,7*	7,6*	7,6*	7,6*	7,6*	7,6*	6,6*	2,2*	2,2*	3,4	2,3	2,4	1,2	1,2	1,2	1,1
Tschechische Rep.	7,7*	7,7*	7,6*	7,6*	7,6*	7,6*	7,6*	6,6*	2,2*	2,2*	1,2	1,2	1,2	1,2	1,2	1,2	1,1
Serbien-Monten.[a]	6,6	–	6,6	6,5	6,5	6,5	5,5	5,4	5,4	6,5	6,6	6,6	6,6	5,5	3,3	3,2	3,2
Bosnien – Herz.	–	–	–	–	–	–	–	–	–	–	6,6	6,6	5,5	5,5	4,4	4,4	4,3
Estland	–	–	–	–	–	–	–	–	–	2,3	3,2	2,2	1,2	1,2	1,2	–	–
Litauen	–	–	–	–	–	–	–	–	–	2,3	1,3	1,2	1,2	1,2	1,2	1,2	2,2
Albanien	7,7	7,7	7,7	7,7	7,7	7,7	7,7	7,7	7,6	4,4	2,4	3,4	4,4	4,5	3,4	3,3	3,3
Bulgarien	7,7	7,7	7,7	7,7	7,7	7,7	7,7	7,7	3,4	2,3	2,2	2,2	2,3	2,3	1,3	1,2	1,2
Rumänien	7,6	–	7,6	7,6	7,6	7,7	7,7	7,7	6,5	5,5	4,4	4,3	2,2	2,2	2,2	2,2	3,2
Moldawien	–	–	–	–	–	–	–	–	–	5,4	5,5	4,4	3,4	2,4	2,4	3,4	3,4
Russland[**]	6,6	6,6	7,6	7,6	6,7	7,7	6,5	6,5	5,4	3,3	3,4	3,4	3,4	4,5	5,5	5,5	6,5
Weißrussland	–	–	–	–	–	–	–	–	–	4,4	5,4	5,5	6,6	6,6	6,6	6,6	7,6
Georgien	–	–	–	–	–	–	–	–	–	6,5	5,5	4,5	3,4	4,4	3,4	4,4	3,4

Abbildung 4.9:   Zeitreihen nach Freedom House in ausgewählten Staaten der Erde (Seite 2)

	72	74	76	78	80	85/86	87/88	88/89	90	91	93	95	97	99	01	03	04
Argentinien	6,3	2,4	6,5	6,5	6,5	2,2	2,1	1,2	1,3	1,3	2,3	2,3	2,3	2,3	3,3	2,2	2,2
Brasilien	5,5	4,4	4,5	4,4	4,3	3,2	2,3	2,2	2,3	2,3	3,4	2,4	3,4	3,4	3,3	2,3	2,3
Bolivien	5,4	6,5	6,4	3,3	7,5	2,3	2,3	2,3	2,3	2,3	2,3	2,4	1,3	1,3	1,3	3,3	3,3
Chile	1,2	7,5	7,5	6,5	6,5	6,5	5,4	4,3	2,2	2,2	2,2	2,2	2,2	2,2	2,2	1,1	1,1
Ecuador	7,3	7,5	6,5	5,3	2,2	2,3	2,2	2,2	2,2	2,2	2,3	2,3	3,3	2,3	3,3	3,3	3,3
Peru	7,5	6,6	6,4	5,4	2,3	2,3	2,3	2,4	3,4	3,5	5,5	5,4	5,4	5,4	1,3	2,3	2,3
Mexiko	5,3	4,3	4,4	4,4	3,4	4,4	3,4	4,3	4,4	4,4	4,4	4,4	3,4	3,4	2,3	2,2	2,2
Costa Rica	1,1	1,1	1,1	1,1	1,1	1,1	1,1	1,1	1,1	1,1	1,1	1,2	1,2	1,2	1,2	1,2	1,1
El Salvador	2,3	2,3	3,3	4,4	6,4	2,4	3,3	3,4	3,4	3,4	3,3	3,3	2,3	2,3	2,3	2,3	2,3
Honduras	7,3	6,3	6,3	6,3	4,3	2,3	2,3	2,3	2,3	3,3	3,3	3,3	3,3	3,3	3,3	3,3	3,3
Haiti	7,6	6,6	6,6	7,6	6,6	7,6	7,5	7,5	7,7	7,7	7,7	5,5	4,5	5,5	6,6	6,6	7,6
Afghanistan	4,5	7,6	7,6	7,7	7,7	7,7	6,6	7,7	7,7	7,7	7,7	7,7	7,7	7,7	7,7	6,6	5,6
Iran	5,6	5,6	6,6	6,5	5,5	5,6	5,6	6,5	6,5	6,5	6,7	6,7	6,7	6,6	6,6	6,6	6,6
Irak	7,7	7,7	7,7	7,6	6,7	7,7	7,7	7,7	7,7	7,7	7,7	7,7	7,7	7,7	7,7	7,5	7,5
Saudi-Arabien	6,6	6,6	6,6	6,6	6,6	6,7	6,7	7,6	7,6	7,6	7,7	7,7	7,7	7,7	7,7	7,7	7,7
Indien	2,3	2,3	2,5	2,2	2,3	2,3	2,3	2,3	2,3	3,4	3,4	4,4	2,4	2,3	2,3	2,3	2,3
Südkorea	5,4	5,6	5,6	5,5	5,6	5,5	2,3	2,3	2,3	2,3	2,2	2,2	2,2	2,2	2,2	2,2	1,2
Nordkorea	7,7	7,7	7,7	7,7	7,7	7,7	7,7	7,7	7,7	7,7	7,7	7,7	7,7	7,7	7,7	7,7	7,7
Südafrika	2,3	4,5	4,5	5,6	5,6	5,6	5,6	6,5	5,4	5,4	5,4	1,2	1,2	1,2	1,2	1,2	1,2
Ghana	6,6	7,5	7,5	6,4	2,3	7,6	6,6	6,5	6,6	6,6	5,4	4,4	3,3	3,3	2,3	2,2	2,2
Gambia	2,2	2,2	2,2	2,2	2,2	3,4	3,3	2,2	2,2	2,2	2,2	7,6	7,6	7,5	5,5	4,4	4,4
Nigeria	6,4	6,4	6,4	5,3	2,3	7,5	5,5	6,5	5,5	5,3	7,5	7,7	7,6	4,3	4,5	4,4	4,4

Quelle: Eigene Zusammenstellung auf der Basis Freedom House (www.freedomhouse.org); erster Wert „political rights", zweiter Wert „civil liberties"; - keine Bewertung zum damaligen Zeitpunkt; ein Wert unter 2,5 wird in der Regel als frei bezeichnet; * = noch Tschechoslowakei; siehe Pickel 2000: 253; ** = bis inkl. 90/91 UdSSR (nur bei Russland als Vorgängersystem vermerkt); # = bis 91 Jugoslawien.

Diskussionsbox 8:
Freedom House in Transformationsländern

Wenn man einen Blick auf die Abbildung 4.10 wirft, sind zwei Ergebnisse augenfällig, die sich nur durch das zeitlich vergleichende Design der Freedom House-Erfassung aufdecken lassen. Zum einen sind die zeitlich zwar versetzten, aber doch sehr ähnlichen Entwicklungsprozesse in Lateinamerika und Osteuropa zu erkennen. Sie bestätigen verschiedene Überlegungen der Transformationsforschung, die von einem ähnlichen Ablauf von Transformationsprozessen ausgehen (vgl. Linz/Stepan 1996; Merkel 1999).

Das zweite offensichtliche Ergebnis ist die Verschlechterung der Werte in Russland seit 1995, die auf einen schleichenden Prozess des Einbruches von Freiheiten und Rechtsgewährleistung in Russland hindeutet. Wie sich dies weiter entwickeln wird, ist zum jetzigen Zeitpunkt nicht zu sagen, da es sich hier nur um Tendenzen handelt, die sich auch wieder wandeln bzw. in einen rekursiven Prozess münden können. Nichtsdestoweniger sollten derartige Ergebnisse Anlass zu Besorgnis über die Entwicklung der Demokratie eines Landes geben.

Auch schleichende Entwicklungen (z.B. Russland, Peru, Venezuela) sind bei diesem Blick aufzudecken. Die Deutung der Trends der letzten Jahre, zusammen mit Erfahrungen aus anderen Gebieten der Welt, eröffnen Betrachtern nun die Möglichkeit, bereits zu einem frühen Stadium Hinweise auf zukünftige Entwicklungen in bestimmten Ländern zu erlangen und ggf. sogar Prognosen oder auch Anregungen für die Demokratie stützende Maßnahmen geben zu können. Zudem können Klassifikationen einzelner Staaten im Zeitverlauf beobachtet und als ein Hinweis auf deren generelle Fähigkeit zu einem Regimewechsel betrachtet werden (siehe Türkei, Afghanistan usw.).

Trotz all der geschilderten Vorteile muss doch auch auf einige fundamentale *Schwächen* des Freedom House-Index hingewiesen werden, die in den letzten Jahren immer wieder ausführlich diskutiert wurden (vgl. Bollen/Paxton 2000; Gaber 2000: 115-120; Welzel 2000: 134-136; Welzel 2002). Eine zentrale Kritik entzündet sich an der *nur scheinbaren Objektivität* der Messung. Grund ist, dass sich die Einschätzungen von einem stark westlich-amerikanisch orientierten Modell der liberalen Demokratie leiten lassen (Hauptsitz der Forschergruppe ist New York) und sie durch die (Länder-)Experteneinschätzungen hochgradig subjektiv gefärbt sind. Entsprechend handelt es sich um keine vollständig objektive Beurteilung der Freiheitsgrade in den untersuchten Ländern.[135]

Zudem konstatieren einige Forscher weitere Probleme in der Datenvalidität, die sich aus der etwas unscharfen Messung durch zwei parallel zu einander gelegten, sich aber inhaltlich überschneidenden Indikatorensets ergeben, bzw. Reliabilitätsprobleme der Messung, die aus einer fehlenden Transparenz der Kriterienzuordnung innerhalb der Variablen resultiert (siehe Lauth 2004: 308). So ist nicht immer zu klären, warum einem Land bei einer der Fragen eine 3 und einem anderen eine 4 zugewiesen wird. Hier ist man auf sein Vertrauen in die richtige Intuition der einzelnen Experten angewiesen (vgl. Schmidt 2000: 412).[136] Auch ist es fraglich, ob allen erhobenen Punkten wirklich eine gleichrangige Gewichtung zuerkannt werden darf oder ob nicht bestimmte Kriterien eine höhere Bedeutung für die Freiheit der Bürger besitzen als andere. Da alle Fragen adäquat (mit gleicher Wertung) in den Index eingehen, kann die Überblickserfassung nicht immer einen vergleichbaren Einblick in die wahre Qualität der Freiheitsrechte geben.

Ebenfalls ungeklärt ist die Frage, wer die in den Hinweisen von Freedom House genannten „regional academic experts" und was deren Bewertungsgrundlagen sind. Auch die Beurteilung der „Zusatzfragen" ist nicht wirklich geklärt und gelegentlich kommt es zu Überschneidungen in den Fragen, die in Doppelmessungen münden (vgl. Lauth 2004: 271-272), was eine unbewusste Gewichtung der Bewertung herbeiführt und zudem ein Verstoß gegen die Vorgabe der Intercoderreliabilität[137] ist. Eine gewisse Unzufriedenheit kann man auch hinsichtlich der immer wieder über die Zeit feststellbaren Veränderungen des Messinstrumentes äußern, die den Endnutzer doch etwas in seinem Vertrauen in die zeitliche Vergleichbarkeit der Ergebnisse erschüttern kann.

Auf der Gegenseite besitzt gerade der Freedom House-Index gegenüber anderen Messinstrumenten einige spezielle Vorzüge: ein unschätzbarer *Vorteil* ist die Erfassung der Realität und die Überwindung einer zu starken Institutionenfixierung anderer Ansätze der Demokratiemessung. Zudem konnte Welzel in verschiedenen Analysen die doch recht gute Widerspiegelung von Freiheitsmustern

---

[135] Als geringeres Problem erweisen sich möglicherweise bestehende Ungenauigkeiten in einzelnen Ländermessungen. Erstens sind sie nicht einfach aufzudecken, da es bei den Bewertungen dann einzig zu Diskrepanzen in den subjektiven Zuordnungsurteilen kommen würde – ein Problem, dem auch andere Indizes ausgesetzt sind –, zweitens verweist Welzel (2002: 78) zu Recht darauf, dass sich die Messfehler in statistischen Analysen (solange sie unsystematisch sind) mit steigender Fallzahl eher ausgleichen als verstärken.

[136] Diese Kritik trifft nicht nur auf den Freedom House-Index, sondern auf die meisten qualitativ erhobenen Instrumente der Demokratiemessung zu.

[137] Unter Intercoderreliabilität verteht man die Zuverlässigkeit der Messungen unterschiedlicher Kodierer.

nachweisen. „Aufgrund vorliegender Validitätstests lässt sich jedoch kaum be-
streiten, dass diese Indizes (Freedom House) das länderübergreifende Muster an
Freiheitsdifferenzierung adäquat widerspiegeln. Der Nutzen der Freedom House-
Indizes liegt deshalb im *großflächigen Viel-Länder-Vergleich*" (Welzel 2002:
78). Mit dieser Aussage ist der Nutzen des Index von Freedom House prägnant
beschrieben. Hinzu tritt noch die Sensitivität für Veränderungen auf der Ebene
der Verfassungsrealität (was Freedom House wohltuend von der Polity-Messung
mit ihrer starken Orientierung auf Institutionen abhebt) sowie seine mögliche
Plausibilitätsprüfung durch die enge zeitliche Erfassung der Demokratieentwicklung.

　　Die getrennte Verwendung beider Erhebungsbereiche eröffnet einem dabei
eine zusätzliche Möglichkeit. So zeigt die allem Anschein nach nicht selten vor-
kommende Konstellation geringerer bürgerlicher Rechte („Civil Liberties") gegenüber gleichzeitig etablierten „Political Rights" das Bestehen einer „defekten
Demokratie" auf und macht die Überdeckung autoritärer Strukturen durch institutionalisierte politische Rechte (vgl. Welzel 2002: 79), also das Bestehen einer
von außen zuerst gar nicht sichtbaren Einschränkung der Demokratie, deutlich.
Damit eignet sich aber diese Art der Verwendung des Freedom House-Index gut
für die Erfassung von Zwischenstadien und differenzierteren Freiheitsbewertun-
gen, die trotzdem für vergleichende statistische Analysen einsetzbar sind und
Aussagen über den Qualitätsgrad von Demokratien zulassen.[138] Besonders interessant ist dabei die Unterteilung in diverse Unterindizes (Korruption usw.),
welche eine spezifischere Betrachtung als nur auf der Ebene der beiden Hauptin-
dizes zulassen.

---

[138]　So lassen sich, verwendet man beide Subindizes getrennt, teils unterschiedliche Zusammen-
　　hangsergebnisse zu anderen Indizes, zu sozioökonomischen Begleitfaktoren und insbesondere
　　zu Merkmalen der politischen Kultur erzielen. Dies wurde an anderer Stelle am Beispiel Osteu-
　　ropa illustriert (vgl. Pickel 2000: 257-261).

Memobox 21:
Die Demokratiemessungskriterien von Freedom House

---

* Freedom House ist eine Demokratiemessung, die sich auf die *Erfassung der Wirklichkeit* der Demokratien konzentriert; d.h., nicht die Institutionalisierung von Rechten, sondern deren Gewährleistung in den Ländern wird analysiert.
* Zentral sind dabei Freiheitsrechte, d.h. der *Grad der Freiheit* wird untersucht. Er kann dann aufgrund der starken Bindung *liberaler Demokratien* an Freiheitsrechte auch als Maßstab für diesen Demokratietypus verwendet werden.
* Der Gesamtindex von Freedom House setzt sich aus umfangreichen Skalen, die sich auf zehn *politische Rechte* (Political Rights) und 15 *zivile Freiheiten* (Civil Liberties) konzentrieren, zusammen.
* Die Einschätzung der Länder erfolgt durch *Experten*, es handelt sich demnach nicht um einen reinen „objektiven" Messvorgang, wie z.B. bei Vanhanen.
* Aufgrund der jährlichen Erfassung besitzt der Freedom House-Index eine *hohe Aktualität*, die auch *Zeitvergleiche* und die Erforschung zeitlicher Entwicklungen begünstigt. Damit besteht die Chance einer Integration von Zeit- und Ländervergleichen.
* Der Freedom House-Index existiert für eine große *Menge an Staaten*, was günstig für statistische Analysen auf Aggregatebene ist und das übliche Problem von Small-n-Analysen umgeht.
* *Probleme* für die Indexbewertung bei Freedom House resultieren (a) aus der Zentriertheit der Bewertung auf die amerikanische Demokratie und (b) aus der gleichrangigen Gewichtung aller eingehenden Aspekte.
* Überschneidungen in den Frageformulierungen bringen in der Folge unterschiedliche Probleme mit sich.
* Die Auswahl der Länderexperten bleibt ungeklärt, teils sind sie nicht nachvollziehbar (hier handelt es sich aber um ein Manko das einige andere Demokratiemessungsansätze teilen, siehe BTI, Polity).

4.6 Konzeptübersicht der vergleichenden empirischen Demokratiemessung

Nachdem in den vorangegangenen Abschnitten die wichtigsten Ansätze der Demokratiemessung relativ ausführlich dargestellt wurden, erscheint abschließend eine vergleichende Gegenüberstellung angebracht, die auch bislang noch nicht näher betrachtete Indizes kurz aufgreift. Die Leitfragen sind: Welche Indizes messen Demokratie am adäquatesten? Was zeichnet die einzelnen Vorgehensweisen aus? Ähneln oder unterscheiden sich Klassifikationen der Länder? Alle drei Fragen sind Gradmesser über Sinn und Nutzen der Messung von Demokratie. Zum Einstieg bietet sich ein zusammenfassendes Raster an, in dem ein Überblick über verschiedene Ansätze gegeben wird.

Abbildung 4.10 zeigt die mittlerweile bestehende Vielfalt an Messverfahren (siehe auch Schmidt 2000: 418-423). Neben den erwähnten Indizes von Vanhanen, Freedom House, Bollen, Beetham, Gastil, Polity, Coppedge und Reinicke sind die Messungen von Arat (1991), Alvarez u.a. (1996) Hadenius (1992, 1994), Gasiorowski (1996, 2000), Przeworski u.a. (2000) sowie die institutionellen Designs von Schmidt (2000) zu erwähnen, die im Großen und Ganzen starke Ähnlichkeiten zu den bereits präsentierten Indizes aufweisen.

Es ist teilweise nicht einfach, die derzeit bestehenden Demokratiemessungsversuche eindeutig voneinander zu unterscheiden: Fast durchweg wird für die Konstruktion der Indizes auf institutionelle Indikatoren zurückgegriffen. Einige Unterscheidungskriterien gibt es aber doch. So kann man *quantitativ von qualitativ* arbeitenden Ansätzen trennen. Ein weiteres Kriterium ist die Differenzierung zwischen institutionellen Ansätzen, die sich auf die Etablierung von Institutionen ohne eine Überprüfung ihrer Wirksamkeit beziehen, und Messformen, welche die Verfassungswirklichkeit eines politischen Systems berücksichtigen. Dabei ist innerhalb der *institutionellen Ansätze* eine weitere Unterscheidung möglich. Sie bezieht sich darauf, dass einige Messindikatoren eher *objektive* Bestimmungsmerkmale der Systeme als Klassifikationskriterium verwenden und andere Beurteilungskriterien auf *quasi-objektiven* (qualitativen) Zuordnungen durch die Forscher beruhen, die quantitative Datenpunkte für bestimmte Demokratiequalitätsgrade festsetzen.

Werfen wir zuerst einen Blick auf die Indizes, die sich explizit auf das *Parteiensystem oder das Institutionensystem* (Alvarez, Gasiorowski) beziehen.

Abbildung 4.10: Demokratieindizes in der Übersicht

Index	Set		Fälle	Zeit
Dahl	Polyarchieskala	1971	Rechte und Freiheiten; Datenpunkte durch Forscher zugeordnet (quasi-objektiv)	114	Bis 1969
Coppedge/ Reinicke	Polyarchieskala nach den Überlegungen von Dahl konstruiert	1988 1993	Rechte und Freiheiten; Datenpunkte durch Forscher zugeordnet (quasi-objektiv)	170	1985
Bollen	quantitative Bewertung ohne festgelegte Schwellenwerte	1963 1980	Freiheiten und Rechte	153	Bis 1980
Gastil	Vorgängererfassung des Freedom House-Index	1971	Freiheiten und Rechte in Verfassungswirklichkeit, Datenpunkte durch Forscher zugeordnet (quasi-objektiv)		
Freedom House	Verfassungsrealität über Experten	Seit 1971	Freiheiten und Rechte in Verfassungswirklichkeit, Datenpunkte durch Experten zugeordnet (quasi-objektiv)	192	1970-
Vanhanen	(ID) Index der Demokratisierung über Stärke der Parlamentsparteien	1984 2000	Partizipationsindikatoren; objektive Wahldaten (objektiv)	187	1810- 1998
Jaggers/ Gurr/ Marshall	Demokratie- und Autokratieskala Polity (IV)	1995	institutionell geprägt; Datenpunkte durch Forscher zugeordnet (quasi-objektiv)	161	1800- 1999
Hadenius	zeitlich ausgerichteter Messindex	1992	institutionell geprägt, Datenpunkte durch Forscher zugeordnet (quasi-objektiv)	132	1988
Arat	quantitative Elemente qualitativ gedeutet	1991	Freiheiten und Rechte	152	1948- 1982
Alvarez u.a.	Regime-Index	1996	institutionelle Typisierung	141	1950- 1980

Gasio-rowski	Political Regime Change Index	1996	institutionelle Typisierung	97	Bis 1992
BTI	Bertelsmann-Transforma-tionsindex, davon Demokratieindex	2003	institutionell geprägt; Datenpunkte durch Forscher (auch im Land) zugeordnet (quasi-objektiv); nur Transformationsländer	116	1998-2003
Beetham IDEA	qualitative Bewertung	1994	institutionell geprägt, keine Quantifikation	9	1995-
Elklit	qualitative Bewer-tung anhand Poly-archiekriterien	1994	institutionell geprägt	5	1994
Saward	qualitative Bewertung	1994	institutionell geprägt	0	1994
Lijphart	Messung der Konsensdemokratie	1977	rein institutionelle Typisierung	16	1977-

Quelle: Eigene Zusammenstellung nach mehreren Quellen; Set = Datum der ersten Benennung; Zeit = Zeitraum der Fassung; Fälle = Zahl der erfassten Einheiten (Länder).

Dort wird bspw. versucht, Machtstrukturen innerhalb des Institutionensystems aufzuspüren und darzulegen (vgl. Taagepera 1999; Schmidt 2000; Lijphart 1999) oder aber die Etablierung formaler Institutionen zu erfassen. Die meisten der so konstruierten Indizes basieren auf mathematischen Formeln, die wiederum auf Festsetzungen ihrer Konstrukteure beruhen. Ihr Ziel ist dabei oftmals gar nicht eine direkte Auskunft über die Demokratiequalität der untersuchten politischen Systeme, sondern bestimmte Merkmale einer – meist liberalen – Demokratie zu beleuchten und aus diesen Ergebnissen auf die demokratische Qualität dieser Systeme zu schließen.

4.6.1 Die Messung von Alvarez

Der Index von *Alvarez* u.a. (1996) bevorzugt eine trennscharfe Form der Mes-sung, die zwischen Demokratien und Nicht-Demokratien unterscheidet. Folgen-de Bedingungen müssen erfüllt sein, damit ein politisches System als Demokra-tie anerkannt wird: gewählte politische Amtsinhaber, eine gewählte Legislative, ein Mehrparteiensystem und ein realisierter Regierungswechsel, der die Chance der Opposition, an die Macht zu kommen, konsequent überprüft (vgl. Schmidt 2000: 413). Das letztgenannte Kriterium soll eine Trennung zwischen einer ech-ten Demokratie und einer „Pseudodemokratie" bzw. „Fassadendemokratie" (Schmidt 2000: 413) ermöglichen.

Allerdings lässt diese Messung nur geringe Nuancen in der Bewertung von Demokratie zu und hilft bei der Bestimmung des Konsolidierungsstandes von Transformationsstaaten allenfalls bedingt weiter. Zudem ist die Konzentration auf die Freiheitsdimension etwas sehr eng gesteckt und lässt z.b. die Kontrolldimension fast völlig ausser Acht (vgl. Alvarez u.a. 1996: 19-20; siehe auch Lauth 2004: 121). Die starke Fixierung auf ein eher dichotomes Einordnungsdesign zwischen Demokratie und Autokratie erscheint auch nur begrenzt realitätsnah (vgl. Collier/Adcock 1999: 11). Diese Tatsachen sind sicher dem Umstand zuzuschreiben, dass es sich bei der Insitutionenmessung von Alvarez nicht um ein Instrument handelt, das originär für die Messung demokratischer Qualität vorgesehen war, sondern eher institutionelle Rahmenbedingungen aufspüren wollte. Allerdings fassen seine Kriterien viele der angesprochenen Punkte und helfen für eine auf das Parteiensystem fokussierte Analyse weiter (vgl. Przeworski u.a. 2000: 1-18).

4.6.2 Regimewechsel: Mark Gasiorowski

Ein weiterer Zugang ist der von *Mark Gasiorowski* (1996). Er befasst sich konkret mit dem *Regimewechsel* in Ländern der sogenannten Dritten Welt („Political Regime Change Dataset"), mit dem Ziel diese Transitionen zu erklären. Über selbstkodierte Daten aus den Bereichen politischer Institutionen und Marktwirtschaft (1996: 475) analysiert er eine große Zahl an Systemübergängen und schließt in vielen Punkten an die Überlegungen von Coppedge/Reinicke (1990) sowie die Konzeption von Dahl an. Seine Ergebnisse und Daten korrespondieren dabei stark mit den Ergebnissen von Coppedge/Reinicke aus dem Projekt „Measurement of Polyarchy" von 1985 (vgl. Gasiorowski 1996: 477).

Gasiorowski (1996: 471-473) unterscheidet drei feste Regimeformen (autoritär, semi-demokratisch und demokratisch) sowie eine fliessende Übergangsregimeform (transitional). „Erfasst werden seit ihrer Unabhängigkeit 97 Länder der Dritten Welt, die im Jahr 1980 mindestens eine Mio. Einwohner besaßen, wobei alle Regimewechsel hinsichtlich der vier Formen festgehalten werden. Wurden alle Wechsel vor 1945 nur mit Jahreszahl registriert, so danach mit Monats- und Jahreszahl. Insgesamt bezieht sich die Datensammlung auf 6.842 Länderjahre." (Lauth 2004: 280).

Demokratisch ist ein Regime, wenn drei Kriterien erreicht werden:

1. bürgerliche und politische *Freiheiten*;
2. umfassender, gewaltfreier und regelmäßiger *Wettbewerb* um alle Positionen einer Regierung[139];
3. inklusive *politische Beteiligung* der Bevölkerung bei der Wahl der Amtsträger.

Damit hat er die drei Eckpunkte, die demokratietheoretisch zur Einschätzung als Demokratie notwendig sind, berücksichtigt. Semidemokratisch ist ein Land, bei Einschränkungen in einem oder mehreren der drei Felder, bei gleichzeitiger Existenz von zumindest einem der beobachteten Kriterien. Autokratien erfüllen die Anforderungen generell nicht mehr oder nur noch in Spurenelementen.

Mit dem Fokus auf Transformationsländer fällt Gasiorowskis Arbeit aber auch in den Bereich der Demokratiemessung. So setzt er sich in der Folge eher mit der Frage der Leistungsfähigkeit von Demokratie auseinander. Das Ergebnis seiner Studie von 2000 ist dabei bemerkenswert: „The foregoing analysis found that democracy produces higher inflation and slower economic growth in underdeveloped countries" und "that democracy undermines macroeconomic performance because of the adverse effects of unrestrained political participation" (Gasiorowski 2000: 345). Damit stellt er nicht etwa den Zuwachs an Freiheitsgewinnen in Frage, den Demokratie erbringen kann, sondern er stärkt sogar deren Bedeutung gegenüber Argumenten, die einzig ökonomische Anreize für den Erfolg und das Überleben von Demokratien verantwortlich machen.

Ferner verweist Gasiorowski darauf, das es sich lohnt, nicht nur die Institutionalisierung von Demokratie im Auge zu behalten, sondern auch deren Performanzleistungen. Rückschritte sind gerade bei der ermittelten Konstellation von Demokratie und Wirtschaftsproblemen (steigende Inflation etc.) sehr gut möglich. Wichtig für die Demokratie- und politische Kulturforschung ist die Erkenntnis, dass gerade politische Rechte und Freiheiten sowie die politische Performanz für die Stabilität von Demokratie von Bedeutung sind. Damit wendet Gasiorowski sich gegen eine einseitige Annahme der Predominanz der wirtschaftlichen Performanz oder der bloßen Installation von Institutionen, die in der Operationalisierung von vielen Indizes der Demokratiemessung im Zentrum stehen.

Kritisch anzumerken ist Gasiorowskis Hang zu einem stark dynamisch orientierten Konzept, das die Frage nach dem Eintritt der „Demokratie" nicht gänzlich vorhersagen kann. Folglich unterliegt er bei der Einordnung realer Systeme

---

[139] Dabei geht Gasiorowski davon aus, dass die Regierung auch handlungsfähig ist und durchsetzbare Entscheidungen treffen kann.

in sein Raster extrem dem Problem der fehlenden Schwellenwerte. So verweist Lauth (2004: 281) darauf, dass „ein Regimewechsel auch auf eine Reihe kleinerer (…) Aktionen beruhen kann. Dann ist kein einzelnes Ereignis festzustellen, das diesen markiert." Hinzu kommt, dass Gasiorowski für seine Messung keine explizite Indikatorendiskussion und keine Kodierregeln zur Verfügung stellt, was seine Überprüfbarkeit wesentlich einschränkt. Munck/Verkuilen (2002: 20) monieren zudem die mangelnde Replizierbarkeit des Messinstrumentes, was nicht zuletzt mit der alleinigen Verkodung durch Gasiorowski selbst zusammenhängen dürfte. Letzlich bleibt auch die Systemkategorie „transitional" ein Fremdkörper in seiner Einschätzung, steht sie doch auch quer zu den drei alternativen Zuordnungen (siehe auch Lauth 2004: 282).

4.6.3   Weitere qualitative Messversuche: Elklit und Saward

Genauso wie Gasiorowskis Einteilung sind (vgl. Lauth 2004: 315-318) die Arbeiten von *Jørgen Elklit* und *Michael Saward* in die Gruppe der qualitativ arbeitenden Indizes einzuordnen.[140] Entscheidendes Kriterium für diese Einordnung ist die fehlende Umsetzung der Messung in einen quantitativ fassbaren Index. Dabei gilt für Elklit (1994) wie auch für Saward (1994, 2001, 2003), dass nur eine ungenügende (bei Elklit für fünf Länder) oder gar keine (Saward) empirische Testung vorliegen. Während Elklit an die Polyarchiemessung anknüpft, aber davon ausgeht, dass nur relationale Aussagen über den Demokratiegrad statthaft sind, richtet sich Saward (1994) eher an den Überlegungen des Democratic Audit aus.

Saward zeigt eine große Zuneigung zu direktdemokratischen Demokratiekonzepten und sieht das „*responsive rule*" als maßgeblich für die Anerkennung eines Systems als eine Demokratie an (vgl. Saward 1994: 14). Er erkennt nur wenige Sperrbezirke von demokratischen Mehrheitsentscheidungsbefugnissen an und setzt sowohl auf ein breites Gleichheitskonzept, als auch auf ein breites Partizipationskonzept für die Bestimmung von Demokratie. Ganz im Sinne partizipatorischer Demokratietheorie positioniert er sich gegen repräsentative Verfahren der Willensbildung und sieht die direkte Beteiligung der Bürger als Kern von Demokratie an. Damit unterliegen die meisten demokratischen Entscheidungen der Bevölkerung, die im einfachen Mehrheitsentscheid erfolgt und Volkssouveränität garantiert. Einzig 24 unantastbare demokratische Prinzipien sind von diesem Dekret der Bürger ausgeschlossen. Dabei handelt es sich um Kriterien aus fünf Bereichen:

---

[140]   Dies gilt auch für den ausführlicher behandelten Ansatz von David *Beetham*

1. Grundlegende Freiheitsrechte,
2. Bürgerrechte und Partizipationsrechte,
3. administrative Codes,
4. Öffentlichkeit,
5. soziale Rechte.

Auch an Sawards Konzept sind einige Kritikpunkte zu bemängeln, die bislang eine größere Verbreitung behinderten. Neben den fast üblichen Schwierigkeiten der qualitativen Ansätze in der Operationalisierung ihrer Variablen, zeigt sich auch der theoretische Ansatz nicht vollständig ausgereift. Suggeriert er auf der einen Seite eine starke Position der Bürger, werden diese durch die teils sehr umfangreichen „resposive rules" an wesentlichen Stellen eingeengt. Daraus ergibt sich an einigen Stellen fast gegenteilig eine Beschränkung der Bürger, statt ihres stärkeren Einbezugs in das Demokratiekonzept. Hier traut Saward den direktdemokratischen Verfahren wohl selbst nicht mehr so richtig. Ihm fehlen nun die vorher vehement abgelehnten repräsentativen Verfahren, um für weitere Demokratiebereiche überhaupt noch eine Mitsprache zu besitzen. Lauth (2004: 292) verweist zu Recht noch zusätzlich darauf, dass nicht klar ist, welche der benannten Kriterienbereiche nun als Ausdruck und welche als Merkmal von Demokratie anzusehen sind.

Jørgen Elklit konzentriert sich bei seinem Messinstrument auf Wahlen, die er als zentral für Demokratien ansieht. Ihn interessiert wie demokratisch ein Wahlsystem ist. Dies sieht er als Basis einer (dann eher elektoralen) Demokratie an (vgl. Elklit 1999). Entsprechend lenkt er sein Interesse auf die Erfassung von Elementen des Wahlsystems, was über einen relationalen Ansatz – Elklit verwendet ausschließlich Ordinalskalen – reichhaltige Länderprofile ermöglichen soll. Diese werden dann an die Kriterien Dahls, die Elklit durch jeweils vier Indikatoren operationalisiert, angeschlossen. Somit kommt er zu einer Rangfolge der Länder, die er je Institution festlegt und dann „entlang der beiden Dahlschen Dimensionen (contestation und inclusivness) graphisch abbildet" (Lauth 2004: 284).

Als eine starke Beeinträchtigung der Überlegungen Elklits sind seine überstarke Konzentration auf die Wahlen als demokratischer Faktor und ein, durch die Entscheidung für eine reine Ordinalskala ausgelöstes, Fehlen klarer Schwellenwerte zur Einschätzung von Demokratie oder Nicht-Demokratie bzw. Qualitätsstufen von Demokratie anzusehen. Dies äußert sich auch in einer Beschränkung der Analysen auf zahlenmäßig eher geringe Länderauswahlen, weil die bearbeiteten Fallzahlen durch die relationale Betrachtungsweise begrenzt sind. So kommt auch Lauth (2004: 284) zu einem eher skeptischen Urteil über Elklits Demokratiemessinstrumentarium: „Der Anspruch einer differenzierten Ergebnisdarstellung kann aufgrund der genannten Probleme der Reliabilität, die maßgeblich in der Unschärfe der Variablen wurzeln, und der eingeschränkten Validität nur bedingt eingelöst werden. Für den Einsatz in der Demokratiemessung ist darüber hinaus nicht zu vergessen, dass nicht alle Aspekte in der Demokratie konzeptionell überhaupt erfasst werden...".

4.6.4 Arat und Hadenius

Beide zuvor genannten Ansätze leiden an der Diskussionswürdigkeit ihrer theoretischen Vorschläge und ihrer empirischen Umsetzung. Dies hat auch ihre Weiterentwicklung bislang beeinträchtigt. Hingegen streben die Überlegungen von Arat (1991) und Hadenius (1992) eine Quantifikation der Qualitätsbestimmung von Demokratien an.

Axel Hadenius rückt einen Gedanken, der sonst eher implizit in den Demokratiemessungen mitschwingt, stärker ins Zentrum seiner Analysen – die zeitliche Komponente. Er greift auf die, in der politischen Kulturforschung immer wieder formulierte, Frage nach der *Stabilität* politischer Systeme zurück und macht sie zum Kriterium der Bestimmung von Demokratie. Nicht einzelne Bestandteile von Demokratie sind bedeutsam, sondern ihr längerfristiges Bestehen. Dies verbindet er mit einem zweiten Gedanken, der Erfassung der zentralen Umstände für den Erfolg oder Misserfolg einer Demokratie. Seine zentralen Bezugsdimensionen sind politische Freiheiten und politische Partizipation in Form von Wahlen: (1) die Art des Wahlsystems, (2) die Existenz einer bundesstaatlichen Verfassung, (3) die Auswahl von Führungspersonal anhand eines präsidentiellen versus eines parlamentarischen Regierungssystems, (4) das Bestehen einer kolonialstaatlichen Vergangenheit und (5) sozioökonomische Kernindikatoren (vgl. Hadenius 1992: 65). Diese Indikatoren gehen auch in seinen *index of democracy* ein, der aus einem relativ komplizierten Zusammenspiel der verschiedenen Indikatoren entsteht.[141]

In diesen Indikatoren spiegelt sich eine zentrale Diskussion: *Welche Umfeldbedingungen sind für die Stabilität einer Demokratie von Bedeutung?* Mit dieser Frage verlässt Hadenius den einfacheren Weg der Zustandsbeschreibung einer Demokratie und widmet sich zusätzlich der Frage nach den Gründen und Bedingungen für eine unterschiedliche Demokratiequalität. Sind es, wie die politische Kulturforschung betont, politisch-kulturelle Bedingungen oder sind es doch eher institutionelle Rahmenbedingungen, wie sie Arend Lijphart (1977) formuliert, die eine hohe Demopkratiequalität garantieren? Oder sind es mögli-

---

[141] Eine Darstellung der Zusammensetzung des Demokratieindex und seiner Messkonstrukte bei Hadenius findet sich bei Lauth (2004: 294).

cherweise gar rein ökonomische Rahmenbedingungen, die ganz in Anlehnung an
Überlegungen Huntingtons (1991) und Lipsets (1959) der unverrückbare Prädik-
tor für Demokratie sind?

Hadenius zieht das Fazit, dass sich sowohl institutionelle als auch sozioökonomische Bedingungen förderlich auf die Stabilität von Demokratien auswirken.[142] Für den Bereich der politischen Institutionen sieht er zentral das auch
von Lijphart vorgeschlagene Merkmal einer parlamentarischen Demokratie als
maßgebliche Rahmenbedingung für eine qualitätsvolle Demokratie an.

Abgesehen von der begrenzten Indikatorenauswahl und der von ihm selbst
angesprochenen Selektivität der Länderauswahl (vgl. Hadenius 1992: 85) sowie
dem Tatbestand, dass er eigentlich auch keinen eigenständigen Demokratieindex
vorstellt, sondern auf Bestandteile anderer Instrumente zur Demokratiemessung
zurückgreift und sie rekonstruiert, erscheinen die Überlegungen von Hadenius
doch in zweierlei Hinsicht interessant. Erstens rückt er mit der zeitlichen Perspektive den Stabilitätsaspekt der Demokratie vor die Qualitätsbestimmung. Im
Prinzip ist bei ihm *die Dauer der Demokratie das Qualitätskriterium der Demokratie*. Damit ist er extrem anschlussfähig für Analysen aus der politischen Kulturforschung. Zweitens forciert er die Suche nach den Gründen für diese Stabilität. Gerade mit diesem Vorgehen geht er in eine zukunftsweisende Richtung,
wird doch zunehmend diese Hinterfragung für die Demokratieforschung bedeutsam. Bemerkenswert ist seine klare Trennung zwischen drei Typen von Ein-
flussgründen in institutionelle, politisch-kulturelle und sozioökonomische Rahmenbedingungen.

In eine etwas ähnliche Richtung verläuft die Argumentation von *Zehra Arat*
(1991). Sie sieht die Qualität einer Demokratie hauptsächlich durch die vorherrschende Kontrolle eines Regimes getragen. Ihre auf einem Kontinuum angeord-
nete Erhebung eines Demokratiegrades berücksichtigt vier Kontrollfunktionen,
die das Volk gegenüber der Regierung besitzen kann: Wettbewerb, politische
Partizipation, bürgerliche Freiheit und Inklusivität des politischen Prozesses (vgl.
Arat 1991: 22-23). Diese Formen der „*popular control*" werden in einen Index
(Score of Democraticness) umgesetzt, der die verschiedenen Faktoren durch
statistische Funktionen miteinander verbindet. Gewisse Probleme bei der Operationalisierung und bei der theoretischen Einbettung haben bislang aber eine weitere Verwendung dieses Ansatzes eingeschränkt (vgl. Lauth 2004: 299-301).
Dazu dürfte auch beigetragen haben, dass sie ihre Daten nicht in computerlesba-

---

[142]   Kulturelle Bedingungen werden am Ende seiner Analysen nicht mehr erwähnt, was hauptsäch-
         lich auf ihre unzureichende Operationalisierung zurückzuführen seint dürfte. Die Zugehörigkeit
         zum britischen Kolonialreich ist nur als eingeschränkter Indikator für eine politisch-kulturelle
         Prägung zu verstehen.

rer Form erhoben hat, was eine Disaggregierung (Betrachtung der untergeordneten Indexeinheiten) verhindert (Munck/Verkuilen 2002: 20).

4.6.5 Der Bertelsmann Transformationsindex

Die jüngste Konzeptionsentwicklung im Bereich der Demokratiemessung ist der *Bertelsmann Transformationsindex* (BTI). Er bewertet unterschiedliche Aspekte der Transformationsleistung von Entwicklungsländern durch Einschätzungen von deutschen Länderexperten (jeweils zwei) und Klassifikationen einheimischer[143] Experten. Maßstab, der auch von den Schöpfern des BTI als normativ bezeichneten Beurteilung, ist das Konzept der „konsolidierten marktwirtschaftlichen Demokratie". Die Managementleistung der Transformationsakteure wird entsprechend des Schwierigkeitsgrades der Transformation gewichtet und im *„Managementindex"* zusammengefasst. Der Stand der Demokratisierung und der marktwirtschaftlichen Öffnung von 116 Ländern wird in der Subdimension *„Statusindex"* bestimmt. Dieser gibt die demokratische Performanz zum Zeitpunkt 2003 (2006) an, ein *Trendindex* zeigt die entsprechende Entwicklung zwischen 1998 und 2003 bzw. 2006.

Im *Statusindex* werden anhand von zwölf Indikatoren der Entwicklungsstand der „rechtsstaatlichen Demokratie" und der „sozial verantwortlichen Marktwirtschaft" abgebildet:

Kriterien der „rechtsstaatlichen Demokratie":
1. Staatlichkeit
2. Politische Partizipation
3. Rechtsstaatlichkeit
4. Institutionelle Stabilität
5. Politische und gesellschaftliche Integration

Kriterien der *„sozial verantwortlichen Marktwirtschaft"*:
1. Sozioökonomisches Entwicklungsniveau
2. Markt- und Wettbewerbsordnung
3. Währungs- und Preisstabilität
4. Privateigentum
5. Sozialordnung (Welfare Regime)
6. Output-Stärke der Volkswirtschaft
7. Nachhaltigkeit

---

[143] Der BTI wurde in Deutschland entwickelt und wird hauptsächlich am Centrum für angewandte Politikforschung (CAP) in München betreut.

Der *Trendindex* integriert fünf Kriterien des Statusindex:
1. die politische Ordnung
2. den Konsolidierungsgrad der Demokratie
3. den sozioökonomischen Entwicklungsstand
4. die Wirtschaftsordnung
5. die wirtschaftliche Leistung der Länder
(vgl. Bertelsmann 2004: 108-109).

Der Trendindex stellt Stagnation, Rückschritte und gegenläufige Entwicklungen, die Richtung und Intensität der Entwicklung dar. Zur Bestimmung des Ausmaßes der Entwicklung ist er nicht geeignet.

Die Diskussion um Good Governance, Regierungstätigkeit und Politikreformen soll sich im *Managementindex* widerspiegeln und durch folgende Kriterien gemessen werden:

1. Zielsicherheit der Reformen
2. Effektive Ressourcennutzung
3. Gestaltungsfähigkeit
4. Konsensbildung
5. Internationale Kooperation.

Die Managementleistung wird zusätzlich mit dem Schwierigkeitsgrad der Transformation (Problemkonstellation und Entwicklungspotenziale) gewichtet.

Alle 23 Kriterien (außer Trendindex) werden von den Ländergutachtern mit Punkten bewertet: Fünf bzw. zehn Punkte bezeichnen die volle Erfüllung, ein Punkt die Nicht-Erfüllung des Kriteriums (Statusindex (5), Managementindex (10)). Der Trendindex wird auf einer Skala von –2 bis +2 abgebildet – positive Punktzahlen kennzeichnen einen Fortschritt, negative einen Rückschritt der Entwicklung.

Unter der Annahme, alle Kriterien besäßen innerhalb ihrer Dimension das gleiche Gewicht und ordinalskalierte Daten seien näherungsweise in eine Intervallskala zu übertragen (Bertelsmann 2004: 115), erfolgt nun die Aggregation der vergebenen Punktewerte als Mittelwertabbildung. Zum Statusindex werden die Werte der „rechtsstaatlichen Demokratie" und der „sozialverantwortlichen Marktwirtschaft" addiert (Eine Ausnahme ist der Autokratiemalus: institutionelle Stabilität und Konsolidierungsgrad der Demokratie werden mit 0 bewertet). Der Managementindex wird mittels Mittelwertbildung über die Punktewerte der Kriterien und Multiplikation mit dem Schwierigkeitsgrad gebildet (Gewichtung). Das Ergebnis wird in eine Skala von 1 bis 10 Punkten transformiert.

Der BTI ist gezielt nach dem Rankingprinzip[144] aufgebaut und besteht auf einer Abkehr von dem eher linear angelegten Denken der Modernisierungstheorie und der üblichen Transformationsforschung. Ziel ist es, sowohl eine rechtsstaatliche Demokratie als auch eine sozial verantwortliche Marktwirtschaft zur Abbildung einer marktwirtschaftlichen Demokratie in Anlehnung an Dahls Minimalkriterien zu verbinden.

Beeindruckend ist die Spannbreite der abgefragten Kriterien sowie die Möglichkeit, auf Einzelindizes zurückgreifen zu können. So ist es z.b. möglich, den Index „rechtsstaatliche Demokratie" gesondert zu verwenden. Dessen Kriterien sind für die Demokratiemessung relevant, wenn auch – sicherlich durch die umfangreichen Ziele des Projektes bedingt – der inhaltliche Umfang anderer Demokratieindizes nicht erreicht wird.

Neben der Tatsache, dass es sich beim BTI trotz einer Interkodervalidierung (Gültigkeit) um nichts anderes als um einen weiteren quasi-objektiven Ansatz handelt und einige Unterindikatoren möglicherweise schon deshalb überdenkenswert sind, weil sie multidimensionale Fragestellungen enthalten, bleiben einige weitere *Schwächen* festzuhalten. Zum einen bleiben der BTI und sein Demokratieindex von begrenztem Nutzen, da er Nicht-Entwicklungsländer oder Nicht-Transformationsländer, wie z.B. die westeuropäischen Demokratien nicht bewertet und somit diese Relation entfallen muss. Zum anderen scheint es schwierig die Interkoder-Reliabilität (Zuverlässigkeit) zu sichern, da gerade der eigentlich vorteilhafte Einbezug von Länderpartnern relationale Ländervergleichsprobleme mit sich bringt. So ist anzunehmen, dass kulturspezifische Unterschiede die nationalen Experten zu einer länderspezifischen Subjektivität führen, die bei einem externen Bewertungsteam so nicht gegeben sind. Bei letzterem dürften kulturell bedingte Verschiebungen eher gleichgerichtet sein (zumeist in Richtung USA, siehe Freedom House).

Damit ist es aber fraglich, ob die Ergebnisse wirklich zutreffend über die Länder vergleichbar sind, was ja die Kernfrage der vergleichenden Politikwissenschaft betrifft. Zudem erstaunt es, dass z.B. Ungarn, Litauen und die Slowakei 2003 in der demokratischen Transformationsmessung vordere Rangplätze belegen (Bertelsmann 2004: 14-15), Länder, die in anderen Indizes schlechter als Slowenien und die Tschechische Republik bewertet werden. Insgesamt sind die Einordnungen des BTI allerdings – und dies zeigen verschiedene Korrelationsanalysen – kongruent zu den drei wichtigsten anderen Demokratiemessindizes (ID von Vanhanen, Polity IV und Freedom House).

---

[144] Wobei z.B. auf Seite 112 des Kapitels über Kriterien und Methodik des BTI dieses Diktum wieder eingeschränkt wird: „Das vorliegende Ranking ist insofern ein Rating, als der Bewertung eine absolute Notenskala zugrunde lag..." (Bertelsmann 2004: 112).

Für die Demokratiemessung als wenig hilfreich erweist sich die Vermischung der Erfassung von politischer Transformation und Transformation zur Marktwirtschaft im Statusindex. Hier werden politische Entwicklungen in den Untersuchungsländern eher verdeckt als herausgearbeitet. Zudem erscheint es aus demokratietheoretischer Sicht fraglich, inwieweit die Marktwirtschaft ein essentielles Substrat demokratischer Gesellschaften ist.[145] In den Augen der Bürger, das zeigen Ergebnisse von Meinungsumfragen (nicht nur) in Osteuropa (ISSP, WVS, PCE), wird Marktwirtschaft zumindest nicht als untrennbare Begleiterscheinung von Demokratie gesehen oder gar als solche gewünscht. Selbst wenn die zweifelsohne bestehenden Effekte der ökonomischen Entwicklung auf die Demokratie unbestritten sind, bedeutet dies noch keine Zwangsläufige Verkopplung von Marktwirtschaft und Demokratie. Bringt man der Demokratiemessung grundsätzlich immer wieder die Kritik des stark am westlichen Wertesystem ausgerichteten Kulturdeterminismus entgegen, so trifft dieses Argument für den Status-Index des BTI auf grund seiner expliziten Normativität in potenzierter Form zu.

Insgesamt handelt es sich beim BTI aber um einen gerade für Transformations- und Entwicklungsländer vielversprechenden Ansatz, der jedoch noch einige Schwächen aufweist. Dabei dürfte der Ausschluss der westlichen Vergleichsländer[146] und eine gewisse Unsicherheit über das Zustandekommen der einzelnen Expertenbewertungen wohl am schwersten wiegen. Inwieweit diese Mängel allerdings zukünftig wirklich behoben werden, bleibt zweifelhaft, da häufig die Etablierung eines Instrumentes zu einer gewissen Eigengesetzlichkeit in der weiteren Verwendung führt und auch aus Vergleichsgründen keine größere Überarbeitung in späteren Erhebungen mehr zulässt.

4.6.6 Das Konzept der defekten Demokratien

Aus der Diskussion um die Unangemessenheit von bipolaren Konzepten, die zwischen Demokratie und Autokratie unterscheiden, heraus entwickelte sich die Frage nach möglichen Zwischenformen. Ein Lösungsversuch ist die Konzeption der *defekten Demokratie*, wie sie von der Forschergruppe um Wolfgang Merkel (vgl. Merkel u.a. 2003; Merkel 2004) vorgestellt wurde. Sie verweist auf die Existenz von formalen Demokratien, die bestimmte Sachbestände einer liberalen

---

[145]   Zudem kann man fragen, inwieweit eine Erfassung der Marktwirtschaft über qualitative Kriterien (Einordnungen durch Experten) zuverlässiger den realen Tatbestand des wirtschaftlichen Erfolges widerspiegelt als die Verwendung von statistischen Kennzahlen (Bruttoinlandsprodukt, Inflationsrate, Arbeitslosigkeitsquote).

[146]   Länder mit einem Geberstatus im Entwicklungshilfeausschuss der OECD werden aus der Analyse ausgeschlossen.

Demokratie aufweisen, aber in einigen Bereichen Defizite oder Einschränkungen in ihrer Demokratiefähigkeit offenbaren. Das Konzept der defekten Demokratie wird dabei als Bindeglied zwischen der Demokratiemessung und der Transformationsforschung angesehen.[147]

Ausgangspunkt ist der Gedanke einer so genannten *„embedded democracy"*, die durch eine Einbindung verschiedener Rahmenbedingungen und einen breiten Katalog an Kriterien gekennzeichnet wird (vgl. Croissant/Thierry 2000: 95-96). Zu den Rahmenbedingungen zählen die Staatlichkeit, sozioökonomische Funktionsbedingungen, die Zivilgesellschaft und ein gewisser Säkularisierungsgrad der Gesellschaft. Diese Rahmenbedingungen fördern die Ausprägung einer „embedded democracy", gehören aber nicht selbst zu ihr.

Der Kriterienkatalog umfasst drei *Dimensionen* der Demokratie:
1. die vertikale Legitimations- und Kontrolldimension,
2. die Dimension der effektiven Herrschaftsgewalt und
3. die Dimension des Verfassungs- und Rechtsstaates

sowie fünf *Teilregime*:
1. das Wahlregime,
2. politische Freiheitsrechte,
3. effektive Herrschaftsgewalt,
4. bürgerliche Freiheitsrechte und
5. horizontale Verantwortlichkeit.

Memobox 22:
Defekte Demokratie

„Defekte Demokratien sind Herrschaftssysteme, die sich durch das Vorhandensein eines bedeutsamen und wirkungsvollen Wahlregimes zur Regelung des Herrschaftszugangs als definierendem Merkmal von Demokratie auszeichnen, aber durch signifikante Störungen in der Funktionslogik der übrigen Teilregime die komplementären Stützen verlieren, die in einer funktionierenden Demokratie zur notwendigen Sicherheit von Freiheit, Gleichheit und Kontrolle notwendig sind." (Croissant/Thierry 2000: 95)

---

[147] Durch einen Rückgriff auf die theoretischen Annahmen der Transformationsforschung ist es möglich die Rahmenbedingungen der „embedded democracy" mit dieser in Verbindung zu bringen, werden doch dort Überlegungen zum Einfluss z.B. von Zivilgesellschaften oder ökonomischen Entwicklungen auf die Demokratisierung und Konsolidierung thematisiert.

Die Einschränkungen können unterschiedlicher Art sein (Beschädigungen der Kontrolldimension, eingeschränkte Umsetzung des Rechtsstaates, ineffektive Herrschaftsgewalt) und diverse Defekte der Demokratiequalität hervorrufen. Dies bedeutet, dass man es nicht mit defekten Demokratien als einem Sammelbegriff zu tun hat, sondern mit spezifischen unterschiedlichen Mängeln der Umsetzung demokratischer Prinzipien. Dabei ist noch darauf zu verweisen, dass die Erhebung der defekten Demokratie sowohl institutionelle als auch Elemente der Verfassungsrealität berücksichtigt.

Merkel u.a. (2003: 69-71) nennen *vier Typen defekter Demokratien*:

1. Die *exklusive* Demokratie, in der nennenswerte Teile der erwachsenen Bevölkerung vom Wahlrecht ausgeschlossen sind,
2. die *illiberale* Demokratie, in der die bürgerliche Freiheits- und Schutzrechte des Individuums unzulässig beschränkt oder ausgesetzt werden,
3. die *delegative* Demokratie, in der die Kontrollfunktionen des demokratischen Systems eingeschränkt sind (z.B. Regierungen, die unter Auslassung des Parlamentes regieren) und
4. die *Enklavendemokratie*, in der sich reservierte Bereiche von der Zentralgewalt unabhängig machen oder bedeutende Vetomächte sich dem demokratisch legitimierten staatlichen Einfluss entziehen (siehe Abbildung 4.11).

Allen defekten Demokratien ist zueigen, dass sie sich in einem Zwischenstadium zwischen Demokratie und Autokratie bewegen und hochgradigen Veränderungen unterliegen können. Die Vorteile des Zugangs „defekte Demokratie" sind offensichtlich. Es wird neben der Klassifikation eines politischen Systems als „demokratisch ungenügend" nicht nur eine Abstufung des Systems als mehr oder weniger demokratisch vorgenommen, sondern auch eine inhaltliche Entsprechung der *Art der Abweichung* gegeben. Zusammen mit der präzisen Kodierung aller bisher angesprochenen theoretischen Kriterien für eine Demokratie ist dies ein bedeutender Zugewinn an Information über die Grauzone zwischen Demokratie und Autokratie.

Abbildung 4.11: Typen und Teilregime defekter Demokratie

Typ defekter Demokratie	Defektes Teilregime	Kriterien (Auswahl)
Exklusive Demokratie	Wahlregime	– Ausschluss vom Wahlrecht – Gewalt gegen stimmberechtigte Bürger – Erwerb der Staatsbürgerschaft ist an unzumutbare Hürden geknüpft – Verbot demokratischer Parteien/Kandidaten – strukturelle Gewalt und Ausschluss signifikanter Gesellschaftssegmente – einseitige massive Beeinflussung der Unabhängigkeit der Wahlbehörde – Häufung gezielter Manipulation
	Politische Freiheitsrechte	– Verbot demokratischer Parteien – substantielle Beschneidung der Versammlungsfreiheit per Gesetz – gezielte Behinderung der Opposition – Monopolisierung des Informationsflusses
Illiberale Demokratie	Bürgerliche Freiheitsrechte	– Diskriminierung von Bevölkerungsteilen – Ungleichbehandlung von Bevölkerungsgruppen aufgrund des sozialen Status – Verletzung der Grundrechte – Begrenzung des Zugangs zu Gerichten
Delegative Demokratie	Horizontale Verantwortlichkeit/ Gewaltenkontrolle	– mangelnde Kontrolle der Exekutive durch das Parlament – mangelnde Eigenständigkeit der Gerichtsbarkeit – Korruption als generalisierte informelle Regel des politischen Spiels
Enklavendemokratie	Effektive Herrschaftsgewalt	– indirekte Intervention z.B. durch Erpressung oder Nicht-Kooperation – institutionalisierte Vetopositionen zum Schutz politischer Vorrechte – direkte Intervention durch Obstruktion, politische Partizipation usw.

Quelle: Eigene Zusammenstellung, nach Croissant/Thierry (2000) und Merkel u.a. (2004).

Auch diese Art der Erfassung von Demokratie ist grundsätzlich qualitativ angelegt, allerdings mit dem Ziel einer Rasterung des Systems in das vorgestellte
Schema. Aus dieser Rasterung kann ein für den Vergleich verwendbarer Index
entstehen. Dies ist der „Index Defekter Demokratien" (IDD). Über die Klassifikation der Kriterien der fünf Teilregime zwischen 0 (Regime nicht wirksam) und
4 (kein Defekt) kommen die Forscher durch eine Verrechnung über alle Untersuchungsfälle zu einer Zuordnung zwischen 0 (perfekte Autokratie) und 40 (perfekte Demokratie) (vgl. Croissant/Thiery 2000: 106). Diese kann über die „Demokratie Dimensions-Indizes" (DDIs) für jede Teildimension nochmals kalku-
liert werden. Dadurch ist die Verortung des am stärksten eingeschränkten Teilre-
gimes möglich. Die Grundklassifikation als Demokratie wird verneint, wenn
entweder ein Teilregime oder ein Kriterium nicht wirksam (also 0) ist. Es handelt
sich dann bei dem Regime um eine Autokratie, die selbst bei Vorhandensein
anderer demokratischer Kriterien nicht mehr zu den defekten Demokratien ge-
zählt werden darf.

Leider liegen bislang keine breiteren empirischen Umsetzungen, außer z.B.
der Fallstudie von Croissant (2002) zu Südkorea und einem angekündigten
Band zu drei Ländern in Südostasien, Lateinamerika und Osteuropa, vor.[148] An
dem Informationsgehalt dieser Messung und der Verwendbarkeit des Messkonzepts in der Praxis wird sich der Ansatz der defekten Demokratien messen lassen
müssen. Zudem auch die Frage nach den Länderexpertisen, die bei den breiten
Erfassungen notwendig sind, nicht geklärt ist.[149] So wird sich sicherlich die Zukunft des empirischen Messinstrumentes der defekten Demokratie daran bemessen, inwieweit sich Forscher finden, die ein entsprechendes Netzwerk aufbauen,
um eben die empirische Klassifikation von defekten Demokratien vorzunehmen.

Insgesamt muss allerdings gesagt werden, dass es sich um einen vielversprechenden Ansatz handelt, der eine der zukünftigen Richtungen der Demokratiemessung aufzeigt – eine stärkere Differenzierung von Demokratietypen und
eine Abkehr von der Dichotomie Autokratie-Demokratie. Weniger das noch
nicht etablierte empirische Messinstrument als eher die theoretische Öffnung des
Feldes der Demokratiemessung für Grauzonen kann als maßgeblich für den Forschungsbereich angesehen werden.

---

[148]   Für die Zuordnungen im Konzept der defekten Demokratie wird auch auf Ergebnisse der
       Messindizes von Freedom House als Grundeinheiten zurückgegriffen. Die Klassifikation geht
       aber deutlich über diese Einordnungen hinaus.
[149]   Zudem sind die Schwellenwerte der Beurteilung auch bei diesem Vorgehen der Demokratie-
       messung nicht wirklich transparent ersichtlich.

4.6.7 Demokratiemessung als 15-Felder-Matrix – das Konzept von Hans-Joachim Lauth

Ein Konzept, das Demokratie möglichst vollständig erfassen, aber doch nicht den Aspekt der Sparsamkeit von empirischen Konzepten aus den Augen verlieren möchte, stellte jüngst Hans-Joachim Lauth (2004) vor. Nach einer Analyse verschiedenster Ansätze der Demokratiemessung kam er zu dem Schluss, dass ein Demokratiemesskonzept theoretisch abgesichert, methodisch breit angelegt und flexibel sein sollte. Obwohl er noch keine empirische Messung gemäß seines Konzeptes vorstellt, lohnt sich ein Blick auf seine Überlegungen. Dieser kann aus Platzgründen nur kursorischen Charakter besitzen. Zu einer genaueren Inspektion seines Messkonzeptes sei auf Lauths Habilitationsschrift „Demokratie und Demokratiemessung" (2004: 318-350) verwiesen.

Lauths Modell beruht auf drei Kerndimensionen der Demokratie: Freiheit, Gleichheit und Kontrolle. „Die Messanlage ist auf die Wirkungsweise der formalen Institutionen ausgerichtet. Zu überprüfen ist gemäß des Institutionenverständnisses die formale, rechtlich gesetzte, und die empirische Ausprägung der Institutionen" (Lauth 2004: 318). Dabei sieht Lauth vier Untersuchungsebenen: 1) die Kodifizierung bzw. Existenz bestimmter demokratischer Rechte; 2) die durch institutionelle Bedingungen gewährleistete Praktizierungsmöglichkeit der Rechte; 3) die Verhinderung der Rechte durch formale und informelle Eingriffe und 4) die Wahrnehmung der Kontrollrechte und die Qualität der ausgeübten Kontrolle (durch das Parlament, Medien etc.) (vgl. Lauth 2004: 319).

Aufbauend auf den drei Kerndimensionen und unter Einbezug von fünf Institutionen (Entscheidungsverfahren, Intermediäre Vermittlung, Kommunikation/Öffentlichkeit, Rechtsgarantie, Regelsetzung und Regelanwendung) erarbeitet er eine 15-Felder Matrix der Demokratie (Lauth 2004: 330), die konsequenterweise 15 Indikatoren beinhaltet. Diese „Felderindikatoren" wiederum setzen sich aus untergeordneten Indikatoren quantitativer und qualitativer Art zusammen. Hier allerdings ist zu vermuten, dass aufgrund der von ihm geforderten Eindimensionalität der Indikatoren eine Verwendung qualitativer Indikatoren für eine konkrete empirisch-statistische Analyse unterbleibt. In der 15-Felder-Matrix liegt nun die Flexibilität von Lauths Messinstrument begründet: Es ist möglich, sowohl einzelne Felder als auch gezielt ausgewählte Untereinheiten (Werte pro Institution oder pro Dimension) für die Analyse zu verwenden. Die Zusammenrechnung der Einheiten erfolgt dabei durchweg per Addition.

Für die Operationalisierung wählt Lauth im Anschluss an die Überlegungen Bollens (siehe Kapitel 4.2.3) eine fünfstufige metrische Skala. 1 zeigt die volle Ausprägung eines Merkmals an, 5 signalisiert eine nicht mehr ausreichende Ausprägung (rudimentär, partiell oder gar nicht gegeben). Die Demokratiemessung soll auf jährlicher Basis erfolgen. Ohne es genauer erwähnen zu wollen, kann noch darauf verwiesen werden, dass Lauth sich eine Vielzahl an Gedanken hinsichtlich der Reliabilität seines Messkonzeptes macht. So sieht er eine große Zahl von Kodiererkontrollen genauso vor, wie eine hohe Transparenz seines Erhebungsprozesses und eine stringente theoretische Herleitung der Indikatoren.

Weist einer der 15 Messwerte den Wert „nicht ausreichend" (Wert 5) auf, dann ist das untersuchte Land keine Demokratie mehr; fällt nur ein Wert in die Kategorie „ausreichend" (Wert 4), dann ist es als defekte Demokratie anzusehen; sind alle Werte zumindest befriedigend (Wert 3), handelt es sich bei den untersuchtem Land um eine Demokratie.

Besonders interessant an Lauths Vorschlag ist sein Gedanke auch Aspekte der politischen Kulturforschung in sein Messkonzept aufzunehmen. Hier zielt er insbesondere auf die Kenntnis von Rechten. Bewertungen und die affektive Komponente der politischen Kultur (siehe Kapitel 3) schließt er dagegen bewusst aus. Der Ansatz umfasst somit viele wesentliche Komponenten und theoretische Aspekte der Demokratie. Allerdings könnte sich aber ein Manko seines Zugangs manifestieren, das uns bereits aus den qualitativen Ansätzen der Demokratiemessung vertraut ist. Durch die Berücksichtigung so vieler Aspekte der Demokratie wird sein Zugang sehr komplex. Lauth hat als Lösung für diese Problematik vorgeschlagen, auf die „Auswahl eines einzigen aussagekräftigen Indikators pro Matrixfeld" (Lauth 2004: 324) zurückzugreifen und sozusagen eine „schlanke Version" der Messung zu praktizieren. Möglicherweise ist dies ein gangbarer Weg, auch wenn dabei wiederum die Vorteile seiner breiten theoretischen Absicherung schwinden.

Insgesamt lässt sich sagen, dass Hans-Joachim Lauth mit seiner 15-Felder-Matrix der Demokratiemessung zweifelsohne einen wichtigen neuen Beitrag zur Weiterentwicklung der Demokratiemessung geleistet hat. Das Konzept vereint sowohl die klassischen Überlegungen solcher Demokratiemessversuche wie Bollen, Vanhanen, Polity und Elklit als auch die Gedanken zu defekten Demokratien. Wie sich das doch sehr ambitionierte Konzept empirisch umsetzen lässt, bleibt abzuwarten. Bislang wurden erste einführende Überlegungen eines „New Index of Democracy (NID)" vorgestellt, die das theoretische Konzept noch nicht vollständig ausfüllen. Da allerdings die Umsetzung des Index, im Gegensatz zu den meisten anderen der vorgestellten Messmodelle, noch im Entwicklungsprozess steht, kann man noch deutliche Fortschritte bei der empirischen Umsetzung erwarten.

4.6.8 Fazit der Konzeptübersicht

Was ist als *Fazit* des Überblicks über die verschiedenen Messformen zu ziehen? Sicherlich, dass die Varianz der gemessenen Indikatoren im Bezug auf ihre Einordnung einzelner Staaten weitaus geringer ausfällt als der erste Anschein verheißt. Ihre Erhebung variiert

a. zwischen der Adaption von Indikatoren der institutionellen Schule (politisch-institutionelle Indikatoren) und der rechtsstaatlichen Umsetzung in der Verfassungswirklichkeit (Prüfung der Gewährleistung von Rechten und Freiheiten) (*Merkmal der Erhebung*).
b. zwischen der Umsetzung der Erkenntnisse in konkrete Datenpunkte (*Merkmal der Quantifikation*). Sie kann qualitativ oder typologisch bleiben bzw. in quantitative Datenpunkte transformiert werden.
c. zwischen der reinen Erfassung institutioneller Merkmale und der Bewertung der Verfassungswirklichkeit (*Merkmal der Implementationsbewertung*).
d. zwischen unterschiedlichen Demokratieverständnissen, die zwar in der Regel politische Gleichheit und Freiheit berücksichtigen, aber die demokratischen Dimensionen der Kontrolle, Rechtsstaatlichkeit, der Partizipation und des Wettbewerbs in wechselnder Bedeutung in ihre Indexkonstruktionen einbeziehen *(Merkmal der Demokratiedefinition)*.

Alle vorgeschlagenen Verfahren zur Bestimmung der Qualität von demokratischen politischen Systemen vermitteln den Anschein, als könnte Demokratie vom Grundsatz her empirisch gemessen werden. Auch verdichtet sich der Eindruck, dass diese Erfassung auf einen realen Tatbestand ausgerichtet ist und kein Messartefakt darstellt das von Erhebungsform zu Erhebungsform variiert. Allerdings bleiben viele Fragen offen, was die Validität – und auch teilweise die reliabilität – der einzelnen Messverfahren angeht. Zentrales Kriterium der Operationalisierung der Demokratiemessung ist nun: Wie treffsicher sind die erzielten empirischen Ergebnisse?

4.7 Konsistente Demokratiemessung

Um in der vergleichenden Politikwissenschaft eine eigenständige Bedeutung zu erreichen, muss sich die Demokratiemessung einigen zentralen wissenschaftlichen Fragen stellen.

a. Welcher Index mißt Demokratie am besten (Reliabilität)?
b. Messen die verwendeten empirischen Indizes überhaupt Demokratie (Validität)? Und daraus folgend:
c. Kommen unterschiedliche Erhebungen von Demokratiequalität zu ähnlichen Ergebnissen – oder: Ist die Einschätzung eines Landes als Demokratie vom verwendeten Instrument und seiner Operationalisierung abhängig?

Eine Antwort auf diese Fragen kann man nur auf empirischem Wege geben. Bereits ein erster Blick auf die Bewertungen einzelner Länder durch verschiedene Demokratieindizes (Abbildung 4.12) zeigt auffallende Übereinstimmungen zwischen den meisten der gängigen (und hier vorgestellten) Messinstrumente. So werden Länder, die in der Polity-Skala eher den Autokratien zugeschlagen werden oder Defizite in den Kriterien der Demokratie aufweisen, auch beim ID von Vanhanen schlecht eingestuft und können auch nur selten in der Freedom House-Beurteilung den Stand einer Demokratie mit der Ausprägung „partly free" erreichen.

Gleiches gilt für demokratische Länder: Wenn ein Land in einem der Indizes als demokratisch eingeordnet wird, dann kann zumeist berechtigt davon ausgegangen werden, dass es auch viele Eigenschaften einer Demokratie besitzt, die durch andere Indizes gemessen werden.

Daneben finden sich aber auch – teils erklärliche, teils unerklärliche – Differenzen zwischen den Einordnungen der Länder auf den Indizes. Die Übereinstimmungen der Messungen zwischen den diversen Instrumenten überwiegen zwar die Unterschiede, es besteht jedoch keine vollständige Deckungsgleichheit zwischen den Ergebnissen der ausgewählten Indizes. So scheint so etwas wie ein mehrdimensionales Phänomen Demokratie zu geben, das durch die unterschiedlichen Messindizes auch weitgehend erfasst werden kann. Allerdings ist davon auszugehen, dass dennoch kein rein objektives und klar abzugrenzendes Konstrukt Demokratie isoliert werden kann.

Betrachtet man die Tabelle (Abbildung 4.12), so lassen sich – geht man einmal davon aus, dass die Instrumente der Demokratiemessung funktionieren – Schweden, Norwegen und die Niederlande als die „demokratischsten" Länder Europas identifizieren, erreichen sie doch in allen drei betrachteten Indizes Höchstwerte. Ihnen folgen die meisten westeuropäischen Länder. Interessant sind dabei z.B. die Beurteilungen Italiens und Belgiens, die neben der Höchstbewertung bei Polity auch in Vanhanens ID Spitzenwerte erreichen. Allerdings weisen sie zu einem der betrachteten Zeitpunkte leichte Einschränkungen bei Freedom House auf.

Abbildung 4.12: Europa in ausgewählten Demokratieindizes

	FH 1993	FH 1998	FH 2002	ID 1993	ID 1998	Polity IV 1993	Polity IV 1998	Polity IV 2002
Albanien	2/4	4/5	3/3	20,5	12,0	6	6	7
Armenien	3/4	4/4	4/4	16,4	18,0	7	6	6
Aserbeidschan	6/6	6/4	6/5	12,5	6,9	1	0	0
Belgien	1/1	1/2	1/1	43,2	42,0	10	10	10
Bosnien-Herz.	6/6	5/5	4/4	-	25,0	-	-	-
Bulgarien	2/2	2/3	1/2	40,5	24,1	8	8	9
Dänemark	1/1	1/1	1/1	39,4	41,1	10	10	10
Deutschland	1/2	1/2	1/1	32,9	35,4	10	10	10
Estland	3/2	1/2	1/2	20,9	24,2	7	7	7
Finnland	1/1	1/1	1/1	37,2	41,0	10	10	10
Frankreich	1/2	1/2	1/1	34,4	33,4	9	9	9
Georgien	5/5	3/4	4/4	19,8	19,7	5	6	5
Griechenland	1/3	1/3	1/2	25,0	31,4	10	10	10
Großbritannien	1/2	1/2	1/1	33,6	30,2	10	10	10
Irland	1/2	1/1	1/1	29,6	30,1	10	10	10
Island	1/1	1/1	1/1	37,4	38,6	10	10	10
Italien	1/3	1/2	1/1	47,1	42,8	10	10	10
Jugoslawien	6/6	6/6	3/2	30,8	5,9	0	0	7
Kroatien	4/4	4/4	2/2	26,7	20,3	5	0	7
Lettland	3/3	1/2	1/2	29,3	27,1	8	8	8
Litauen	1/3	1/2	1/2	26,6	24,7	10	10	10
Luxemburg	1/1	1/1	1/1	32,7	32,5	10	10	10
Malta	1/1	1/1	1/1	33,0	33,9	-	-	-
Mazedonien	3/3	3/3	3/3	12,6	15,5	6	6	9
Moldawien	5/5	2/4	3/4	7,6	22,0	7	7	8
Niederlande	1/1	1/1	1/1	38,2	38,5	10	10	10
Norwegen	1/1	1/1	1/1	36,0	37,9	10	10	10
Österreich	1/1	1/1	1/1	35,6	37,6	10	10	10
Polen	2/2	1/2	1/2	19,4	23,6	8	9	9
Portugal	1/1	1/1	1/1	21,1	29,7	10	10	10
Rumänien	4/4	2/2	2/2	27,7	32,1	4	8	8
Russland	3/4	4/4	5/5	27,0	29,5	5	5	7
Schweden	1/1	1/1	1/1	39,3	37,5	10	10	10
Schweiz	1/1	1/1	1/1	21,1	19,0	10	10	10
Slowakei	3/4	2/2	1/2	33,9	43,5	7	9	9
Slowenien	1/2	1/2	1/1	32,7	31,3	10	10	10
Spanien	1/2	1/2	1/1	37,0	39,2	10	10	10
Tschechien	1/2	1/2	1/2	40,6	39,2	10	10	10
Türkei	2/4	4/5	3/4	29,8	31,9	10	8	8
Ukraine	4/4	3/4	4/4	22,3	29,6	6	7	7
Ungarn	1/2	1/2	1/2	33,5	25,2	10	10	10
Weißrussland	5/4	6/6	6/6	5,9	7,2	7	0	0
Zypern	1/1	1/1	1/1	31,7	31,9	10	10	10

Quelle: Eigene Zusammenstellung: Freedom House (FH) (Werte 1-7), Political Rights/ Civil Liberties; Polyarchy Dataset mit ID = Index of Democratisation, http://www.su.ntnu.no/iss/data/vanhanen, vgl. Abbildung 4.4; Polity IV (0-10 Demokratie); http://www.cidcm.umd.edu/inscr/polity/.

Schlusslichter sind Weißrussland und Aserbeidschan, die 2002 als Autokratien klassifiziert werden. Dazwischen finden sich verschiedene Staaten mit Einschränkungen in dem einen oder anderen Demokratieaspekt. Interessant ist dabei die Einschätzung der Türkei, die zwar vermehrt demokratische Rechte institutionalisierte, aber umgekehrt in der Verfassungsrealität zwischenzeitlich erhebliche Freiheitsbeschränkungen zuließ. Hier wird die bereits angesprochene Differenz zwischen stärker am Bestehen der Institutionen ausgerichteten Indizes, wie Polity, und der eher auf die Erfassung der Verfassungsrealität ausgerichteten Indizes, wie Freedom House, deutlich. Aufgrund der Vielfalt der möglichen Betrachtungen wird auf eine weitere Diskussion der in Abbildung 4.12 dargestellten Ergebnisse verzichtet und noch einmal die Frage nach der Korrespondenz der Messergebnisse aufgegriffen.

Nun ist eine rein deskriptive Darstellung, wie in Abbildung 4.12 vorgenommen, zwar gehaltvoll für die Einzelbetrachtung von Ländern, aber für die Analyse der Konsistenz von Demokratiemessinstrumenten eher unübersichtlich.[150] Entsprechend erscheint es sinnvoll eine systematischere Prüfung der Ähnlichkeit der Ergebnisse vorzunehmen. Die beste Möglichkeit, die Konsistenz der Einordnung von Ländern durch Demokratieindizes systematisch zu überprüfen, ist es, die Werte der Indizes als Aggregateinheiten untereinander in statistische Beziehungen zu setzen – technisch gesprochen, ihre Einschätzungen miteinander zu korrelieren. Messen die unterschiedlichen Demokratieindizes ein vergleichbares Konstrukt – die Demokratiequalität, dann müssten sich hohe Korrelationen zwischen den Indizes auffinden lassen. Ist dies nicht der Fall, müssten die Korrelationskoeffizienten absinken. Diese Form der statistischen Analyse wurde bislang in verschiedenen Studien durchgeführt.

Das Ergebnis ist relativ eindeutig. *Zwischen den meisten Demokratieindizes bestehen* in der Tat *deutlich signifikante Korrelationen* (vgl. Gaber 2000: 122, 127; Schmidt 2000: 444; Pickel 2000: 254).[151]

Sie verweisen fast durchgehend auf hohe Zusammenhänge in den Einordnungen der gebräuchlichsten Demokratieindizes (Vanhanen, Polity III oder IV, Freedom House). Auch faktoranalytische[152] Prüfungen der Ähnlichkeit (vgl. Welzel 2000: 136; Lane/Ersson 2003: 12) erbringen eine hohe Konsistenz zwischen den gängigen Messinstrumenten. Dies bedeutet inhaltlich: *Unterschiedliche Formen der Messung von Demokratie führen zu ähnlichen Ergebnissen.*

---

[150]   Eine ausführlichere Übersichtsdarstellung verschiedener Indexergebnisse im internationalen Vergleich findet sich in Tabelle A1 im Anhang.

[151]   Dabei erweist sich die Grundgesamtheit Europa für die Analyse als nicht problematisch, die Analysen bleiben auch über alle Länder stabil.

[152]   Eine Faktorenanalyse ist ein Verfahren, das die innere Homogenität von Datenreihen prüft und die Dimensionalität (hier Eindimensionalität) von Fragestellungen und Statistiken feststellt.

Betrachten wir, um Nuancen in der Abbildungskraft auszumachen, die Binnenzusammenhänge zwischen den Indizes etwas näher, so wird deutlich, dass bestimmte Indizes in engerer Verbindung stehen als andere. So besteht z.B. in Europa zwischen den Indizes von Jaggers/Gurr (Polity) und von Freedom House – und dort wiederum stärker den „Political Rights" – ein deutlich engerer Zusammenhang als zwischen dem Polity-Index und der Erfassungsform von Vanhanen (vgl. Pickel 2000: 254). Die Korrelationen lassen zudem immer noch einigen Spielraum an ungeklärter Varianz offen, der den Hinweis auf Variation der Erfassungskriterien der Demokratie zulässt.

Insbesondere die Ähnlichkeiten der Bewertung von Freedom House und der Skala von Jaggers/Gurr fallen bei diesen Analysen auf. So erzielt auch Schmidt (2000: 414) mit einem ordinalen Korrelationskoeffizienten Rangkorrelationen zwischen .86 und .92. Aber auch für die alternativ getesteten Messinstrumente finden sich durchweg hochsignifikate Beziehungsmuster, die für eine Ähnlichkeit der Messungen sprechen. Gaber (2000: 125-126) kommt in ihrer Analyse zu dem Schluss, „dass die Zuordnungen von Jaggers/Gurr und Vanhanen zwischen 1980 und 1988 zu über 90 Prozent übereinstimmen".

Abbildung 4.13: Binnenbeziehungen ausgewählter Indizes

		Freedom House Political Rights	Freedom House Civil Liberties	Polity IV	Vanhanen ID	BTI
Freedom House	2002	.98 (.95)	.98 (.97)	.86 (.87)	--	.91
	1998	.98 (.98)	.98 (.93)	.87 (.87)	.73 (.73)	
	1993	.97 (.97)	.97 (.90)	.82 (.81)	.60 (.54)	
Freedom House Political Rights	2002		.94	.86	--	.91
	1998		.92	.90	.72	
	1993		.87	.82	.61	
Freedom House Civil Liberties	2002			.84	--	.87
	1998			.81	.71	
	1993			.76	.54	
Polity IV	2002				--	.77
	1998				.78	
	1993				.47	

Quelle: Eigene Berechnungen; Zusammenhänge bei 42-44 Nationen (Europa); Pearsons r; alle Werte signifikant bei p<.05; Vanhanen Index für 2002 nicht präsent; Freedom House Gesamtindex = Civil Liberties und Political Rights kummuliert und in Klammern „Civil Liberties" und „Political Rights" multipliziert nach Vorschlag Welzels (2002: 80) (siehe auch Pickel 2006: 232).

Munck und Verkuilen erzielen bei ihrer Analyse im Jahr 2002 ebenfalls starke Übereinstimungen zwischen vier gängigen Demokratieindizes. Allerdings können sie die Messungen von Alvarez (u.a. 1996), Gasiorowski (2000) und Polity IV (vgl. Marschall/Jaggers 2001) von der Messung durch die beiden Teildimensionen von Freedom House trennen (vgl. Munck/Verkuilen 2002: 30). Da das Freedom House-Instrumentarium eine etwas andere Zielsetzung als die übrigen Demokratieidizes verfolgt, ist diese Abweichung nicht als wirkliches Problem der homogenen Messung der Demokratieindizes anzusehen.

Zusammengenommen bedeutet dies: Die *Ergebnisse der Indizes*, genauer gesagt ihre Einordnung der untersuchten Länder, sind, abgesehen von einigen kleineren Ausnahmen, *relativ konsistent*. So wird den meisten Ländern in den Rangfolgen eine sehr ähnliche demokratische Qualität zugewiesen. Die Demokratiemessungen scheinen also in der Bewertung des Demokratiegrades einzelner Länder erstaunlich stabil zu sein; Fehlklassifikationen sind eher die Ausnahme als die Regel. Dies deutet auf die Tatsache hin, dass mehr oder weniger ein Realitätsbestand von Demokratie gemessen wird und es sich bei den einzelnen Einordnungen nicht um messtechnische Artefakte handelt.

Dabei existieren einige einzelne *Ausnahmen*. So verweist z.B. Schmidt (2000: 417-418) auf die differierende Bewertung von Frankreich im Polity-Index und den Bewertungen von Vanhanen sowie Freedom House (siehe Kapitel 4.5). Auch andere Länder unterliegen gelegentlich Unterschieden in den Einordnungen der Qualität ihres demokratischen Systems durch verschiedene Indizes. Diese „Outlier"[153] hier einzeln zu behandeln, würde aber den Rahmen des Buches sprengen.

Widerspricht dieser Befund nun der Ähnlichkeitsannahme der Demokratiemessung? Die Antwort muss eindeutig nein lauten. Generell sind die Einordnungen konsistent, aber bestimmte Länder besitzen Besonderheiten, die in der einen oder der anderen Messung mehr oder weniger gewichtet werden. Entsprechend kann es gelegentlich zu Verschiebungen der Bewertung einzelner Länder führen, die von den Messindikatoren abhängen. Ein solcher Befund ist aber eher als inhaltliche Variation, denn als methodisches Artefakt anzusehen.

Wie lassen sich nun die eingangs dieses Abschnitts gestellten Fragen beantworten?

a.   Es ist nicht möglich zu entscheiden, welcher Demokratieindex Demokratie am besten misst (Reliabilität). Alle derzeit verfügbaren Indizes weisen gewisse Schwächen auf. Zudem gibt es kein hinreichend überzeugendes Kriterium, welches eine solche Entscheidung ermöglicht. Dazu müsste erst ein

---

[153]   Als „Outlier" werden von einem Gesamtzusammenhang überdurchschnittlich auffällig abweichende Fälle bezeichnet.

übergreifender Metaindex konstruiert werden. Vorerst scheint eine Betrachtung mehrerer Indizes parallel zueinander noch die beste Alternative, um gute Ergebnisse zu erzielen.[154]

b. Die zweite Frage (Validität) ist bestenfalls theoretisch zu entscheiden. Dabei hilft es weiter, die den einzelnen Indizes zur Verfügung stehenden Items in ihrer Repräsentationskraft für Demokratie zu überprüfen und zu bewerten.

c. Hier ist die empirische Antwort gerade gegeben worden. Die meisten Indizes zur Demokratiemessung scheinen doch etwas Ähnliches abzubilden. Man sollte die Variabilität einiger Indizes in ihren Einschätzungen nicht nur als Messartefakte verstehen. So bieten sie je nach Fragestellung unterschiedliche Ansatzpunkte für die Erforschung von demokratischer Qualität. Dies kann für wechselnde Analysefragen gerade hilfreich sein.

Die präsentierten Ergebnisse bedeuten nun, dass nicht nur die Möglichkeit besteht, den Grad der Qualität der Demokratie in verschiedenen Nationen vergleichend zu bestimmen, sondern dass diese Bestimmung im Sinne der empirischen Sozialforschung sogar ein Ergebnis mit hoher *Reliabilität* erbringt. Das heißt, die Bestimmung von Demokratie bleibt unabhängig von den verschiedenen Indizes vergleichbar und lässt eine relativ zuverlässige Identifikation von Demokratien und Nicht-Demokratien, ja sogar von Qualitätsgraden der Demokratien zu.[155] Die Verwendung eines bestimmten Messindikators ist somit eher abhängig von der persönlichen Zielsetzung oder der Fragestellung der Forschungsarbeit, die sich an der Erfassung von einzelnen Dimensionen (Gleichheit, Freiheit, Wettbewerb und Partizipation) orientieren kann.

Leider bedeutet ein hoher statistischer Zusammenhang zwischen den Demokratieindizes keine Unfehlbarkeit der Messinstrumente hinsichtlich ihrer Messung demokratischer Qualität. Die bei den Analysen aufgefundenen Korrelationen können von zwei Aspekten beeinflusst werden, die nichts mit der korrekten Messung des Phänomens Demokratie zu tun haben bzw. einfach die Nützlichkeit der Korrelationsergebnisse in Frage stellen:

Einerseits wurde aus den vorangehenden Darstellungen ersichtlich, dass viele der einbezogenen Demokratiemessinstrumente auf die gleichen, oder zumindest sehr ähnliche, Indikatorensets zurückgreifen. Grund dafür sind nahezu

---

[154] Dies bedeutet nicht, dass man verschiedene Indizes einfach durch rechentechnische Operationen (Summierung oder Multiplikation) miteinander zu einem Metaindex verbindet. Eher sollten verschiedene Werte nebeneinander berücksichtigt und versucht werden, eine reale Position der Länder zu bestimmen.

[155] Ein Vergleich mit qualitativen Demokratiemessinstrumenten, wie bei Democratic Audit, Elklit und Saward, konnte aufgrund der fehlenden Quantifizierung nicht vorgenommen werden.

übereinstimmende theoretische Konzepte von Demokratie. Unterschiede könnten dann hauptsächlich aus individuellen Fehlklassifikationen durch die eine oder andere Forschergruppe resultieren.

Andererseits beziehen sich viele der quasi-objektiven Indikatoren auf das gleiche Quellenmaterial. Nimmt man an, dass sich in diesen Quellen Fehler finden lassen, so bedeutet dies, dass man es mit einer Korrelation eben dieser Fehler zu tun hat. Sie fließen in die Erstellung der Messinstrumente immer wieder parallel ein und verfälschen somit das „wahre" Ergebnis, wobei sie gleiche Ergebnisse produzieren. Diese als Bestätigung der korrekten Abbildung von Demokratiequalität zu verwenden, ist somit von begegrenztem Nutzen. „[...] These high correlations are hardly surprising because, for all the differences that go into construction of the indices, they have relied, in some cases quite heavily, on the same sources and even the same precoded data" (Munck/Verkuilen 2002: 29). Folglich enthalten die ermittelten Korrelationen keine Information über die Validität (Gültigkeit) der Daten als Messung von Demokratiequalität durch die betrachteten Indizes, sondern allerhöchstens eine Aussage über die Reliabilität (Zuverlässigkeit) der Datenverwendung.

Trotz der zwei messtechnischen Einwände erscheinen die Ergebnisse der Demokratiemessung doch als plausibel, wenn die Indexkonstrukteure ein akzeptables Demokratiemodell zuverlässig in Operationalisierungen überführt haben. So ist die Aussage der Korrelationen, dass die vorherrschenden Demokratieindizes zumindest ein „Phänomen Demokratie" messen, das einem allgemeinen Verständnis von Demokratie recht nahe kommt, wie es in der Bevölkerung und in der Wissenschaft existiert. Schließlich würde die permanente Unterstellung der oben genannten Fehler von einem „worst case szenario", der Interkorrelation der Messfehler, ausgehen. Dies ist jedoch ein Szenario, das nicht unbedingt wahrscheinlich ist.[156] Somit scheint es angebracht, erst einmal davon auszugehen, dass mit den Demokratiemessinstrumenten wirklich so etwas wie Demokratie erfasst wird. Außerdem existieren, wie die Einzeldarstellungen dieses Kapitels zeigen, zwischen den verschiedenen Indizes einige Unterschiede in den Zugängen. Wenn die Ergebnisse der Länderzuweisungen nach der Aggregation ähnlich sind, kann man zumindest eine relationale und auch tendenzielle Bewertung der Demokratiequalität abgeben. Allerdings sollte man sich bewußt sein, dass es sich nicht um eine deterministische Erhebung von Demokratie handelt, die nicht mehr zu diskutieren oder zu hinterfragen ist.

---

[156]   In diesem Fall könnte man genauso gut annehmen, dass Arbeitslosenquoten oder Sozialleistungsquoten aufgrund ihrer Bestimmung mit ähnlichen, aber nicht adäquaten Erhebungsmethoden nur ein Zerrbild der Wirklichkeit wiedergeben. Hier muss an der einen oder anderen Stelle auf eine gewisse Validität der Messung vertraut werden, die anhand der Diskussion der ausgewählten Operationalisierungen, aber auch theoretisch wie empirisch nachprüfbar sein sollte.

4.8 Schwächen der aktuellen Demokratiemesskonzepte

Zweifelsohne sind auch Schwächen der Demokratiemessung zu konstatieren. Oft liegen diese darin, dass die *Leistungsebene* der Demokratien – Schmidt (2000: 415) benennt hier die Policy-Outputs und andere Politikergebnisse – nur ungenügend beleuchtet wird. Das Hauptaugenmerk liegt auf Verfahren oder Elementen der Legitimitätsebene eines politischen Systems. Abgesehen von Freedom House unterliegen die meisten Demokratieindizes dem Problem, ihr *Augenmerk zu stark auf die institutionellen Rahmenbedingungen* zu richten und die Demokratierealität zu vernachlässigen. Schmidt (2000: 415) verweist zu recht darauf, dass hier relativ „verwegen" der „Unterschied zwischen der Verfassungswirklichkeit und der Verfassung in allen untersuchten Ländern (als) gleich groß" klassifiziert wird. Diese Unterstellung ist für einige Demokratieindizes deshalb bedeutsam, da sie nur so davon ausgehen können, eine Aussage über die Demokratierealität treffen zu können – sie schließen aus der Existenz der demokratischen Institutionen auf die Wirklichkeit der Demokratie. *Fehlschluss*

Dass diese Gedanken von Bedeutung sind, belegt Schmidt (2000: 415-416) durch den Hinweis darauf, dass „der Abstand zwischen formellen Institutionen und Verfassungswirklichkeit mit zunehmender Fragilität der Demokratie und zunehmendem Autoritarismusgrad der Staatsorganisation größer" wird. Er verweist auf mehrere Studien zum Wahlbetrug in unterschiedlichen Systemen, die je nach Grad der Ausprägung des Autoritarismus unterschiedliche Größenordnungen erreichen können. Gerade Einflüsse informeller Institutionen, wie Korruption, Klientelismus und Patronage, können zu erheblichen Beeinträchtigungen in der Verfassungswirklichkeit führen. Die Diskrepanz zwischen „elektoraler" Demokratie und der Realität funktionierender liberaler Demokratie ist dabei nur ein Problem unter vielen.

Auch die *Komponente des Bürgers*, ob über verschiedene Partizipationszugänge (direkte Demokratie, politische Beteiligung auf einer Ebene unterhalb des Nationalstaates) oder über „demands" und „supports" auf der Einstellungsebene, wird, wenn überhaupt, oft nur am Rande behandelt. In den meisten Indizes gibt man sich (zu schnell) mit der abstrakten Etablierung demokratischer Institutionen zufrieden. Ob diese formalen Institutionen dann auch informell demokratisch eingesetzt werden, wird nicht mehr hinterfragt, noch weniger aber, ob sie auf eine Legitimation seitens der Bevölkerung zurückgreifen können. Dies ist aber auch für die Qualität einer Demokratie insoweit bedeutsam, wie sie (zumindest theoretisch) auch Schlüsse auf deren Stabilität zulassen würde und damit eine potentielle Folge der Qualitätsunterschiede behandelt.

Zuweilen leiden einige Ansätze noch an einer zu starken Ausrichtung auf ein eindimensionales Kontinuum zwischen Demokratie und Autokratie (vgl.

Merkel u.a. 2003). Gerade die Überlegungen zu illiberalen, defekten oder delibe-
rativen Demokratien sprechen aber für mannigfaltige Mischungen der Etablierung und Umsetzung demokratischer Prinzipien mit autokratischen Verfahren,
die auch unterschiedliche Ausprägungen, dann defekter Demokratien, bedingen.
Sie werden in den meisten Indizes durch eine gleiche Ziffer erfasst, was mit
einem nicht unbedeutenden Informationsverlust verbunden ist.

Neben diesen eher spezifischen Schwierigkeiten sind auch zwei übergreifende Probleme zu betonen. Zum einen ist das den Messversuchen zugrunde
liegende Demokratiebild nicht immer nachvollziehbar, kurz gesagt: Es fehlt
gelegentlich an der theoretischen Fundierung der Messversuche. Konzepte, die
sich nur auf die liberale Demokratie beziehen oder eine allgemeine Definition
der Demokratie als Volksherrschaft anwenden, erscheinen teilweise so unpräzise,
dass der Bezug zwischen Demokratietheorie und Messkonstrukt der Demokratie
kaum nachvollziehbar ist. Zum anderen wird das gelegentlich feststellbare *Theo-
riedefizit* von zwei methodischen Schwächen begleitet. So unterliegen die Übergänge zwischen theoretischen Prämissen und empirisch fassbaren Operationalisierungen immer noch den individuellen Entscheidungen der Forscher und variieren kaum weniger als die verwendeten Demokratiebilder. Wie z.B. Partizipation erfasst werden kann, darin können sich Anhänger verschiedener Ansätze der
Demokratiemessung trefflich streiten. Dazu kommt, dass die Qualität der verwendeten Daten nicht durchweg so gut ist, dass sie die Wirklichkeit detailgetreu
abbilden. Somit ergeben sich Defizite in der Qualität

1.   der verwendeten Theoriekonzeption (Angemessenheit),
2.   der Operationalisierung und
3.   der Daten (vgl. Munck/Verkuilen 2002: 7-9).

Diese Schwierigkeiten werden durch die große Heterogenität der Ansätze und
deren teilweise noch ungenügende statistische Kontrolle zusätzlich verschärft.

In ihrem 2002 erschienenen Aufsatz fordern Gerardo Munck und Jay Verkuilen eine stärkere Konzeptionalisierung der Messung von Demokratie ein. Sie
sehen drei Kernaufgaben, um die sich die empirisch arbeitende Demokratieforschung stärker kümmern müsse. Dies sind (a) die Aufgaben der *Konzeptionalisierung*, (b) der *Messung* und (c) der *Aggregation* (siehe Abbildung 4.14).

Nur durch eine *systematische Analyse* der vorliegenden Ansätze nach diesen
Kriterien und den Gewinn von Erfahrungen aus dieser vergleichenden Analyse
könne eine positive Weiterentwicklung der Demokratiemessung erfolgen. Ansonsten bestünde die Gefahr, dass der Markt der Demokratiemessung durch
weitere eigenständige, aber nur begrenzt mit anderen Modellen kombinierbare
Konzepte überschwemmt werde. Zudem erscheint es Munck und Verkuilen me-

thodologisch sinnvoll, einen Prüfkatalog zur Verfügung zu stellen, der in der Lage ist, die Qualität von Messinstrumenten zu bestimmen. Nur so könne die „Spreu vom Weizen" getrennt werden und eine Auswahl derjenigen Messinstrumente erfolgen, die Hoffnung auf eine effektive Weiterentwicklung der Demokratiemessung eröffnen.

Auf der theoretischen Ebene erkennen sie eine Anlehnung nahezu aller Demokratiemesskonzepte an die Überlegungen Dahls (1971). Dies ist eine Feststellung, die aus ihrer Sicht die Überprüfung der Messung wesentlich vereinfacht, liegt doch so allen Messversuchen das gleiche theoretische Basiskonzept zugrunde. Entscheidend für den Bezug zum Konstrukt „Demokratie" sind ihrer Ansicht nach dann unweigerlich die beiden Merkmale Wettbewerb und Partizipation. Diese lösen sie in eine Gruppe von sechs Kernindikatoren auf, die in einem Konzeptbaum (siehe Abbildung 4.15) dargestellt werden. Diese Indikatoren sollten sparsam verwendet werden und zudem einer widerspruchsfreien Abbildung folgen.[157]

---

[157] Der Gedanke wird bei der Bewertung des Freedom House Index durch Munck und Verkuilen deutlich. Diesen kritisieren sie vehement dafür, dass er viel zu viele Indikatoren, die sich zudem noch inhaltlich überschneiden, in die Messung einbeziehen.

Abbildung 4.14: Darstellung des Kriterienkataloges zur Messung von Demokratie nach Munck/Verkuilen (2002)

Heraus-forderung (Challenge)	*Aufgabe (Task)*	*Formale Beurteilungs-kriterien (Standard of Assessment)*	*Umsetzung der formalen Kriterien/Indikatoren*
Konzeptualisierung	Identifikation der Demokratie-Merkmale (1. Demokratie-Definition; 2. Merkmale und ihre Komponenten)	*Konzeptspezifikation:* Vermeidung minimalistischer oder maximalistischer Demokratie-Definitionen (Sparsamkeit, aber alle im Hinblick auf das theoretische Konzept ‚relevanten' Merkmale) → Operationalisierung des Demokratie-Konzepts	- prozeduralistische Demokratie-Definition (vgl. Dahl 1971): Merkmale Partizipation (Inklusivität) & Wettbewerb (Auswahl und Kontrolle) mit Sicherungsstandards; wichtige Komponenten: Inklusivität des Wahlrechts, Bestellung der Amtsträger (Wahl und freier Zugang); effektive Macht der Gewählten → Am häufigsten wird die minimalistische Umsetzung des Demokratiekonzepts von Dahl angewendet.
	Horizontal und vertikal logische Organisation der Merkmalskomponenten nach Abstraktionsgrad und Merkmalszugehörigkeit („Konzeptbaum")	*Konzeptlogik:* Vermeidung von Redundanz (Dopplungseffekten) und falscher Zuordnung der Merkmalskomponenten *(conflation)* → Beachtung des jeweiligen Abstraktionsniveaus der Indikatoren (gleiche Ebene oder Subdimensionen)	siehe Tabelle 4.15
Messung	Auswahl der Indikatoren - Umwandlung der Merkmals komponenten bzw. latenten Variablen zu beobachtbaren Variablen bzw. Indikatoren → Operationalisierung der Indikatoren	*Validität:* Verwendung multipler (polyvalenter) Indikatoren mit kulturellen Äquivalenten (Spannung zw. kulturellem Kontext und Vergleichbarkeit); Auswahl von Indikatoren unter Berücksichtigung des Quellenproblems (Beachte: Bias durch historisch kontingente und kontextrelative Überlieferung!)	- Wie gut erfasst ein Indikator die entsprechende Merkmalskomponente? - Begründung der Indikatorenauswahl (gerade bei vorkodierten Daten!) - breite (kreuzweise überprüfbare) Quellenbasis
		Reliabilität	

Messung	Auswahl des Messniveaus (Skalierung) der Kodierung	*Validität:* Maximierung von Homogenität innerhalb der Messklassen (Vermeidung zu fein- oder grobkörniger Skalierungen, je nach Datenlage, aber so, dass verschiedene Fälle auch als solche sichtbar bleiben)	- theoretische Begründung für Messniveau - empirisches Testen verschiedener Skalierungen
		Reliabilität: Vermeidung von systematischen Messfehlern, die die *Validität* beeinträchtigen	- Vergleich zw. mehreren Kodierern (Beachte: können demselben Bias unterliegen!)
	Dokumentation des Kodiervorganges (v.a. der Kodierregeln und disaggregierten Daten)	*Veröffentlichung & Replizierbarkeit*	- Kodierregeln (Liste aller Indikatoren mit jeweiligen Messniveaus und Schlüssel zur Interpretation) - Kodiervorgang (präzise Angaben zu: Quellen, Zahl der Kodierer, Ergebnisse der Reliabilitätstests) - disaggregierte Daten aller Indikatoren
Aggregation	Auswahl des Aggregationsniveaus	*Validität:* Balance zwischen Sparsamkeit/ Vergleichbarkeit und möglichst genauer Abbildung der Realität/Varianz (hohes Niveau = Informationsverlust)	- Problem des Einskaleninndex'! (vs. Demokratie als multidimensionales Phänomen) - siehe Tabelle 4.15
	Auswahl der Aggregationsregel	*Validität:* Beachtung der Korrespondenz zwischen theoretischem Zusammenhang der Demokratie-Merkmale (Indikatoren) und Aggregationsregel	- Robustheit der aggregierten Daten durch „Ausprobieren" verschiedener Aggregationsregeln
		Reliabilität	
	Dokumentation der Aggregationsregeln und des Aggregationsvorganges	*Veröffentlichung & Replizierbarkeit*	

In der Folge arbeiten Munck und Verkuilen (2002) drei Kernkonzepte, (1) *Partizipation*, (2) *Wettbewerb* und (3) *Sicherungsrechte*, als inhaltliche Beurteilungskriterien heraus; also Dimensionen der Demokratie, wie sie in den meisten aktuell verfügbaren Demokratiemesskonzepten verwendet werden. Diese Kriterien sind ihrer Ansicht nach am besten geeignet, das Phänomen Demokratie und seine Qualität einzukreisen. An ihnen müssen sich Verfahren der empirischen Demokratieforschung messen lassen. Schwellenwerte des Übergangs sind genauso zu bedenken, wie das zentrale Fehlerpotential, das sich für einen bestimmten Messbereich ergibt, ist doch nicht jeder Aspekt eines Index von den gleichen Problemen betroffen (siehe Abbildung 4.16). Die Einschätzung der Indizes erfolgt dann auf der Basis einer ungewichteten Zusammenrechnung der Kontrollkriterien, was sicherlich einen diskutablen Punkt an ihrem Prüfmodell darstellt.

Anhand der Prüfung einer größeren Zahl von Demokratiemesskonzepten (Bollen, Arat, Alvarez, Coppedge und Reinicke, Gasiorowski, Freedom House, Hadenius, Polity IV und Vanhanen) kommen Munck/Verkuilen (2002: 28) zum Schluss, dass keiner der untersuchten Indizes eine zufriedenstellende Antwort auf die von ihnen vorgelegten drei Kriterien gibt. Einige sind besser zur Messung von Demokratie geeignet als andere, aber grundsätzlich ist jede derzeit vorhandene Messform mit Defiziten belastet (ähnliches Ergebnis siehe Lauth 2004: 316-318). Die Art der Defizite wechselt dabei zwischen den unterschiedlichen Indizes, so dass keiner als am besten geeignet, sondern nur viele als am besten für eine bestimmte Fragestellung angemessen, angesehen werden können.

Im vorliegenden Zusammenhang lohnt es sich zu untersuchen, welcher Index innerhalb welchen Messkriteriums besondere Stärken oder Schwächen aufweist. Da die Überlegungen von Munck/Verkuilen (2002) nicht alle hier behandelten Indizes erfassen, wurden ihre Kriterien aufgenommen und für eine Prüfung der in diesem Band genannten Ansätze ergänzt. Die Maßstäbe wurden einerseits aus dem Text von Munck/Verkuilen (2002) entnommen und dann um die Kriterien zur Indikatorenbildung erweitert. Zudem wurde das Bewertungsspektrum von positiver (+) oder negativer (-) Erfüllung der Maßstäbe um ein Mittelmaß (+/-) ergänzt (vgl. Müller/Pickel 2006), welches eine ausgeglichene, neutrale Beurteilung zulässt.[158]

---

[158]   Bei den hier vorgestellten Ergebnissen handelt es sich um Zusammenstellungen, die auf grundlegenden Überlegungen von Thomas Müller beruhen, dem wir für die Zurverfügungstellung hier noch einmal danken. Eine nähere Beschäftigung mit der Thematik ist nachzulesen in Müller/Pickel 2006.

Abbildung 4.15: Konzeptualisierung, Messung und Aggregation

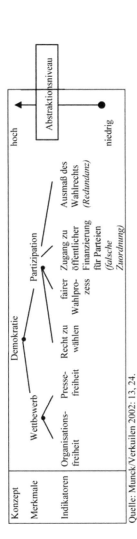

Quelle: Munck/Verkuilen 2002: 13, 24.

Ein Punkt markiert einen theoretischen Zusammenhang zwischen zwei Demokratiemerkmalen/Indikatoren, die sich auf dem gleichen Aggregationsniveau befinden und zu dem gleichen übergeordneten Merkmal/Indikator verbunden werden können. In diesem Beispiel müssen die Aggregationsregeln zunächst die Beziehung zwischen „Organisationsfreiheit" und „Pressefreiheit" beachten, befinden sie sich auf dem gleichen Aggregationsniveau, können sie zu „Wettbewerb" aggregiert werden. Das „Recht zu wählen" und „fairer Wahlprozess" werden zu „Partizipation" aggregiert, „Zugang zu öffentlicher Finanzierung" passt nicht zum Merkmal „Partizipation" und „Ausmaß des Wahlrechts" ist redundant mit „Recht zu wählen". Beide Indikatoren werden nicht aggregiert. „Wettbewerb" und „Partizipation" können nun wiederum zu „Demokratie" zusammengefasst werden, wenn eine theoretische Beziehung zwischen beiden besteht.

Der Vergleich der in diesem Band hauptsächlich abgehandelten Indizes – Polyarchie, Democratic Audit, Polity IV, IDD (Index Defekter Demokratien), Freedom House, Politische Demokratie, Demokratisierung – bestätigt das Ergebnis von Munck/Verkuilen: *Den* perfekten Demokratieindex gibt es nicht, wohl aber einige, die den harten Kriterien besser entsprechen als andere. Hier sind vor allem zwei neuere Indizes zu nennen: Es handelt sich um Democratic Audit und den Index „Defekte Demokratie", die verstärkt auf der Basis qualitativer Bewertung von Demokratie arbeiten.[159] Sie sind am ehesten geeignet, die Prüfkriterien nach Munck und Verkuilen zu erfüllen.

Freedom House misst auch nach Munck/Verkuilen (2002: 30) offensichtlich nur einen Aspekt von Demokratie – Freiheit und die Möglichkeit dazu. Dieses Ergebnis der „Evaluation der Bewertung von Demokratie" ist durch zwei Aspekte bedingt: Zum einen sind die Bewertungsmaßstäbe gleichwertig angesetzt. Es stellt sich die Frage, ob Informationsverluste durch Aggregation und Mängel bei der Indikatorqualität nicht schwerwiegender sind als die fehlende Breite der Quellen. Zum anderen schneiden Indizes besonders gut ab, die sehr sorgfältig erarbeitet, aber aufgrund ihrer komplexen Gestaltung oder des Bedarfs an profunden Kenntnissen über viele Länder nur schwer von einem einzigen Forscher nachzuvollziehen sind. Hier könnte man sicherlich auch auf das Kriterium der Sparsamkeit von Konzepten verweisen und gleichzeitig die mögliche Vergleichbarkeit der Forschungsergebnisse betonen, die in diesen breiten Konzepten oft Anlass zur Kritik darstellen. Sollte Durchführbarkeit und Einfachheit stärker bewertet werden, so müsste Vanhanens „Index der Demokratisierung" (noch) besser abschneiden, erfasst er allen Schwächen zum Trotz doch alle (!) Länder der Welt mit einfachen, gleichwohl „gültigen" Mitteln. Doch weist er an anderer Stelle einige gravierende Mängel auf, so dass er den beiden bereits genannten „Gewinnern" des Vergleichs den Vortritt lassen muss.

---

[159] Lauth kommt in seinen davon unabhängigen Überlegungen (Lauth 2004: 316-317) zu einem ähnlichen Ergebnis.

Abbildung 4.16: Vergleich objektiver Indizes anhand der Kriterien von Munck/Verkuilen (2002)

Phase	Aufgabe (Kriterium)	Indikator	**Polyarchie-Index** (Coppedge/Reinicke 1990; vgl. Lauth 2004: 249-253; vgl. Kap. 4.2.2)	**Democratic Audit** (Beetham 1994; Lauth 2004: 285-291; vgl. Kap. 4.4)
Konzeptualisierung	Demokratie-Merkmale (Konzeptspezifikation)	Sparsamkeit	**+** (2 Dimensionen: I. Öffentlicher Wettbewerb [freie u. faire Wahlen; Recht auf Wahlkampf; Organisations- u. Meinungsfreiheit; alternative Info; effektive Präferenzkontrolle durch den Wähler] II. Inklusivität [Wahlrecht; Zugang zu öffentlichen Ämtern])	**-** (2 Dimensionen: I. Kontrolle durch das Volk; II. politische Gleichheit – vermittelt durch die Institutionen: 1. freie u. inklusive Wahlen; 2. offene u. verantwortliche Regierung; 3. politische u. bürgerliche Rechte; 4. demokratische Gesellschaft wird als politische Demokratie gemessen) inzwischen über 100 Fragen zur qualitativen Beurteilung!
		Relevanz	**+** (Minimalbedingungen von politischer Demokratie)	**+**
	Organisation der Merkmale (Konzeptlogik)	Redundanz	**+/-** (aber: gewisse Dopplungen zwischen fairen Wahlen und Freiheiten)	**+** (klare theoretische Abgrenzbarkeit der Institutionen)
		Zuordnung	**-** (problematische Zuordnung der Merkmale zu Dimensionen)	**-** (problematisch, da Dimensionen ‚quer' zu Merkmalen)

			Polyarchie-Index	Democratic Audit
Messung	Indikatoren (Validität)	Vorstellung der Indikatoren	FAIRELT (Wahlen, Wahlkampf, Präferenzkontrolle); FREORG (Organisationsfreiheit); FREXT (Meinungsfreiheit); ALTINF (Informationsfreiheit)	Umfangreicher Fragenkatalog
		Messen die Indikatoren „richtig"? (vgl. M/V 2002: 14; 16-17)	– (Vernachlässigung der Dimension „Inklusivität" und des Merkmals Präferenzkontrolle; Dimensionen sind nicht trennscharf; alternative Information inhaltlich nicht gesichert)	– (Konzept der Institutionen unpräzise; geringe Trennschärfe bei Kontroll-dimension; Redundanzen zwischen Fragen; ungenaue Indikatoren)
		Breite der Quellenbasis	+/- (viele Quellen, aber: auf „US-Konsens" beschränkt; vgl. Lauth 2004: 251)	+ (v.a. auch nicht-staatliche Quellen)
	Auswahl des Messniveaus (Validität)	Messniveau (M/V 2002: 10)	Ordinal	Qualitativ (keine Skalierung)
		Theoretische Begründung des Mess-niveaus	–	+
	Dokumentation (Veröffentlichung und Replizierbarkeit)	Kodierregeln	+/- (explizit, aber bei unabhängigen Messungen gibt es mitunter Zuordnungsprobleme)	– (z.T. keine eindeutigen Kriterien, wann eine Frage erfüllt ist)

			Polyarchie-Index	Democratic Audit
Dokumentation (Veröffentlichung und Replizierbarkeit)		**Quellenangabe** (vgl. M/V 2002: 19)	**+** (Anhang)	**+**
		Reliabilitätstests zwischen Kodierern (vgl. M/V 2002: 19)	**+**	**+**
		Disaggregierte Daten (vgl. M/V 2002: 25-26)	**+** (Anhang)	**+** (Text im Internet)
Aggregation	Aggregations-niveau (Validität)	**Angemessenheit des Aggregations-niveaus** (vgl. M/V 2002: 22-23)	**+/-** (Guttman-Skala ohne Informationsverlust; Problem der Eindimensionalität)	**-** (kein Informationsverlust, aber Problem der Vergleichbarkeit)
	Aggregations-regel (Validität)	**Theoretische Begründung**	**-** (verdeckte Gewichtung)	**+** (Verzicht auf Aggregation wird theoretisch gut begründet)
	Dokumenta-tion (Veröffentlichung und Replizier-barkeit)	**Aggregationsregel und Anwendbarkeit**	**+** (Regel bekannt und anwendbar)	**+** (keine Regel, deshalb keine Anwendungs-probleme)
	‚Index' (IDM) aus 14 Indikatoren	**POS +**	6	9
		INTER-MED +/-	5	0
		NEG -	3	5

Phase	Aufgabe (Kriterium)	Indikator	Polity-Index (Jaggers/Gurr 1995; Lauth 2004: 274-279; vgl. Kap. 4.2.4)	Index Defekter Demokratie (IDD) (Croissant/Thierry 2000; vgl. Kap. 4.10)
Konzeptualisierung	Demokratie-Merkmale (Konzeptspezifikation)	Sparsamkeit	+ (3 Dimensionen: I. freie Partizipation [effektiver Wettbewerb]; II. Beschränkung der Exekutive; III. Garantie der Bürgerrechte)	+ (3 Dimensionen [embedded democracy]: I. vertikale Legitimation u. Kontrolle: Wahlen, politische Freiheiten; II. effektive Herrschaftsgewalt; III. Rechtsstaat: horizontale Verantwortlichkeit, bürgerliche Freiheiten)
		Relevanz	+	+
	Organisation der Merkmale (Konzeptlogik)	Redundanz	− jeweils zwei Indikatoren messen die gleiche Dimension (M/V 2002: 14)	+
		Zuordnung	− (schwache Ausdifferenzierung)	+ (gute theoretische Fundierung)
Messung	Indikatoren (Validität)		Polity-Index	Index Defekter Demokratie (IDD)
		Vorstellung der Indikatoren	I. Wettbewerbsgrad der Partizipation; Steuerung der Partizipation; II. Rekrutierung der Exekutive (Wettbewerb und Offenheit); Beschränkung der Exekutive	I. Aktives und passives Wahlrecht; freie und faire Wahlen; gewählte Amtsträger; Organisations- u. Pressefreiheit; II. Vetomächte; reservierte Domänen; III. Gewaltenteilung; Judical Review; Schutzrechte; Rechtsgleichheit

		−	+/−
	Messen die Indika-toren „richtig"? (vgl. M/V 2002: 14; 16-17)	(Wegfall bürgerlicher Rechte bei Messung; mangelnde Trenn-schärfe der Indikato-ren − Redundanzen; Überprüfung wegen grober Konzeptionali-sierung schwierig)	(aber: gewisse Redundanz zwischen unabhängiger Judikative und Gewähr-leistung von bürgerlichen Freiheitsrechten; Indikatoren noch zu „grob" für eine Messung)
		+	**+**
	Breite der Quellenbasis	(internationale u. nicht-staatliche Quel-len)	(nicht-staatliche u. internati-onale Quellen)
Auswahl des Messniveaus (Validität)	**Messniveau (M/V 2002: 10)**	Ordinal (Intervall unterstellt, aber nicht vorhanden)	Ordinal
	Theoretische Begründung des Messniveaus	− (nicht vorhanden; außerdem: Differen-zierung von Autokratie statt Demokratie)	−
Dokumentation (Veröffentlichung und Replizier-barkeit)	**Kodierregeln**	+/− (aber: Im Detail gibt es Zuordnungsprob-leme)	+/− (Zuordnungsprobleme, wann ein Kriterium welchen De-fekt aufweist)

			Polity-Index	Index Defekter Demokratie (IDD)
Aggregation	**Dokumentation (Veröffentlichung und Replizierbarkeit)**	**Quellenangabe** (vgl. M/V 2002: 19)	−	+ (Veröffentlichung angekündigt)
		Reliabilitätstests zwischen Kodierern (vgl. M/V 2002: 19)	+	+
		Disaggregierte Daten (vgl. M/V 2002: 25-26)	+ (Internet)	+
	Aggregationsniveau (Validität)	**Angemessenheit des Aggregationsniveau** (vgl. M/V 2002: 22-23)	+ (zwei Skalen: DEMOC – AUTOC; Differenz zur Indexbildung aber mit Informationsverlust!)	+ (Vergleichbarkeit durch IDD; Informationserhalt durch Typenbildung)
	Aggregationsregel (Validität)	**Theoretische Begründung**	− (keine theoretische Begründung für Addition und implizite Gewichtung)	+ (Schwelle: keine Demokratie bzw. Autokratie bei Totalausfall eines Kriteriums)
	Dokumentation (Veröffentlichung u. Replizierbarkeit)	**Aggregationsregel und Anwendbarkeit**	+ (Regel bekannt und anwendbar)	+ (Regel bekannt und anwendbar)
	‚Index' (IDM) aus 14 Indikatoren	**POS +**	7	11
		INTER-MED +/−	1	2
		NEG −	6	1

Phase	Aufgabe (Kriterium)	Indikator	Freedom House-Index[160] (Gastil 1990; Karatnycky 2000; Lauth 2004: 268-274; vgl. Kap. 4.5.)	Index Politischer Demokratie (PolDem) (Bollen 1980; Lauth 2004: 253-258; vgl. Kap. 4.2.3)
Konzeptualisierung	Demokratie-Merkmale (Konzeptspezifikation)	Sparsamkeit	– (2 Dimensionen: I. Politische Rechte [PR]: Wahlen, Pluralismus und Partizipation, Arbeit der Regierung; II. Bürgerfreiheiten [CL]: Meinungsfreiheit, Versammlungs- u. Organisationfreiheit, Rechtsstaat, Autonomie und soziale Rechte; – erfassen mehr als ‚politische‘ Demokratie)	+ (2 Dimensionen: I. Politische Freiheiten; II. Politische Rechte/ Demokratische Herrschaft: Responsivität der Regierung, direkte oder indirekte Partizipation; Machtbegrenzung)
		Relevanz	+	+ (Wettbewerb und Partizipation in anderen Dimensionen enthalten)
	Organisation der Merkmale (Konzeptlogik)	Redundanz	– (Überschneidungen zwischen Pluralismus und Meinungs- bzw. Organisationsfreiheit)	+
		Zuordnung	– (mangelnde Trennschärfe der Dimensionen)	– (Trennschärfe der Dimensionen fraglich; falsche Zuordnung von Merkmalskomponenten in Dimension II (M/V 2002: 14))

---

[160]   Munck/Verkuilen (2002: 30) zeigen anhand einer Dimensionsanalyse, dass der Freedom House Index offensichtlich entweder eine andere Dimension von Demokratie oder, wie bei Freedom House angegeben, gar keine Demokratie, sondern in der Tat „Freiheit" und die Möglichkeit dazu mißt.

			Freedom House-Index	Index politischer Demokratie
Messung	Indikatoren (Validität)	**Vorstellung der Indikatoren**	Umfangreicher Fragenkatalog	I. Pressefreiheit; Organisationfreiheit für Oppositionsparteien; Umfang von Regierungssanktionen; II. faire Wahlen; Modus der Bestellung von Exekutive und Legislative; Effektivität der Legislative)
		Messen die Indikatoren „richtig"? (vgl. M/V 2002: 14; 16-17)	- (implizite Gewichtung durch Doppelmessung bei Fragen und zwischen Dimensionen; Probleme mit interkultureller Äquivalenz, M/V 2002: 20-21)	- I. Überlappungen zwischen Indikatoren; II. „faire Wahlen" misst auch einen Aspekt der I. Dimension; Vernachlässigung der Kontrolle/ Machtbegrenzung; Auswahl der Indikatoren nach Daten, Lauth 2004: 307) Begründung nur durch Zitation anderer Forscher, die diese Indikatoren ebenfalls verwendet haben (M/V 2002: 16)
		Breite der Quellenbasis	+ (internationale, auch nicht-staatliche Quellenbasis; NGO etc.)	+/- (nur US-amerikanische Quellen)
	Auswahl des Messniveaus (Validität)	**Messniveau (M/V 2002: 10)**	Ordinal	Intervall
		Theoretische Begründung des Messniveaus	-	-
	Dokumentation (Veröffentlichung und Replizierbarkeit)	**Kodierregeln**	- (nicht vorhanden; Experteneinschätzungen.; Veränderungen mit Erhebungswellen – Inkonsistenz der Daten)	+/- (einzelne Probleme bei Zuordnung zu Kategorien, Lauth 2004: 255)

			Freedom House-Index	Index politischer Demokratie
Dokumentation (Veröffentlichung und Replizierbarkeit)		Quellenangabe (vgl. M/V 2002: 19)	– (im konkreten Fall unklar)	–
		Reliabilitätstests zwischen Kodierern (vgl. M/V 2002: 19)	–	–
		Disaggregierte Daten (vgl. M/V 2002: 25-26)	– ("raw points" nicht vorhanden)	+ (M/V 2002: 20, FN 11)
Aggregation	Aggregations-niveau (Validität)	Angemessenheit des Aggrega-tionsniveaus (vgl. M/V 2002: 22-23)	+ (zwei Skalen: PR, CL; daraus drei Typen „free", „not free", „partly free")	– (Vergleichbarkeit, aber Informationsverlust)
	Aggregationsregel (Validität)	Theoretische Begründung	– (keine Begründung für Addition; Gleichge-wicht theoretisch unan-gemessene; Probleme bei Typenbestimmung durch „doppelte Grenz-ziehung" nach Punkten u. Skalenwert)	+/- (lineare Transformation zur Gleichgewichtung, dann Addition; keine Begrün-dung für Indexformel mit Schwelle); Faktorladung und gewichtete Durchschnitte
	Dokumen-tation (Veröffent-lichung u. Replizier-barkeit)	Aggregationsregel und Anwendbarkeit	– (Regel bekannt, aber ohne Daten nicht anwendbar)	– (Regel bekannt, aber schwer anwendbar!)
	Index` (IDM) aus 14 Indikatoren	POS +	3	4
		INTER-MED +/-	0	3
		NEG -	11	7

Phase	Aufgabe (Kriterium)		Indikator	Index der Demokratisierung (Vanhanen 1990; vgl. Lauth 2004: 245-249; vgl. Kap. 4.3)
Konzeptualisierung	Demokratie-Merkmale (Konzeptspezifikation)		Sparsamkeit	+ (2 Dimensionen: I. Partizipation; II. Wettbewerb)
			Relevanz	– (Vernachlässigung von Sicherungsstandards)
	Organisation der Merkmale (Konzeptlogik)		Redundanz	+
			Zuordnung	– (schwache Ausdifferenzierung)
Messung	Indikatoren (Validität)		Vorstellung der Indikatoren	I. Wahlbeteiligung in Prozent der Gesamtbevölkerung II. 100 minus Stimmenanteil der stärksten Partei
			Messen die Indikatoren „richtig"? (vgl. M/V 2002: 14; 16-17)	– (I. demographische Verzerrung zugunsten ‚alter' Gesellschaften; II. Vorteil zersplitterter Parteiensysteme)
			Breite der Quellenbasis	+/– (kulturell divergierend aber: Angewiesenheit auf ‚offizielle' Angaben)
	Auswahl des Messniveaus (Validität)		Messniveau (M/V 2002: 10)	Intervall/metrisch
			Theoretische Begründung des Messniveaus	–

Messung	Dokumentation (Veröffentlichung und Replizierbarkeit)		Kodierregeln	**+/-** (einzelne Probleme bei der Zuordnung zu Kategorien, Lauth 2004: 255)
			Quellenangabe (vgl. M/V 2002: 19)	**++** (Vermeidung durch externe Kodierung)
			Reliabilitätstests zwischen Kodierern (vgl. M/V 2002: 19)	**+**
			Disaggregierte Daten (vgl. M/V 2002: 25-26)	**+** (aber: bereits Aggregatdaten)
Aggregation		Aggregations-niveau (Validität)	Angemessenheit des Aggregationsniveaus (vgl. M/V 2002: 22-23)	**-** (Vergleichbarkeit, aber Informationsverlust)
		Aggregations-regel (Validität)	Theoretische Begründung	**+** (Multiplikation, da keine gegenseitige Kompensation möglich) (vgl. abweichend M/V 2002:25-26)
		Dokumenta-tion (Veröf fentlichung u. Replizierbar-keit)	Aggregationsregel und Anwendbarkeit	**+** (Regel bekannt und anwendbar)
	‚Index' (IDM) aus 14 Indikatoren		POS +	8
			INTER-MED +/-	1
			NEG -	5

Sicher kann man die Überprüfung nach Munck/Verkuilen auch an einigen Stellen kritisieren. So erscheint die starke Konzentration auf Sparsamkeit übertrieben, Schwellenwerte werden nicht als Kriterium eingefordert, die Verfassungswirklichkeit wird zu Gunsten einer stark institutionellen Fassung ausgeblendend[161] und auch die theoretische Basis ist auf die Dahl'schen Überlegungen begrenzt. Trotzdem erscheint dieser systematische Versuch einer Prüfung richtungsweisend für die Zukunft, müssen doch Kriterien gefunden werden, an denen sich eine reliable Demokratiemessung messen lassen muss. Die Überwindung der genannten Problemzentren gehört zu den nächsten Schritten der Demokratiemessung, will sie ihre Rolle als Abbildung demokratischer Qualität valide und zuverlässig erfüllen. Einige Schritte in diese Richtung sind derzeit zu erkennen und drücken sich gerade in neueren, einzelne Indizes übergreifende Arbeiten (vgl. Munck/ Verkuilen 2002; Lauth 2004) aus.

4.9 Fazit und Konsequenzen für die Demokratiemessung

Unter der Prämisse, dass die Zahl der Demokratien auch in der Zukunft weiter zunehmen und ihr Differenzierungsgrad in der Qualität der Umsetzung demokratischer Prinzipien ebenfalls ansteigen dürfte, erscheint eine Weiterentwicklung der empirischen vergleichenden Demokratiemessung nur allzu angebracht – und auch wahrscheinlich.[162] Der Blick wird sich

a. mehr und mehr in Richtung der Gradierungen und der „Grauzonen" von Demokratie (vgl. Bendel u.a. 2000; Merkel u.a. 2003) wenden und
b. die *Erklärungen* für unterschiedliche Qualitätsgrade – und nicht mehr nur deren reine Deskription – in den Vordergrund der Forschungsbemühungen rücken.

Weitere Überlegungen, z.B. zur *Konzeption der defekten Demokratien*, gewinnen dabei an Bedeutung (siehe Kapitel 4.7). In ihnen wird von einem Schwarz-Weiß-Denken, einer Trennung in Demokratie oder Nicht-Demokratie, Abstand genommen und versucht, Facetten der Bewertung von Demokratie zu erreichen und abzubilden. Zudem soll die Beurteilung weg von einer eindimensionalen Einord-

---

[161] Diese Konzentration auf Institutionen erweist sich für Freedom House als besonders ungünstig, wird doch dort verstärkt auf die Verfassungswirklichkeit abgestellt. Dadurch handelt sich Freedom House allerdings bewusst einige Probleme in einer präzisen Erhebung ein, die in der Beurteilung von Munck und Verkuilen negativ zu Buche schlagen.

[162] Michael Coppedge (2002: 35) spricht in einem jüngeren Aufsatz von Demokratie als dem komplexesten Konzept in der Politikwissenschaft.

nung von Demokratie auf einem Kontinuum hin zu einer *mehrdimensionalen Klassifikation* bewegt werden. Dabei ist allerdings der Kerngedanke des „Vergleichs" von Demokratie im Auge zu behalten.

Es erscheint nicht mehr ausreichend, ein Land als Demokratie zu klassifizieren. Man will nun wissen, wie viele und welche demokratische Prinzipien erfüllt bzw. verletzt werden, wie diese Verletzungen beseitigt werden können und welche die entsprechenden *Umfeldbedingungen* sind, die überhaupt den Erfolg oder den Misserfolg eines politischen Systems bei der Konstituierung einer „optimalen" Demokratie bedingen. *Die Erklärung des Demokratie(qualitäts)standes, nicht mehr so sehr die Bestimmung der Qualität der Demokratie, rückt in den Vordergrund der wissenschaftlichen Analyse.*

Sogleich eröffnet sich eine weitere Frage: *Was ist eine optimale Demokratie?* Oder: Wie demokratisch ist eine Demokratie (vgl. Abromeit 2002)? Setzen die Demokratieindizes bereits endgültige Standards, die, einmal erreicht, als Endpunkt der Entwicklung zu gelten haben, den es nun zu verteidigen gilt, oder hat man es mit einem sich stetig wechselnden Kontinuum zu tun, das immer neue Ansprüche generiert und neue Ziele vorgibt? Kurz gesagt: Wird die Messlatte für eine „optimale Demokratie" immer weiter nach oben gelegt?

Die Lösung dieser Frage ist zum größten Teil theoretischer Natur, was die enge Verbindung zwischen *Demokratietheorie und Demokratiemessung* in der vergleichenden Analyse von Demokratien verdeutlicht. Beide Bereiche kommen nicht ohne den jeweils anderen aus. Benötigt man die Demokratietheorie für die Bestimmung des Zielobjektes Demokratie – der Basis der Demokratiemessung –, so benötigt die Theorie die Ergebnisse bestehender Messungen, um das Ideal an der Wirklichkeit zu messen und Entscheidungen über die Realitätsverträglichkeit von Demokratietheorien zuzulassen. Auch die *zeitliche Komponente* ist damit bereits angesprochen. Das Prinzip „Einmal Demokratie, immer Demokratie" kann nicht als schlüssig angenommen werden. Zukünftig muss vermehrt die Perspektive der Entwicklung von politischen Systemen der Erforschung unterzogen werden. Dies bezieht auch den vermehrten Einsatz von Instrumenten der Zeitreihenanalyse ein. Zudem erscheint es als wichtig, Ausgangsbedingungen festzustellen, die zu Rückschritten und Umbrüchen – oder aber zur Veränderung der Qualitätsstände (siehe z.B. Russland) – führen und demokratiefeindliche Umwelteinflüsse zu identifizieren. Mehr Ursachenforschung und weniger reine Deskription wird der Leitsatz der weiteren Forschung sein.

Ebenfalls eine wichtige Entwicklungslinie sind die Versuche, Indikatoren der Demokratiemessung mehr und mehr mit Ergebnissen der Staatstätigkeitsforschung zu verbinden (vgl. Schmidt 2000: 386-390). Soziale Komponenten, wie die Konzeption der Wohlfahrtsstaaten von Esping-Andersen (1993, 2000), werden dabei als Bestimmungsgrößen „*sozialer Demokratie*" (Schmidt 2000: 387)

angesehen. Damit erweitert man die ursprünglichen stark institutionell ausgerichteten Überlegungen der vergleichenden Demokratiemessung (siehe auch Fuchs
2002 und Kapitel 3) um eine weitere wichtige Komponente der Erforschung von
Demokratien. Man denke zurück, in der Konzeption von Robert Dahl wird z.B.
die soziale und wirtschaftliche Ebene explizit aus der Demokratiemessung ausgeschlossen und es erfolgt eine gezielte Konzentration auf den politischen Bereich.

Insgesamt kann man erkennen, dass die Instrumente der Demokratiemessung hilfreiche Erkenntnisse für die Beurteilung von Demokratie ermöglichen.
Dabei sind Schwächen in der Validität, Reliabilität und bei der Fassung von
Schwellenwerten nicht zu verleugnen. Im Gegenteil, es erscheint sogar zweifelhaft, ob die Problematik der vergleichbaren Zuordnung durch quasi-objektive
Vorgehensweisen endgültig gelöst werden kann – eher wird man sich mit einer
„möglichst guten" aber nicht optimalen Lösung anfreuen müssen. Nichtsdestoweniger ist der Gewinn an Strukturierung im Denken über demokratische Qualität unübersehbar. So fällt ein Vergleich von Demokratien anhand der Kriterienkataloge der vergleichenden Demokratiemessung leichter und der Demokratiegrad eines Landes ist einfacher zu bestimmen. Bei aller Skepsis gegenüber den
verkürzten Darstellungen der quantitativen Indizes ist man doch gelegentlich
recht dankbar, dass ein so sparsames Instrument zum Ländervergleich zur Verfügung steht.

Memobox 23:
Kernprinzipien vergleichender Demokratiemessung

---

* Fast alle Konzepte der Demokratiemessung beziehen sich auf die Gedan-
  ken von *Robert Dahl* und sein Polyarchiekonzept.
* Zusammenhangsanalysen zwischen Demokratieindizes zeigen die *starken
  Übereinstimmungen zwischen den Indizes*. Dies wiederum belegt die hohe
  Treffsicherheit in der Klassifikation.
* Zentrale *Grundprinzipien* der Demokratiemessung sind Freiheit, Gewähr-
  leistung von Rechten, Rechtsstaatlichkeit und die Chance des Bürgers auf
  Partizipation.
* Die Entwicklung bewegt sich in Richtung von *mehrdimensionalen* Ansät-
  zen und weg von eindimensionalen Denkweisen.
* Es besteht ein intensiver Zusammenhang zwischen Demokratiemessung
  und Demokratietheorie.
* Die zukünftige Entwicklung der Demokratiemessung zielt auf *Erklärung*
  statt auf einfache Klassifikation.

---

* Die Bedeutung der *Ausleuchtung demokratischer Grauzonen* nimmt gegenüber eindeutigen Klassifikationsversuchen zu.
* Ein zentrales Problem ist das Abwägen zwischen dem Grad der *harten und der weichen Bestimmung* von Demokratieindizes. Unterliegen Demokratieindizes, die auf qualitativen Einschätzungen beruhen und quantifiziert werden, dem Risiko der Fehlklassifikation aufgrund der Subjektivität dieser Einordnung, tragen objektive Formen der Demokratierealität oft nur begrenzt Rechnung. Ein überzeugender Mittelweg ist bislang noch nicht gefunden.
* Nichtsdestoweniger sind die meisten Demokratieindizes als *hilfreiche Messungen* des Qualitätsstandes von Demokratien zu verwenden und unabdingbar für eine objektivere Bewertung des Demokratiestandes, da sie nicht aus bloßen, teils nicht nachvollziehbaren, öffentlichen Meinungen heraus resultieren.

4.10 Versuche der Verbindung von politischer Kulturforschung und Demokratiemessung

Zum Abschluss dieses Kapitels gehen wir kurz auf die wechselseitige Kenntnisnahme der Konzepte der Demokratiemessung und der vergleichenden politischen Kulturforschung ein. Die bislang existierende Autonomie beider Forschungsgebiete scheint sich in den letzten Jahren etwas zu lockern. Mittlerweile existieren einige Versuche, die am Subjekt orientierten Legitimitätsbestimmungen der politischen Kulturforschung mit Ansätzen zur Bestimmung demokratischer Qualität zusammenzuführen. Zu erwähnen sind die neueren Arbeiten von Ronald Inglehart (2000), David Putnam (2000), Larry Diamond (1999); Lane/Ersson (2002, 2003)[163] und Christian Welzel (2002). Sie sehen kulturelle Differenzen zwischen Ländern und Regionen als bedeutsam für die Entwicklung der jeweiligen Demokratie an.

Als ein zentraler Faktor, der Unterschiede der Ausgestaltung demokratischer politischer Systeme erklären kann, hat sich die *Religion* etabliert. Wie bereits in den kontrovers diskutierten Überlegungen Samuel Huntingtons zum

---

[163] Die neuen Studien von Lane/Ersson (2002, 2003) sind inhaltlich und konzeptionell sehr anregend und hochinformativ, sie leiden aber im empirischen Teil der sehr hoch angesetzten Aggregationsebene. So werden Mittelwerte von größeren Regionen miteinander verglichen, die Regionen sind aber zum einen unterschiedlich stark besetzt (Westeuropa mit über 15 Fällen; Afrika teilweise mit 1-2 Fällen) und zum anderen ist die Auswahl der Untersuchungsfälle nicht selten selektiv.

„Kampf der Kulturen" (vgl. Huntington 2000) zu erkennen ist, wird unterschiedlichen religiösen Prägungen eine stärkere oder schwächere Demokratiefähigkeit
bescheinigt. Religion wird dabei als der – manchmal sogar der einzige – Faktor
der Repräsentation von Kultur angesehen und teilweise mit Kultur gleichgesetzt.

Doch nicht nur diese Deutung von Kultur, sondern auch die politische Kulturforschung in traditioneller Form, wird mehr und mehr mit Vorgehensweisen
der Demokratiemessung in Verbindung gebracht. So sieht z.b. Larry Diamond
das Analyseziel Demokratie als den entscheidenden inhaltlichen Verknüpfungspunkt zwischen politischer Kulturforschung und vergleichender Demokratieforschung und integriert Komponenten der politischen Kulturforschung (wie Legitimität, politische Unterstützung) in seine Makromodelle.

Neben der inhaltlichen Überschneidung – der Analyse von Demokratie und
demokratischen Systemen – besteht auch ein pragmatisches empirisches Interesse. So steht insbesondere die Verbindung von Strukturdaten mit Indikatoren der
Demokratiemessung und Aggregatabbildungen politischer Überzeugungen und
Wertorientierungen im Vordergrund der Betrachtungen. Dadurch eröffnet sich
die Chance, strukturelle politische Prozesse enger mit kulturellen politischen
Prozessen zu verbinden und wechselseitige Beziehungen aufzudecken.

Als Beispiel für diese Weiterentwicklungen ist die Konzeption des so genannten *Humankapitalansatzes* (vgl. Welzel 2002; Welzel/Inglehart 1999) erwähnenswert. Welzel verknüpft in seinem Ansatz subjektive Elemente der Poli-
tikbewertung mit von Experten bestimmten Freiheitsrechten (wie sie Freedom
House erfasst) und bestimmt deren Rückbindung an die sozioökonomische Modernisierung. Durch dieses Vorgehen ist es möglich zu überprüfen, ob die Annahmen der Modernisierungstheorie für die demokratische Entwicklung gültig
sind. Welzels Ausgangspunkt ist die These, dass die Steigerung ökonomischer
Ressourcen die Grundlage dafür bildet, dass Bürger höhere Freiheitsansprüche
entwickeln. Die Folge ist ein steigender Wunsch nach Emanzipation und persönlicher Freiheit, dessen Erfüllung vom politischen System erwartet wird. Damit
knüpft Welzel an Überlegungen von Ronald Inglehart zu Werteverwirklichungs-
ansprüchen der Postmaterialisten an, die er im Bezug auf die Erforschung demokratischer Qualität erweitert. Diesen Nachweis für den Einfluss sozioökonomischer Entwicklung auf die Verschiebung von Wertepräferenzen der Bürger und
auf deren Anforderungen an die Qualität der Demokratie führt Welzel anhand
einer Vielzahl an Aggregatdatenanalysen, in denen er Daten zu politischen Einstellungen aus dem World Values Survey zu Makrozahlen aggregiert und mit
Strukturdaten auf der Länderebene in Beziehung setzt. Das Ergebnis sind Verknüpfungen von Elementen der politischen Kulturforschung und der Demokratiemessung, die in der Lage sind, wechselseitige Einflüsse von Struktur und

Kultur demokratischer politischer Systeme in Abhängigkeit von der Modernisierungsentwicklung ihrer Gesellschaften zu erklären.

Andere Überlegungen (vgl. Klingemann 1999, 2000; Pickel 2000) verbinden subjektive Indikatoren aus der Umfrageforschung mit Indikatoren aus der Demokratiemessung, indem sie Beziehungen zwischen beiden Indikatorensets herausfiltern. Man könnte dieses Vorgehen etwas respektlos „Politische Kulturforschung meets Demokratiemessung" nennen. Dabei ist der Legitimitätsbegriff[164] ein möglicher Anker, der die Verbindung zwischen beiden Forschungslinien herstellt. Langfristige Betrachtungen existierender Nationen deuten darauf hin, dass die Bestandssicherheit und die Qualität einer Demokratie nicht von den auf das politische System gerichteten Einstellungen der Bürger unabhängig sind. Ohne eine Verankerung in der Bevölkerung unterliegen politische Systeme, ob Demokratien oder nicht, der Gefahr der Instabilität.[165]

Die Legitimität einer Demokratie (vgl. Almond/Verba 1963; Easton 1975; Diamond 1999) ist nicht nur für die Stabilität eines politischen (demokratischen) Systems von entscheidender Bedeutung, sondern sie stellt auch eine Basis für die reibungslose Umsetzung demokratischer Verfahren dar. Wird einem politischen System oder demokratischen Institutionen keine oder nur eine geringe politische Legitimität zugewiesen, so ist es nicht unwahrscheinlich, dass die eingeführten demokratischen Institutionen und Verfahrensweisen langfristig ausgehöhlt werden. Einerseits kann es zu einem Verlust der Normenvorgaben für die Bürger kommen. Die Folge können anomische oder revolutionäre Zustände mit Verstößen gegen demokratische Prinzipien, durch einzelne Individuen oder kollektive Akteure, sein. Andererseits besteht die Möglichkeit einer Abkopplung politischer Entscheidungsprozesse auf der Elitenebene von der Gesellschaft, da keine Bindung zwischen der Bevölkerung und den Institutionen besteht. Diese „schwebenden Regierungssysteme" können dann in „quasi-diktatorische" Verhältnisse münden. In diesen Annahmen findet vor allem ein empirischer Legitimitätsbe-

---

[164]   Zur Definition von Legitimität siehe die Ausführungen in Kapitel 2.3 zu Seymour Martin Lipset. Entscheidend ist vor allem die empirische Legitimität (vgl Schmidt 1995: 555-556), die sich von Legalität und normativer Legitimität unterscheidet.

[165]   Es ist diskutabel, in welcher Weise diese Stabilisierung bzw. die Destabilisierung durch den Eingriff der Bevölkerung erfolgt. So kann man davon ausgehen, dass sich institutionell verankerte Nicht-Demokratien u.a. durch Zwangsmaßnahmen staatlicher Institutionen über lange Jahre ohne die Unterstützung der Bevölkerung erhalten konnten (siehe die sozialistischen Staaten Osteuropas). Zwei Argumente können hier erwidert werden. So sprechen wir in diesem Fall zum ersten nicht von Demokratien, zum anderen ist die Bewertung der Stabilität ein zeitlicher Aspekt, welcher – und dies ist auch ein Problem bei der Bewertung der Stabilität für Demokratien per se – der Interpretation des Betrachters unterliegt.

griff Verwendung[166], der die Anerkennung des Systems, oder erweitert der Demokratie, durch ihre Bürger in den Vordergrund der Legitimitätszuweisung rückt
und damit die Prämissen der politischen Kulturtheorie präzisiert.

Larry Diamond (1999: 204) hat die Wechselbeziehungen verschiedener Bestandteile der politischen Kultur im Bezug auf ihr Ziel, die Schaffung von Legitimität, in seiner jüngsten Schrift plastisch zusammengefasst. Sein Modell berücksichtigt ökonomische und politische Einflusskomponenten genauso wie
kulturelle Hintergrundfaktoren.[167] Zusätzlich zeigt er die Vielzahl der Beziehungen zwischen den Ebenen der Systemstruktur, der Systemperformanz (wirt-
schaftlich und politisch) und weiteren Rahmenbedingungen, wie z.B. die Geschichte eines Landes oder frühere Erfahrungen mit diversen politischen Systemen, auf. Bemerkenswert ist, dass Diamond die Legitimität als zentrales Ziel der
politischen Unterstützung in einer Demokratie festlegt. Somit empfiehlt sich
gerade die Legitimität politischer Systeme als Verbindung zwischen politischer
Kultur und Demokratieforschung, da sie die subjektive Seite von Demokratie
erfasst und zentral mit der Qualität der Demokratie verbunden ist (vgl. Pickel
2000: 257-263).

Fasst man die vorgestellten Überlegungen zusammen, so wird deutlich, dass
sich die *politische Kulturforschung in Richtung einer Demokratieforschung weiterentwickelt*. Zentral bleibt dabei der Stabilitätsgedanke. Allerdings besteht die
vergleichende Demokratieforschung nicht allein aus der Untersuchung subjektiver Phänomene, wie Einstellungen, Wertmustern und Symbolen. Sie bezieht sich
in großem Umfang auf objektive Indikatoren der Institutionalisierung demokratisch anerkannter Regeln, der Umsetzung und Gewährleistung demokratischer
Grundprämissen und der Gewährleistung von zentralen Bestandteilen der demokratischen Idee, wie z.B. Partizipationsrechte, Gewaltenteilung und Rechtsstaatlichkeit (vgl. Lauth u.a. 2001, 2004). Die politische Kultur bleibt in diesem Zusammenhang über die Legitimität aufgrund des Bürgereinflusses (empirisch) auf
demokratische Prozesse und aufgrund der theoretischen Bedeutung von Demokratie als Volksherrschaft, welche den Einbezug des Bürgers in diese politische
Ordnungsform zwingend notwendig macht, bedeutsam.

Dabei ist allerdings zu beachten, dass Indikatoren der politischen Kultur
nicht einfach als zusätzliche Bestandteile der Messung der Qualität von Demokratie eingesetzt werden können, sondern eher einen ergänzenden Charakter
besitzen. Dieser ist aber in zweierlei Hinsicht nicht zu unterschätzen. Erstens

---

[166]   Empirische Legitimitätstheorien gehen im Ursprung bis auf Max Weber zurück. Ihr Bezugs-
        punkt ist die Anerkennung der herrschenden Ordnung durch die Bevölkerung oder zumindest
        deren Einverständnis mit der Ordnung durch die Nichtbeseitigung derselbigen.
[167]   Historische und kulturelle Bestimmungsfaktoren werden bei Almond/Verba (1963) unter die
        strukturelle Gesamtevaluation des politischen Systems summiert.

findet so der Bürger mit seinen Vorstellungen von und Ansprüchen an die Demokratie Einlass in die Erforschung demokratischer Qualität und zweitens sind
prospektive Aussagen über die Stabilität einer Demokratie – ein Anspruch, den
die politische Kulturforschung nach ihrer theoretischen Aussage über die Erfassung der demokratischen Legitimität befriedigen will – für die Beurteilung der
Qualität einer Demokratie grundlegend.

Memobox 24:
Demokratiemessung und politische Kulturforschung

---

* Zwischen beiden Forschungsrichtungen bestehen *Unterschiede im Erklärungsziel*. Die Demokratiemessung zielt auf die Erfassung der Qualität der
  Demokratie, die politische Kulturforschung auf die Erfassung der Stabilität der demokratischen Regime.
* Die Verbindung über den Begriff der *Legitimität* erscheint als beste Möglichkeit der Verknüpfung der politischen Kulturforschung und der Demokratiemessung, da die Legitimität eines demokratischen Systems (nach der
  Theorie der politischen Kulturforschung) maßgeblich für die Stabilität eines politischen Regimes ist und die Stabilität eines demokratischen Regimes wiederum eine wichtige Voraussetzung für die Bestimmung von
  dessen Qualität sein dürfte.
* Beide Forschungsrichtungen laufen seit einiger Zeit aufeinander zu, was
  sich in einigen neueren Arbeiten ausdrückt. Ihr *Verknüpfungspunkt* liegt in
  dem Zielobjekt ihrer Analysen – der Demokratie.
* Konzepten der Demokratiemessung fehlt es bisweilen noch an der *subjektiven Komponente* und oftmals auch an „realistischen" Überlegungen zur
  Messung der Demokratiewirklichkeit.
* Kultur kann auch über generellere Betrachtungen in die Beurteilung von
  Demokratie Eingang finden. Dies zeigt sich insbesondere in Konzepten,
  die *Religion* mit Kultur gleichsetzen (vgl. Lane/Ersson 2002).
* *Empirische Ergebnisse* zeigen Beziehungen zwischen politischen Kulturen
  und der Qualität der Demokratie auf.
* Probleme bestehen in der *technischen Umsetzung*. So erreichen verknüpfte
  Vorgehensweisen schnell eine relativ hohe methodische Komplexität oder
  führen auf der Gegenseite zu groben Aggregierungen, die nurmehr einen
  begrenzten Erkenntnisgewinn zulassen.

4.11 Kernliteratur

Beetham, David (Hrsg.), 1994: Defining and Measuring Democracy. London: Sage.
  Sammelband mit verschiedenen Ansätzen der Demokratiemessung und u.a. der Darstellung der Grundkonzeption von David Beethams Democratic Audit.

Coppedge, Michael/Reinicke, Wolfgang H., 1990: Measuring Polyarchy. Studies
  in Comparative International Development 1/1990, S. 51-72.
  Basisartikel für die Darlegung des erweiterten Messkonzeptes der Autoren, welches
  auf den Überlegungen von Robert Dahl beruht.

Dahl, Robert A., 1971: Polyarchie. London: Yale University Press.
  Grundlegendes Werk für die theoretischen Ausgangsgedanken der Demokratiemessung, da dort die zentralen Elemente für Messindikatoren von Demokratie erstmals
  konzeptionalisiert und theoretisch fundiert werden.

Freedom House, (diverse Jahrgänge): Freedom of the World. Lanham: Univeristy Press of America. (www.freedomhouse.org)
  Jährliche Zusammenfassung der Ergebnisse der Freedom House Bewertungen. Enthält Vergleichsbewertungen und einzelne, kurze Länderreports.

Lauth, Hans Joachim, 2004: Demokratie und Demokratiemessung. Wiesbaden:
  Westdeutscher Verlag.
  Habilitationsschrift mit breiter Übersicht über eine Vielzahl an Demokratiemes-
  sungskonstrukten. Enthält auch eine kritisch abwägende Diskussion des der Demokratiemessung zugrunde liegenden Demokratiebegriffes sowie den Vorschlag einer
  eigenen Messung.

Lauth, Hans-Joachim/Pickel, Gert/Welzel, Christian (Hrsg.), 2000: Demokratiemessung. Konzepte und Befunde im internationalen Vergleich. Wiesbaden:
  Westdeutscher Verlag.
  Sammelband mit aktuellen Beiträgen zu verschiedenen Konzepten der Demokratiemessung sowie Artikeln zur kritischen Reflektion diverser Konzepte.

Munck, Geraldo L./Verkuilen, Jay, 2002: Conceptualizing and Measuring Democracy. Evaluating Alternative Indices. Comparative Political Studies
  35/1. S. 5-34.
  Umfangreicher und detaillierter Aufsatz, der eine größere Zahl an Konzepten der
  Demokratiemessung einer systematischen Analyse unterzieht.

Vanhanen, Tatu, 1997: Prospects of Democracy. London: Routledge.
  Weiterführung der langjährigen Datenreihen und nochmalige detaillierte Darlegung
  der Demokratiemessungskonzeption.

Welzel, Christian, 2002: Fluchtpunkt Humanentwicklung. Über die Grundlagen der Demokratie und die Ursachen ihrer Ausbreitung. Wiesbaden: Westdeutscher Verlag.
Komplexe Habilitationsschrift, die sich detailliert mit den Zusammenhängen von Freiheitsgraden, humanen und wirtschaftlichen Ressourcen sowie Demokratiequalität auseinandersetzt. Sehr gut verständliche Analysen zum Zusammenhang kultureller Faktoren mit Demokratieentwicklung.

5 Zusammenfassung, Fazit, Ausblick

Fasst man die vorangegangenen Überlegungen kurz zusammen, so lässt sich als Fazit ziehen: „Politics matters but also Culture matters" und nicht zuletzt „Structures matter". Es ist wohl nicht zu bezweifeln, dass sich sowohl die vergleichende politische Kulturforschung, als auch die empirische Demokratieforschung gerade im letzten Jahrzehnt zu wichtigen Forschungsbereichen der Politikwissenschaft entwickelt haben. Insbesondere die Breite ihrer inhaltlichen Aspekte (verschiedene Einstellungsobjekte und Grundstrukturen der Demokratie), ihre Methodenvielfalt (Aggregatanalyse, Individualdatenanalysen, Multi-Level-Analysen) und ihre theoretische Variabilität haben sie zu einem beliebten Ziel empirischer politikwissenschaftlicher Diagnostik werden lassen.

Für die vergleichende politische Kulturforschung ist entscheidend, dass nicht nur Strukturen und Institutionen, sondern auch dem Bürger als Subjekt der Gesellschaft in der politikwissenschaftlichen Analyse eine Bedeutung zugestanden wird. Dabei erfolgt mehr und mehr die Verbindung neoinstitutionalistischer Ansätze mit den Ansätzen der politischen Kulturforschung sowie weitergehenden kulturalistischen Perspektiven und ökonomischen Rahmenfaktoren. Solch ein integratives Vorgehen erscheint für die vergleichende Politikwissenschaft der Zukunft beispielhaft. Nicht umsonst kann gesagt werden: Politische Kulturforschung ist interdisziplinär und breit gefächert sowie schon von Grunde auf international geprägt (vgl. Berg-Schlosser 1999: 78).

Die Demokratiemessung, ein Spezialbereich stringent empirisch-vergleichender Demokratieforschung, widmet sich der Qualität der Demokratien. Ein zweiter zentraler Bereich politikwissenschaftlicher Analyse, die politische Kulturforschung, untersucht die Stabilität und die Bestandserhaltung demokratischer Systeme.

Beide Bereiche beschäftigen sich auf empirischem Wege mit realen Demokratien. Entsprechend geht die momentan feststellbare Entwicklung der politischen Kulturforschung, soweit sie sich auf die traditionellen Konzepte bezieht, in Richtung einer stärker auf das Objekt Demokratie ausgerichteten Forschung.

In diesem Zusammenhang stößt man auf verschiedene Ausdifferenzierungen inhaltlicher sowie methodischer Art. Besonders auffällig sind Versuche der Verbindung subjektiver (umfragegestützter) und objektiver Konzepte, die auch maßgeblich zur Weiterentwicklung der methodischen Analyse beitragen (vgl. Welzel 2002; zusammenfassend Pickel u.a. 2003).

Dabei sollte man eines nie aus den Augen verlieren: Ziel der Erklärung der politischen Kulturforschung wie auch der vergleichenden Demokratieforschung bleibt die Untersuchung des Überlebens oder der Zusammenbruchs von Demokratien. Dies umfasst die Herausarbeitung von Rahmenbedingungen, die für deren Überleben günstig sind und mündet als Ziel in der Prognose von Systemgefährdungen. Und dies gilt auch, wenn in der Demokratiemessung gerade die Qualität als Erklärungsziel in den Vordergrund gerückt wird, muss doch bedacht werden, dass auch die Qualität der Demokratien ihrer Stabilität zugute kommt.[168]

Ein wichtiger Aspekt, den die politische Kulturforschung berücksichtigen kann, ist die Integration des Bürgers in die oft abstrakten Modelle der politikwissenschaftlichen Erklärung. Ihre Erklärungskraft muss dabei nicht unbedingt als anderen Erklärungsmustern überlegen angenommen werden, es sollte aber auch der Bürger nicht als Rudiment in einer reinen Abfolge struktureller Entwicklungsprozesse angesehen werden, die durch institutionellen Wandel oder aufgrund ökonomischer Prozesse hervorgerufen werden. Die politische Kultur eines Landes und die sie reflektierenden Einstellungen und Werte stehen gleichwertig neben der Ordnung der Politik durch Institutionen und dem Wechselspiel zwischen Politik, Ökonomie und Rechtssystem (vgl. auch Lane/Ersson 2002 2003).

In bestimmter Hinsicht ist dies in der Demokratiemessung für quantitative Konzepte der Bestimmung demokratischer Qualität bereits geschehen. Dort werden institutionelle Designs (Ljiphart, Polity-Messungen) und Verfassungswirklichkeit (Freedom House) geprüft. Einzig der Einbezug der Legitimität der demokratischen Systeme in die Modelle der Demokratiemessung steht derzeit noch aus. Diese zu integrieren, um der Aussage zur Qualität auch die Aussage zur Stabilität eines demokratischen Systems zur Seite zu stellen, wird möglicherweise eine Aufgabe der Zukunft sein. Erste in diese Richtung orientierte Ansätze, wie Welzels (2002) Humankapitalansatz, sind zumindest schon zu sehen.

Sicher konnte die vorliegende Einführung nur umfangreiche Teilaspekte der beiden Komplexe Demokratieforschung und politische Kulturforschung erfassen. So musste, wie bereits in der Einleitung dargestellt wurde, schon bei der Demokratieforschung ein elementarer Schnitt vollzogen und auf die Vielzahl an befruchtenden qualitativen Analysen verzichtet werden. Auch bei den Überlegungen zur politischen Kulturforschung stehen der traditionelle Ansatz von Almond

---

[168] Dabei ist zu berücksichtigen, dass die politische Kulturforschung nicht nur aus langfristig verankerten – und teilweise als unveränderbar angenommenen – Wertorientierungen besteht, sie muss auch auf kurzfristige Effekte, Bewertungen der demokratischen Performanz und nationale Einstellungen reagieren können.

und Verba und seine Weiterentwicklung im Vordergrund. Konzepte, die auf das politische vor der Kultur verzichten und eine breiter gefasste Kultur (z. B. Religion, historische Traditionen, Ethnizität usw.) als Einflussfaktor des Politischen auffassen, mussten ebenso ausgespart werden, wie stärker der Einzelentscheidung des Bürgers Tribut zollende Ansätze. Eine solch breite Darstellung, die alle möglichen Varianten der neueren Alternativkonzepte gebührend berücksichtigt, war aber auch weder beabsichtigt noch möglich. Insbesondere dann nicht, wenn man versucht, eine stringente, für Studierende hilfreiche Einführung zu verfassen.

Ziel war es, einen Einblick in die enger umrissenen Bereiche der politischen Kulturforschung und der Demokratiemessung zu geben und ein Studienbuch vorzulegen, das Lehrende wie Lernende in die Lage versetzt, einen für die Politikwissenschaft wichtigen Forschungsbereich für sich zu erschließen. Wir hoffen, dies ist gelungen, auch wenn wir wissen, dass wir einige interessante theoretische und empirische wissenschaftliche Aspekte ausklammern mussten.

6 Literatur

Aarebrot, Frank H./Berglund, Pal H., 1997: Die Vergleichende Methode in der Politikwissenschaft. In: Berg-Schlosser, Dirk/Müller-Rommel, Ferdinand (Hrsg.) 1997: Politikwissenschaft: Ein einführendes Studienhandbuch. Opladen: Leske+Budrich. (3. Auflage) S. 49-66.

Abramson, Paul R., 1983: Political Attitudes in America: Formation and Change. San Francisco: W.H. Freeman.

Abromeit, Heidrun, 2002: Wozu braucht man Demokratie? Die postnationale Herausforderung der Demokratietheorie. Oppladen: Leske + Budrich.

Afrobarometer Briefing Paper 1, April 2000.

Alemann, Ulrich von, 1995: Politikwissenschaftliche Methoden. Wiesbaden: Westdeutscher Verlag.

Almond, Gabriel/Powell, Bingham G., 1996: Comparative Politics: System, Process and Policy. Boston: Little Brown & Company.

Almond, Gabriel, 1987: The Development of Political Development. In: Weiner, Myron/Huntington, Samuel P. (Hrsg.): Understanding Political Development. Boston: Little Brown.

Almond, Gabriel/Verba, Sidney, 1980: The Civic Culture Revisited: A Analytic Study. Princeton: Princeton University Press.

Almond, Gabriel/Verba, Sidney, 1963: The Civic Culture: Political Attitudes and Democracy in Five Nations. Princeton: Princeton University Press.

Almond, Gabriel, 1956: Comparative Political Systems. In: Journal of Politics 18 (August). S. 391-409.

Alvarez, Michael/Cheibub, Jose Antonio/Limongi, Fernando/Przeworski, Adam, 1996: Classifying political regimes. In: Studies in Comparative Development 31/2. S. 1-37.

Assmann, Jan, 1999: Das kulturelle Gedächtnis. München: C.H.Beck.

Arat, Zehra F., 1991: Democracy and Human Rights in Developing Countries. Boulder: Lynne Rienner.

Aristoteles/Schwarz, Franz F., 1989: Politik: Schriften zur Staatstheorie. Ditzingen: Reclam.

Arzheimer, Kai, 2002: Politikverdrossenheit: Bedeutung, Verwendung und empirische Relevanz eines politikwissenschaftlichen Begriffs. Wiesbaden: Westdeutscher Verlag.

Balch, George I., 1974: Multiple Indicators in Survey Research: The Concept of „Sense of Political Efficacy". In: Political Methodology 2. S. 1-43.

Barnes, Samuel H./Kaase, Max, 1979: Political Action: Mass Participation in Five Western Democracies. Beverly Hills: Sage.

Barnes, Samuel H./Simon, Janos (Hrsg.), 1998: The Postcommunist Citizen. Budapest: Hungarian Academy of Sciences, 1998.

Becker, Michael/Lauth, Hans-Joachim/Pickel, Gert, 2001: Rechtsstaat und Demokratie: Theoretische und empirische Studien zum Recht in der Demokratie. Wiesbaden: Westdeutscher Verlag.

Beetham, David, 2004: Freedom as the Foundation. In: Journal of Democracy 15/4. S. 61-76.

Beetham, David u.a., 2001: International IDEA Handbook on Democracy Assessment. The Hague.

Beetham, David/Weir, Stuart, 2000: Democratic Audit in Comparative Perspective. In: Lauth, Hans-Joachim/Pickel, Gert/Welzel, Christian (Hrsg.): Demokratiemessung. Konzepte und Befunde im internationalen Vergleich. Wiesbaden: Westdeutscher Verlag, S. 73-88.

Beetham, David (Hrsg.), 1994: Defining and Measuring Democracy. London: Sage.

Benedict, Ruth, 1955: Urformen der Kultur, Hamburg: Rowohlt.

Behr, Hartmut/Schmidt, Siegmar (Hrsg), 2001: Multikulturelle Demokratien im Vergleich: Institutionen als Regulativ kultureller Vielfalt? Wiesbaden: Westdeutscher Verlag.
Beichelt, Timm, 2001: Demokratische Konsolidierung im postsozialistischen Europa: Die Rolle der politischen Institutionen. Opladen: Leske+Budrich.
Bendel, Petra/Croissant, Aurel/Rüb, Friedbert W., 2002: Zwischen Demokratie und Diktatur: Zur Konzeption und Empirie demokratischer Grauzonen. Opladen: Leske+Budrich.
Behr, Hartmut, 1999: Moderne Theorien der Demokratie und Konzeptionen politischer Partizipation. In: Lauth, Hans-Joachim/Liebert, Ulrike (Hrsg.): Im Schatten demokratischer Legitimität: informelle Institutionen und politische Partizipation im interkulturellen Demokratienvergleich. Wiesbaden: Westdeutscher Verlag. S.39-60.
Berger, Paul. L./Luckmann, Thomas, 1980: Die gesellschaftliche Konstruktion der Wirklichkeit. Frankfurt am Main: Campus.
Berg-Schlosser, Dirk, 1999: Empirische Demokratieforschung: Exemparische Analysen. Frankfurt/Main: Campus.
Berg-Schlosser, Dirk, 1999: Politische Kultur-Forschung – Rückblick und Ausblick.. In: Haberl, Othmar Nikola/Korenke, Tobias (Hrsg.): Politische Deutungskulturen. Baden-Baden: Nomos. S. 77-92.
Berg-Schlosser, Dirk/Müller-Rommel, Ferdinand (Hrsg.), 2003: Vergleichende Politikwissenschaft. (4. Auflage). Opladen: Leske+Budrich.
Berg-Schlosser, Dirk/Quenter, Sven, 1996: Makro-Quantitative vs. Makro-Qualitative Methoden in der Politikwissenschaft. In: Politische Vierteljahresschrift 37/1. S. 100-118.
Berg-Schlosser, Dirk/de Meur, Giselle, 1994: Conditions of Democracy in Inter-War Europe: A Boolean Test of Major Hypotheses. In: Comparative Political Studies 26/2. S. 253-275.
Berg-Schlosser, Dirk/Schissler, Jakob (Hrsg.), 1987: Politische Kultur in Deutschland. Sonderheft 18 der Politischen Vierteljahresschrift. Opladen: Westdeutscher Verlag.
Bertelsmann, 2004: Bertelsmann Transformationsindex 2003. Politische Gestaltung im internationalen Vergleich. Gütersloh.
Birle, Peter/Wagner, Christoph, 2001: Vergleichende Politikwissenschaft: Analyse und Vergleich politischer Systeme. In: Mols, Manfred/Lauth, Hans-Joachim/Wagner, Christian (Hrsg.): Politikwissenschaft: Eine Einführung. Paderborn: Schönigh. S. 99-134.
Bobbio, Norberto, 1994: Rechts und Links: Gründe und Bedeutungen einer politischen Unterscheidung. Berlin.
Bollen, Kenneth A./Paxton, Pamela, 2000: Subjective Measures of Liberal Democracy. In: Comparative Political Studies 22. S. 58-86.
Bollen, Kenneth A., 1993: Liberal Democracy: Validity and Method Factors in Cross-National Measures. In: American Journal of Political Science 37. S. 1207-1230.
Bollen, Kenneth A., 1990: Political Democracy: Conceptual and Measurement Traps. In: Studies in Comparative International Development 25. S. 7-24.
Bollen, Kenneth A./Jackman, Robert, 1989: Democracy, Stability, and Dichotomies. In: American Sociological Review 54. S. 612-621.
Bollen, Kenneth A., 1986: Political Rights and Political Liberties in Nations: An Evaluation of Human Rights Measures, 1950 to 1984. In: Human Rights Quarterly 8. S. 567-591.
Bollen, Kenneth A., 1980: Issues in the Comparative Measurement of Political Democracy. In: American Sociological Review 45. S. 370-390.
Bollen, Kenneth A., 1979: Political Democracy and the Timing of Development. In: American Sociological Review 45/4. S. 370-390.
Boulanger, Christian (Hrsg.), 2000: Recht in der Transformation: Rechts- und Verfassungswandel in Mittel- und Osteuropa: Beiträge zur Debatte. Berlin: Berliner Debatte Wissenschaftsverlag.
Bourdieu, Pierre, 1988: Die feinen Unterschiede. Kritik der gesellschaftlichen Urteilskraft. Frankfurt/Main: Suhrkamp.

Braizat, Fares, 2000: Democracy and Economic Development: Testing the Theory and Methods of Tatu Vanhanen. In: Lauth, Hans-Joachim/Pickel, Gert/Welzel, Christian (Hrsg.), 2000: Demokratiemessung: Konzepte und Befunde im internationalen Vergleich. Wiesbaden: Westdeutscher Verlag. S. 218-242.

Bratton, Michael, 2004: The Alternation Effect in Africa. In: Journal of Democracy 15/4. S. 147-159.

Brown, Archie, 2003: Political Culture and Democratization: The Russian Case in Comparative Perspective, In: Pollack, Detlef/Jacobs, Jörg/Müller, Olaf/Pickel, Gert (Hrsg.), 2003: Political Culture in Post-Communist Europe: Attitudes in new Democracies. Aldershot: Ashgate. S. 17-27.

Brown, Archie, 1984: Political Culture and Communist Studies. London: Algrave-Macmillan.

Bürklin, Wilhelm/Klein, Markus, 1998: Wahlen und Wählerverhalten: Eine Einführung. 2. Auflage. Opladen: Leske+Budrich.

Bryce, James, 1921: Constitutions. Scientia Verlag.

Citrin, Jack, 1974: Comment: The Political Relevance of Trust in Government. In: American Political Science Review. S. 973-988.

Coleman, James William/Cressey, Donald R., 2000: Social Problems. Longman. (7. Auflage)

Collier, David, 1993: The Comparative Method. In: Finifter, Ada W. (Hrsg.): Political Science: The State of the Discipline. Washington D.C.

Collier, David/Adcock, Robert, 1999: Democracy and Dichotomies: A Pragmatic Approach to Choices about Concepts. In: Annual Revue of Political Science 2. S. 537–65.

Collier, David/Berins-Collier, Ruth, 1991: Shaping the Political Arena: Critical Junctures, the Labor Movement, and Regime Dynamics in Latin America. Princeton: Princeton University Press.

Conradt, David P., 1980: The Changing German Political Culture. In: Almond, Gabriel/Verba, Sidney (Hrsg.): The Civic Culture Revisited. Boston: Little Brow, S. 212-272.

Converse, Phillip E., 1973: Social Psychology: the Study of Human Interaction. London: Routledge.

Converse, Phillip E., 1964: The Nature of Belief Systems in Mass Publics. In: Apter, Daniel E. (Hrsg): Ideology and Discontent. New York: Free Press. S. 202-261.

Coppedge, Michael, 1999: Research Note: Thickening thin Concepts and Theories, combining Large N and Small N in Comparative Politics. In: Comparative Politics. S. 465 – 476.

Coppedge, Michael, 1995: Polyarchy. In: Lipset, Seymour Martin (Hrsg.): The Encyclopedia of Democracy: Band 3, London, S. 975-978.

Coppedge, Michael/Reinicke, Wolfgang H., 1990: Measuring Polyarchy. In: Studies on Comparative International Development 25. S. 51-72.

Croissant, Aurel, 2002: Von der Transition zur defekten Demokratie. Demokratische Entwicklung in den Philippinen, Südkorea und Thailand. Wiesbaden: Westdeutscher Verlag.

Croissant, Aurel/Thierry, Peter, 2000: Defekte Demokratien: Konzepte, Operationalisierungen und Messung. In: Lauth, Hans-Joachim/Pickel, Gert/Welzel, Christiang (Hrsg.): Demokratiemessung: Konzepte und Befunde im internationalen Vergleich. Wiesbaden: Westdeutscher Verlag. S. 89-112.

Croissant, Aurel/Merkel, Wolfgang, 2004: Special Issue: Consolidated or Defective Democracy? Problems of Regime Change. In: Democratisation 11/5.

Dahl, Robert A., 1998: On Democracy. New Haven: Yale University Press.

Dahl, Robert A., 1997: Development and Democratic Culture. In: Diamond, Larry, u.a. (Hrsg.): Consolidating the Third Wave Democracies. Themes and Perspectives. Baltimore: Johns Hopkins University Press. S. 34-40.

Dahl, Robert A., 1989: Democracy and its Critics. New Haven: Yale University Press.

Dahl, Robert A., 1971: Polyarchy: Participation and Opposition. New Haven: Yale University Press.

Dahl, Robert A., 1956: A Preface to Democratic Theory. Chicago: Chicago University Press.

Dalton, Russel J., 1977: Was there a revolution? In: Comparative Political Studies 9. S. 459-475.

Denz, Hermann, 2002: Die europäische Seele. Wien: Czernin Verlag.

Derichs, Claudia, 1998: Universalität und Kulturspezifik – das Modell westlicher Demokratie in der Defensive? In: Greven, Michael (Hrsg.): Demokratie – eine Kultur des Westens? 20. wissenschaftlicher Kongreß der Deutschen Vereinigung für Politische Wissenschaft. Opladen: Leske+Budrich.

Dewey, John, 1990: What is Democracy? In: Dewey, John (Hrsg.): The Later Works (1925-1953). Vol. 17. Edwardsville. S. 471-474.

Dewey, John, 1982: Philosophy and Democracy. In: Dewey, John (Hrsg.): The Middle Works (1882-1898). Vol. 11. Carbondale/Edwardsville. S. 43-53.

Dias, Patrick V., 1971: Der Begriff „Politische Kultur" in der Politikwissenschaft. In: Oberndörfer, Dieter (Hrsg.): Systemtheorie, Systemanalyse und Entwicklungsländerforschung. Berlin: Duncker+Humblodt. S. 409-448.

Diamond, Larry, 1999: Developing Democracy toward Consolidation. Baltimore: Johns Hopkins University Press.

Diamond, Larry (Hrsg.), 1994: Political Culture & Democracy in Developing Countries. Boulder: Lynne Rienner.

Diamond, Larry/Morlino, Leonardo, 2004: The Quality of Democracy – An Overview. In: Journal of Democracy 15/4. S. 20-32.

Diekmann, Andreas, 2000: Empirische Sozialforschung: Grundlagen, Methoden, Anwendungen. (6. Auflage). Reinbek bei Hamburg: Rowohlt.

Dittmer, Lowell, 1977: Political Culture and Political Symbolism: Toward a Theoretical Synthesis. In: World Politics 29/1. S. 552-583.

Dogan, Matti/Kazancigil, Ali, (Hrsg.) 1994: Comparing Nations: Concepts, Strategies, Substance. Oxford: University Press.

Dogan, Mattei/Pelassy Dominique (Hrsg.), 1984: How to compare Nations. New Jersey: Blackwell.

Douglas, Mary/Wildavsky, Aaron, 1983: Risk and culture: An essay on the selection of technological and environmental dangers. Berkeley u.a.: University of California.

Downs, Anthony, 1968: Ökonomische Theorie der Demokratie. Mohr-Siebeck.

Easton, David, 1979: A System Analysis of Political Life. New York.

Easton, David/Dennis, Jack, 1976: Children in the Political System: Origins of Political Legitimacy. New York: McGraw-Hill.

Easton, David, 1975: A Re-Assessment of the Concept of Political Support. In: British Journal of Political Science 5. S. 435-457.

Easton, David, 1965a: A Framework for political Analysis. Englewood Cliffs: Prentice Hall.

Easton, David, 1965b: A System Analysis of Political Live. New York: John Wiley & Sons.

Eckstein, Harry, 1988: The Culturalist Theory of Political Change. In: American Political Science Review 82/3. S. 789-804.

Eckstein, Harry/Gurr, Ted, 1975: Patterns of authority: A structural basis for political inquiry. New York: Wiley.

Eckstein, Harry, 1973: Authority Patterns: A Structural Basis for Political Inquiry. In: American Political Science Review 67/4. S. 1142-1161.

Elklit, Jørgen, 1999: Electoral Institutional Change and Democratic Transition: You Can Bring a Horse to Water, But You Can't Make it Drink. Paper at the ECPR-Workshop. Democracy in the third World. What should be done? Mannheim, 36-31. März 1999.

Elklit, Jørgen, 1994: Is the Degree of Electoral Democracy Measurable? Expieriences from Bulgaria, Kenya, Latvia, Mongolia and Nepal. In: Beetham, David (Hrsg.), 1994: Defining and Measuring Democracy. London: Sage. S. 89-111.

Elklit, Jørgen/Svenson, Palle, 1997: What makes Elections free and fair? In: Journal of Democracy 8. S. 32-46.

Ember, Carol R./Ember, Melvin/Russett, Bruce, 1992: Peace between Participatory Polities: A Cross-Cultural Test of "Democracies Rarely Fight Each Other" Hypothesis. World Politics 44. S. 573-599.

Engel, Uwe, 1998: Einführung in die Mehrebenenanalyse. Wiesbaden: Westdeutscher Verlag.

Esping-Andersen, Gøsta, 2000: Social foundations of postindustrial economies. Reprint. Oxford u.a.: Oxford University Press.

Esping-Andersen, Gøsta (Hrsg.), 1993: Changing classes: Stratification and mobility in post-industrial societies. London u.a.: Sage.

Esser, Hartmut, 1993: Soziologie: Allgemeine Grundlagen. Frankfurt am Main u.a.: Campus-Verlag.

Finkel, Steven E., 1985: Reciprocal Effects of Participation and Political Efficacy: A Panel Analysis. In: American Journal of Political Science 29. S.891-913.

Fishbein, Martin/Ajzen, Icek, 1975: Belief, Attitude, Intension, and Behavior. Reading: Addison Wesley.

Flanagan, Scott C., 1979: Value Change and Partisan Change in Japan: The Silent Revolution Revisited. In: Comparative Political Studies 15. S. 253-278.

Flick, Uwe, 1999: Qualitative Forschung: Theorie, Methoden, Anwendung in Psychologie und Sozialwissenschaften. Reinbek bei Hamburg: Rowohlt. (4. Auflage)

Flora, Peter, 1975: State, Economy and Society in Western Europe: 1815-1975: A Data Handbook. Frankfurt: Campus.

Foweraker, Joe/Krznaric, Roman, 2000: Measuring Liberal Democratic Performance: An Empirical and Conceptual Critique. In: Political Studies, Vol. 48/4. S. 759-787.

Freedom House, (diverse Jahrgänge): Freedom of the World. Lanham: Univeristy Press of America.

Friedrichs, Jürgen/Jagodzinski, Wolfgang (Hrsg.), 1999: Soziale Integration. Sonderheft 39 der Kölner Zeitschrift für Soziologie und Sozialpsychologie. Opladen: Westdeutscher Verlag.

Fuchs, Dieter, 2002: Das Konzept der politischen Kultur: Die Fortsetzung einer Kontroverse in konstruktiver Absicht. In: Bürger und Demokratie in Ost und West: Studien zur politischen Kultur und zum politischen Prozess. Wiesbaden: Westdeutscher Verlag. S. 27-49.

Fuchs, Dieter, 1999: Soziale Integration und politische Institutionen in modernen Gesellschaften. In: Friedrichs, Jürgen/Jagodzinski, Wolfgang (Hrsg.): Soziale Integration. Sonderheft 39/1999 der Kölner Zeitschrift für Soziologie und Sozialpsychologie. Opladen: Westdeutscher Verlag. S.147-178.

Fuchs, Dieter/Klingemann, Hans-Dieter, 1998: National Community, Political Culture and Support for Democracy in Central and Eastern Europe. Draft submission. Florence, September 17-18.

Fuchs, Dieter, 1997: Wohin geht der Wandel der demokratischen Institutionen in Deutschland? Die Entwicklung der Demokratievorstellungen der Deutschen seit ihrer Vereinigung. In: Göhler, Gerhard (Hrsg.): Institutionenwandel. 15. Sonderheft der Zeitschrift Leviathan. Opladen. S. 253-284.

Fuchs, Dieter/Roller, Edeltraut/Wessels, Bernhard, 1997: Die Akzeptanz der Demokratie des vereinten Deutschlands. Oder: Wann ist ein Unterschied ein Unterschied? In: Aus Politik und Zeitgeschichte 51. S. 3-12.

Fuchs, Dieter, 1996: Wohin geht der Wandel der demokratischen Institutionen in Deutschland? Die Entwicklung der Demokratievorstellungen der Deutschen seit ihrer Vereinigung. WZB-papers FS III 96-207.

Fuchs, Dieter, 1993: Eine Metatheorie des demokratischen Prozesses. WZB-papers FS III 93-202.

Fuchs, Dieter/Klingemann, Hans-Dieter, 1990: The Left-Right Schema. In: Jennings, Keith M. /van Deth, Jan W., 1990: Continuities in Political Action: A Longitudinal Study of Political Orientations in Three Western Democracies. Berlin: de Gruyter. S. 203-234.

Fuchs, Dieter, 1989: Die Unterstützung des politischen Systems der Bundesrepublik Deutschland. Wiesbaden: Westdeutscher Verlag.

Fuchs, Dieter, 1987: Trends politischer Unterstützung in der Bundesrepublik. In: Berg-Schlosser, Dirk/Schissler, Jakob (Hrsg.): Politische Kultur in Deutschland. Sonderheft 18 der Politischen Vierteljahresschrift. Wiesbaden: Westdeutscher Verlag. S. 357-377

Fuchs, Dieter, 1981: Dimensionen politischer Unterstützung. In: Klingemann, Hans-Dieter/Kaase, Max, 1981: Politische Psychologie. PVS-Sonderheft 12. Wiesbaden: Westdeutscher Verlag. S. 208-225.

Gaber, Rusanna, 2000: Demokratie in quantittven Indizies: Ein mehr- oder eindimensionales Phänomen? In: Lauth, Hans-Joachim/Pickel, Gert/Welzel, Christian (Hrsg.), 2000: Demokratiemessung: Konzepte und Befunde im internationalen Vergleich. Wiesbaden: Westdeutscher Verlag. S. 112-132.

Gabriel, Oskar W./Kunz, Volker/Roßteutscher, Sigrid/van Deth, Jan W., 2002: Sozialkapital und Demokratie: Zivilgesellschaftliche Ressourcen im Vergleich. Wien: WUV Universitätsverlag.

Gabriel, Oscar W., 2000: Demokratische Einstellungen in einem Land ohne demokratische Traditionen: Die Unterstützung der Demokratie in den neuen Bundesländern im Ost-West-Vergleich. In: Falter, Jürgen/Gabriel, Oscar W./Rattinger, Hans (Hrsg.): Wirklich ein Volk? Die politischen Orientierungen von Ost- und Westdeutschen im Vergleich. Opladen: Leske+Budrich. S. 41-78.

Gabriel, Oscar W., 1999: Integration durch Institutionenvertrauen? Struktur und Entwicklung des Verhältnisses der Bevölkerung zum Parteienstaat und zum Rechtsstaat im vereinten Deutschland. In: Friedrichs, Jürgen/Jagodzinski, Wolfgang (Hrsg.): Soziale Integration. Sonderheft 39/1999 der Kölner Zeitschrift für Soziologie und Sozialpsychologie. Opladen: Westdeutscher Verlag. S.199-237.

Gabriel, Oscar W., 1993: Institutionenvertrauen im vereinten Deutschland. In: Aus Politik und Zeitgeschichte. B43. S. 3-12.

Gabriel, Oscar W., 1987: Demokratiezufriedenheit und demokratische Entwicklung in der Bundesrepublik Deutschland. In: Aus Politik und Zeitgeschichte. B22. S. 32-45.

Gabriel, Oscar W., 1986: Politische Kultur, Materialismus und Postmaterialismus in der Bundesrepublik Deutschland. Wiesbaden: Westdeutscher Verlag.

Gabriel, Oscar W./Vetter, Angelika, 1999: Politische Involvierung und politische Unterstützung im vereinigten Deutschland – Eine Zwischenbilanz. In: Plasser, Fritz/Gabriel, Oscar W./Falter, Jürgen W./Ulram, Peter (Hrsg.): Wahlen und politische Einstellungen in Deutschland und Österreich. Frankfurt am Main: Peter Lang. S. 191-236.

Gabriel, Oskar W./Brettschneider, Frank (Hrsg.), 1994 : Die EU-Staaten im Vergleich: Strukturen, Prozesse, Politikinhalte, Wiesbaden: Westdeutscher Verlag.

Gamson, William A., 1968: Power and Discontent. Homewood: Dorsey Press.

Gasiorowski, Mark, 2000: Democracy and Macroeconomic Performance in Underdeveoped Countries: An Empirical Analysis. In: Comparative Political Studies 33/3. S. 319-349.

Gasiorowski, Mark J., 1996: An Overview of the Political Regime Change Dataset. In: Comparative Political Studies 29/4. S. 469-483.

Gastil, Raymond D., 1991: The comparatice survey of freedom: Experiences and suggestions. In: Inkeles, Alex (Hrsg.): On measuring democracy: Its consequences and concomitants. New Brunswick: Transaction. S. 21-46.

Gastil, Raymond D., 1990: Freedom in the World: Political Rights and Civil Liberties, 1989-1990. New York: Rowman & Littlefield Pub Group.

Gastil, Raymond D., 1989: Freedom in the World: Political Rights and Civil Liberties 1988-1989. New York: Rowman & Littlefield Pub Group.

Gastil, Raymond D., 1988: Freedom in the World: Political Rights and Civil Liberties, 1987-88. New York: Rowman & Littlefield Pub Inc.

Gehring, Uwe W./Weins, Cornelia, 2002: Grundkurs Statistik für Politologen. 3. überarbeitete Auflage. Wiesbaden: Westdeutscher Verlag.

Gensike, Thomas, 1998: Die neuen Bundesbürger: Eine Transformation ohne Integration. Wiesbaden: Westdeutscher Verlag.

Geertz, Clifford, 1997: Die Welt in Stücken. Passagenverlag: Wien.

Geertz, Clifford, 2003: Dichte Beschreibung. Suhrkamp: Frankfurt/Main.

Gille, Martina/Krüger, Winfried (Hrsg.), 2000: Unzufriedene Demokraten: Politische Orientierungen der 16-29jährigen im vereinigten Deutschland. Opladen: Leske+Budrich.

Greiffenhagen, Martin/Greiffenhagen, Sylvia/Prätorius, Rainer (Hrsg.), 2002: Handwörterbuch zur Politischen Kultur der Bundesrepublik Deutschland. Wiesbaden: Westdeutscher Verlag.

Greiffenhagen, Martin/Greiffenhagen, Sylvia, 2001: Handwörterbuch zur Politischen Kultur. Opladen: Leske+Budrich.

Gurr, Ted, Robert, 1990: Ethnic Warfare and the Changing Priorities of Global Security. In: Mediterranean Quarterly, 1. S. 82-98.

Gurr, Ted Robert, 1974: Persistence and Change in Political Systems 1800-1971. In: American Political Science Review 4/1974. S. 1482-1504.

Gurr, Ted Robert/Jaggers, Keith/Moore, Will H., 1990: The Transformation of the Western State: The Growth of Democracy, Autocracy, and State Power since 1800. In: Studies in Comparative International Development 25/1. S. 73-108.

Gurr, Ted Robert/Marshall, Monty G./Khosla Deepa, 2000: Peace and Conflict 2000: A Global Survey of Armed Conflicts, Self-Determination Movements, and Democracy. College Park, MD: Center for International Development and Conflict Management, University of Maryland. [Available in electronic form from http://www.bsos.umd.edu/cidcm/peace.htm.]

Hadenius, Axel, 1994: The Duration of Democracy: Institutional vs Socio-economic Factors. In: Beetham, David (Hrsg.): Defining and Measuring Democracy. London: Sage. S. 63-88.

Hadenius, 1992: Democracy and Development. Cambridge: Cambridge University Press.

Halbwachs, Maurice, 1967: Das kollektive Gedächtnis. Stuttgart: Ferdinand Enke Verlag.

Hallmann, Loek, 2001: European Value Study: A third wave: Source Book of the 1999/2000 European Values Study Surveys. Tilburg: EVS, WORC Tilburg University.

Halman, Loek/Petterson, Thorleif, 1996: Individualism in Individualized Society? Results from the European Values Surveys. In: International Journal of Comparative Sociology 37/3-4. S. 195-214.

Held, David, 1987: Models of Democracy. Cambridge: Cambridge University Press.

Hirschman, Albert O., 1970: Exit, Voice and Loyality: Responses to Decline in Firms, Organizations and States. Cambridge.

Hofferbert, Richard I./Klingemann, Hans-Dieter, 1999: Remembering the Bad Old Days: Human Rights, Economic Conditions and Democratic Performance in Transitional Regimes. In: European Journal of Political Research, 36. S. 155-174.

Humana, Charles, 1992: World Human Rights Guide. New York: Oxford University Press. (3. Auflage)

Huntington, Samuel P., 2000: Cultures Count. In: Harrison, Lawrence E./Huntington, Samuel P. (Hrsg.): Culture Matters: How Values Shape Human Progress. New York: Basic Books. S. xiii-xvii.

Huntington, Samuel P., 1991: The Third Wave: Democratization in the Late Twentieth Century. Norman: Oklahoma Press.

Huntington, Samuel P., 1984: Will More Countries Become Democratic? In: Political Science Quarterly 99 (Summer): S. 195-208.

Inglehart, Ronald, 1997: Modernization and Postmodernization: Culture, Economic, and Political Change in 43 Societies. Princeton: Princeton University Press.

Inglehart, Ronald, 1990: Culture Shift in Advanced Industrial Society. Princeton: Princeton University Press.

Ingelhart, Roland, 1989: Kultureller Umbruch: Wertewandel in der westlichen Welt. Frankfurt am
    Main/New York.
Inglehart, Ronald, 1988: The Renaissance of Political Culture. In: American Political Science Review
    82. S. 1203-1230.
Inglehart, Ronald, 1983: Traditionelle politische Trennungslinien und die Entwicklung der neuen
    Politik in westlichen Gesellschaften. In: Politische Vierteljahresschrift 24. S. 139-165.
Inglehart, Ronald, 1979: Wertwandel in westlichen Gesellschaften: Politische Konsequenzen von
    materialistischen und postmaterialistischen Prioritäten. In: Klages, Helmut/Kmieciak, Peter:
    Wertwandel und gesellschaftlicher Wandel. Frankfurt: Campus. S. 279-316.
Inglehart, Ronald/Klingemann, Hans-Dieter, 1979: Ideological Conceptualization and Value Priori-
    ties. In: Barnes, Samuel/Kaase, Max (Hrsg.): Political Action. Mass Participation in Five
    Western Democracies. London: Sage. S. 203-214.
Inglehart, Ronald, 1977: The Silent Revolution: Changing Values and Political Styles Among West-
    ern Publics. Princeton: Princeton University Press.
Inglehart, Ronald, 1971: The Silent Revolution in Europe: Intergenerational Change in Postindustrial
    Societies. In: American Political Science Review 65. S. 991-1017.
Inkeles, Alex (Hrsg.), 1991: On Measuring Democracy: Its Consequences and Concomitants New
    Brunswick: Transaction.
International Institute for Democracy and Electoral Assistance (International IDEA) 2002: Democ-
    racy Assessment: The basics of the International IDEA assessment framework. Stockholm.
Iwand, Wolf-Michael, 1985: Paradigma politische Kultur. Opladen: Leske + Burich.
Jacobs, Jörg, 2004: Tücken der Demokratie. Opladen: Leske+Budrich.
Jacobs, Jörg, 2000: Alltag oder Vergangenheit. Einstellungen zur herrschenden politischen Ordnung
    in den Neuen Bundesländern, , Polen, Tschechien und Ungarn. In: Politische Vierteljahres-
    schrift. S. 223-246.
Jacobs, Jörg/Müller, Olaf/Pickel, Gert, 1999: Demokratie auf dem Prüfstand – Konsolidierung und
    Widerstandspotential der Bevölkerung in Osteuropa im Vergleich. In: Berliner Debatte/Initial
    5-6/11. S. 17-32
Jaggers, Kenneth/Gurr, Ted Robert, 1996: POLITY III: Regime Change and Political Authority:
    1800-1994, 2 nd ICPSR version. Boulder, CO.
Jaggers, Keith/Gurr, Ted Robert, 1995: Tracing Democracy's Third Wave with the Polity III Data. In:
    Journal of Peace Research 32 (November): S. 469-482.
Jagodzinski, Wolfgang, 1985: Die zu stille Revolution: Zum Aggregatwandel materialistischer und
    postmaterialistischer Wertorientierungen in sechs westeuropäischen Ländern zwischen 1970
    und 1981. In: Oberndörfer, Dieter/Rattinger, Hans/Schmitt, Karl (Hrsg.): Wirtschaftlicher
    Wandel, religiöser Wandel und Wertwandel. Berlin. S. 333-356.
Jahn, Detlef, 2006: Methoden der Vergleichenden Politikwissenschaft (AT). Wiesbaden: Verlag
    Sozialwissenschaften.
Jahn, Detlef, 2003: Globalisierung als Galton-Problem. In: Pickel, Susanne/Pickel, Gert/Lauth, Hans-
    Joachim/Jahn, Detlef (Hrsg.), 2003: Vergleichende politikwissenschaftliche Methoden: Neue
    Entwicklungen und Diskussionen. Wiesbaden: Westdeutscher Verlag. S. 59-85.
Jennings, Keith M./van Deth, Jan W., (Hrsg.), 1990: Continuities in Political Action: A Longitudinal
    Study of Political Orientations in Three Western Democracies. Berlin: de Gruyter.
Kaase, Max/Bauer-Kaase, Petra, 1998: Deutsche Vereinigung und innere Einheit 1990-1997. In:
    Meulemann, Heiner (Hrsg.): Werte und nationale Identität im vereinten Deutschland: Erklä-
    rungsansätze der Umfrageforschung. Opladen: Leske+Budrich. S. 251-268.
Kaase, Max, 1990: Mass Participation. In: Jennings, Michael K./Van Deth, Jan W. (Hrsg.), 1990:
    Continuities in Political Action: A Longitudinal Study of Political Orientations in Three West-
    ern Democracies. Berlin: de Gruyter. S. 23-64.

Kaase, Max, 1984: Politische Beteiligung in den 80er Jahren: Strukturen und Idiosynkrasien. In: Falter, Jürgen W./Fenner, Christian/Greven, Michael Th. (Hrsg.): Politische Willensbildung und Interessenvermittlung. Opladen: Westdeutscher Verlag. S. 338-350.

Kaase, Max, 1983: Sinn oder Unsinn des Konzepts "Politische Kultur" für die vergleichende Politikforschung, oder auch: Der Versuch einen Pudding an die Wand zu nageln. In: Kaase, Max/Klingemann, Hans-Dieter (Hrsg.): Wahlen und politisches System – Analysen aus Anlass der Bundestagswahl 1980: Opladen: Westdeutscher Verlag. S. 144-171.

Kaase, Max/Barnes, Samuel, 1979: The Future of Political Protest in Western Democracies. In: Barnes, Samuel/Kaase, Max (Hrsg.): Political Action: Mass Participation in Five Western Democracies. London: Sage. S. 523-536.

Kaiser, Andre, 2002a: Mehrheitsdemokratie und Institutionenreform. Verfassungspolitischer Wandel in Australien, Großbritannien, Kanada und Neuseeland im Vergleich. Frankfurt/Main: Campus Verlag.

Kaiser, Andre, 2002b: Die politische Theorie des Neo-Institutionalismus: James March und Johan Olsen. In: Brodocz, Andre/Schaal, Gary S. (Hrsg.): Politische Theorien der Gegenwart II. Opladen: Leske+Budrich. S. 253-282.

Kaiser, Andre, 2000: Regieren in Westminsterdemokratien. Baden-Baden: Nomos.

Karatnycky, Adrian, 2003: Freedom in the World 2003: Liberty's Expansion in a Turbulent World: Thirty Years of the Survey of Freedom. Freedom House. (http://www.freedomhouse.org/research/freeworld/2003/akessay.htm)

Karatnycky, Adrian, 1999: The 1998 Freedom House Survey. In: Journal of Democracy 10/1. S. 112-125.

Kazancigil, Ali/Dogan, Mattei (Hrsg.), 1994: Comparing Nations: Concepts, Strategies, Substance. Oxford, Cambridge MA: Blackwell.

King, Gary/Keohane, Robert O./Verba, Sidney, 1994: Designing Social Inquiry. Princeton: Princeton University Press.

Klages, Helmut, 1984: Wertorientierungen im Wandel: Rückblick. Gegenwartsanalyse. Prognosen. Frankfurt am Main: Campus Verlag.

Klingemann, Hans-Dieter, 2000: Unterstützung für die Demokratie: Eine globale Analyse für die 1990er Jahre. In: Lauth, Hans-Joachim/ Pickel, Gert/ Welzel, Christian (Hrsg.), 2000: Demokratiemessung. Konzepte und Befunde im internationalen Vergleich. Wiesbaden: Westdeutscher Verlag. S. 266-296.

Klingemann, Hans-Dieter, 1999: Mapping Political Support in the 1990s: A Global Analysis. In: Pippa Norris (Hrsg.): Critical Citizens: Global Support for Democratic Government. Oxford/New York: Oxford University Press. S. 31-56.

Klingemann, Hans-Dieter/Welzel, Christian, 1999: Political Science and the Emergance of Democracy in Central and Eastern Europe: The Perspective of Citizens. In: UNESCO. World Social Science Report, Paris: UNESCO Publishing 1999. S. 96-97.

Kluckhohn, Clyde, 1951: Values and Value-Orientations in the Theory of Action: An Exploration in Definition and Classification. In: Parsons, Talcott/Shils, Edward A.: Towards a General Theory of Action. Cambridge: University Press. S. 388-433.

Lagos, Marta, 2003: A road with no return? In: Journal of Democracy, 14/2. S. 163- 171.

Laitin, David D., 1995: The Civic Culture at 30. In: American Political Science Review 89/1. S. 168-173.

Landman, Todd, 2000: Issues and Methods in Comparative Politics. London: Routledge.

Lane, Jan-Erik/Ersson, Svante, 2003: Democracy. A Comparative Approach. London: Routledge.

Lane, Jan-Erik/Ersson, Svante, 2002: Culture and Politics: a Comparative Approach. Aldershot: Ashgate.

Lane, Jan-Erik/Ersson, Svante, 2000: The new instutional politics: Performance and outcomes. London/New York.

Lane, Jan-Erik/Ersson, Svante, 1999: Politics and Society in Western Europe. 4. Auflage. London: Routledge.

Langenohl, Andreas, 2000: Erinnerung und Modernisierung. Die öffentliche Rekonstruktion politischer Kollektivität am Beispiel des neuen Russland. Göttingen:Vandenhoeck & Ruprecht..

Lauth, Hans Joachim, 2004: Demokratie und Demokratiemessung. Wiesbaden: Westdeutscher Verlag

Lauth, Hans-Joachim/Pickel, Gert/Pickel, Susanne, 2006: Einführung in die vergleichende Methode der Politikwissenschaft. Wiesbaden: VS-Verlag.

Lauth, Hans-Joachim, 2003: Typologien in der vergleichenden Politikwissenschaft: Überlegungen zum Korrespondenzproblem. In: Pickel, Susanne/Pickel, Gert/Lauth, Hans-Joachim/Jahn, Detlef (Hrsg.): Vergleichende politikwissenschaftliche Methoden: Neue Entwicklungen und Diskussionen. Wiesbaden: Westdeutscher Verlag. S. 37-59.

Lauth, Hans-Joachim/Pickel, Gert/Welzel, Christian, 2000: Grundfragen, Probleme und Perspektiven der Demokratiemessung. In: Lauth, Hans-Joachim/Pickel, Gert/Welzel, Christian (Hrsg.): Demokratiemessung. Konzepte und Befunde im internationalen Vergleich. Wiesbaden: Westdeutscher Verlag. S. 7-26.

Lauth, Hans-Joachim/Pickel, Gert/Welzel, Christian (Hrsg.), 2000: Demokratiemessung. Konzepte und Befunde im internationalen Vergleich. Wiesbaden: Westdeutscher Verlag.

Lauth, Hans-Joachim/Liebert, Ulrike (Hrsg.), 1999: Im Schatten demokratischer Legitimität: Informelle Institutionen und politische Partizipation im interkulturellen Vergleich. Wiesbaden: Westdeutscher Verlag.

Lepsius, M. Rainer, 1995: Institutionenanalyse und Institutionenpolitik. In: Birgitta Nedelmann (Hrsg.), 1995: Politische Institutionen im Wandel. Sonderheft 35 der Kölner Zeitschrift für Soziologie. Opladen. S. 392-403.

Lieberson, Stanley, 1992: Small Ns and Big Conclusions. In Ragin, Charles C./Becker, Howard S. (Hrsg.), 1992: What is a Case? Cambridge: Cambridge University Press. S. 105-118.

Lieberson, Stanley, 1985: Making it Count: The Improvement of Social Research and Theory. Berkeley: University of California Press.

Lijphart, Arend, 1999: Patterns of Democracy: Government Forms and Performance in Thirty-Six Countries. New Haven: Yale University Press.

Lijphart, Arend, 1984: Democracies: Pattern of Majoritarian and Consensus Gouvernment in Twenty-One Countries. New Haven/London: Yale University Press.

Lijphart, Arend, 1977: Democracy in Plural Societies: A Comparative Exploration New Haven: Yale University Press.

Lijphart, Arend, 1971: Comparative Politics and Comparative Method. In: American Political Science Review 65/3. S. 682-698.

Linz, Juan, 2000: Totalitäre und autoritäre Regime. Berlin: Berliner Debatte Wissenschaftsverlag.

Linz, Juan J./Stepan, Alfred, 1996: Problems of Democratic Transition and Consolidation: Southern Europe, South America, and Post-Communist Europe. Baltimore/London: The Johns Hopkins University Press.

Lipset, Seymour M./Schneider, William, 1983: The Confidence Gap: Business, Labor, and Government in the Public Mind. New York: The Free Press - Collier Macmillian Publishers.

Lipset, Seymour M., 1981: Political Man: The Sozial Bases of Politics. Baltimore.Johns Hopkins.

Lipset, Seymour M., 1959: Some Social Requisites of Democracy, Economic Development and Political Legitimacy. In: American Political Science Review 53. S. 69-105.

Maier, Jürgen, 2000: Politikverdrossenheit in der Bundesrepublik Deutschland: Dimensionen – Determinanten – Konsequenzen. Opladen: Leske+Budrich.

Mainwaring, Scott/Valenzuela, Arturo (Hrsg.), 1998: Politics, Society, and Democracy: Latin America (Essays in Honor of Juan J. Linz) Boston: Westview Press.

Marsh, Alan/Barnes, Samuel H./Kaase, Max, 1990: Political Action in Europe and the USA. Palgrave Macmillan.

Marsh, Alan, 1975: The Silent Revolution, Value priorities and the Quality of Life in Britain. In: American Political Science Review 69. S. 21-31.

Marshall, Monty G./Jaggers, Keith, 2001: Polity IV project: Political regime chracteristics and transitions, 1800-1999. Dataset user manual. http://www.bsos.umd.edu/cidem/polity.

Maslow, Abraham H., 1954: Motivation and Personality. New York: Harper and Row.

Mayring, Philipp, 1999: Einführung in die qualitative Sozialforschung: Eine Anleitung zu qualitativem Denken. Weinheim: Deutscher Studien Verlag. (4. Auflage)

Merkel, Wolfgang, 2000: Systemtransformation: Eine Einführung in die Theorie und Empirie der Transformationsforschung, Opladen: Leske+Budrich.

Merkel, Wolfgang, 1999: Defekte Demokratien. In: Merkel, Wolfgang/Busch, Andreas (Hrsg.), 1999: Demokratie in Ost und West, Frankfurt 1999, S. 361-81.

Merkel, Wolfgang, 2004: Die „eingebettete" Demokratie In: WZB Mitteilungen Heft 106.

Merkel, Wolfgang/Puhle, Hans-Jürgen/Croissant, Aurel/Eicher, Claudia/Thiery. Peter, 2003: Defekte Demokratie: Band 1: Theorie. Opladen: Leske+Budrich.

Merkel, Wolfgang/Croissant, Aurel, 2000: Formale Institutionen und informale Regeln in defekten Demokratien, In: Politische Vierteljahresschrift 1/2000. S. 3-30.

Merkel, Wolfgang/Sandschneider, Eberhard/Segert, Dieter (Hrsg.), 1995: Systemwechsel 2: Die Institutionalisierung der Demokratie. Opladen: Leske+Budrich.

Mill, John Stuart, 1843: A System of Logic, Ratiocinative and Inductive: Collected Works, Vol. VII und VIII. Toronto, Buffalo: University of Toronto Press, Routledge &Kegan Paul.

Miller, Arthur H., 1974a: Political Issues and Political Trust in Government: 1964-1970. In: American Political Science Review. S. 951-976.

Miller, Arthur H., 1974b: Rejonder to "Comment" by Jack Citrin: Political Discontent or Ritualism. In: American Political Science Review. S. 989-1001.

Mishler, William/Pollack, Detlef, 2003: On Culture, Thick and Thin: Toward a Neo-Cultural Synthesis. In: Pollack, Detlef/Jacobs, Jörg/Müller, Olaf/Pickel, Gert (Hrsg.): Political Culture in Post-Communist Europe: Attitudes in new Democracies. Burlington: Ashgate. S. 237-257.

Moore, Barrington, 1993: Social Origins of Dictatorship and Democracy. Lord and Peasant in the Making of the Modern World. Boston: Beacon Press (Orginal 1966).

Müller, Klaus, 1996: Der osteuropäische Wandel und die deutsch-deutsche Transformation: Zum Revisionsbedarf modernisierungstheoretischer Erklärungen. In: Schmidt, Rudi/Lutz, Burkart (Hrsg.): Chancen und Risiken der industriellen Restrukturierung in Ostdeutschland. Berlin: Akademie Verlag. S. 1-42

Munck, Gerardo L., 2003: Vergleichende Demokratieforschung. In: Berg-Schlosser, Dirk/Müller-Rommel, Ferdinand (Hrsg.): Vergleichende Politikwissenschaft (4. Auflage). Opladen: Leske+Budrich. S. 129-150.

Munck, Gerardo L./Verkuilen, Jay, 2002: Conceptualizing and Measuring Democracy: Evaluating Alternative Indices. In: Comparative Political Studies 35/1. S. 5-34.

Muno, Wolfgang, 2003: Fallstudien und die vergleichende Methode. In: Pickel, Susanne/ Pickel, Gert/Lauth, Hans-Joachim/Jahn, Detlef (Hrsg.): Vergleichende politikwissenschaftliche Methoden: Neue Entwicklungen und Diskussionen. Wiesbaden: Westdeutscher Verlag. S. 19-37.

Nettl, Peter, 1966: The Concept of System in Political Science. In: Political Studies 14. S. 305-388.

Newton, Kenneth, 1999: Social and Political Trust in Established Democracies. In: Norris, Pippa (Hrsg.): Critical Citizens: Global Support for Democratic Governance. Oxford: Oxford University Press, S. 169-187.

Niedermayer, Oskar, 1997: Vergleichende Umfrageforschung. In Berg-Schlosser, Dirk/Müller-Rommel, Ferdinand (Hrsg.): Vergleichende Politikwissenschaft. Opladen: Leske + Budrich, S. 89-102. (3. Auflage)

Norris, Pippa (Hrsg.), 1999: Critical Citizens: Global Support for Democratic Governance. Oxford: University Press.

O´Donnell, Guillermo, 2004: Why the Rule of Law Matters. Journal of Democracy 15/4. S. 32-46.

O´Donnell, Guillermo, 1999a: Democratic Theory and Comparative Politics. WZB-papers P 99-004.

O´Donnell, Guillermo, 1999b: Polyarchies and the (Un)Rule of Law in Latin America. In: Mendez, Juan/O´Donnell, Guillermo/ Pinheiro, Sergio (Hrsg.): The Rule of Law and the Underprivileged in Latin America. Notre Dame: University of Notre Dame Press. S.303-337.

Pappi, Franz-Urban, 1986: Das Wahlverhalten sozialer Gruppen bei Bundestagswahlen im Zeitvergleich. In: Klingemann, Hans-Dieter/Kaase, Max (Hrsg.): Wahlen und politischer Prozess. Opladen: Westdeutscher Verlag.

Parsons, Talcott, 1971: The system of modern societies. Englewood Cliffs, NJ: Prentice-Hall.

Parsons, Talcott, 1954: Essays in Sociological Theory. New York: Free Press.

Parsons, Talcott, 1951: The Social System. New York: Free Press.

Pateman, Carole, 1980. Participation and Democratic Theory. New York: Cambridge University Press.

Patrick, Glenda, 1984: Political Culture. In: Sartori, Giovanni (Hrsg.): Social Science Conceps: A Systematic Analysis. London: Sage. S. 264-314.

Pennings, Paul, 2003: The Methodology of the Fuzzy-Set Logic. In: Pickel, Susanne/Pickel, Gert/Lauth, Hans-Joachim/Jahn, Detlef (Hrsg.): Vergleichende politikwissenschaftliche Methoden: Neue Entwicklungen und Diskussionen. Wiesbaden: Westdeutscher Verlag. S. 87-105.

Pennings, Paul/Keman, Hans/Kleinnijenhuis, Jan, 1999: Doing Research in Political Science – An Introduction to Comparative Methods and Statistics. London u.a.: Sage.

Pesch, Volker, 2000: Handlungstheorie und Politische Kultur. Wiesbaden: Westdeutscher Verlag.

Peters, Guy, 1998: Comparative Politics: Theory and Methods. New York: University Press.

Pew 2003: The Pew Global Attitudes Project: Views of a changing World. Washington (www.people-press.org).

Pharr, Susan J./Putnam, Robert D. (Hrsg.), 2000: Disaffected Democracies: What´s troubling the trilateral Countries. Princeton: University Press.

Piano, Aili/Puddington, Arch, 2001: The 2000 Freedom House Survey: Gains Offset Losses. In: Journal of Democracy 12/1. S. 87-92.

Puddington, Arch/Aili Piano, 2005: The 2004 Freedom House Survey: Worrisome Signs, Modest Shifts. In: Journal of Democracy 16/1. S. 103-108.

Pickel, Gert, 2006: Die (subjektive) Verankerung von Demokratie – Stand, Gründe und Konsequenzen von Bevölkerungseinstellungen in den jungen Demokratien Osteuropas. (Manuskript).

Pickel, Gert, 2003: Die Verwendung von Individualdaten zum Nationenvergleich: Anmerkungen und Beispiele aus der vergleichenden Forschung. In: Pickel, Susanne/Pickel, Gert/ Lauth, Hans-Joachim/Jahn, Detlef (Hrsg.): Vergleichende politikwissenschaftliche Methoden: Neue Entwicklungen und Diskussionen. Wiesbaden: Westdeutscher Verlag. S. 151-179.

Pickel, Gert, 2002: Jugend und Politikverdrossenheit: Zwei politische Kulturen im Deutschland nach der Vereinigung? Opladen: Leske+Budrich.

Pickel, Gert, 2001: Legitimität von Demokratie und Rechtsstaat in den osteuropäischen Transitionsstaaten 10 Jahre nach dem Umbruch. In: Becker, Michael/Lauth, Hans-Joachim Lauth/Pickel, Gert: Rechtsstaat und Demokratie. Theoretische und empirische Studien zum Recht in der Demokratie. Wiesbaden: Westdeutscher Verlag. S. 299-326.

Pickel, Gert, 2000: Subjektive und objektive Indikatoren der Demokratiemessung im Vergleich – Grundlegende Unterschiede oder gleiche Ergebnisse. In: Lauth, Hans-Joachim/Pickel,

Gert/Welzel, Christian (Hrsg.): Demokratiemessung: Konzepte und Befunde im internationalen Vergleich. Wiesbaden: Westdeutscher Verlag. S. 242-265.

Pickel, Gert, 1997: Tendenzen der Demokratisierung und politischen Unterstützung in Osteuropa . Makrosoziologische Überlegungen zu Demokratisierung und politischer Kultur in Osteuropa. In: Pickel, Gert/Pickel, Susanne/Jacobs, Jörg (Hrsg.): Demokratie. Entwicklungsformen und Erscheinungsbilder im interkulturellen Vergleich. Bamberg: skripvaz. S. 109-132.

Pickel, Gert/Pickel, Susanne, 1999: Neue Demokratien in Osteuropa? Politische Unterstützung und politische Partizipation als Determinanten der Demokratisierung. In: Lauth, Hans-Joachim/Liebert, Ulrike (Hrsg.): Im Schatten demokratischer Legitimität: Informelle Institutionen und politische Partizipation im interkulturellen Vergleich, Opladen/Wiesbaden. S. 237-257.

Pickel, Gert/Pickel, Susanne, 1996: Unterschiede in der Demokratiezufriedenheit und im Wahlverhalten zwischen ost- und westeuropäischen Staaten. In: Gabriel, Oscar W./Falter, Jürgen (Hrsg.): Wahlen und politische Einstellungen in westlichen Demokratien. Bern: Peter Lang. S. 177-203.

Pickel, Gert/Walz, Dieter, 1997: Politikverdrossenheit in Ost- und Westdeutschland: Dimensionen und Ausprägungen. In: Politische Vierteljahresschrift 38/1. S. 27-49.

Pickel, Susanne/Pickel, Gert/Lauth, Hans-Joachim/Jahn, Detlef (Hrsg.), 2003: Methodendiskussion in der vergleichenden Politikwissenschaft – Neuere Entwicklungen und Debatten in der Diskussion. Wiesbaden: Westdeutscher Verlag.

Pickel, Susanne, 2003: Jonglieren mit analytischen Ebenen: Triangulation von Aggregat- und Individualdaten. In: Pickel, Susanne/Pickel, Gert/Lauth, Hans-Joachim/Jahn, Detlef (Hrsg.): Vergleichende politikwissenschaftliche Methoden: Neue Entwicklungen und Diskussionen. Wiesbaden: Westdeutscher Verlag. S. 201-221.

Pickel, Susanne, 1998: Vom Totalitarismus zur Demokratie – zwei Transformationen in Deutschland: Die Bundesrepublik nach dem zweiten Weltkrieg (1949-1956) und die neuen Bundesländer nach der deutschen Vereinigung (1990-1996). In: Pickel, Susanne/Pickel, Gert/Walz, Dieter (Hrsg.): Politische Einheit – Kultureller Zwiespalt? Die Erklärung politischer und demokratischer Einstellungen in Ostdeutschland vor der Bundestagswahl 1998. Frankfurt/Main: Peter Lang. S. 19-58.

Pickel, Susanne/Pickel, Gert/Walz, Dieter (Hrsg.), 1998: Politische Einheit – Kultureller Zwiespalt? Die Erklärung politischer und demokratischer Einstellungen in Ostdeutschland vor der Bundestagswahl 1998. Frankfurt/Main: Peter Lang.

Plasser, Fritz/Ulram, Peter, 1999: Mainly Sunny with scattered Clouds: Political Culture and Attitudes towards the European Union in East-Central Europe Ten Years After. Conference Paper "Ten Years After: Democratic Transition and Consolidation in East-Central Europe", Budapest 17-20. Juni 1999.

Plasser, Fritz/Ulram, Peter A., 1996: Measuring Political Culture in East Central Europe: Political Trust and Political Support. In: Fritz Plasser/ Andreas Pribersky (Hrsg.), Political Culture in East Central Europe, Aldershot: Ashgate. S. 3-34.

Plasser, Fritz/Ulram, Peter/Waldrauch, Harald, 1998: Democratic Consolidation in East Central Europe. London.

Plato 1950: Res publica: Der Staat: Über das Gerechte. Zürich: Artemis-Verlag. (Platon. Eingef. von Gerhard Krüger. Übertr. von Rudolf Rufener).

Pollack, Detlef/Jacobs, Jörg/Müller, Olaf/Pickel, Gert (Hrsg.), 2003: Political Culture in Post-Communist Europe. Attitudes in new Democracies. Aldershot: Ashgate.

Pollack, Detlef/Pickel, Gert, 2000: Besonderheiten der politischen Kultur in Ostdeutschland als Erklärungsfaktoren der Bundestagswahl 1998 und die Rückwirkungen der Bundestagswahlen auf die politische Kultur Deutschlands. In: Van Deth, Jan/Rattinger, Hans/Roller, Edeltraut

(Hrsg.): Die Republik auf dem Weg in die Normalität? Wahlverhalten und politische Einstellungen nach acht Jahren Einheit. Opladen: Leske+Budrich. S. 117-144.

Pollack, Detlef/Pickel, Gert, 1998: Die ostdeutsche Identität – Erbe des DDR-Sozialismus oder Produkt der Wiedervereinigung? Die Einstellung der Ostdeutschen zu sozialer Ungleichheit und Demokratie. In: Aus Politik und Zeitgeschichte B41-42. S. 9-23.

Pollack, Detlef/Wielgohs, Jan, 2000: Kritische Anfragen an die politische Kulturforschung. In: Berliner Debatte – Initial 5-6/11. S. 65-75.

Popper, Karl R., 1906: Gesammelte Werke: in deutscher Sprache. Tübingen: Mohr Siebeck.

Priller, Eckhard, 1996: Veränderung in der politischen und sozialen Beteiligung in Ostdeutschland. In: Zapf, Wolfgang/Habich, Roland (Hrsg), 1996: Wohlfahrtsentwicklung im vereinten Deutschland: Sozialstruktur, sozialer Wandel und Lebensqualität. Berlin: edition sigma. S. 283-308.

Przeworski. Adam/Alvarez, Michael A./Cheibub, Jose A./Limongi, Fernando, 2000: Democray and Development: Political Institutions and Well-Being in the World: 1950-1990. Cambridge: Cambridge University Press.

Przeworski, Adam, 1991: Democracy and the Market: Political and Economic Reform in Eastern Europe and Latin America. Cambridge.

Przeworski, Adam/Teune, Henry, 1970: The Logic of Comparative Social Inquiry. Mallabar.

Putnam, Robert D. (Hrsg.), 2002: Democracies in Flux: The Evolution of Social Capital in Contemporary Society. New York: Oxford University Press.

Putnam, Robert D. (Hrsg.), 2001: Bowling Alone: The Collapse and Revival of American Community. New York: Simon & Schuster.

Putnam, Robert D., 1993: Making Democracy work. Civic Traditions in modern Italy. Princeton: Princeton University Press.

Pye, Lucian/Verba, Sidney, 1965: Political Culture and Political Development. Princeton: Princeton University Press.

Ragin, Charles C., 2000: Fuzzy-Set Social Science: New Tools for Diversity-Oriented Research. Chicago: Chicago University Press.

Ragin, Charles C., 1987: The Comparative Method: Moving Beyond Qualitative and Quantitative Strategies. Berkeley. University Press.

Rattinger, Hans/Maier, Jürgen, 2000: Methoden der sozialwissenschaftlichen Datenanalyse. München: Oldenbourg.

Rattinger, Hans, 1993: Abkehr von den Parteien? Dimensionen der Parteienverdrossenheit. In: Aus Politik und Zeitgeschichte B11. S. 24-35.

Reichel, Peter, 1981: Politische Kultur – mehr als ein Schlagwort? Anmerkungen zu einem komplexen Gegenstand und fragwürdigen Begriff. In: Politische Vierteljahresschrift 21. S. 382-399.

Reisinger, William M., 1995: The Renaissance of a Rubric: Political Culture as Concept and Theory. In: International Journal of Public Opinion Research 7/4. S. 328-352.

Rohe, Karl, 1996: Politische Kultur: Zum Verständnis eines theoretischen Konzeptes. In: Niedermayer, Oscar/Beyme, Klaus von (Hrsg.): Politische Kultur in Ost- und Westdeutschland. Opladen: Leske+Budrich. S. 1-21.

Rohe, Karl, 1994: Politik: Begriffe und Wirklichkeiten: eine Einführung in das politische Denken. 2., völlig überarb. und erw. Auflage. Stuttgart/Berlin/Köln: Kohlhammer.

Rohe, Karl, 1992: Wahlen und Wählertraditionen in Deutschland. Kulturelle Grundlagen deutscher Parteien und Parteiensysteme im 19. und 20. Jahrhundert, Frankfurt/Main.

Rohe, Karl, 1990: Politische Kultur und ihre Analyse. Probleme und Perspektiven der politischen Kulturforschung. In: Historische Zeitschrift. 250. S. 321-346.

Rohe, Karl, 1987: Politische Kultur und der kulturelle Aspekt on politischer Wirklichkeit. Konzeptionelle und typologische Überlegungen zu Gegenstand und Fragestellung Politischer-Kultur-

Forschung. In: Berg-Schlosser, Dirk/Schissler, Jakob (Hrsg.): Politische Kultur in Deutschland. Bilanz und Perspektiven der Forschung. Opladen: Westdeutscher Verlag. S. 39-48.

Rokeach, Milton, 1979: Understanding Human Values: Individual and Societal. New York: Free Press.

Rokeach, Milton, 1973: The Nature of Human Values. New York: Free Press.

Rokkan, Stein/Lipset, Seymore Martin (Hrsg.), 1967: Party System and Voter Alignments. New York: The Free Press.

Roller, Edeltraut, 2001: Die Leistungsfähigkeit von Demokratien: Eine Analyse des Einflusses von politischen Institutionen auf die Effektivität von Politikern und Politikmustern in westlichen Demokratien 1974-1995. Berlin: Freie Universität Berlin (unv. Habilitationsschrift).

Roller, Edeltraut, 1997: Sozialpolitische Orientierungen nach der deutschen Vereinigung. In: Gabriel, Oscar W. (Hrsg.): Politische Orientierungen und Verhaltensweisen im vereinigten Deutschland. Opladen: Leske+Budrich. S. 115-146.

Rosar, Ulrich, 2003: Die Einstellung der Europäer zum Euro: Ein Anwendungsbeispiel der Mehrebenenanalyse als Instrument komparativer Umfrageforschung. In: Pickel, Susanne/Pickel, Gert/Lauth, Hans-Joachim/Jahn, Detlef (Hrsg.): Vergleichende politikwissenschaftliche Methoden: Neue Entwicklungen und Diskussionen. Wiesbaden: Westdeutscher Verlag. S. 221-247.

Rose, Richard/Mischler, William/Haerpfer, Christian, 1998: Democracy and its Alternatives. Understanding Post-Communist Societies. Baltimore: Johns Hopkins.

Rose, Richard, 1998: Prospects for Democracy in Postcommunist Europe. In: White, Stephen (Hrsg.): Developments in Central and East European Politics. Durham: Duke University Press. S. 276-293.

Rüschemeyer, Dietrich, 1971: Partielle Modernisierung. In: Wolfgang Zapf (Hrsg.): Theorien des sozialen Wandels. Köln; Berlin: Athenäum. S. 382-396. (3.Auflage)

Rustow, Dankwart, A./Erickson, Kenneth Paul (Hrsg.), 1991: Comparative Political Dynamics: Global Research Perspectives. New York: Harper Collins.

Sartori, Giovanni, 1997: Demokratietheorie. Darmstadt: Primus Verlag.

Sartori, Giovanni, 1994: Comparing, Miscomparing and the Comparative Method. In: Dogan, Matti/Kazancigil, Ali (Hrsg.): Comparing Nations: Concepts, Strategies, Substance. Oxford: Blackwell. S. 14-34.

Sartori, Giovanni, 1965: Democratic Theory. New York: Praeger.

Saward, Michael, 2003: Democracy. Cmbridge: Polity Press.

Saward, Michael, 2001: Democratic Innovation: Deliberation, Representation and Association. London: Routledge.

Saward, Michael, 1994: Democratic Theory and Indices of Democratization. In: Beetham, David (Hrsg.) 1994: Defining and Measuring Democracy. London: Sage. S. 6-24.

Scheuch, Erwin K., 1989: Theoretical Implications of Comparative Survey Research: Why the Wheel... International Sociology 2/4. S. 147-167.

Scheuch, Erwin K., 1968: The Cross-Cultural Use of Sample Surveys: Problems of Comparability. In Rokkan, Stein (Hrsg.): Comparative Research Across Cultures and Nations. Paris: The Hague. S. 176 – 209.

Schmidt, Manfred G., 2002: Political Performance and Types of Democracy: Findings from Comparative Studies. In: European Journal of Political Research 41. S. 147-163.

Schmidt, Manfred G., 2000: Demokratietheorien: Eine Einführung. Opladen: Leske + Budrich. (3. Auflage)

Schmidt, Manfred G., 1995: Wörterbuch zur Politik. Stuttgart: Kröner.

Schmidt, Manfred G., 1982: Wohlfahrtsstaatliche Politik unter bürgerlichen und sozialdemokratischen Regierungen: Ein internationaler Vergleich: Frankfurt/Main u.a.: Campus Verlag.

Schmitter, Philippe, 2004: The Ambiguos Virtues of Accountability. Journal of Democracy 15/4. S. 47-61.

Schmitter, Philippe, 2000: How to Democratize the European Union - and Why Bother? London: Rowman.

Schnell, Rainer/Holl, Paul B./Esser, Elke, 2000: Methoden der empirischen Sozialforschung. München: Oldenbourg. (6. Auflage)

Schütz, Alfred, 1971: Gesammelte Aufsätze. 1- 2. Den Haag: Nijhoff.

Schumpeter, Josef A., 1950: Kapitalismus, Sozialismus und Demokratie. Tübingen/Basel: Francke. (7. Auflage)

Schwelling, Birgit, 2001a: Wege in die Demokratie: Eine Studie zum Wandel und zur Kontinuität von Mentalitäten nach dem Übergang vom Nationalsozialismus zur Bundesrepublik. Opladen: Leske+Budrich

Schwelling, Birgit, 2001b: Politische Kulturforschung als kultureller Blick auf das Politische. Überlegungen zu einer Neuorientierung der Politischen Kulturforschung nach dem „cultural turn". In: Zeitschrift für Politikwissenschaft 11/2. S. 601-629.

Snijders, Thomas/Bosker, Roelof, 1999: Multilevel Analysis: An Introduction to Basic and Advanced Multilevel Analysis. London: Sage.

Seligson, Mitchell A., 2002: The renaissance of political culture or the renaissance of the ecological fallacy? In: Comparative Politics Vol. 34/3. S. 273-292.

Shin, Doh Chull, 1994: On the Third Wave of Democratization: A Synthesis and Evaluation of Recent Theory and Research. In: World Politics 47. S. 135-170.

Silver, Brian D./Dowley, Kathleen M., 2000: Measuring Political Culture in Multiethnic Societies: Reaggregating the World Values Survey. In: Comparative Political Studies 33/4. S. 517-550.

Skocpol, Theda/Somers, Michael, 1980 The Uses of Comparative History in Macrosocial Inquiry. In: Comparative Studies in Society and History 22. S. 174-197.

Steffani, Winfried, 1981: Parlamentarische und präsidentielle Demokratie: Strukturelle Aspekte westlicher Demokratien. Wiesbaden: Westdeutscher Verlag.

Taagepera, Rein, 1999: The Number of Parties as a Function of Heterogeneity and Electoral Systems. Comparative Political Studies 32/5. S. 531-548.

Taylor, Charles Lewis (Hrsg.), 1968: Aggregate data analysis: Political and social indicators in cross-national research. Paris u.a.: Mouton.

Taylor, Charles, 2001: Wieviel Gemeinschaft braucht die Demokratie? Aufsätze zur politischen Philosophie. Frankfurt am Main: Suhrkamp.

The Economist 15.8.2002.

Therborn, Göran, 1995: European Modernity and Beyond: The Trajectory of European Societies: 1945-2000. London: Sage.

Therborn, Göran, 1977: The Rule of Capital and the Rise of Democracy. In: New Left Review 103. S. 3-41.

Thierry, Peter/Croissant, Aurel, 2000: Defekte Demokratie: Konzept, Operationalisierung und Messung. In: Lauth, Hans-Joachim/Pickel, Gert/Welzel, Christian (Hrsg.): Demokratiemessung: Konzepte und Befunde im internationalen Vergleich. Wiesbaden: Westdeutscher Verlag. S. 89-112.

Thompson, Michael/Ellis, Richard/Wildavsky, Aaron (Hrsg.), 1990: Cultural Theory. Boulder, CO: Westview Press.

Tiemann, Guido, 2003: Das „most different system design" als Instrument zum Umgang mit multipler Kausalität. In: Pickel, Susanne/Pickel, Gert/Lauth, Hans-Joachim/Jahn, Detlef (Hrsg.): Vergleichende politikwissenschaftliche Methoden: Neue Entwicklungen und Diskussionen. Wiesbaden: Westdeutscher Verlag. S. 265-289.

van Deth, Jan W., 2001: The proof of the pudding: Social capital, democracy, and citizenship. Paper for the Euresco conference. Social capital: Interdisciplinary perspectives, Exeter 15-20 September 2001.

van Deth, Jan W./Scarbrough, Elinor (Hrsg.), 1996: The Impact of Values. Oxford: Oxford University Press.

van Deth, Jan W., 1990: Interest in Politics. In: Jennings, M. Kent/van Deth, Jan W. (Hrsg.): Continuities in Political Action. Berlin u.a.: de Gruyter. S. 275-312.

Vanhanen, Tatu, 2000: A New Dataset Compared with Alternative Measurements of Democracy. In: Lauth, Hans-Joachim/Pickel, Gert/Welzel, Christian (Hrsg.): Demokratiemessung. Konzepte und Befunde im internationalen Vergleich. Wiesbaden: Westdeutscher Verlag. S. 184-206.

Vanhanen, Tatu, 1997: Prospects of Democracy: A Study of 172 Countries. London: Routledge.

Vanhanen, Tatu, 1992: The Process of Democratization. New York: Crane Russack.

Vanhanen, Tatu, 1990: The process of democratization: A comparative study of 147 states 1980-88. New York u.a.: Taylor & Francis.

Vetter, Angelika, 1997: Political Efficacy – Reliabilität und Validität: Alte und neue Messmodelle im Vergleich. Wiesbaden: Deutscher Universitätsverlag.

Wagemann, Claudia/Schneider, Carsten Q., 2003: Fuzzy-Set Qualitative Comparative Analysis (fs/QCA): Ein Zwei-Stufen-Modul. In: Pickel, Susanne/Pickel, Gert/Lauth, Hans-Joachim/Jahn, Detlef (Hrsg.): Vergleichende politikwissenschaftliche Methoden: Neue Entwicklungen und Diskussionen. Wiesbaden: Westdeutscher Verlag. S. 105-135.

Wagschal, Uwe, 1999: Statistik für Politikwissenschaftler. München: Oldenbourg.

Walz, Dieter/Brunner, Wolfram, 2000: Das politische Institutionenvertrauen in den 90er Jahren. In: Falter, Jürgen/Gabriel, Oscar W./Rattinger, Hans (Hrsg.), 2000: Wirklich ein Volk? Die politischen Orientierungen von Ost- und Westdeutschen im Vergleich. Opladen: Leske+Budrich. S. 175-208.

Watanuki, Joji/Crozier, Michel/Huntington, Samuel P., 1975: The Crisis of Democracy: Report on the Governability of Democracies to the Trilateral Commission. New York: New York University Press.

Weber, Max (Hrsg. von Johannes Winckelmann), 1988: Gesammelte politische Schriften. 5. Auflage, Tübingen: Mohr.

Wegner, Bernd, 2003: Solidarity, Justice, and Social Change: Germany's Ten Years of Unification. In: Pollack, Detlef/Jacobs, Jörg/Müller, Olaf/Pickel, Gert (Hrsg.): Political Culture in Post-Communist Europe: Attitudes in new Democracies. Burlington: Ashgate. S. 207-237.

Weil, Frederick, 1993: The Development of Democratic Attitudes in Eastern and Western Germany in Comparatice Perspective. In: Weil, Frederick (Hrsg.), 1993: Research on Democracy and Society. Vol. 1. Greenwich. S. 195-225.

Weir, Stuart, 1994: Primary Control and Auxiliary Precautions: A Comparative Study of Democratic Institutions in Six Nations. In: Beetham, David (Hrsg.): Defining and Measuring Democracy. London: Sage. S. 112-154.

Welzel, Christian/Klingemann, Hans-Dieter/Inglehart, Ronald, 2003: The Theory of Human Development: A Cross-Cultural Analysis. In: European Journal of Political Research 42. S. 341-379.

Welzel, Christian, 2002: Fluchtpunkt Humanentwicklung: Über die Grundlagen der Demokratie und die Ursachen ihrer Ausbreitung. Wiesbaden: Westdeutscher Verlag.

Welzel, Christian/Inglehart, Ronald, 1999: Analyzing Democratic Change and Stability: A Human Development Theory of Democracy. WZB-papers FS III 99-202.

Westle, Bettina, 1999: Kollektive Identität im vereinten Deutschland: Nation und Demokratie in der Wahrnehmung der Deutschen. Opladen: Leske+Budrich.

Westle, Bettina, 1989: Politische Legitimität – Theorien, Konzepte, empirische Befunde. Baden-Baden: Nomos.

Whitfield, Stephen/Evans, Geoffrey, 1999: Political Culture versus Rational Choice: Explaining Responses to Transition in the Czech Republic and Slovakia. In: British Journal of Political Science. 29. S. 129-155.

Widmaier, Ulrich, 1997: Vergleichende Aggregatdatenanalyse: Probleme und Perspektiven. In: Dirk Berg-Schlosser und Ferdinand Müller-Rommel (Hrsg.), Vergleichende Politikwissenschaft. Ein einführendes Studienhandbuch, Opladen, S. 103-118.

Wildavsky, Aaron B./Schleicher, David/Swedlow, Brendon, 1998: Federalism & political culture. New Brunswick: Transaction Publishers.

Wildavsky, Aaron B./Ellis, Richard/Thompson, Michael, 1997: Culture matters: Essays in honor of Aaron Wildavsky Boulder: Westview Press.

Wildavsky, Aaron, 1987: Speaking Truth to Power: The Art and Craft of Policy Analysis. New Brunswick, New Jersey, USA: Transaction Books.

Wright, James D., 1981: Political Dissatisfaction. In: Long, Samuel L. (Hrsg.), 1981: The Handbook of Political Behavior. Vol. 4. New York: Plenum. S. 1-79.

Zakaria, Fareed, 1997: The rise of illiberal democracy. In: Foreign Affairs Nr. 76. S. 22-23.

Zapf, Wolfgang, 1996: Modernisierungstheorien in der Transformationsforschung. In: Beyme, Klaus von/Offe, Klaus (Hrsg.): Politische Theorien in der Ära der Transformation. Opladen. S. 169-181.

Zapf, Wolfgang, 1995: Entwicklung und Zukunft moderner Gesellschaften seit den 70er Jahren. In: Korte, Herman/Schäfers, Bernhard (Hrsg.): Einführung in die Hauptbegriffe der Soziologie. Opladen: Leske+Budrich, S. 195-210.

Zelle, Carsten, 1997: Ostalgie? National and Regional Identifications in Germany after the Unification. Discussion Papers in German Studies. Birmingham.

Zulehner, Paul M./Denz Hermann, 1993: Wie Europa lebt und glaubt: Europäische Wertstudie. Tabellenband. Düsseldorf: Patmos.

Zimmerling, Ruth, 2003: Samuel Huntingtons demokratische Wellen – viel Lärm um Gischt? In: Politische Vierteljahresschrift 44/2. S. 196-216.

Anhang: Demokratieindizes im Überblick

	ILD 1980	Polity III Dem 1992	Polity III D-A 1992	Dahl C/R 1993	Alvarez 1995	ID 1998	FH 2002	Polity IV Dem 2002	Polity IV D-A 2002	BTI 2003
Europa										
Albanien	11	6,0	5,0	0		12,0	3/4	7,0	7,0	3,2
Andora				0			1/1			
Armenien		7,0	7,0	0		18,0	4/4	6,0	5,0	
Aserbeidschan		3,0	1,0	0		6,9	6/5	0	-7,0	1,8
Belgien	100	10,0	10,0	1	3	42,0	1/2	10,0	10,0	
Bosnien-Herz.		-77,0	0	0		25,1	5/4	-66,0	-99,0	2,6
Bulgarien	11	8,0	8,0	0	3	24,1	1/3	9,0	9,0	4,0
Dänemark	100	10,0	10,0	1	3	41,1	1/1	10,0	10,0	
Deutschland	89	10,0	10,0	1	3	35,4	1/2	10,0	10,0	
Estland		7,0	6,0	1	4	24,2	1/2	7,0	6,0	4,8
Finnland	94	10,0	10,0	1	4	41,0	1/1	10,0	10,0	
Frankreich	100	9,0	9,0	1	4	33,4	1/2	9,0	9,0	
Georgien		5,0	4,0	0		19,7	4/4	5,0	5,0	2,2
Griechenland	94	10,0	10,0	1	3	37,8	1/3	10,0	10,0	
Großbritannnien	100			1	3	30,2	1/2			
Irland	100	10,0	10,0	1	3	30,1	1/1	10,0	10,0	
Island	100			1	4	38,6	1/1			
Italien	100	10,0	10,0	1	3	42,8	1/2	10,0	10,0	
Jugoslawien	28	0	-5,0	0	2	5,9	3/3			
Kroatien		1,0	-3,0	0	3	20,3	2/2	7,0	7,0	4,2
Lettland		8,0	8,0	1	4	27,1	1/2	8,0	8,0	4,4
Liechtenstein				1			1/1			
Litauen		10,0	10,0	1	4	24,7	1/2	10,0	10,0	5,0
Luxemburg	100			1	3	32,5	1/1			
Malta	94			1	3	33,9	1/1			
Mazedonien		6,0	6,0	0	4	15,5	4/4	9,0	9,0	3,4
Moldawien				0		22,0	2/4			
Monaco		9,0	9,0	0		23,6	2/1	10,0	10,0	
Niederlande	100			1	3	38,5	1/1	10,0	10,0	
Norwegen	100	10	10	1	3	37,9	1/1	10,0	10,0	
Österreich	100	10,0	10,0	1	3	37,6	1/1	10,0	10,0	
Polen	17	8,0	8,0	0	4	23,6	1/2	9,0	9,0	5,0
Portugal	94	10,0	10,0	1	4	29,7	1/1	10,0	10,0	
Rumänien	11	5,0	5,0	0		32,1	2/2	8,0	8,0	4,0
Russland		6,0	6,0	0	4	29,5	5/5	7,0	7,0	3,0
San Marino				1			1/1			

	ILD 1980	Polity III Dem 1992	Polity III D-A 1992	Dahl C/R 1993	Alvarez 1995	ID 1998	FH 2002	Polity IV Dem 2002	Polity IV D-A 2002	BTI 2003
Europa										
Schweden	100	10,0	10,0	1	3	37,5	1/1	10,0	10,0	
Schweiz	100	10,0	10,0	1	4	19,0	1/1	10,0	10,0	
Serbien & Mon.										3,6
Slowakei				0		43,4	1/2	9,0	9,0	5,0
Slowenien		10,0	10,0	1	3	31,3	1/2	10,0	10,0	5,0
Spanien	83	10,0	10,0	1	3	39,2	1/2	10,0	10,0	
Tschechien	11	8,0	8,0	1	4	39,2	1/2			5,0
Türkei	11	9,0	9,0	0	4	31,9	4/5	8,0	7,0	3,4
Ukraine		6,0	6,0	0		29,6	4/4	7,0	7,0	3,2
Ungarn	17	10,0	10,0	0	3	25,2	1/2	10,0	10,0	
Vatikanstadt										
Weißrussland		7,0	7,0	0	4	7,2	6/6	0	-7,0	
Zypern	56	10,0	10,0	1	4	31,9	1/1	10,0	10,0	
Mittlerer Osten										
Afghanistan		-77,0	0	0		0	7/7	-66,0	-99,0	
Bahrain	11	0	-10,0	0	1		0		-7,0	1,8
Iran	33	0	-6,0	0	1	19,1	6/6	4,0	3,0	
Irak	17	0	-9,0	0	2	0	7/7	0	-9,0	1,2
Israel	94	9,0	9,0	1	3	37,5	1/3	10,0	10,0	
Jordanien	6	2,0	-2,0	0	2	0,5	5/5	2,0	-2,0	1,8
Kasachstan		1,0	-3,0	0	1,5	2,3	6/5	0,0	-6,0	
Kirgisien		1,0	-3,0	0		11,7	6/5	1,0	-3,0	1,8
Kuweit	6	,0	-7,0	0	1	0,9	4/5	0	-7,0	
Libanon	50	-77,0	0	0	2	25,8	6/5	3,0	0	2,4
Oman	6	,0	-9,0	0	1	0	6/5	0	-8,0	
Pakistan	0	8,0	8,0	0	3	4,7	6/5	0	-5,0	1,8
Qatar		0	-10,0	0		0	6/6	0	-10,0	
Saudi-Arabien	6			0	1	0	7/7			1,2
Syrien	33	0	-9,0	0	2	0	7/7	0,0	-7,0	1,2
Tadschikistan		0	-6,0	0	2	10,6	6/6	2,0	-1,0	1,6
Turkmenistan		0	-9,0	0	1	0,2	7/7	0	-9,0	1,4
Uzbekistan		0	-9,0	0	1	0,2	7/6	0	-9,0	
VAE	17	0	-8,0	0	1	0	6/5	0	-8,0	
Yemen		-88,0	-3,0	0	2	1,6	6/6	1,0	-2,0	
Asien										
Bahrain				0	1	0	6/5	0	-7,0	
Bangladesch	44	6,0	6,0	0	4	17,3	3/4	6,0	6,0	3,2
Bhutan	22	0	-8,0	0		0	7/6	0	-8,0	
Brunei				0		0	7/5			

	ILD 1980	Polity III Dem 1992	Polity III D-A 1992	Dahl C/R 1993	Alvarez 1995	ID 1998	FH 2002	Polity IV Dem 2002	Polity IV D-A 2002	BTI 2003
Asien										
Burma							7/7			
China	17	0	-7,0	0	2	0	7/6	0	-7,0	2,6
Hong Kong										
Indien	94	8,0	8,0	1	3	25,5	2/3	9,0	9,0	3,8
Indonesien	33	0	-7,0	0	2	3,6	3/4	8,0	7,0	3,0
Japan	100	10,0	10,0	1	3	27,1	1/2	10,0	10,0	
Kambodscha	0	1,0	-4,0	0		1,8	6/5	1,0	-4,0	2,0
Laos	6	0	-7,0	0	1	0,4	7/6	0	-7,0	1,4
Macau		0	-6,0			2,5		0	-6,0	
Malaysia	67	10,0	10,0	0	2	21,7	5/5	10,0	10,0	2,6
Malediven	22	5,0	5,0	0		22,0	6/5	8,0	8,0	
Mongolei	11			0	2		2/3			3,6
Nepal	44	5,0	5,0	0	3	23,5	3/4	1,0	-4,0	2,0
Nordkorea				0	1	0	7/7			1,6
Osttimor							5/3			
Philippinen	33	8,0	8,0	1	4	22,1	2/3	8,0	8,0	3,0
Singapur	44	2,0	-2,0	0	2	8,5	5/5	2,0	-2,0	2,8
Sri Lanka	83			0	2	19,3	3/4			2,8
Südkorea				0	4	31,3	2/2			4,6
Taiwan		7,0	7,0	0	2	23,6	1/2	9,0	9,0	4,6
Thailand	67	9,0	9,0	0		6,7	2/3	9,0	9,0	3,8
Vietnam	11	0	-7,0	0	1		7/6	0	-7,0	1,4
Afrika										
Ägypten	33	1,0	-3,0	0	2	3,7	6/6	0	-6,0	2,0
Äthopien	0	-88,0	,0	0	2	3,0	5/5			
Äquat. Guinea	0			0		0,9	6/6			
Algerien	17	,0	-7,0	0	2	19,9	6/5	1,0	-3,0	1,8
Angola	11	-77,0	,0	0		4,3	6/6	1,0	-3,0	1,6
Benin	11	6,0	6,0	1	4	21,2	3/2	6,0	6,0	3,4
Botswana	83	8,0	8,0	1	2	8,9	2/2	9,0	9,0	4,6
Burkina Faso	6			0	2	2,5	4/4			2,6
Burundi	0	-88,0	-3,0	0	1	0	6/6	1,0	0	1,6
Cape Verde	17			1	4	15,3	1/2			
Chad		,0	-4,0	0	1	12,7	6/5	1,0	-2,0	
D. Rep. Kongo	11			0	2					1,0
Djibouti		,0	-7,0	0	2	3,1	4/5	3,0	2,0	
Elfenbeinküste				0	2	0,6	5/4			
Eritrea				0		0	7/6	0	-7,0	1,2
Gambia	72	8,0	8,0	0	2	14,0	5/5	0	-5,0	
Gabon	28	0	-4,0	0	2	11,0	5/4	0	-4,0	
Ghana	83	1,0-1	,0	0	1	13,9	2/3	7,0	6,0	3,2
Guinea	11	0	-5,0	0	1	13,1	6/5	1,0	-1,0	2,0

	ILD 1980	Polity III Dem 1992	Polity III D-A 1992	Dahl C/R 1993	Alvarez 1995	ID 1998	FH 2002	Polity IV Dem 2002	Polity IV D-A 2002	BTI 2003
Afrika										
Guinea-Bissau	6	0	-6,0	0	4	11,9	4/5	5,0	5,0	
Kamerun	17	-88,0	1,0	0	2	6,5	6/6	3,0	2,0	2,0
Kenia	33	0	-5,0	0	2	8,4	6/5	8,0	8,0	2,2
Komoros				0	2	11,0	6/4	4,0	4,0	
Kongo Kinshasa				0	2	0	6/6			
Lesotho	39	0	-7	0	2	11,2	4/4	8,0	8,0	
Liberien						5,3	6/6			
Libyen	17	0	-7,0	0	1	0	7/7	0	-7,0	1,4
Madagaskar	28	9,0	9,0	1	4	9,9	2/4	7,0	7,0	3,2
Malawi	17	0	-9,0	1	4	11,6	4/3	6,0	5,0	2,6
Mali	0	7,0	7,0	0	4	0,4	2/3	6,0	6,0	3,8
Marokko	61	0	-7,0	0	2	3,9	5/5	0	-6,0	2,4
Mauritanien	0			0	1		5/5			
Mauritius	83			1	3		1/2			
Mozambique	11	0	-6,0	0	4	14,1	3/4	6,0	6,0	
Namibia		6,0	6,0	1	4	8,1	2/3	6,0	6,0	3,8
Niger	0	0	-5,0	0	4	0	4/4	4,0	4,0	2,6
Nigeria	83	8,0	8,0	0	1	7,3	4/5	4,0	4,0	2,0
Ruanda		0	-7,0	0	2	0	7/6	0	-4,0	1,6
Sao Tome & Pr.	17				1	12,1	1/2			
Senegal	39	2,0	-1,0	0	2	6,9	3/4	8,0	8,0	3,6
Seychellen	17			0	2	22,7	3/3			
Sierra Leone	33			0	2	0	4/5			1,6
Somalia	11	-77,0	0	0	2	0	6/7	-77,0	0	1,2
Sudan	22	0	-7,0	0	1	2,4	7/7	0	-6,0	1,2
Südafrika	56			0	4	18,1	1/2			4,2
Swasiland	22	0	-10,0	0	2	0	6/5	0	-9,0	
Tanzania	28	0	-6,0	0	2	8,4	4/4	3,0	2,0	
Togo	11	-88,0	-3,0	0	2	17,8	5/5	1,0	-2,0	1,4
Tunesien	28	0	-5,0	0	2	0,4	6/5	1,0	-4,0	1,6
Uganda	44	0	-7,0	0	1	7,8	6/5	0	-4,0	2,2
Zambia		6,0	6,0	0	4	4,3	5/4	3,0	1,0	
Zaire						0				
ZAR	0			0	4	11,0	5/5	0	-8,0	
Zimbabwe		0	0	0	2	1,6	6/6	0	-7,0	
Amerika										
Argentinien	6	7,0		0	4	25,3	3/3	8,0	8,0	3,8
Belize					1	14,2	1/2			
Bolivien	0	9,0	9,0	1	4	20,7	1/3	9,0	9,0	3,6
Brasilien	39	8,0	8,0	0	4	27,4	3/3	8,0	8,0	3,6
Chile	6	8,0	8,0	1	4	21,5	2/2	9,0	9,0	4,8
Costa Rica	100			1	4	20,9	1/2			5,0

	ILD 1980	Polity III Dem 1992	Polity III D-A 1992	Dahl C/R 1993	Alvarez 1995	ID 1998	FH 2002	Polity IV Dem 2002	Polity IV D-A 2002	BTI 2003
Amerika										
El Salvador	6			0	4		2/3			3,6
Equador	83			1	4	14,2	3/3	6,0	6,0	
Falkland Inseln										
Franz. Guiana										
Galapagos										
Grönland										
Guatemala	44			0	4		3/4			2,8
Guyana	72			0	4	25,1	2/2			
Honduras	17	6,0	6,0	0	4	15,2	3/3	7,0	7,0	3,4
Kanada	100	10,0	10,0	1	3	26,5	1/1	10,0	10,0	
Kolumbien	72	9,0	9,0	0	4	16,5	4/4	7,0	7,0	2,6
Mexiko	56	2,0	0			19,0	2/3	8,0	8,0	3,4
Nicaragua		6	6	0	4	18,5	3/3	8,0	8,0	3,0
Panama	28	8,0	8,0	1	4	28,5	½	9,0	9,0	
Paraguay	33	7,0	7,0	0	2	14,1	4/3	7,0	7,0	2,8
Peru	72	2,0	-3,0	0	2	11,3	1/3	9,0	9,0	3,4
Puerto Rico						0				
Suriname	0			0	2	23,1	1/2			
Uruguay	17	10,0	10,0	1	4	42,5	1/1	10,0	10,0	5,0
USA	100	10,0	10,0	1	4	17,7	1/1	10,0	10,0	
Venezuela	89	8,0	8,0	1	4	12,4	3/5	6,0	6,0	2,8
Ozeanien										
Australien	100	10,0	10,0	1	3	35,4	1/1	10,0	10,0	
Fiji		6,0	5,0	0	3	16,2	4/3	6,0	5,0	
Kiribati				1			1/1			
Marshall Inseln				1		10,0	1/1			
Mikronesien				1		20,4	1/2			
Nauru	61			1			1/3			
Neuseeland	100			1	3	38,2	1/1			
Palau				1			1/2			
Papua Neuguinea	83			1	3	29,4	2/3			3,0
Samoa				0	2	16,9	2/2			
Solomon Inseln						14,4	4/4			
Tonga	22			0			5/3			
Tuvalu				1			1/1			
Vanuatu				0	3	30,1	1/3			

	ILD 1980	Polity III Dem 1992	Polity III D-A 1992	Dahl C/R 1993	Alvarez 1995	ID 1998	FH 2002	Polity IV Dem 2002	Polity IV D-A 2002	BTI 2003
Karibik										
Antigua & Barbudda				0		18,7	4/2			
Bahamas	100			1	3	17,3	1/1			
Barbados	100			1	3	24,5	1/1			
Dominika	94			1		34,3	1/1			
Dominik. Rep.	72			0	4	16,8	2/2			3,8
Guadeloupe						5,9				
Haiti	17	0	-7,0	0	4	0,6	6/6	1,0	-2,0	1,8
Jamaika	94	10,0	10,0	1	4	12,5	2/3	9,0	9,0	4,4
Kuba	17	0	-7,0	0	1	0	7/7	0	-7,0	1,6
Grenada	11			1	3		1/2			
St. Lucia	94			1		19,2	1/2			
St. Kitts & Nevis				1		19,1	1/2			
St. Vincent & die Grenadines	94			0		20,4	2/1			
Trinidad & Tobago	83	9,0	9,0	1	3	20,6	3/3	10,0	10,0	

Quelle: Eigene Zusammenstellung: Freedom House (FH) (Werte 1-7), Political Rights/ Civil Liberties; Polyarchy Dataset mit ID = Index of Democratisation, http://www.su.ntnu.no/iss/data/vanhanen; Polity III und IV (0-10 Demokratie); http://www.cidcm.umd.edu/inscr/polity/; Alvarez 1995 nach Schmidt 2003: 418-423; Polyarchieskala nach Dahl für 1993 nach Zusammenstallung Coppedge und Reinicke 1995; ILD = Index Liberaler Demokratie (Schmidt 1995); BTI = Bertelsmann Transformationsindex; VAE = Vereinigte Arabische Emirate; ZAR = Zentralafrikanische Republik; D. Rep. Kongo = Demokratische Republik von Kongo.

Stichwortverzeichnis

Autorenverzeichnis

.

Neu im Programm Politikwissenschaft

Maria Behrens (Hrsg.)

Globalisierung als politische Herausforderung

Global Governance zwischen Utopie und Realität
2005. 359 S. (Governance Bd. 3)
Br. EUR 32,90
ISBN 3-8100-3561-0

Der Band setzt sich kritisch mit dem Konzept der Global Governance auseinander. Ausgehend von dem Problem einer scheinbar unkontrollierten Globalisierung gehen die AutorInnen der Frage nach, ob und wie die politische Handlungsfähigkeit im internationalen System durch multilaterale Koordinationsmechanismen zurückgewonnen werden kann. Damit liefert der Band eine umfassende Einführung in das Thema und ermöglicht ein tieferes Verständnis von Global Governance.

Ludger Helms

Regierungsorganisation und politische Führung in Deutschland

2005. 237 S. mit 8 Tab. (Grundwissen Politik 38) Geb. EUR 19,90
ISBN 3-531-14789-7

Der Band bietet eine politikwissenschaftliche Gesamtdarstellung der Bedingungen und Charakteristika der Regierungsorganisation und politischen Führung durch Kanzler und Bundesregierung in der Bundesrepublik Deutschland. Im Zentrum der Studie steht eine vergleichende Analyse der politischen Ressourcen und Führungsstile deutscher Kanzler seit Konrad Adenauer. Diese werden auf zwei Ebenen – innerhalb des engeren Bereichs der Regierung und auf der Ebene des politischen Systems – betrachtet. Historische Rückblicke und ein internationaler Vergleich runden die Studie ab.

Richard Saage

Demokratietheorien

Historischer Prozess – Theoretische Entwicklung – Soziotechnische Bedingungen. Eine Einführung
2005. 325 S. mit 3 Abb. (Grundwissen Politik 37) Br. EUR 24,90
ISBN 3-531-14722-6

Dieser Band stellt die Entwicklung der Demokratie und der Demokratietheorien von der Antike bis zur Gegenwart dar. Er erläutert die Veränderungen des Demokratiebegriffs und der wissenschaftlichen Diskussion über die Herrschaftsform und erklärt den Übergang von der alten, auf die Selbstbestimmung des Volkes abzielenden (direkten) Demokratie zur reduzierten Demokratie als Methode der Generierung staatlicher Normen und effizienter Elitenrekrutierung, wie sie sich in der Folge von Kontroversen und politischen Kämpfen herausgebildet hat.

Erhältlich im Buchhandel oder beim Verlag.
Änderungen vorbehalten. Stand: Januar 2006.

www.vs-verlag.de

VS VERLAG FÜR SOZIALWISSENSCHAFTEN

Abraham-Lincoln-Straße 46
65189 Wiesbaden
Tel. 0611.7878-722
Fax 0611.7878-400

Neu im Programm
Politikwissenschaft

Peter Becker / Olaf Leiße
Die Zukunft Europas
Der Konvent zur Zukunft der
Europäischen Union
2005. 301 S. Br. EUR 26,90
ISBN 3-531-14100-7

Jörg Bogumil / Werner Jann
**Verwaltung und
Verwaltungswissenschaft
in Deutschland**
Einführung in die
Verwaltungswissenschaft
2005. 316 S. (Grundwissen Politik Bd. 36)
Br. EUR 26,90
ISBN 3-531-14415-4

Jürgen Dittberner
Die FDP
Geschichte, Personen, Organisation,
Perspektiven. Eine Einführung
2005. 411 S. Br. EUR 24,90
ISBN 3-531-14050-7

Jürgen W. Falter / Harald Schoen (Hrsg.)
Handbuch Wahlforschung
2005. XXVI, 826 S. Geb. EUR 49,90
ISBN 3-531-13220-2

Eberhard Schneider
**Das politische System
der Ukraine**
Eine Einführung
2005. 210 S. Br. EUR 19,90
ISBN 3-531-13847-2

Bernhard Schreyer /
Manfred Schwarzmeier
**Grundkurs Politikwissenschaft:
Studium der Politischen Systeme**
Eine studienorientierte Einführung
2. Aufl. 2005. 243 S. Br. EUR 17,90
ISBN 3-531-33481-6

Klaus Schubert (Hrsg.)
**Handwörterbuch des ökono-
mischen Systems der
Bundesrepublik Deutschland**
2005. 516 S. Br. EUR 36,90
ISBN 3-8100-3588-2

Rüdiger Voigt / Ralf Walkenhaus (Hrsg.)
**Handwörterbuch zur
Verwaltungsreform**
2006. XXXII, 404 S. Geb. EUR 39,90
ISBN 3-531-13756-5

Wichard Woyke
Stichwort: Wahlen
Ein Ratgeber für Wähler, Wahlhelfer
und Kandidaten
11., akt. Aufl. 2005. 274 S. Br. EUR 14,90
ISBN 3-8100-3228-X

Erhältlich im Buchhandel oder beim Verlag.
Änderungen vorbehalten. Stand: Januar 2006.

www.vs-verlag.de

VS VERLAG FÜR SOZIALWISSENSCHAFTEN

Abraham-Lincoln-Straße 46
65189 Wiesbaden
Tel. 0611.7878-722
Fax 0611.7878-400